中华人民共和国海船船员适任考试培训教材

交通运输类“十四五”创新教材

符合《海船船员培训大纲（2021版）》《海船船员考试大纲（2022版）》要求

驾驶专业

航 海 学

——航海气象与海洋学

（船长/大副）

中国海事服务中心 组织编审

张永宁　黄磊　王艳玲 ◎ 主编

图书在版编目(CIP)数据

航海学. 航海气象与海洋学 : 船长/大副 / 张永宁，黄磊，王艳玲主编. — 大连 : 大连海事大学出版社，2022.1(2024.12 重印)
中华人民共和国海船船员适任考试培训教材
ISBN 978-7-5632-4221-4

Ⅰ. ①航…　Ⅱ. ①张…②黄…③王…　Ⅲ. ①航海学—资格考试—教材②航海学—海洋气象学—资格考试—教材③海洋学—资格考试—教材　Ⅳ. ①U675②P7

中国版本图书馆 CIP 数据核字(2021)第 259483 号

大连海事大学出版社出版
大连市黄浦路 523 号　邮编:116026　电话:0411-84729665(营销部)　84729480(总编室)
http://press.dlmu.edu.cn　E-mail:dmupress@dlmu.edu.cn
大连金华光彩色印刷有限公司印装　大连海事大学出版社发行

2022 年 1 月第 1 版　2024 年 12 月第 4 次印刷
幅面尺寸:184 mm × 260 mm　印张:19.25　字数:453 千

出版人:刘明凯
责任编辑:王　琴　责任校对:李继凯
封面设计:解瑶瑶　版式设计:解瑶瑶

ISBN 978-7-5632-4221-4　审图号:GS(2022)47 号　定价: 58.00 元

中华人民共和国海船船员适任考试
培训教材编审委员会

主　　任：孙玉清

委　　员：（按姓氏笔画排名）

王　勇　刘正江　刘红明　吴宗保　赵友涛　施祝斌
姚　杰

审定委员会

主　　任：孙玉清

委　　员：（按姓氏笔画排名）

王　捷　王平义　王明春　吕　明　刘锦辉　李忆星
李建国　杨甲奇　肖亚明　吴丽华　张庆宇　张守波
陈晓琴　苗永臣　范　鑫　林　毅　周明顺　唐强荣
黄江昆　景向伟

编写委员会

主　　任：刘正江　赵友涛

执行主任：王　勇

副 主 任：（按姓氏笔画排名）

丁振国　万　红　马洪涛　王　琪　王　磊　王进博
王松明　王明雨　方　磊　邓志华　曲　涛　朱耀辉
刘月鹏　刘芳武　刘金华　刘宗朴　刘宪珍　许　亮
李　志　李　翼　李先强　李江华　李明阳　杨延存
杨志勇　杨神化　何　毅　何江华　闵金卫　汪益兵
张　洋　张世峰　陈东水　邵国余　林叶锦　林杰民
周兆欣　郑学贵　赵丽君　赵宏革　俞万能　俞文胜

前言

为有效履行经修正的《1978年海员培训、发证和值班标准国际公约》(STCW公约)等国际公约,进一步规范海船船员培训行为,确保船员培训质量,根据《中华人民共和国船员条例》《中华人民共和国船员培训管理规则》,交通运输部编制了《海船船员培训大纲(2021版)》,自2021年10月1日起施行。

为了更好地指导帮助船员进行适任考试前的培训,促进高素质船员队伍建设,中国海事服务中心组织全国有丰富教学、培训经验和航海实践经验的专家共同编写了本套教材。本套教材严格按照《海船船员培训大纲(2021版)》编写,符合培训大纲对船员适任培训的要求,具有权威、准确、系统、实用的特点,重点突出船员适任和航海实践需掌握的知识,旨在培养船员具备在实践中应用知识的能力,可作为船舶工具书使用。

本套教材包括:

《船舶管理(船长/大副)》《船舶操纵与避碰——船舶操纵(船长/大副)》《船舶操纵与避碰——船舶避碰与值班(船长/大副)》《航海英语(船长)》《航海英语(大副)》《航海学——天文、地文、仪器(船长/大副)》《航海学——航海气象与海洋学(船长/大副)》《船舶结构与货运(大副)》《船舶操纵与避碰——船舶避碰与值班(二/三副)》《船舶操纵与避碰——船舶操纵(二/三副)》《船舶管理(二/三副)》《船舶结构与货运(二/三副)》《航海学——航海气象与海洋学(二/三副)》《航海学——天文、地文、仪器(二/三副)》《航海英语(二/三副)》《值班水手业务》;

《GMDSS 英语阅读》《GMDSS 综合业务》《GMDSS 英语听力与会话》《GMDSS 设备操作》;

《轮机英语(轮机长/大管轮)》《船舶动力装置(轮机长)》《船舶管理(轮机长/大管轮)》《主推进动力装置(大管轮)》《船舶辅机(大管轮)》《轮机工程基础(大管轮)》《船舶电气与自动化(船舶电气)(大管轮)》《船舶电气与自动化(船舶自动化)(大管轮)》《轮机英语(二/三管轮)》《船舶管理(二/三管轮)》《主推进

动力装置(二/三管轮)》《船舶辅机(二/三管轮)》《轮机工程基础(二/三管轮)》《船舶电气与自动化(船舶电气)(二/三管轮)》《船舶电气与自动化(船舶自动化)(二/三管轮)》《值班机工业务》;

《电子电气员英语》《船舶电气(电子电气员)》《船舶机舱自动化》《信息技术与通信导航系统》《船舶管理(电子电气员)》《电子技工业务》《电子技工英语》《电子电气员英语听力与会话》《电子技工英语听力与会话》。

本套教材的编写、出版工作,得到了各海事管理机构、航海教育培训机构、航运企业等单位的关心和大力支持,特致谢意。

中国海事服务中心

2021年11月

扫码学习《深入学习贯彻党的二十大精神　加快建设交通强国当好中国式现代化开路先锋》

编者的话

本书按照STCW公约对本课程的各项要求，并基本以我国交通运输部海事局颁布的《海船船员培训大纲（2021版）》为主线，设立全书章节，确定各章节的相关内容，旨在指导学员在航海气象与海洋学的培训中注重基本概念、演变规律、重要特征和方法的讨论、理解及应用，加强理论联系实际，着力培养学员分析、应用气象传真图和应对海上恶劣天气海况的能力。

全书共分六章。第一章影响航海的气象要素，介绍了气温、气压、风、大气湿度、云、雾和天气现象等气象要素的特征、时空分布及变化规律，大气运动的基本特征及其规律；第二章大气环流，介绍了环流模式、实际环流、季风环流、局地环流和海面实际风分布；第三章影响航海的海洋环境要素，介绍了海流、海浪、海冰等特征及变化规律；第四章天气系统及其天气特征，介绍了气团、锋、锋面气旋、冷高压、副热带高压、热带气旋、中小尺度天气系统的天气特征和演变规律；第五章航海气象信息的分析和应用，介绍了天气图的基础知识、船舶气象信息的获取、气象传真图分析应用和航线天气预报；第六章船舶气象导航，介绍了气象导航的概念、安全性、经济效益、原理和方法、服务程序和法律作用。

本书可供无限航区、近洋航区、沿海航区及近岸航区管理级大副、船长培训使用，也可用作相关航运管理人员工作参考书。

本书由张永宁、黄磊、王艳玲主编，刘大刚、刘长青主审。王辉、白春江、刘用功、冷梅、陆红涛、陈利雄、夏剑东、简俊参与了本书的编写。全书由张永宁统稿。

本书在编写过程中参阅了大量的相关教材、教辅参考书及技术手册、图片等资料，在此向涉及的相关作者表示感谢。

由于编者水平和时间所限，书中不妥之处在所难免，诚望读者批评指正。

编　者

2021年11月

目录

第一章

影响航海的气象要素

众所周知，大气和海洋构成了航海环境，海洋和大气相互作用、相互影响，它们对航海活动产生一定的影响和制约。气温、气压、风、大气湿度、云、雾、能见度等，都是表征大气状态的物理量或物理现象，统称为气象要素。天气是一定区域在较短时间内各种气象要素的综合表现。气候则是某一区域多年（30年及以上）天气的统计特征（平均值及极值）。可以说，天气表示大气的瞬时状态，气候则表示大气长时间统计的平均结果。因此，要了解天气变化和气候规律，必须先研究气象要素。本章首先介绍大气概况，在此基础上重点介绍与航海活动密切相关的各种气象要素的特点及变化规律。正确地理解和掌握这些气象要素的特征和变化，是做好海上天气分析和预测的基础。

第一节 大气概况

包围地球表面的整个空气称为大气层，简称大气（Atmosphere）。在大气中存在着各种物理过程（如增热、冷却、凝结、蒸发等）和各种物理现象（如风、云、雾、雨等），它们都与大气本身的性质密切相关。因此本节主要介绍大气的成分、密度、结构和物理性质。

一、大气成分（Atmospheric composition）

大气是由多种气体、水汽及浮悬其中的液态和固态杂质组成的。氮气、氧氧、氩气等属于大气的常定成分，二氧化碳、一氧化二氮等属于含量大体上比较固定的大气成分，而水汽、一氧化碳、二氧化硫和臭氧等属于变化很大的气体成分。另外，大气中还常悬浮有尘埃、烟粒、盐粒、水滴、冰晶、花粉、孢子、细菌等固体和液体的气溶胶粒子。通常将大气中除水汽和杂质以外的混合气体称为干洁空气或干空气（Dry air）。干空气中氮气（占78.08%）、氧气（占20.95%）和氩气（占0.93%）三者合占大气总体积的99.96%，二氧化碳占0.03%，其他气体（氢气、氖气、氦气、氪气、氙气、氡气、臭氧等）所占比例甚微。在距海平面90 km高度以下，除二氧化碳、臭氧等易变气体外，干洁空气主要成分含量的比例基本上保持不变，可以把干洁空气当成分子量为28.97的“单一成分”来处理。空气在自然界的温度和压力下呈气体状态，而且在标准条件（气压为1 013.25 hPa，温度为0 ℃）下，空气密度约为1.293 kg/m^3，大气的总质量为5.3×10^{18} kg。大气是可压缩的，大气密度随高度增加而迅速减小。观测表明，10 km以上集中了75%的大气质量，35 km以下则集中了99%的大气质量。

在大气成分中，氮气和氧气等主要成分对大气温度的变化基本不起作用，而含量稀少的二氧化碳、臭氧和水汽等次要成分是影响大气温度分布及天气、气候变化的主要成分。

大气中的二氧化碳（Carbon dioxide）、甲烷、一氧化二氮等都是温室气体，它们对太阳短波辐射吸收甚少，对地面和大气长波辐射强烈吸收，同时又向周围空气和地面放射长波辐射，对地面和大气的温度分布有重要影响，称为温室效应（如图1-1所示），直接影响气候变迁。观测证明，由于人类活动，近数十年来这些温室气体的含量都有与日俱增的趋势，从而导致气候变暖。在大气中二氧化碳平均含量已达到370ppm。二氧化碳是无色、无味、不会燃烧的气体，常用于灭火，但当其含量达到1 000ppm及以上时会使人头痛、恶心，继而引发缺氧症状等，因此，二氧化碳含量是室内空气品质控制指标之一。大气中的二氧化碳含量随季节变化而变化，冬季多于夏季，这主要是植物生长的季节性变化导致的。当春、夏季来临时，植物由于光合作用消耗二氧化碳，其含量随之减少；反之，当秋、冬季来临时，植物不但不进行光合作用，反而制造二氧化碳，其含量随之上升。另外，空气中二氧化碳的含量分布：城市多于农村，室内多于室外。

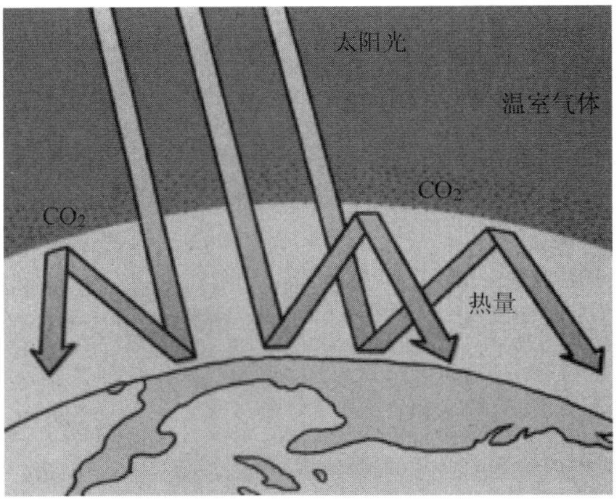

图1-1　温室效应示意图

大气中的臭氧主要是在太阳短波辐射下，通过光化学作用，氧分子分解为氧原子后再与另外的氧分子结合而形成的。臭氧在大气中的分布是随高度、纬度等的不同而变化的，在近地面层臭氧含量很少，从10 km高度处开始逐渐增加，在20～40 km高度处达最大值，再往上则逐渐减少，到55 km高度时含量极少。因此，通常把臭氧集中的20 ~ 40 km气层称为臭氧层（Ozonosphere）。臭氧能强烈吸收太阳光中的紫外线，使臭氧层增暖，影响大气温度的垂直分布，从而对地球大气环流和气候的形成起着重要的作用。同时，臭氧层是一个“保护层”，使生物免受过量太阳光中的紫外线的伤害。观测表明，近年来大气平流层中的臭氧有减少的现象，尤以南极最为明显，出现“臭氧空洞”。据研究，臭氧减少或臭氧层的破坏与人为排放氯氟烃等气体成分有关。因此，保护臭氧层是全人类的共同职责。

大气中的水汽（Vapour）来自江、河、湖、海及潮湿物体表面的水分蒸发和植物的蒸腾，并借助空气的垂直交换向上输送。通常把含水汽的空气叫作湿空气（Wet air），在同一气压和温度下，湿空气的密度只有干空气的62.2%。空气中的水汽含量有明显的时空变化，一般夏季多于冬季，白天多于夜间，低纬度暖水洋面和森林地区的低空域水汽含量最高。按体积来说，水汽可占大气的4%，而在高纬度寒冷干燥的陆面上，其含量极少，可低于0.01%。在垂直方向上，空气中的水汽含量随高度的增加而迅速减少。观测表明，在1.5 ~ 2.0 km高度上，空气中水汽含量只有地面的一半，在5 km高度上减到地面的1/10，90%的水汽集中在3 km以下的低层大气。水汽是大气环境中唯一发生相变（固、气、液三态转化）的大气成分，也是造成云、雨、雪、雾等现象的主要物质源泉。水汽能强烈地吸收地表发出的长波辐射，也能放出长波辐射，并在相变过程中吸收和放出潜能，对大气运动的能量转换、地面和大气温度的变化都有重要的影响。

此外，大气中还悬浮着多种固体微粒和液体微粒，统称大气气溶胶粒子或杂质。这些杂质，在水汽相变过程中，成为水汽凝结的核心，对云、雨、雾的形成起着重要作用。同时固体微粒能散射、漫射和吸收一部分太阳辐射，也能减少地面长波辐射的外逸，对地面和空气温度有一定的影响，并使大气的能见度变差。液体微粒常聚集在一起，以云、雾等形式出现，不仅使大气的能见度变差，还能减弱太阳辐射和地面辐射，对天气、气候有很大的影响。

大气污染（Atmosphere pollution）是自然因素或人为因素使局部甚至全球大气圈层中某些成分超过正常含量或被排入有毒有害的物质，对生物造成危害的现象。目前已知的由自然因素（如森林火灾、火山爆发等）和人为因素（如工业废气、生活燃煤、汽车尾气等）造成的大气污染物约有100种。按其污染物存在状态可分为两大类：气溶胶状态污染物，主要有粉尘、烟液滴、雾霾、降尘、飘尘、悬浮物等；气体状态污染物，主要有以二氧化硫为主的硫氧化合物，以二氧化氮为主的氮氧化合物，以二氧化碳为主的碳氧化合物，以及碳、氢结合的碳氢化合物等。此外，一些污染成分在大气环境中发生物理或化学变化，如二氧化硫在臭氧的作用下引起有害的酸雨，氮氧化物和碳氢化合物在太阳紫外线的照射下产生有毒的光化学烟雾。离大工业城市不远的下风向地区，降水量比四周其他地区要多，这就是“拉波特效应”。

二、大气垂直结构

大气的底界是地球表面，又称为下垫面，但其顶界是模糊的，地球大气和星际气体之间不存在一个截然的界面把它们分开，而是逐渐过渡的。为了实际上的应用，仍可将大气划定一个大致的上界。一种是以大气中物理现象极光出现的最大高度作为大气的物理上界，高度为 1 000 ~ 1 200 km。另一种是以大气密度接近星际气体密度的高度作为大气上界的标准，按卫星探测资料，大气上界在 2 000 ~ 3 000 km 高度处。

大气在垂直方向上的温度、成分、气流状况和电离现象等有显著差异，根据不同高度气层的特点，特别是气温的垂直分布，从地面到大气上界可将大气层分为五层（如图 1-2 所示），依次为对流层、平流层、中间层、热层和逸散层（图中未标出）。

（一）对流层（Troposphere）

下界为地面，上界随纬度和季节变化，平均厚度为 10 ~ 12 km。通常在高纬度为 6 ~ 8 km，中纬度为 10 ~ 12 km，低纬度为 17 ~ 18 km。夏季对流层的厚度比冬季大。对流层集中了 80% 的大气质量和全部水汽，大气中几乎所有的物理和化学过程都发生在该层。空气通过对流和湍流运动在高、低层的空气中进行交换，使近地面的热量、水汽、杂质等易于向上输送，对云、雾、雨、雪等主要大气现象的形成有重要的作用。

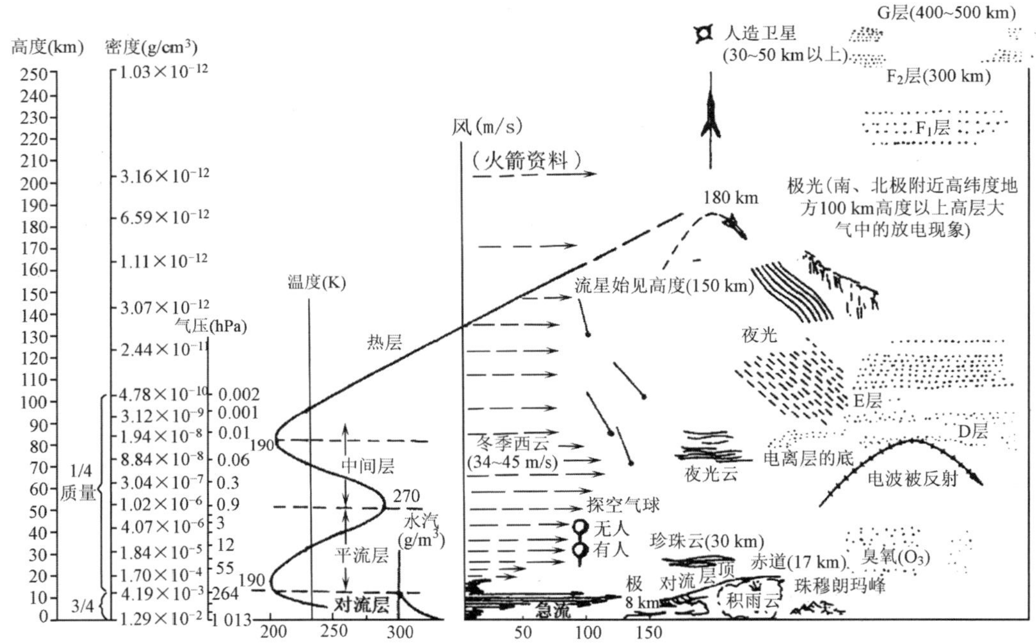

图 1-2　大气的垂直结构

对流层有三个主要特征：

1. 气温随高度增加而降低

在对流层中，气温随高度增加而降低，其量值因所在地区、高度和季节等因素而异。平均而言，高度每增加100 m，气温则下降约0.65 ℃，这称为气温直减率，也叫气温垂直梯度，通常用γ表示：

$$\gamma = -\frac{dT}{dZ} = 0.65\ ℃/100\ m \tag{1-1}$$

2. 具有强烈的对流和湍流运动

由于地表面的不均匀加热，产生垂直对流运动和湍流运动。对流和湍流运动的强度主要随纬度和季节的变化而不同：一般低纬度较强，高纬度较弱；夏季较强，冬季较弱。

3. 气象要素水平分布不均匀

由于对流层受地表的影响最大，而地表面有海陆差异、地形起伏等，因此在对流层中，温度、湿度等的水平分布是不均匀的。

根据大气运动的不同特征又可以将对流层分为摩擦层（Friction layer）和自由大气（Free atmosphere）。摩擦层（又称行星边界层）的范围一般从地面到1.0 ~ 1.5 km高度，其厚度分布情况：夏季高于冬季，白天高于夜间，大风和扰动强烈的天气高于平稳天气。湍流输送是该层的基本运动特点，各种气象要素都有明显的日变化。在这一层中水汽、杂质含量多，因而低云、雾、霾、浮尘等出现频繁。摩擦层以上的大气层称为自由大气。在自由大气中，地球表面的摩擦作用可以忽略不计，大气运动规律显得比较简单和清晰。自由大气的基本运动形式是层流，气流多波状系统。

在对流层的最上层存在一个厚度为1 ~ 2 km的过渡层，称为对流层顶。在对流层顶，气温随高度的增加而降低缓慢，或者几乎不变，形成上下等温。

（二）平流层（Stratosphere）

自对流层顶到大约55 km高度的气层称为平流层。该层中气流以水平运动为主，故得名平流层。

平流层的特点主要包括：

（1）空气的垂直运动比较弱，主要是水平运动；

（2）水汽含量少；

（3）气温随高度增加而递增（最初等温，到20 ~ 40 km气温突增，主要是臭氧吸收太阳紫外线所致）；

（4）气层稳定，利于飞机飞行。

（三）中间层（Mesosphere）

从平流层顶到85 km高度的气层称为中间层。在中间层几乎没有臭氧，来自太阳辐射的大量紫外线直接穿过这层大气，气温随高度的增加而下降得很快，到顶部气温已下降到-83 ℃以下。下层气温比上层高，有利于空气的垂直对流运动，故又称为高空对流层。中间层顶部尚有水汽存在，出现很薄且发光的“夜光云”，称为极光。在夏季的夜晚，高纬度地区偶尔能见到这种绚丽多彩的极光现象。

（四）热层（Thermosphere）

从中间层顶部到800 km的高度的气层称为热（暖）层，又叫电离层。热层中空气密度很小，在700 km厚的气层中，只含有大气总重量的0.5%。热层里的气温很高，据人造卫星观测，在300 km高度上，气温高达1 000 ℃以上。

热层主要特点：

（1）气温随高度的增加而迅速升高；

（2）空气处于高度电离状态。

（五）逸散层（Exosphere）

热层顶以上的大气统称为逸散层，又叫外层。它是大气的最高层，高度最高可达到3 000 km。这一层气温随高度增加而升高，空气十分稀薄，受地球引力场的约束很弱，一些高速运动着的空气分子可以挣脱地球的引力和其他分子的阻力逸散到宇宙空间中去。宇宙火箭探测资料表明，地球大气层之外，还有一层极其稀薄的电离气体，其高度可延伸到22 000 km的高空，称为地冕。地冕也就是地球大气向宇宙空间的过渡区域。

第二节 气温

气温是大气重要的状态参数之一，也是日常天气预报的主要指标。由于温度与气压及风之间存在着相互制约的内在联系，温度的变化必然引起气压和风的变化，进而引起天气的变化。此外，气温的分布和变化还与大气稳定度以及云、雾、降水等天气现象密切相关。因此，掌握气温的变化规律，对天气的分析和预报都具有重要作用。

一、气温的定义和温标

气温（Air temperature）是用来表示空气冷热程度的物理量。空气的冷热程度实质上是反映空气分子运动的平均动能。当空气获得热量时，其分子运动平均速度增大，平均动能增加，气温升高；反之当空气失去热量时，其分子运动平均速度减小，平均动能减少，气温降低。

气温是地面气象观测规定高度（即1.25～2.00 m，国内为1.50 m）上以百叶箱中干球温度为代表的空气温度（如图1-3所示）。

图1-3　百叶箱及干湿球温度表

气温有定时气温（基本站每日定时观测4次，基准站每日定时观测24次）、日最高气温和日最低气温。定量地表示温度高低的标准称为温标。目前我国及大多数国家采用摄氏温标，其冰点温度为0 ℃，沸点为100 ℃。在理论研究上常用绝对温标，最早由英国物理学家开尔文提出，故称开氏温标，以K表示，其零度值等于−273.15 ℃，称为“绝对零度”。两种温标之间的换算关系如下：

$$K = C + 273.15 \tag{1-2}$$

一些欧美国家使用华氏温标（F）。华氏温标将纯水的冰点定为32 ℉，沸点定为212 ℉。华氏温标和摄氏温标之间的关系：

$$C = \frac{5}{9}(F - 32) \tag{1-3}$$

$$F = \frac{9}{5}C + 32 \tag{1-4}$$

二、太阳、地面和大气辐射

自然界中温度高于绝对零度的任何物体，都在时刻不停地以电磁波的形式向四周放射能量，同时也接收着周围射来的电磁波，这种传递能量的方式称为辐射。电磁波作为一种电场和磁场相互作用的交变波动，一般用频率、波长、波数和波速来描述。不同波长和频率的电磁波具有不同的物理性质，因此根据波长和频率来划分电磁波，并给以不同名称，称为电磁波谱。电磁波的波段从波长短的一侧开始，依次叫γ射线、X射线、紫外线、可见光、红外线、无线电波（如图1-4所示）。研究表明：物体的温度愈高，辐射能力愈强，辐射波长愈短；温度愈低，辐射能力愈弱，辐射波长愈长。任何物体一方面因辐射消耗内能而使本身的温度降低，另一方面又因吸收其他物体放射的辐射能并转变为内能而使本身的温度升高。

（一）太阳、地面和大气辐射

太阳是一个巨大的火球，表面温度约6 000 K，直径约1.392×10^6 km，约为地球直径的109倍，它离地球的平均距离为1.459×10^8 km。太阳辐射是地球表面和大气唯一的能量来源。太阳辐射通常以太阳常数、太阳光谱和太阳辐射到达地面后的吸收光谱来描述。太阳常数是指在不考虑大气影响的情况下，在平均日地距离处，垂直于太阳入射表面的单位面积上接收的太阳辐照度。太阳辐射的主要能量集中在波长0.15 ~ 4.00 μm的范围内，气象上称为太阳短波辐射（如图1-4所示）。

地面和大气的温度约为300 K，比太阳表面温度低得多，辐射能量弱，主要是红外辐射。近年来的观测资料发现，地球大气辐射能量的95%集中在波长4.00 ~ 120.00 μm的范围内，最大辐射所在的波长约为10 μm，气象上称为长波辐射（如图1-4所示）。

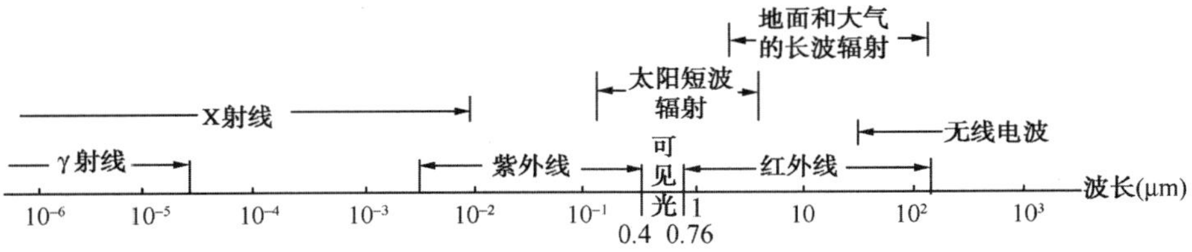

图1-4　电磁波谱的波长范围

然而太阳辐射很少能直接被大气吸收，大部分穿过大气射向地面，被地面吸收之后再通过地面辐射等方式传给大气。地面和大气在获得辐射能的同时，本身又不断地放射出辐射而冷却。不同性质的物体对不同波长的辐射具有不同的吸收、反射和透射特性。例如，雪对短波辐射的反射率很大，但对长波辐射几乎全部吸收；干空气对红外线几乎是透明的，水汽却能强烈地吸收红外线。气象中几乎所有的重要天气现象都与辐射的传递过程有关。

（二）地气系统的热量收支

如图1-5所示，对全球平均情况而言，如果把从大气上界进入大气层的太阳辐射作为100个单位，其中地气系统反射和散射占30%，大气本身和飘浮在大气中的云层与粉尘等直接吸收占19%，直接被地球表面吸收占51%。地球表面吸收这些辐射后，除一部分传入深层或存留在近地表的土壤和水层中外，地面放出长波辐射占21%，热传导占7%，水汽相变等过程释放能量占23%。由此可见，大气受热的主要直接能源是地球表面，它主要靠吸收地面放射的几乎全部长波辐射来维持其一定温度。

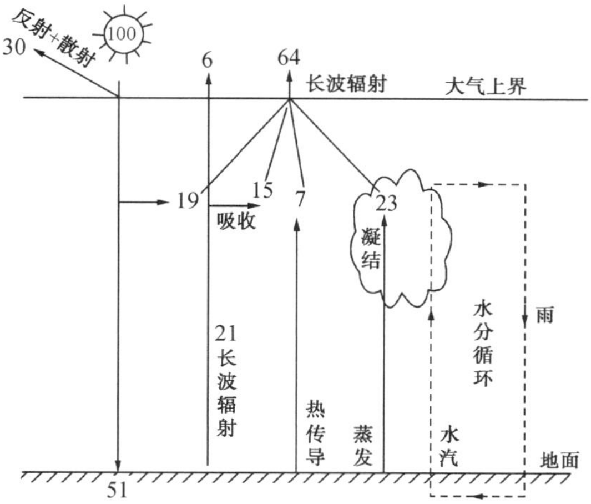

图1-5　地气系统的热量收支

（三）地气系统的辐射差额

地面和大气因辐射进行热量的交换，其能量的收支状况，是由短波和长波辐射收支作用的总和来决定的。通常把物体收入辐射能与支出辐射能的差值称为净辐射或辐射差额，即：辐射差额＝收入辐射-支出辐射。

在没有其他方式进行热交换时，辐射差额决定物体的升温或降温。辐射差额不为零，表明物体收支的辐射能不平衡，会有升温或降温产生。辐射差额为零时，物体的温度保持不变。

图1-6描绘了全球各纬度带辐射收支情况。由图可以看出，无论南半球还是北半球，地气系统的辐射收支在纬度35°处是一转折点。在35°以下的低纬度赤道地区是辐射盈余，35°以上的高纬度极地地区是辐射亏损。多年的观测事实表明，高纬度及低纬度地区的平均温度变化甚微，基本保持恒定。这说明必定有另外一些过程进行高、低纬度地区之间的热量交换，这种热量的交换正是由大气的经向输送和海水的冷、暖流交换来完成的。

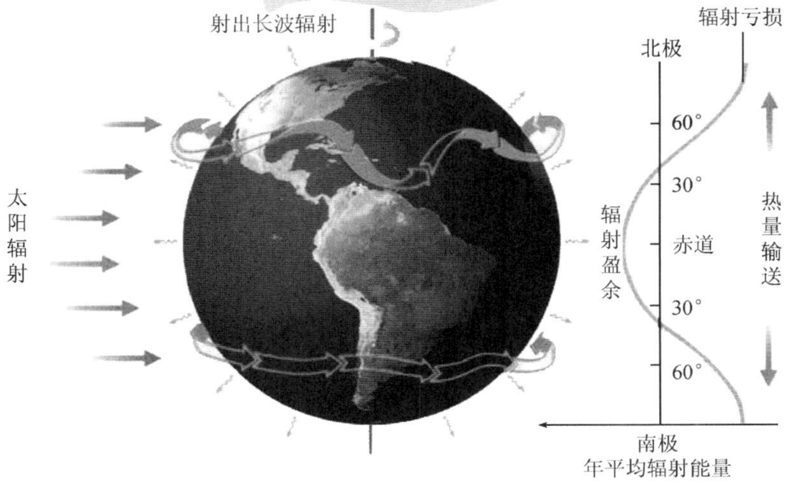

图1-6　全球各纬度带辐射收支情况

三、空气增热和冷却方式

空气的增热和冷却主要是非绝热过程引起的，受下垫面的影响很大。下垫面泛指不同性质的地球表面。下垫面与空气之间的热量交换途径有以下几种：

（一）热传导（Thermal conduction）

空气与地面之间，空气团与空气团之间，当有温度差异时，就会通过分子热传导的方式交换热量。但是地面和大气都是热的不良导体，所以通过这种方式交换的热量很少。只有在贴近地面几厘米以内，空气密度大，单位距离内的温度差异也较大，热传导交换才较为明显。

（二）辐射（Radiation）

辐射是地气系统热量交换的主要方式。大气主要依靠吸收地面的长波辐射增热，同时，地面也吸收大气放出的长波辐射，这样它们之间就通过长波辐射的方式不停地交换着热量，如白天辐射增温，夜间辐射冷却。空气团之间也可以通过长波辐射来交换热量。

（三）对流（Convection）

对流是大气对流层中热量交换的重要方式。大气对流又分热力对流和动力对流。由于空气受热不均引起有规则的热湿空气上升，干冷空气下沉，称为热力对流。由于动力作用造成空气的升降运动称为动力对流，如空气遇山爬升等。通过对流，上下层空气互相混合，热量得以交换，使低层的热量传递到高层。

（四）水相变化

在大气常温状态下，水有液态、气态和固态之间的变化。水在蒸发（或冰在升华）时，要吸收热量；相反，水汽在凝结（或凝华）时，又会放出潜热。例如，从地面蒸发的水汽，在空中发生凝结时，就把地面的热量传给了空气。因此，通过蒸发（升华）和凝结（凝华），促使地面和大气之间、空气团与空气团之间发生潜热交换。由于大气中的水汽主要集中在5 km以下的气层中，所以这种热量交换主要发生在对流层中的下层。

（五）湍流（Turbulence）

空气的不规则运动称为湍流。湍流是在空气层相互之间发生摩擦或空气流过不同性质的下垫面时产生的。有湍流时，相邻空气团之间发生混合，热量也就得到了交换。湍流是摩擦层中热能、动量和水汽交换的主要方式。

（六）平流（Advection）

平流是指某种物理量的水平输送，它是大气中异地之间热量传输最重要的方式，对局地温度变化影响很大。平流过程范围广，持续时间长。如南风送暖，北风送寒，属于温度平流；东风送湿、西风送干，属于湿度平流。

四、气温随时间的变化

地表从太阳辐射得到大量热量，同时又以长波辐射、感热和潜热的形式将部分热量传输给大气，从而失去热量。从长时间平均的角度来看，热量得失总和应该平衡，因此地面的平均温度维持不变。但在某一段时间内，可能得多于失，地面有热量累积而升温；反之，当失多于得时，地面降温。在这种热量收支平衡过程中，太阳辐射处于主导地位，因此随着日、夜的交替，冬、夏季的交替，地面温度会出现日变化和年变化，且变化的幅度与纬度、天气及地表性质等因素有关。

（一）气温的日变化

气温主要因地表面增热与冷却作用而发生变化。例如，白天因地表面吸收了太阳辐射而逐渐增热，通过辐射、分子运动、湍流及对流运动和潜热输送等方式将热量传递给大气，使气温随之升高；夜间因地表面放射长波辐射而冷却，使气温随之降低。因此，一日内气温昼高夜低，有一个最高值和最低值（如图1-7所示）。最低气温出现在日出前，日出后气温逐渐上升，陆地上夏季14~15时、冬季13~14时达到最高值，以后逐渐下降至日出前为止。

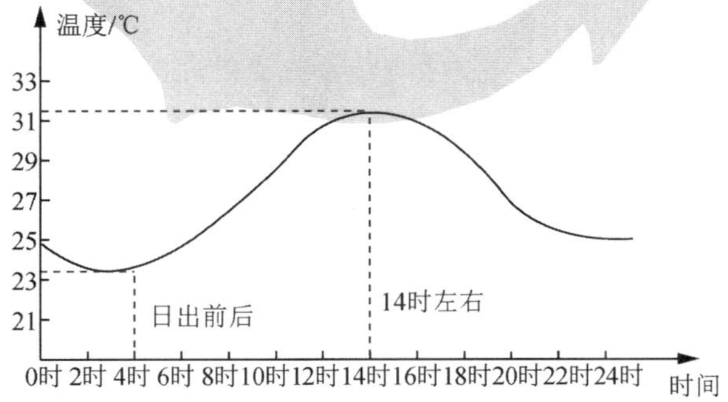

图1-7　陆地某地气温的日变化曲线

通常，一天中气温的最高值与最低值之差称为气温日较差，其大小反映气温日变化的程度。气温日较差一般与纬度、季节、海拔、下垫面性质和天气状况等有关。在其他条件相同的情况下，气温日较差随纬度的增加而减小。热带地区的平均日较差约为12 ℃，温带为8～9 ℃，极圈内为3～4 ℃。中纬度地区日较差夏季大于冬季，日较差最大值出现在初夏，最小值出现在冬季。低纬度和高纬度地区日较差则随季节的变化很小。低海拔地区日较差大，高海拔地区日较差小。主要原因是对流层大气的主要热源直接来自下垫面，气温随下垫面温度的变化而变化。越靠近下垫面，平均气温越高，气温的日变化幅度越大；离下垫面越远，平均气温越低，气温的日变化幅度越小。同时，气温日变化的极值出现时间随离地面的高度增大而后延。由于海陆热力性质差异和地表性质的不同，陆地日较差大，海洋日较差小，沙漠日较差比潮湿地区的大。就天气状况而言，如果有云层存在，则白天地面得到的太阳辐射少，最高气温比晴天低。而在夜间，云层覆盖又不易使地面热量散失，最低气温反而比晴天高。所以，晴天的气温日较差比阴天大。

此外，一地气温日变化的大小还取决于控制该地的气压系统。一般而言，低压中心因为盛行上升气流，天气以阴雨为主，所以白天因大气削弱太阳辐射作用强，因此温度较低，夜晚因大气保温作用强，温度较高，所以气温日变化较小。高压中心则正好相反，气温日变化大。

综上所述，在任何地点，每一天的气温日变化，既有一定的规律性，又不是前一天气温日变化的简单重复，而是要考虑上述诸因素的综合影响。

（二）气温的年变化

气温的年变化表现在一年中月平均气温有一个最高值和一个最低值。由于地面储存热量，气温最高值和最低值出现的时间不在太阳辐射最强和最弱的一天（北半球夏至和冬至），也不在太阳辐射最强和最弱一天所在的月份（北半球6月和12月），而是比这一时段要滞后1～2个月。通常，北半球中高纬度陆地的气温以7月为最高，1月为最低。海洋上的气温以8月为最高，2月为最低。

一年中月平均气温的最高值与最低值之差，称为气温年较差。气温年较差的大小与纬度、下垫面性质和海拔等因素有关。赤道附近，昼夜长短几乎相等，最热月和最冷月热量收支相差不大，气温年较差小；高纬度地区气温年较差可达40～50 ℃，同时，气温年较差在海拔低处大于高处。

如以同一纬度为例，大陆冬、夏两季热量收支的差值比海洋大，所以陆上气温年较差比海洋大得多。在一般情况下，温带海洋上气温年较差为11 ℃，大陆上气温年较差可达20～60 ℃。

特别指出，随着纬度的增加，气温日较差减小而气温年较差增大。这主要是由于高纬度地区，太阳辐射强度的日变化比低纬度地区小，即纬度高的地区，在一天内太阳高度角的变化比纬度低的地区小，而太阳辐射的年变化在高纬度地区比低纬度地区大。

（三）气温的非周期性变化

气温的变化时刻受大气运动的影响，所以有些时候，气温的实际变化并不像上述周期性日、年变化那样简单，而表现出明显的非周期性变化。例如3月以后，我国江南正是春暖花开的时节，却常常因为冷空气的活动而突然转冷。秋季正是秋高气爽的时候，往往也会因为暖空气的来临而突然回暖。

由此可见，某地气温除了由于太阳辐射的变化而引起的周期性变化外，还有因大气的运动而引起的非周期性变化。实际气温的变化，就是这两个方面共同作用的结果。如果前者的作用大，则气温呈周期性变化；相反，就呈非周期性变化。但从总的趋势和大多数情况来看，气温的日变化和年变化的周期性还是主要的。

五、气温的空间分布

（一）气温的水平分布

影响气温的水平分布的主要因素有纬度、海陆分布和高度。但是，在绘制等温线图时，常把温度值订正到同一高度即海平面上，以便消除高度的因素，从而把纬度、海陆分布及其他因素更明显地表现出来。

在一年内的不同季节，气温分布是不同的。通常以1月代表北半球的冬季和南半球的夏季，7月代表北半球的夏季和南半球的冬季。图1-8和图1-9分别表示1月和7月海平面平均气温分布的特征。

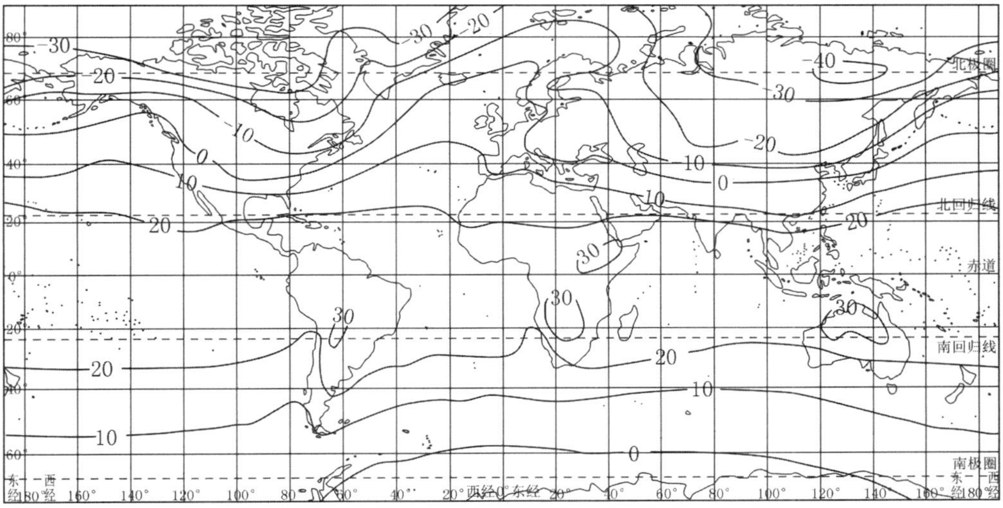

图1-8　1月海平面平均气温分布的特征（单位：℃）

（1）气温的水平分布是随着纬度增加而逐渐降低的。在北半球，等温线7月比1月稀疏，即1月北半球南北温度差大于7月。这是因为1月太阳直射点位于南半球，北半球高纬度地区正午太阳高度较低，白昼较短，而北半球低纬度地区，正午太阳高度较高，白昼较长，因此1月北半球南北温差较大。7月太阳直射点位于北半球，高纬度地区有较低的正午太阳高度和较长的白昼，低纬度地区有较高的正午太阳高度和较短的白昼，以致7月北半球南北温差较小。

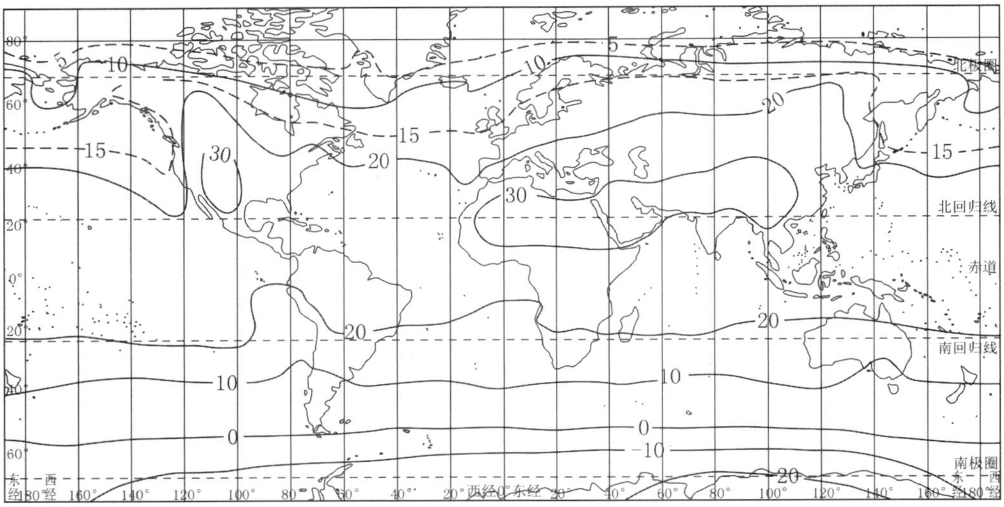

图1-9　7月海平面平均气温分布的特征（单位：℃）

（2）冬季北半球的等温线在大陆上大致凸向赤道，在海洋上大致凸向极地，而夏季相反。这是因为在同一纬度上，冬季大陆温度比海洋温度低，夏季大陆温度比海洋温度高。南半球陆地面积较小，海洋面积较大，因此等温线较平直，遇有陆地的地方，等温线也发生与北半球相类似的弯曲情况。

（3）北半球冬季大洋西部从低纬度向东北方向伸出一个暖舌直达大洋东部中高纬度海域。因为在北半球大洋西部存在强大暖流（黑潮、湾流）。

（4）热赤道是指围绕地球且连接每条经线上年平均温度最高点的一条线。北半球有较大的陆地，使空气强烈增温，热赤道与真正的赤道不相吻合，而且在一年中随着太阳的视运动而向南北移动，冬季在5°N~10°N处，夏季移到20°N左右，平均在10°N。同时，太阳的视运动使赤道正午头顶太阳光线在一年中出现两次，分别在3月和9月，导致4月和10月两次出现温度最大值。

（5）南半球无论冬季还是夏季，最低温度都出现在南极。北半球仅夏季最低温度出现在极地附近，而冬季最冷地区出现在东部西伯利亚和格陵兰地区。根据现有记录，北半球绝对最低气温出现在东西伯利亚的维尔霍扬斯克和奥伊米亚康，分别为–69.8 ℃和–73 ℃，1962年在南极记录的世界最低气温为–90 ℃。世界绝对最高气温出现在索马里境内，为63 ℃。

（二）气温的垂直分布

在对流层中，总的情况是气温随高度升高而降低，首先，对流层中空气的增温主要依靠吸收地面的长波辐射。因此离地面越近获得的地面长波辐射越多，气温越高；离地面越远，气温越低。其次，越接近地面空气密度越大，水汽和杂质越多，因而吸收地面辐射的效能越大，气温越高；越向上空气密度越小，能够吸收地面辐射的物质——水汽、微尘越少，因此气温越低。整个对流层的气温垂直递减率平均为0.65 ℃/100 m。实际上，在对流层内各高度的气温垂直变化是因时因地而不同的。如图1-10所示，若Z_1高度上的气温为T_1，Z_2高度上的气温为T_2，则Z_1与Z_2之间气层的温度垂直递减率为：

$$\gamma = -\frac{T_2 - T_1}{Z_2 - Z_1} = -\frac{\Delta T}{\Delta Z} \tag{1-5}$$

根据公式，通常情况下，气温随高度升高而降低，$\gamma > 0$；有时会出现气温随高度升高而升高的现象，称为逆温，出现逆温的空气层称为逆温层，逆温层内，$\gamma < 0$；等温层内，$\gamma = 0$。逆温层和等温层能阻碍对流运动的发展，对天气变化有一定影响。

实际大气中，γ值随时间、空间而变化，即不同时间、不同地点、不同层次的γ值是不等的。

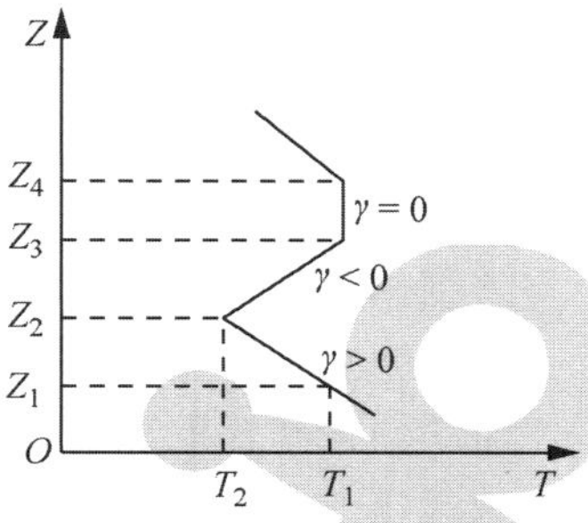

图1-10　气温垂直递减率

第三节 气压

一、气压概述

（一）气压与天气

气压与天气之间有着密切的关系。一般来说，地面上高气压的地区往往是晴天，或当气压明显升高时，天气转好，伴随晴空少云或无云的天气。地面上低气压的地区往往是阴雨天，或当气压明显降低时，天气变坏，可能出现阴雨、大风和低能见度等天气。因此，气压表又称为“晴雨表”。

（二）气压的定义和单位

气压是指单位截面积上空气柱的重量，称为大气压强，简称气压。在标准情况下（即气温为0 ℃，纬度为45°的海平面上），760 mmHg大气压为一个标准大气压，相当于1 013.25 hPa（Hectopascal）。根据气压定义，大气压强公式为：

$$p = \rho ghS/S = \rho gh$$

在水银气压表中，p为气压，ρ为水银密度，h为水银柱高度，g为重力加速度，S为水银柱截面积。

气压使用的单位有百帕（hPa）、毫巴（mbar）和毫米汞柱（mmHg）。它们之间的关系为：

1 hPa=1 mbar，1 hPa=3/4 mmHg，1 mmHg=4/3 hPa

二、气压的变化

（一）影响气压变化的因素

某地气压的变化就是其上空大气柱中空气质量的增多或减少。影响空气质量的增多或减少有两类因素：热力因素和动力因素。

（1）热力因素：温度高，空气受热膨胀，空气密度变小，空气发生辐散现象，气压下降；温度低，空气冷却收缩，空气密度变大，空气发生辐合现象，气压升高。

（2）动力因素：包括水平气流的辐合和辐散、空气密度变化和空气的垂直运动。气流水平辐合时，产生空气堆积，导致气压上升；气流水平辐散时，产生空气扩散，导致气压下降。移来的气团密度大，空气质量增多，气压上升（如冷空气南下）；移来的气团密度小，空气质量减少，气压下降（如暖空气北上）。当空气有垂直运动而气柱内质量没有外流时，气柱中总质量没有改变，地面气压不会发生变化。但气柱中空气质量的上下传输，可造成气柱中某一层次空气质量改变，从而引起气压变化。图1-11中位于A、B、C三地上空某一高度上a、b、c三点的气压，在空气没有垂直运动时，空气质量不变，则p_a不变；在空气有下沉运动时，上层空气质量减少，p_c降低；在空气有上升运动时，上层空气质量增多，p_b增高。

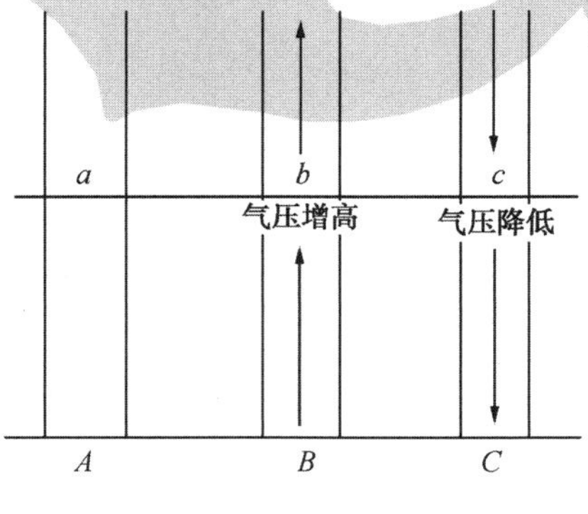

图1-11　空气垂直运动和气压变化关系

大气中气压变化并不由单一情况决定，而往往是几种情况综合作用的结果，这些情况之间又是相互联系、相互制约、相互补偿的。如图1-12所示，上层有水平气流辐合、下层有水平气流辐散的区域必然会有空气从上层向下层补偿，从而出现空气的下沉运动；反之，则会出现空气的上升运动。同理，在出现空气垂直运动的区域也会在上层和下层出现水平气流的辐合和辐散。

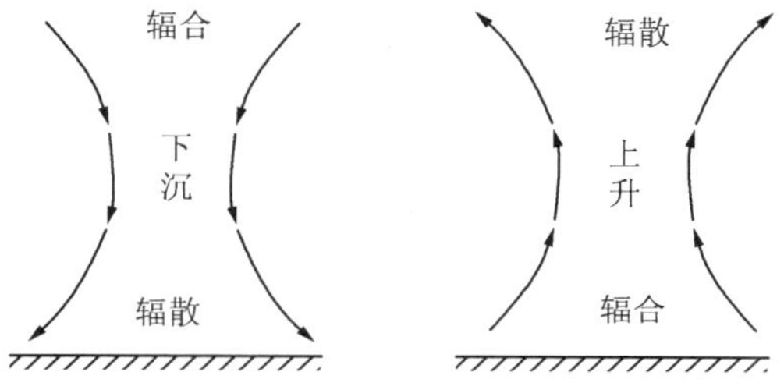

图1-12　水平气流辐合、辐散与垂直运动的关系

（二）气压随高度的变化

某地的气压值等于该地单位面积上大气柱的重量。高度愈高，压在其上的空气柱愈短，气压也就愈低。因此，气压总是随高度的增加而降低的。气压随高度的增加而降低的速度与空气密度有关，密度大的地方，气压随高度的增加而降低得快，密度小的地方则降低得慢。气压与高度的对应关系如表1-1所示。

表1-1　气压与高度的对应关系

高度(km)	0.0	1.5	3.0	5.5	9.0	12.0	16.0	20.5	24.0	31.0	36.0	48.0
气压(hPa)	1 000	850	700	500	300	200	100	50	30	10	5	1

通常，用大气静力学方程和压高方程来确定空气密度大小与气压随高度变化的定量关系。

1. 大气静力学方程

假设大气相对于地面处于静止状态，则某一点的气压值等于该点单位面积上所承受垂直气柱的重量。如图1-13所示，在大气柱中截取面积为1 cm²，厚度为ΔZ的薄气柱。设高度Z_1处的气压为p_1，高度Z_2处的气压为p_2，空气密度为ρ，重力加速度为g。在静力平衡条件下，Z_1面上的气压p_1和Z_2面上的气压p_2间的气压差应等于这两个高度面间的空气柱重量，即

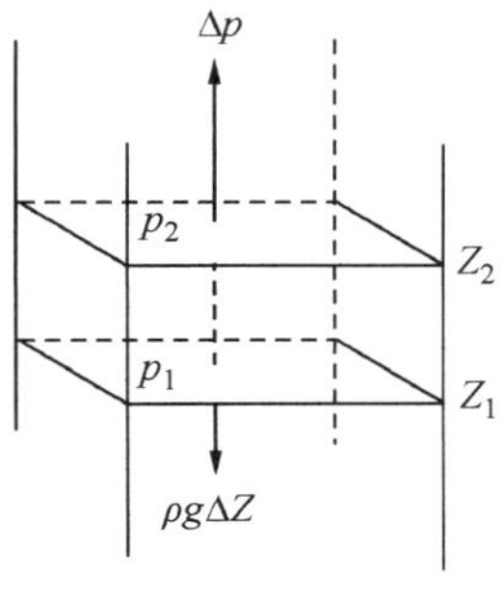

图1-13　空气静力平衡

$$p_2 - p_1 = -\Delta p = -\rho g \Delta Z \qquad (1\text{-}6)$$

式中，负号表示随高度增加，气压降低。若ΔZ趋于无限小，则式（1-6）可写成

$$-\mathrm{d}p = \rho g \mathrm{d}Z \text{ 或 } \frac{\mathrm{d}p}{\mathrm{d}Z} = -\rho g \qquad (1\text{-}7)$$

式（1-7）是气象学中的大气静力学方程。方程说明，气压随高度递减的快慢取决于空气密度（ρ）和重力加速度（g）。重力加速度（g）随高度的变化量一般很小，因而气压随高度递减的快慢主要取决于空气的密度。气层密度大，气压随高度的增加而降低得快；反之，则递减慢。

2. **单位气压高度差**

船舶实际工作中经常引用单位气压高度差（h），它表示在垂直气柱中气压每改变一个单位所对应的高度变化值。显然单位气压高度差是垂直气压梯度的倒数，即：

$$h = -\frac{\mathrm{d}Z}{\mathrm{d}p} = \frac{1}{\rho g} \qquad (1\text{-}8)$$

利用大气状态方程$p = \rho RT$，将气体常数R=287 J/（kg·K）、重力加速度g=9.8 m/s^{2}代入，并将T换成摄氏温标t，即T=273（1+αt），α=1/273，则得：

$$h = \frac{RT}{pg} \approx \frac{8\,000}{p}(1 + \alpha t) \qquad (1\text{-}9)$$

表1-2是根据式（1-9）计算出的不同气温和气压下的h值。从表1-2中可以看出：（1）在同一气压下，气柱的温度愈高，密度愈小，单位气压高度差愈大；反之，气柱温度愈低，单位气压高度差愈小。（2）在同一气温下，气压值愈大的地方，空气密度愈大，单位气压高度差愈小；反之，气压值愈低的地方，单位气压高度差愈大。在垂直方向上，随着高度的升高，单位气压高度差迅速增大。

表1-2　不同气温、气压条件下的单位气压高度差　　（单位：m/hPa）

气压(hPa)	气温(℃)				
	−40	−20	0	20	40
1 000	6.7	7.4	8.0	8.6	9.3
500	13.4	14.7	16.0	17.3	18.6
100	67.2	73.6	80.0	86.4	92.8

（三）气压随时间的变化

任何地方的气压都在随着时间的改变而改变。气压的这种变化既包含气压的周期性变化，也包含气压的非周期性变化。气压的周期性变化是指气压随时间的改变而呈现的规律性波动。如图1-14所示，在一昼夜之内，气压的最高值出现在上午9～10时，之后气压开始下降，到下午15～16时出现最低值。以后气压又开始缓慢上升，到21～22时出现次高值，次日凌晨3～4时则出现次低值。气压日变化幅度低纬度大于高纬度，最高和最低气

压与气温的变化有关，即某地一天中最低气温过后出现最高气压，一天中最高气温过后出现最低气压。

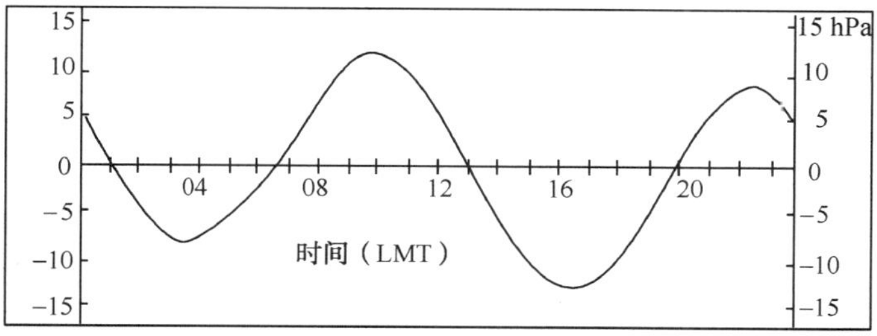

图1-14 气压日变化

气压在一年之内的周期性变化称为气压年变化。气压年变化受气温的年变化影响很大，也与纬度、海陆性质、海拔等地理因素有关。气压的年变化以中纬度地区最为明显。冬季大陆冷，海上热，形成陆上高压，海上低压；夏季大陆增热快，海上增热慢（相对温度低），形成大陆低压，海上高压。因此，气压年变化概括为三种类型。(1) 大陆型：一年中气压最高值出现在冬季，最低值出现在夏季，气压年变化值很大，并由低纬度向高纬度逐渐增大（如图1-15所示）。(2) 海洋型：一年中气压最高值出现在夏季，最低值出现在冬季，年较差小于同纬度的陆地（如图1-15所示）。(3) 高山型：一年中气压最高值出现在夏季，是空气受热，气柱膨胀、空气上升，质量增加的结果；而最低值出现在冬季，是空气受冷，气柱收缩、空气下沉、质量减少的结果。

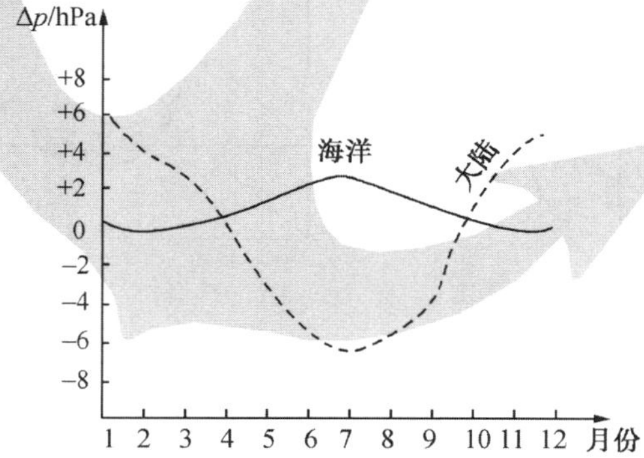

图1-15 气压年变化

气压的非周期性变化是指气压变化不存在固定的周期。实际的气压变化是这两种变化因素综合作用的结果。但这两种变化所起的作用不等，在任何情况下，必有一种变化是主要的。如热带地区，气压的周期性变化较明显；中纬度地区，气压的非周期性变化较大。然而，这种情况也不是固定的，有时双方还会互相转化。

三、海平面气压场的基本形式

某一时刻，气压的空间分布称为气压场。海平面上的气压分布称为海平面气压场，它反映了海平面附近的气压形势。船舶所接收的传真地面天气图就是海平面的气压形势图，图上绘有等压线（海平面上气压相同点的连线），用等压线来反映海平面气压分布的特征。

由于气压场的分布是复杂多变的，所以等压线的形状及组合也是多样的，主要有以下几种形式：

1. 低气压（Low pressure；Depression）

由闭合等压线构成的中心气压比周围低的区域称为低气压，简称低压。其空间等压面的形状向下凹陷，形如盆地，如图1-16所示。

2. 低压槽（Trough）

由低压向外延伸出来的狭长区域，或一组未闭合的等压线向气压较高的一方凸出的部分，称为低压槽，简称槽。在低压槽中，各条等压线曲率最大处的连线，称为槽线（如图1-16所示）。

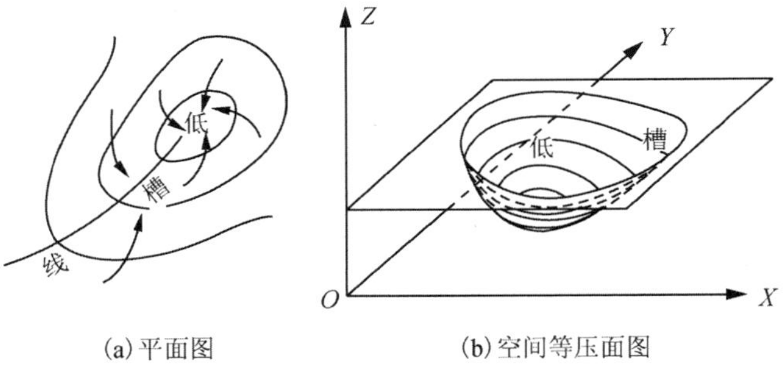

图1-16　低压和低压槽示意图

3. 高气压（High pressure）

由闭合等压线构成的中心气压比周围高的区域，称为高气压，简称高压。其空间等压面向上凸起，形如山丘，如图1-17（a）所示。

4. 高压脊（Ridge）

由高压向外延伸出来的狭长区域，或一组未闭合的等压线向气压较低一方凸起的部分，称为高压脊，简称脊。在高压脊中，各条等压线曲率最大处的连线，称为脊线［如图1-17（b）所示］。

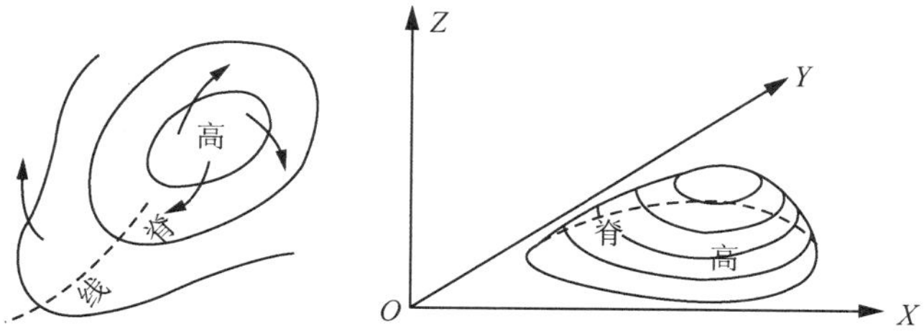

(a) 平面图　　(b) 空间等压面图

图 1-17　高压和高压脊示意图

5. **鞍形区（Col）**

相对并相邻的两高压和两低压组成的中间区域称为鞍形区，简称鞍。其空间等压面的形状类似马鞍。鞍形区内气压分布较均匀，又有匀压区之称，其主要天气特征是风小，如图 1-18 所示。

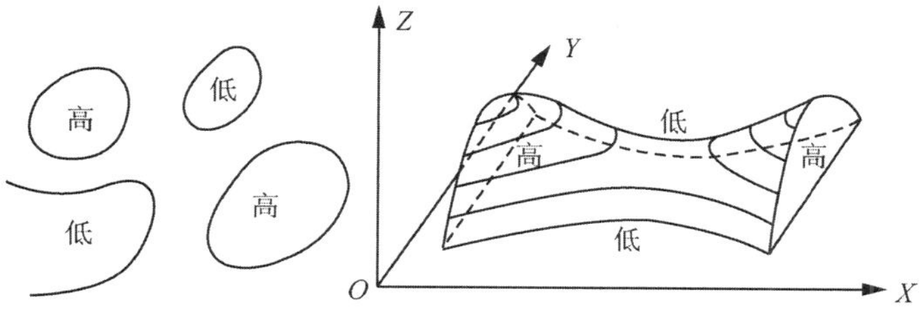

(a) 平面图　　(b) 空间等压面图

图 1-18　鞍形区示意图

另外，通常将两个高压之间的狭长区域称为低压带，两个低压之间的狭长区域称为高压带。

上述几种气压场的基本形式，统称为气压系统（Pressure systems）。各个气压系统都具有自己特有的结构和运动情况，因而所伴生的天气也不同。掌握气压场的分布和变化是制作天气预报的基础。

四、水平气压梯度

水平气压梯度是表示在水平方向上气压分布不均匀程度的空间矢量，用符号 $-\frac{\Delta p}{\Delta n}\vec{n}$ 表示。其中 Δp 为两相邻等压线之间的气压差，Δn 为两等压线之间的垂直距离，负号表示沿水平气压梯度方向气压是减小的，$\vec{n}$ 为表示水平面上等压线法线方向的单位矢量，其大小为 1，仅表示方向。水平气压梯度的单位是 hPa/m，在实际工作中常用百帕/赤道度来表示。1 赤道度约等于 60 n mile。水平气压梯度方向垂直于等压线由高压指向低压，大小等于垂直等压线方向上单位距离内的气压差。如图 1-19 所示，p_1、p_2 为等压线，而且

$p_2 > p_1$，Δn 为等压线之间的垂直距离，箭头指向为气压梯度方向，其大小为：

$$-\frac{\Delta p}{\Delta n}=-\frac{p_1-p_2}{\Delta n}=\frac{p_2-p_1}{\Delta n} \tag{1-10}$$

显然，水平气压梯度恒大于零。

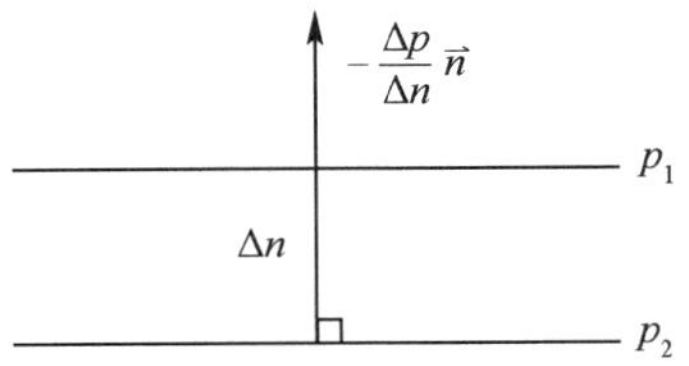

图1-19　水平气压梯度

在地面天气图上任意相邻的等压线的气压差值 Δp 是一定的，因此，它们之间的距离 Δn 愈大，等压线愈稀疏，水平气压梯度愈小；反之，Δn 愈小，等压线愈密集，水平气压梯度愈大。因此，从天气图上等压线分布的疏密情况，可以判断出水平气压梯度的相对大小。

实际大气中水平气压梯度值是很小的，平均 1 hPa/100 km，只有铅直气压梯度的万分之一。但它是风的起动力，对大气的运动具有非常重要的作用。

五、气压系统随高度的变化

任何气压系统都具有三度空间结构，气压系统随高度的变化与它和温度场的配置密切相关。地面上的高、低气压系统随高度的升高其强度是加强还是减弱，主要取决于气压场和温度场的配置情况。

（一）温压场对称的系统

温压场对称是指系统的温度场与气压场相重合（即温度场的冷、暖中心同气压场的高、低压中心相重合），这样的气压系统称为温压场对称的系统。温压场对称的系统的中心轴线（各高度上系统中心的连线）在空间是垂直的（如图1-20所示）。温压场对称的系统包括暖高压、冷高压、暖低压和冷低压四类。

温压场对称的系统又分为深厚系统和浅薄系统两种。深厚系统是指地面是高压，到高空仍保持为高压者，或地面是低压，到高空仍保持为低压者。暖高压和冷低压就属于深厚系统。浅薄系统是指地面的高压、低压随高度增加而强度减弱，甚至转变成低压、高压者。冷高压和暖低压就属于浅薄系统。

1. 暖高压

当温度场的暖中心与高压中心重合时，称为暖高压。暖高压中心部位温度高于四周，密度相对要小。根据静力平衡方程可知，中心部位的单位气压高度差大于四周，即两等压面间的厚度大于周围的厚度。因此，随着高度的升高，中心部位的等压面越来越向上凸起，如图1-20（a）所示。这表明暖高压不仅可以伸展到很高的高度，而且随着高度的升高其强度加强。像副热带高压、阻塞高压都属于暖性深厚系统。

2. 冷高压

当温度场的冷中心与高压中心重合时，称为冷高压。冷高压中心部位是冷区，故两等压面间的厚度中心较薄，而四周较厚，空间等压面变得越来越平，致使冷高压的强度随高度升高而明显减弱，到一定高度后可转变为低压，如图1-20（b）所示。如冬季西伯利亚高压、北美高压都具有此结构。

3. 暖低压（热低压）

当温度场的暖中心与低压中心重合时，称为暖低压（热低压）。同理可知，该系统的强度随高度的增加而减弱，到一定高度后，低压消失，甚至转化为高压，如图1-20（c）所示。暖低压属于浅薄系统，如夏季亚洲的印度低压。

4. 冷低压

当温度场的冷中心与低压中心重合时，称为冷低压。冷低压中心部位温度低于四周，则两等压面间的厚度小于四周的厚度。因此随着高度的升高，等压面越来越向下凹陷，如图1-20（d）所示。冷低压也是深厚系统，如高空冷涡就属于此类系统。

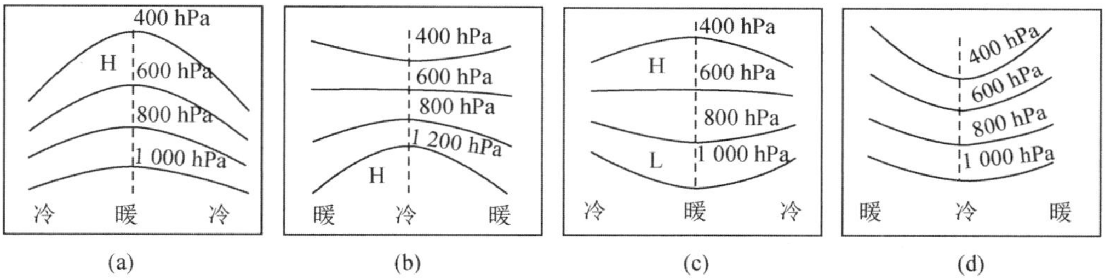

图1-20　温压场对称系统的垂直剖面示意图

但需要注意的是，热带风暴等级以上的热带气旋（如台风），虽属暖性低压，由于其强度大，通常到300 hPa高度以上才转变成高压，所以仍然是深厚系统而不是浅薄系统。

（二）温压场不对称的系统

当地面的高、低压系统中心同温度的冷、暖中心配置不重合时，气压系统的垂直结构就会出现不对称性。图1-21是温压场不对称的高、低压系统的垂直剖面示意图。

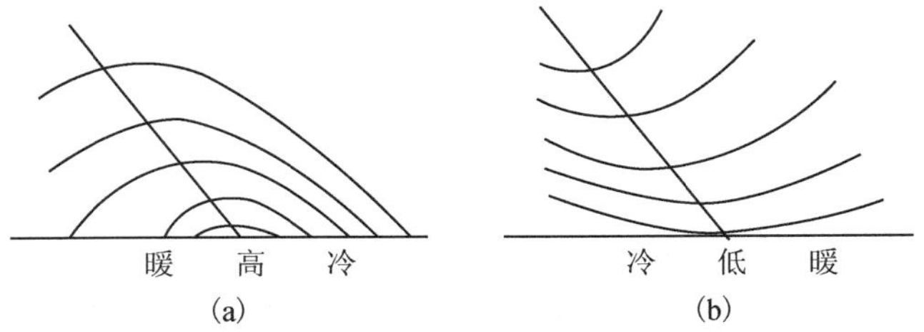

图1-21　温压场不对称的高、低压系统的垂直剖面示意图

由图可见，由于温压场不对称，暖区一侧的单位气压高度差要比冷区一侧大，因此，高压中心越到高空就越向暖中心靠近，即高压中心轴线（同一气压系统在各高度上的中心点连线）向暖区倾斜。同理，低压中心轴线向冷区倾斜。在北半球中高纬度地区，不对称的低压总是东暖西冷，不对称的高压总是东冷西暖，因此，高压中心轴线通常随高度增加向西南倾斜，低压中心轴线通常随高度增加向西北倾斜。南半球温压场不对称的高压中心轴线通常随高度增加向西北倾斜，低压中心轴线通常随高度增加向西南倾斜。在中纬度地区，多数系统是温压场不对称的，因而轴线是倾斜的，如发展阶段的温带气旋和反气旋就属于这类。

温压场不对称系统在地面图上虽是闭合的高压或低压，但往往到500 hPa等压面上，等高线就不闭合了，而成为槽脊形。这就可以解释为什么地面天气图上闭合系统多，而高空天气图上槽脊形系统多了。

第四节 空气的水平运动——风

风（Wind）是航海者最关心的一种气象要素，海上风力的大小及由风引起的海浪，直接影响船速及船舶航行的安全，风作用于船体会产生风压力，使船舶向下风方向漂移，偏离计划航线，使船舶产生偏转，破坏船舶稳性，所以风历来是海员最为重视的气象要素。从气象学角度来说，风对地球上热量和水分的输送也起着十分重要的作用，直接影响天气的变化。

一、风的表示方法

空气的运动可分为水平运动和垂直运动。风是指空气相对地面或海底的水平运动，风是个矢量，既有大小（风速）又有方向（风向）。

(一) 风速

风速是单位时间内空气在水平方向上移动的距离，常用单位有米/秒（m/s）和节（kn）。

$$1\ m/s \approx 2\ kn \quad 或 \quad 1\ kn \approx 0.5\ m/s$$

在日常生活和实际工作中，人们习惯于用风力表示风的大小。风力等级是根据风对地面或海面的影响程度来确定的。国际通用的风力等级是由英国人蒲福于1805年拟定的，故又称“蒲福风力等级（Beaufort scale）”，它最初是根据风对炊烟、沙尘、地物、渔船、海浪等的影响大小分为0~12级，共13个等级。后来，又在原分级的基础上，增加了相应的风速界限，自1946年以来，风力等级又做了扩充，增加到18个等级（0～17级），参见表1-3。

表1-3 风力等级表

风力等级	风名	相当风速			海面状况	海面征象	海面浪高(m)	
		kn	m/s	中数(m/s)			一般	最高
0	无风 Calm	< 1	0.0~0.2	0.0	平如镜子 Calm-glassy	海面像镜子一样平静	—	—
1	软风 Light air	1~3	0.3~1.5	1.0	微波 Calm-rippled	海面有波纹，但没有白色波峰	0.1	0.1
2	轻风 Light breeze	4~6	1.6~3.3	2.0	小波 Smooth-wavelets	波浪纹虽小，但已明显，波峰透明像玻璃，但不破碎	0.2	0.3
3	微风 Gentle breeze	7~10	3.4~5.4	4.0	小浪 Wavelets	波较大，波峰开始分裂，泡沫有光，间或见到白色波浪	0.6	1.0
4	和风 Moderate breeze	11~16	5.5~7.9	7.0	轻浪 Slight	小浪，波长较大，往前卷的白碎浪较多，有间断的呼啸声	1.0	1.5
5	清风 Fresh breeze	17~21	8.0~10.7	9.0	中浪 Moderate	中浪，波浪相当大，白碎浪很多，呼啸声不断，间有浪花溅起	2.0	2.5
6	强风 Strong breeze	22~27	10.8~13.8	12.0	大浪 Rough	开始成大浪，波浪泡沫飞布海面，呼啸声大作(可能有少数浪花溅起)	3.0	4.0
7	疾风 Near gale	28~33	13.9~17.1	16.0	巨浪 Very rough	海面由波浪堆积而成，碎浪的白泡沫开始呈纤维状，随风吹散，飞过几个波峰	4.0	5.5
8	大风 Gale	34~40	17.2~20.7	19.0	狂浪 High	中高浪，波长更大，随风吹起纤维状浪更明显，呼啸声更大	5.5	7.5

续表

风力等级	风名	相当风速			海面状况	海面征象	海面浪高(m)	
		kn	m/s	中数(m/s)			一般	最高
9	烈风 Strong gale	41~47	20.8~24.4	23.0	狂涛 Very high	高浪，泡沫纤维更加浓密，海浪翻卷，泡沫可能影响能见度	7.0	10.0
10	狂风 Storm	48~55	24.5~28.4	26.0		大高浪，波浪呈长型突出，纤维状泡沫更加浓厚，并呈片状，海浪颠簸好像槌击，浪花飞起带白色，能见度受影响	9.0	12.5
11	暴风 Violent storm	56~63	28.5~32.6	31.0	非凡现象 Phenomenal	特高浪，中小型船有时被浪所蔽，波峰边缘被风吹成泡沫，能见度大减	11.5	16.0
12	飓风 Hurricane	≥64	≥32.7	34.8		空气中充满泡沫和浪花，海面因浪花飞起呈白色状态，能见度剧烈降低	14.0	—
13		72~80	37.0~41.4	39.2				
14		81~89	41.5~46.1	43.8				
15		90~99	46.2~50.9	48.6				
16		100~108	51.0~56.0	53.5				
17		109~118	56.1~61.2	58.7				

（二）风向

风向是指风的来向，常用16方位或周天方位（0°~360°）表示，高空风向也多用度数来表示（如图1-22所示）。正北为0°或360°，正东为90°，正南为180°，正西为270°，在16方位中，相邻方位相差22.5°，例如：NNW表示西北偏北。

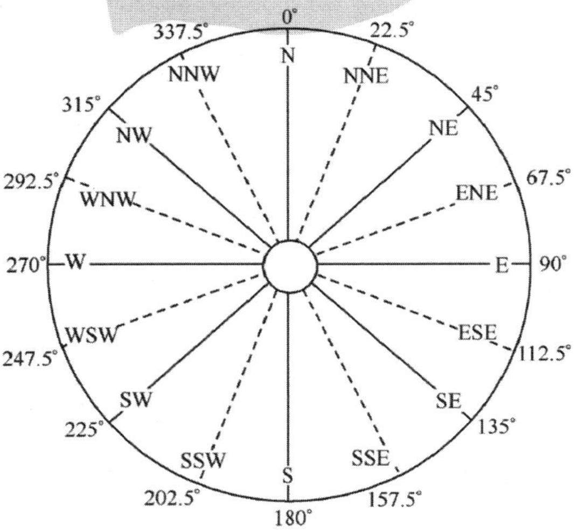

图1-22　风向表示法

二、风的阵性及日、年变化规律

在摩擦层中，由于湍流作用，风速表现为忽大忽小，风向忽左忽右，称为风的阵性或风的脉动。实际上风的阵性就是小尺度的湍涡叠加在大型流场上造成的结果。因此在测风时，要求取其平均值。一日内阵性最强在午后，一年中阵性最强在夏季。

一天之中，通常近地面附近的风速午后大、夜间和清晨小。在气压形势稳定时，风的日变化较为明显，当有较强的天气系统过境时，风的日变化将会被扰乱。一般风的日变化幅度，晴天比阴天大，夏季比冬季大，陆地比海洋大。年变化则因地而异。

三、作用于空气微团水平方向上的力

根据牛顿定律可知，物体的运动状态取决于它所受到的外力。单位质量空气受到的重力方向向下，指向地心。显然，重力对大气水平方向的运动不起作用。以下主要介绍作用于空气微团水平方向的力。

（一）水平气压梯度力

前面我们曾讨论过水平气压梯度的物理意义，它代表单位容积空气在气压场中所受的力。气象学中习惯上常讨论单位质量（m=1）空气微团的受力情况。在水平方向气压分布不均匀时，单位质量空气微团在气压场中所受到的水平方向静压力，称为水平气压梯度力（Pressure gradient force），常用符号 $\vec{G}_n$ 表示：

$$\vec{G}_n=-\frac{1}{\rho}\frac{\Delta p}{\Delta n}\vec{n} \tag{1-11}$$

其大小为

$$G_n=-\frac{1}{\rho}\frac{\Delta p}{\Delta n} \tag{1-12}$$

式（1-11）和式（1-12）中 ρ 为空气密度。

公式表明：水平气压梯度力的大小与水平气压梯度成正比，与空气密度成反比；其方向与水平气压梯度的方向相同。

当空气密度一定时，水平气压梯度越大（即等压线越密集），水平气压梯度力越大；反之，水平气压梯度越小（即等压线越稀疏），水平气压梯度力越小。在同一高度上，空气密度随时间和地点的变化都不明显，因此水平气压梯度力的大小主要取决于水平气压梯度的大小。

在实际大气中，水平气压梯度的数值平均为 1 hPa/100 km，相应的水平气压梯度力为 7×10^{-7} N/kg。在这样的水平气压梯度力的作用下，单位质量空气微团可以获得 7×10^{-4} m/s^2 的加速度。在它的单独作用下，1 h 后风速从 0 增加到 2.5 m/s，3 h 后增加到 7.7 m/s。由此可见，水平气压梯度力的数值虽小，其作用却是很可观的，它是空气水平运动的原动力。

（二）水平地转偏向力

空气微团如果只受到水平气压梯度力的作用，则将沿水平气压梯度力的方向运动。但是，观测表明风并不沿水平气压梯度力所指的方向由高压一边直接吹向低压一边，而是不断地偏转。在北半球向行进方向的右方偏转，在南半球则向行进方向的左方偏转。可见，存在一个力在侧面使空气微团发生偏转，这个力就是水平地转偏向力。

水平地转偏向力是针对地球自转运动、参照系发生改变而假想出来的，并不是像水平气压梯度力一样客观存在。下面以实例来解释地转偏向力的产生原因。如图1-23所示，过北极有一个以极点为中心与纬度圈平行的随地球逆时针方向转动的水平圆盘，圆盘上有一测者观测一物体自A点沿半径方向向外移动。若圆盘不运动，经过一段时间后，物体将移

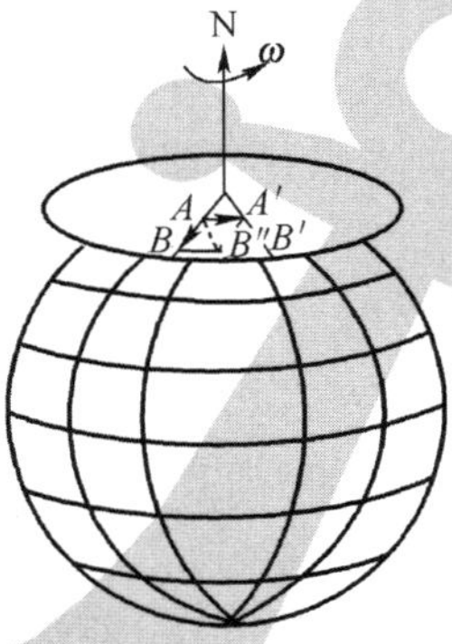

图1-23　地转偏向力的产生

动到B点。由于圆盘始终随地球转动，当A点移动到A'点时，物体移动到B''点，$A'B''//AB$。由于地球这一参照系自转运动的结果，测者测得物体的运动方向发生了改变，并没有移到他认为的目标B'点，而是右偏了$B'B''$的距离。

根据力学原理，假定参照系没有发生变化，可以设想为该物体受到一个垂直于运动方向右侧的力而发生运动方向的改变，这个力即为地转偏向力，用符号$\vec{A}_n$表示。

在北半球，水平地转偏向力垂直指向空气运动方向的右方，使空气向右偏转。在南半球，水平地转偏向力垂直指向空气运动方向的左方，使空气向左偏转。它只改变空气运动的方向，不改变空气运动的速度。

根据理论推得水平地转偏向力大小表达式为：

$$\left|\vec{A}_n\right| = 2v\omega\sin\varphi \qquad (1\text{-}13)$$

式中，v是风速；ω是地球自转角速度，是一个常量，大小为0.000 073 rad/s；φ是纬度。

从水平地转偏向力表达式可以看出：

（1）水平地转偏向力的大小与风速成正比，纬度相同时，风速越大，力越大。空气静止时不受其作用。

（2）水平地转偏向力的大小与所在纬度的正弦成正比。在风速相同的情况下，力随纬度的增大而增大。在赤道上水平地转偏向力为零，两极最大。

（三）惯性离心力

当空气微团做曲线运动时，必然要受向心力的作用，其大小等于 v^2/r，方向沿曲率半径指向圆心。其中，v 表示空气运动的线速度；r 表示曲率半径。我们将作用于空气上与向心力大小相等而方向相反的力称为惯性离心力（Inertial centrifugation force）。惯性离心力是物体在做曲线运动时所产生的，由运动轨迹的曲率中心沿曲率半径向外作用在物体上的力（如图 1-24 所示）。惯性离心力同运动的方向相垂直，自曲率中心指向外缘。对单位质量空气而言，惯性离心力表达式为：

$$C=\frac{v^2}{r} \tag{1-14}$$

式（1-14）表明惯性离心力 C 的大小与运动物体的线速度 v 的平方成正比，与曲率半径 r 成反比。

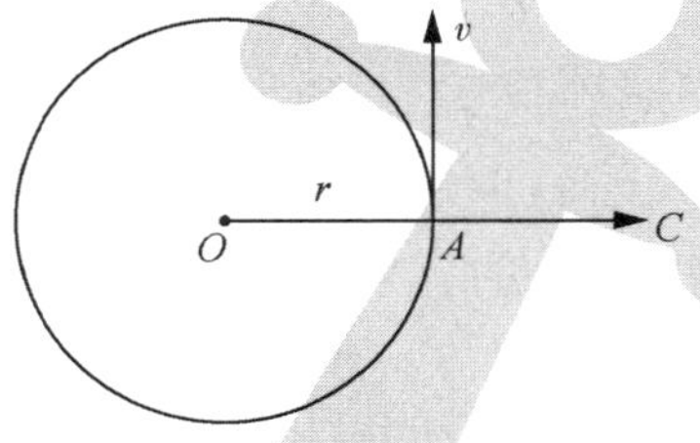

图 1-24　惯性离心力示意图

惯性离心力始终与风向垂直，惯性离心力与地转偏向力一样，只能改变空气运动的方向，不能改变空气运动速度大小。一般情况下惯性离心力很小，特别是当空气静止或做直线运动时，离心力为零。只有当风速很大且曲率半径很小时，例如在台风或龙卷风中，惯性离心力才可以达到很大值。

（四）摩擦力

摩擦力（Frictional force）是两个相互接触的物体做相对运动时，接触面之间所产生的一种阻碍物体运动的力。大气运动中所受到的摩擦力一般分为内摩擦力和外摩擦力。

内摩擦力是在速度不同或方向不同的相互接触的两个空气层之间产生的一种相互牵制力，它主要通过湍流交换作用使气流速度发生改变，也称湍流摩擦力。在一般情况下，湍流摩擦力的数值比外摩擦力要小得多，常常不予考虑。

外摩擦力是摩擦中空气运动时，下垫面对空气运动的阻力。它的方向与空气运动方向相反，大小与空气运动的速度和摩擦系数成正比，其表达式为：

$$R=-\mu v \tag{1-15}$$

式中，R 为摩擦力；μ 为摩擦系数；v 为空气运动速度。在大气中不同高度上摩擦力的大小是不同的，以近地面层（地面至 30 ~ 50 m 空中）最为显著，高度愈高，作用愈弱，到

1.0 ~ 1.5 km以上高空，摩擦力的影响可以忽略不计。

上述四个在水平方向上作用于空气的力，它们对空气运动的影响不同。一般来说，水平气压梯度力是空气产生运动的原动力，其他力是在空气运动开始后才起作用的，而且所起的作用视具体情况而不同。水平地转偏向力对中高纬度地区或大尺度的空气运动影响较大，而对低纬度地区特别是赤道附近的空气运动影响甚小。惯性离心力只在空气做曲线运动时起作用。摩擦力只在摩擦层中起作用，对自由大气中的空气运动可以忽略不计。地转偏向力、惯性离心力和摩擦力虽然不能驱动大气运动，但能影响大气运动的方向和速度。

四、地转风

在自由大气等压线平直的气压场中，水平气压梯度力与水平地转偏向力平衡时所形成的风称为地转风（Geostrophic wind），用符号 $\vec{v}_g$ 表示。

空气质点受力分析表达式为：

$$\vec{G}_n + \vec{A}_n = 0 \tag{1-16}$$

或

$$\left|\vec{G}_n\right| = \left|\vec{A}_n\right| \tag{1-17}$$

显然，地转风是在无摩擦力作用时，水平气压梯度力与水平地转偏向力平衡时产生的风。

（一）地转风的形成

如图1-25所示，在等压线平直的气压场中，原来静止的空气微团因受到水平气压梯度力的作用，由高压向低压运动。它一开始运动，水平地转偏向力立即产生，而且始终与空气微团运动方向垂直，并迫使它向右偏转（北半球）。在水平气压梯度力的作用下，空气微团运动的速率越来越大，地转偏向力也随着空气速率的增大而增大，并且迫使空气微团向右偏离的程度越来越大，最后水平地转偏向力增大到与水平气压梯度力大小相等，方向相反，即达到平衡状态。这时空气沿着等压线做等速水平直线运动，地转风就由此形成。

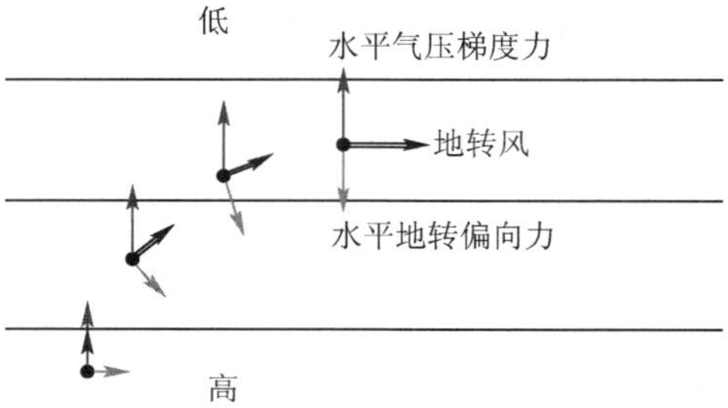

图1-25　地转风形成示意图

（二）地转风大小和方向

根据地转风的定义，水平气压梯度力与水平地转偏向力大小相等，即：

$$-\frac{1}{\rho}\frac{\Delta p}{\Delta n}=2\omega v\sin\varphi \tag{1-18}$$

于是有

$$v_g=-\frac{1}{2\rho\omega\sin\varphi}\cdot\frac{\Delta p}{\Delta n} \tag{1-19}$$

由式（1-19）可以看出：

（1）地转风速与水平气压梯度成正比。等压线密集的地方，地转风大；等压线稀疏的地方，地转风小。

（2）地转风速与空气密度成反比。在气压梯度相同的情况下，越往高空风速越大。

（3）地转风速与纬度的正弦成反比。当气压梯度相同时，地转风速随纬度的减小而增大。然而，在低纬度地区因地转偏向力很小，无法与气压梯度力平衡。因此，在赤道附近的低纬度地区，地转风是不存在的。

地转风是平衡运动，它受到的合外力等于零，没有加速度。在北半球自由大气中，地转风沿等压线吹，背风而立，高压在右，低压在左；在南半球，背风而立，高压在左，低压在右。这就是著名的风压定律（如图1-26所示），又称白贝罗定律（Buysballot’s law）。显然，风压定律很好地反映了气压场与风场之间的关系，由气压分布可以确定风场，反之由风场即可判断出气压分布。

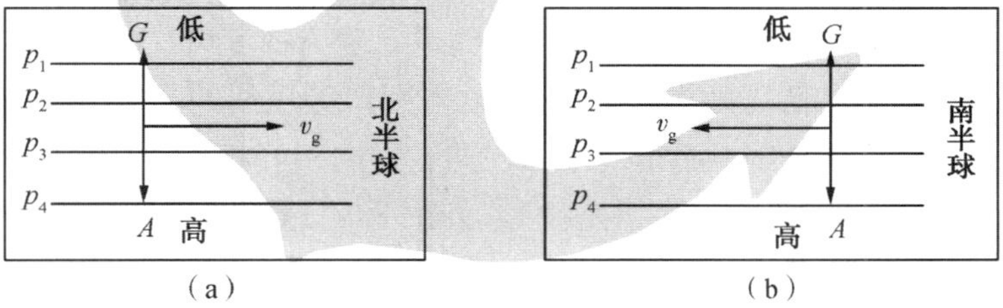

图1-26 风压定律示意图

（三）地转风速的计算

在地面图上，为讨论和处理问题方便，若不考虑摩擦力的影响，则可方便地计算出对应的地面地转风速。在海图上取一个纬距 Δn =60 n mile，地转角速度 ω =7.292×10^{-5} rad/s，通常情况下空气密度为 ρ =1.293 kg/m^3，若取 Δp =1 hPa，代入地转风公式（1-19）中，计算后得：

$$v_{g_0}=\frac{4.78}{\sin\varphi} \tag{1-20}$$

由式（1-20）可知纬度对地转风的影响，如表1-4所示。当气压梯度相同时，地转风速随纬度的增加而减小。

表 1-4　纬度对地转风速的影响

纬度	0°	10°	20°	30°	40°	50°	60°	70°	80°	90°
地转风(m/s)	∞	27.4	14.0	9.5	7.4	6.2	5.6	5.1	4.9	4.8

当 $\Delta p \neq 1$ hPa时，地转风速为：

$$v_g = v_{g_0} \times \Delta p = \frac{4.78}{\sin\varphi} \times \Delta p \tag{1-21}$$

利用式（1-21）可以计算水平间隔为60 n mile、任意气压差时的地转风速。例如，当 $\varphi = 30°$，Δp =1.5 hPa时，地转风速为：

$$v_g = \frac{4.78}{\sin 30°} \times 1.5 \approx 14.3 \tag{1-22}$$

实际上，在离地面1.0 ~ 1.5 km以上的自由大气中，大尺度运动的垂直速度比水平速度小得多，而且水平运动的惯性力和湍流摩擦力比水平气压梯度力和科里奥利力小得多，因此，自由大气中的大尺度运动，除了具有准水平运动的性质外，还近似地满足地转风关系，故又称为准地转运动。在中高纬度地区，高空的实际风十分接近地转风，风压关系大体遵循上述地转风原理，这是中高纬度地区在分析天气和预报天气时应遵循的原则。

五、梯度风

空气质点在做曲线运动时，除受水平气压梯度力和水平地转偏向力作用外，还受惯性离心力的作用，当这三个力达到平衡时所吹的风，称为梯度风（Gradient wind）。

如图1-27所示，在低压区中，$\vec{G}_n$ 总是沿着圆形等压线的半径方向自外面指向低压中心，而 $\vec{C}$ 始终沿半径方向自中心指向外面，两者方向正好相反。在一般情况下，空气运动的曲率半径很大，$\vec{C}$ 比 $\vec{G}_n$ 小很多，要使 $\vec{G}_n$、$\vec{A}_n$ 和 $\vec{C}$ 这三个力达到平衡，$\vec{A}_n$ 的方向必须与 $\vec{G}_n$ 相反，三个力的大小关系为：

$$|\vec{G}_n| = |\vec{A}_n| + |\vec{C}| \tag{1-23}$$

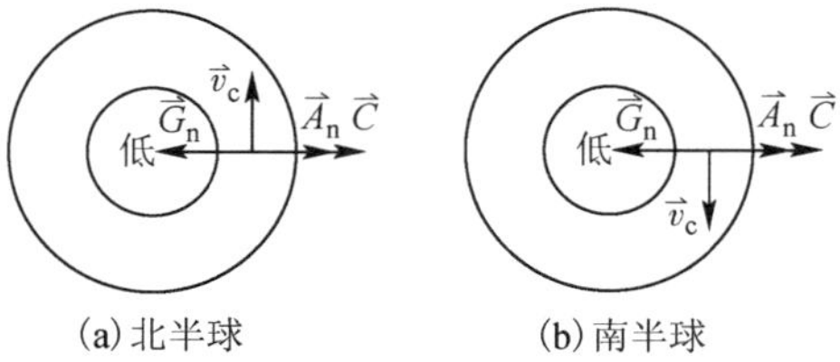

图 1-27　低压区中的梯度风

如图1-28所示，在高压区中，$\vec{G}_n$ 总是沿着圆形等压线的半径方向自高压中心指向外，$\vec{C}$ 与 $\vec{G}_n$ 方向一致。要使 $\vec{G}_n$、$\vec{A}_n$ 和 $\vec{C}$ 这三个力达到平衡，$\vec{A}_n$ 的方向必须与 $\vec{G}_n$ 和 $\vec{C}$ 相反，三个力的大小关系为：

$$\left|\vec{A}_n\right| = \left|\vec{G}_n\right| + \left|\vec{C}\right| \tag{1-24}$$

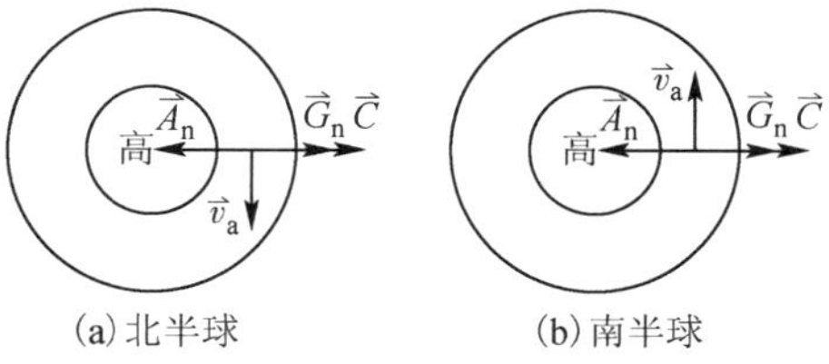

图 1-28　高压区中的梯度风

由于北半球水平地转偏向力垂直于空气质点运动方向并指向右，在南半球水平地转偏向力垂直于空气质点运动方向并指向左，根据空气质点受力分析可知：在北半球，低压中的梯度风必然平行于等高线，绕低压中心做逆时针旋转；高压中梯度风平行于等高线绕高压中心做顺时针旋转。南半球则相反。

将三力的表达式代入式（1-23）和式（1-24），用 v_c 和 v_a 表示低压区（气旋）和高压区（反气旋）中的梯度风，得到关于梯度风的一元二次方程。按照标准解法，解一元二次方程，得：

$$v_c = -r\omega\sin\varphi \pm \sqrt{(r\omega\sin\varphi)^2 + \frac{r}{\rho}\left(-\frac{\Delta p}{\Delta n}\right)} \tag{1-25}$$

$$v_a = r\omega\sin\varphi \pm \sqrt{(r\omega\sin\varphi)^2 - \frac{r}{\rho}\left(-\frac{\Delta p}{\Delta n}\right)} \tag{1-26}$$

当 r、φ、ρ、$-\frac{\Delta p}{\Delta n}$ 一定时，梯度风速是唯一确定的，并且在极坐标中大于等于零。令 $-\frac{\Delta p}{\Delta n}=0$，对应的梯度风速应为零，去掉不合理的根，最后得到气旋和反气旋的梯度风速公式：

$$v_c = -r\omega\sin\varphi + \sqrt{(r\omega\sin\varphi)^2 + \frac{r}{\rho}\left(-\frac{\Delta p}{\Delta n}\right)} \tag{1-27}$$

$$v_a = r\omega\sin\varphi - \sqrt{(r\omega\sin\varphi)^2 - \frac{r}{\rho}\left(-\frac{\Delta p}{\Delta n}\right)} \tag{1-28}$$

式（1-27）和式（1-28）表明，梯度风的大小与水平气压梯度、曲率半径、纬度的正弦和空气密度有关。式（1-27）中右边根号内总是正值，即在低压（气旋）中水平气压梯度的大小（$-\frac{\Delta p}{\Delta n}$）不受限制，可以取任意值，所以在低压中梯度风速也不受限制，可以任意大，如台风中心附近可以出现12级以上的大风。而在式（1-28）中，根号内两项的正负号相反，因此高压（反气旋）中的水平气压梯度的数值（$-\frac{\Delta p}{\Delta n}$）不能超越某一临界值，否则根号内将出现负值，使计算没有实际意义。

令

$$(r\omega\sin\varphi)^2 - \frac{r}{\rho}\left(-\frac{\Delta p}{\Delta n}\right) \geqslant 0$$

则
$$-\frac{\Delta p}{\Delta n} \leqslant r\rho\omega^2\sin^2\varphi \tag{1-29}$$

这表明在高压中水平气压梯度具有限制，它不能大于 $r\rho\omega^2\sin^2\varphi$ 。取其最大值：
$$(-\frac{\Delta p}{\Delta n})_{max} = r\rho\omega^2\sin^2\varphi \tag{1-30}$$

将式（1-30）代入式（1-28）得：
$$(v_a)_{max} = r\omega\sin\varphi \tag{1-31}$$

式（1-31）为反气旋梯度风速的极限值，在反气旋中的梯度风不能大于此值，否则惯性离心力的作用过大，就会使平衡遭到破坏，为了保持平衡，只有减小水平气压梯度，从而使风速减小。

从式（1-31）中可以得出以下结论：

（1）当纬度一定时，最大水平气压梯度在反气旋边缘较大，越向中心部分越小。当等压线曲率不均匀时，在曲率小处，即等压线平直的地方，等压线较密集。在曲率较大处，即等压线弯曲较大的地方，等压线稀疏。

（2）当曲率半径相同时，纬度越高，空气密度越大，水平气压梯度最大可能值越大。

（3）在反气旋边缘风速大，越向中心部分风速越小，在中心附近微风或无风。

（4）在中高纬度反气旋的风速较大，在较低纬度反气旋中风速较小。

在纬度、空气密度、水平气压梯度和曲率半径相同的条件下，由于地转偏向力与风速成正比，低压梯度风风速小于地转风速，高压梯度风风速大于地转风速，即 $v_a > v_g > v_c$ 。然而，实际情况是，低压中的风速通常大于高压中的风速。这是由于低压区内的气压梯度往往大于高压区内的气压梯度，且低压的范围往往比高压小得多，空气运动曲率半径也比高压小得多。表1-5给出了在标准空气密度下，纬度50°处不同条件下的梯度风风速；表1-6给出了水平气压梯度为1百帕/1赤道度时地转风速和梯度风风速随纬度变化情况。

表1-5　在标准空气密度下，纬度50°处不同条件下的梯度风风速　（单位：m/s）

$-\frac{\partial p}{\partial n}$ 百帕/赤道度	低压（气旋） r（km）					平直等压线	高压（反气旋） r（km）			
	100	200	500	1 000	2 000		−2 000	−1 000	−500	−250
1	4.5	5.1	5.7	5.9	6.1	6.2	6.4	6.6	7.2	9.4
2	7.5	8.9	10.5	11.3	11.8	12.5	13.3	14.3	18.7	不存在
3	9.9	12.1	14.8	16.3	17.3	18.7	20.7	23.8	不存在	

表1-6　水平气压梯度为1百帕/1赤道度时地转风速和梯度风风速随纬度变化情况

纬度	30°	60°	90°
低压梯度风速（m/s）	8.1	5.2	4.6
地转风速（m/s）	9.6	5.5	4.8
高压梯度风速（m/s）	14.3	6.0	5.1

另外，在低纬度地区或小尺度低压中，水平地转偏向力远小于水平气压梯度力和惯性离心力，可以忽略不计，此时的平衡运动称为旋衡风（Cyclostrophic wind）。例如，龙卷等天气系统就属于旋衡风。由于龙卷不再考虑水平地转偏向力的影响，其风向既可按顺时针方向吹，又可按逆时针方向吹。

梯度风与地转风既有共同点，又有不同处，两者都是作用于空气质点上的力达到平衡时的风。梯度风考虑了空气做曲线运动的曲率影响，它比地转风更接近于实际风。

六、摩擦层中的风

在摩擦层中，空气的水平运动因受摩擦力作用，风速减弱，风向发生偏转。水平气压梯度力与水平地转偏向力间的平衡关系已遭到破坏，风不再完全沿着等压线吹，而是斜穿等压线从高压区吹向低压区。

（一）地面摩擦力对风的影响

在地面天气图上等压线为平行直线时，水平气压梯度力 $\vec{G}_n$、地转偏向力 $\vec{A}_n$ 和地面摩擦力 $\vec{R}$ 达到平衡，如图 1-29 所示，其受力关系表达式如下：

$$\vec{G}_n+\vec{A}_n+\vec{R}=0 \tag{1-32}$$

因此，便出现了稳定的地面平衡风。由于摩擦力对风的阻滞作用，平衡风的风速要比原气压场中相应的地转风的风速小，进而使水平地转偏向力也相应减小。此时，水平地转偏向力和摩擦力的合力与水平气压梯度力平衡，如图 1-29 所示。图中水平气压梯度力 $\vec{G}_n$ 与等压线垂直，$\vec{A}_n$ 与 $\vec{R}$ 的合力 $\vec{F}$ 应与 $\vec{G}_n$ 大小相等、方向相反。摩擦力的方向与运动方向相反，水平地转偏向力的方向恒与运动方向垂直，在北半球偏向运动方向的右方，在南半球偏向运动方向的左方。从图中可以看出，摩擦层风向与等压线之间存在一个交角 α，相对于等压线来说，北、南半球均偏向低压一侧。因此，在摩擦层中的白贝罗定律应表述为：在摩擦层中，风斜穿等压线吹，背风而立，在北半球高压在右后方，低压在左前方；在南半球高压在左后方，低压在右前方。

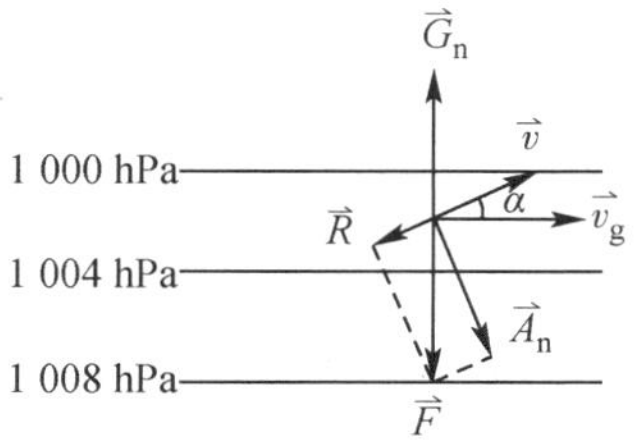

图 1-29 北半球摩擦力对风向的影响

在弯曲等压线气压场中，稳定的地面平衡风形成后，水平气压梯度力 $\vec{G}_n$、水平地转偏向力 $\vec{A}_n$、水平惯性离心力 $\vec{C}$ 和地面摩擦力 $\vec{R}$ 达到平衡，其受力关系表达式如下：

$$\vec{G}_n+\vec{A}_n+\vec{C}+\vec{R}=0 \tag{1-33}$$

在闭合的低压和高压中，由于摩擦力的作用，风不再与梯度风一样完全沿着等压线吹，而是在低压中呈现中心辐合流场，形成气旋；在高压中呈现中心辐散流场，形成反气旋。在低压中，北半球气流绕中心沿逆时针方向向中心辐合，如图1-30（a）所示；南半球气流绕中心沿顺时针方向向中心辐合，如图1-30（b）所示。在高压中，北半球气流绕中心顺时针方向向外辐散，如图1-31（a）所示；南半球气流绕中心逆时针方向向外辐散，如图1-31（b）所示。

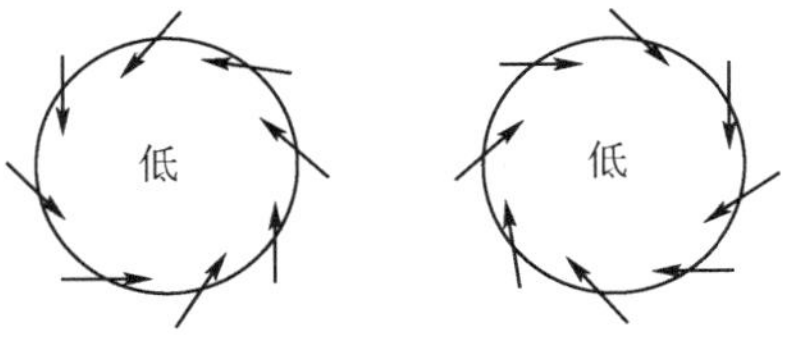

(a) 北半球　　(b) 南半球

图1-30　摩擦层低压中的风

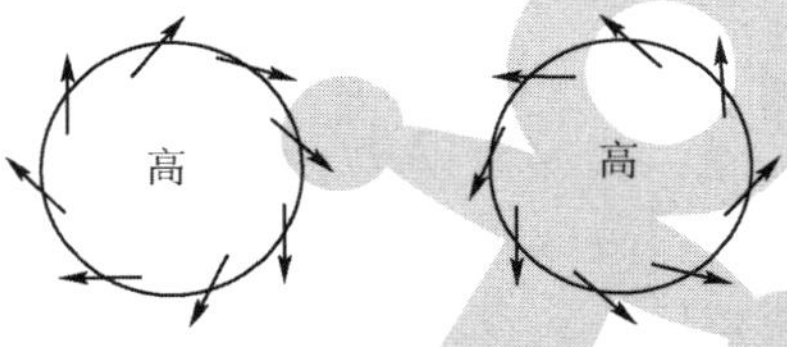

(a) 北半球　　(b) 南半球

图1-31　摩擦层高压中的风

（二）海面实际风的确定

在陆地或海面上（地面天气图上）实际风相当于摩擦层的风，因此，实际风向斜穿等压线偏向低压一侧。实际风向与等压线的交角主要取决于下垫面的粗糙度、大气稳定度和纬度三个因素。粗糙度越大，稳定度越大，纬度越低时，交角越大；反之，粗糙度越小，稳定度越小，纬度越高时，交角越小。陆地粗糙度比海面大，因此陆地上的交角比海面上的大很多。通常在中纬度地区陆地上交角为35°～45°，在海面上为10°～20°。浪大时，海面粗糙度增大，交角也有所增加。在地面天气图上，由气压场定性分析风向时，陆地上取45°、海面上取22.5°。实际风速比相应的地转风速要小，通常陆地上的风速（取10～12 m高度的风速）为相应地转风速的1/3～1/2，海面上风速为相应地转风速的3/5～2/3。计算海面实际风速 v_0 时，通常采用下式进行：

$$v_0 = v_g \times 65\% \tag{1-34}$$

式中，v_g 可用地转风公式求得。

（三）摩擦层中风随高度的变化

在气压场不随高度改变的情况下，风随高度变化主要是由摩擦力随高度变化引起的。

1. 近地面层

从摩擦层下部边界至30～50 m（不超过100 m）高的气层，称为近地面层。观测及理论研究都表明，在这一层中风向随高度的改变不明显，风速随高度的改变主要与气层是否稳定有关。当气层不稳定时，有利于空气上下层的动量交换，使上下层风速差变小；如果气层稳定，则风速随高度变化要明显一些。例如在逆温层上下，往往可以观测到较大的风速差异。

2. 上部摩擦层

从近地面层顶向上至摩擦层顶的气层，称为上部摩擦层。在这一层中，风速一般随高度的增加而增大，风向则随高度的增加而逐渐向右偏转（北半球）。当高度达到摩擦层顶附近时，风向和风速则逐渐趋近于地转风。

七、局地地形的动力作用对风的影响

（一）绕流和阻挡作用

当气流遇到孤立的山峰与岛屿时，有绕山峰两侧而过的现象，并且在迎风面风速增大，在背风面风速减小。在背风面还会产生气旋式和反气旋式涡流，如图1-32所示。

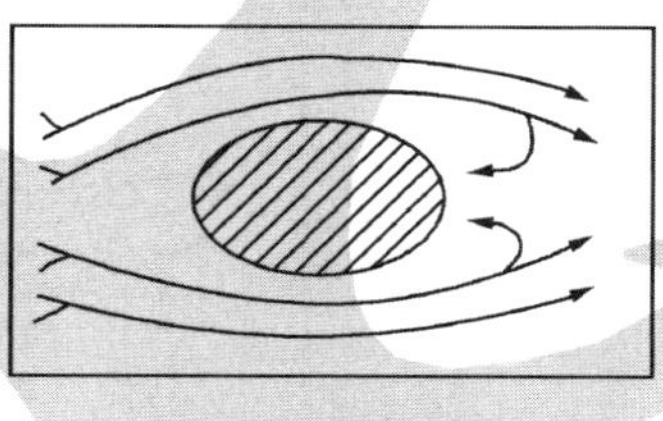

图1-32 绕流示意图

山脉的阻挡作用和绕流使实际风向与根据大范围气压场确定的风向之间可能发生显著偏差，其差值可达90°，甚至达180°。因此在背风面常形成低压或低压槽。

（二）狭管效应

气流从开阔地区进入峡口产生的强风称为峡谷风。通常气流从开阔海面进入喇叭口式地形时，气流的横截面积减小，空气质量不能在此堆积，于是气流加速运动，从而使风速明显加大，风向被迫改变为沿峡谷走向，这是一种狭管效应（Effect of narrow）。

如我国台湾海峡（如图1-33所示），地形像个喇叭管，当气流从开阔海面直灌管口时，海峡内经常出现的东北风或西南风比开阔海面大1～2级。

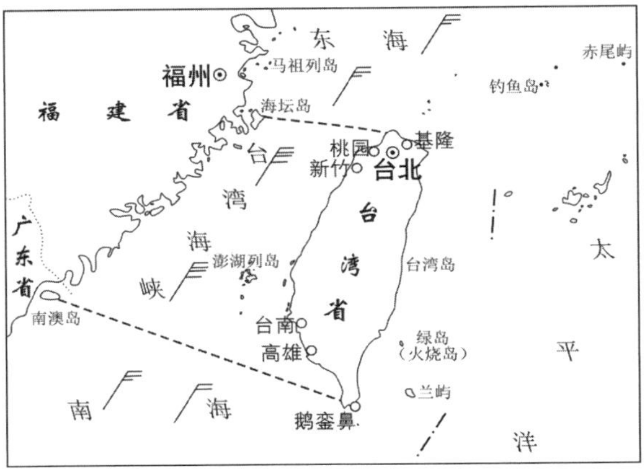

图 1-33　台湾海峡的狭管效应

（三）岬角效应

因陆地（如山脉尽头或半岛附近）向海中突出造成气流辐合，流线密集，风力明显增强，称为岬角效应（如图 1-34 所示）。如南非的好望角，是个令航海者生畏的地方。好望角处在咆哮西风带上，叠加上岬角效应助长了大风巨浪。我国山东半岛的成山角附近海面，由于岬角效应偏北风通常比周围要大 1 ~ 2 级。

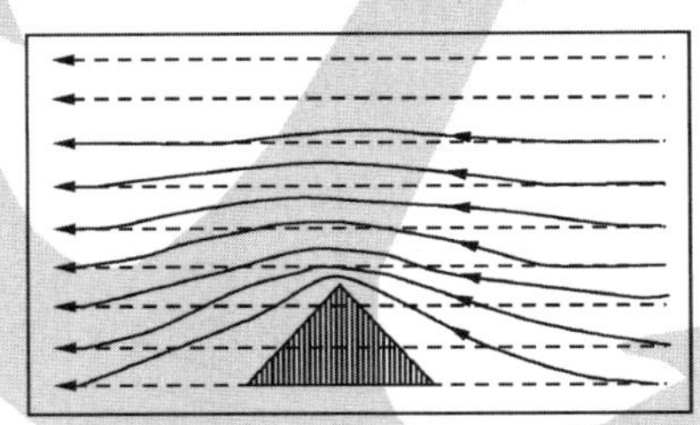

图 1-34　岬角效应示意图

（四）海岸效应

因摩擦作用，当气流沿海岸线方向流动时，如果陆地在气流方向的右侧，流线会变密，气流增强；反之，如果陆地在气流方向的左侧，流线会变疏，气流减弱。这种现象称为海岸效应（Effect of seaboard），如图 1-35 所示。对于我国东部近海海域，海岸效应会使偏北风增强，偏南风减弱。

在气流被迫绕过与海岸毗邻的山脉或高原处，海岸效应表现得尤为明显。由于气流绕过障碍物，在海峡、山脉尽头或半岛附近，流线会变得密集，使风力相应增强；反之，在海湾、山脉凹处，流线会变得稀疏，使风力减弱。因此，在气流方向与突出的海岸线相切的地方，海岸效应与岬角效应共同作用使风力增强。例如：南非的好望角、南美的合恩角等，两种效应使西风显著增强，产生的狂风恶浪令航海者望而生畏；我国山东半岛的成山角附近海域，偏北风通常比周围大1~2级，有“中国的好望角”之称，也是这两种效应共同作用的结果。

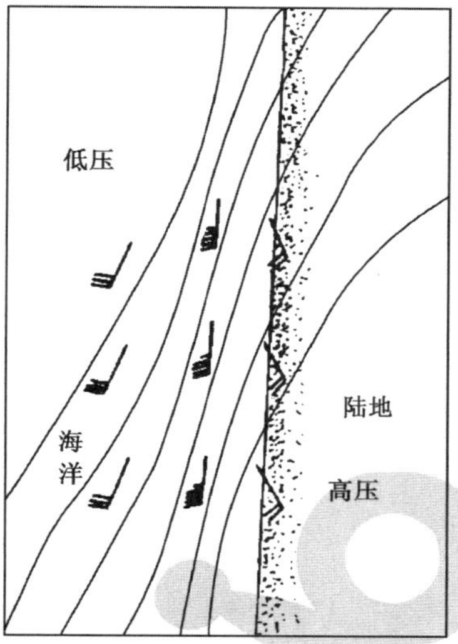

图1-35 海岸效应示意图

第五节 大气湿度

一、湿度的定义和表示方法

湿度（Humidity）是表示大气中水汽含量多少或空气潮湿程度的气象要素。地面空气湿度是指地面气象观测规定高度（即1.25 ~ 2.00 m，国内为1.50 m）上的空气湿度，一般由安装在百叶箱中的干湿球温度表和湿度计等仪器测定（基本站每日定时观测4次，基准站每日定时观测24次）。在一定的温度下在一定体积的空气里含有的水汽越少，则空气越干燥；水汽越多，则空气越潮湿。大气中的水汽对船运货物是否受潮变质有很大的影响。表示大气湿度的物理量有很多，航海中常用下列几种：

（一）水汽压（Vapour pressure）（e）

大气中水汽所引起的那部分压强称为水汽压，单位与气压相同。它直接表示空气中水汽含量的多少，水汽压大，水汽含量多；水汽压小，水汽含量少。空气达到饱和时的水汽压称为饱和水汽压（Saturation vapour pressure），用符号 E 表示，也叫最大水汽压。理论和实验证明，饱和水汽压是温度的函数，即 $E=E(t)$，在水面上饱和水汽压 $E_{水}$ 随温度 t 的变化公式为

$$E_{水}=E_0\times 10^{\frac{7.45t}{235+t}} \tag{1-35}$$

在冰面上饱和水汽压 $E_{冰}$ 随温度 t 的变化公式为

$$E_{冰}=E_0\times 10^{\frac{9.5t}{265+t}} \tag{1-36}$$

式中，E_0 为三相点（0 ℃）时的饱和水汽压，$E_0=6.11$ hPa；t 为摄氏温度。

公式表明，随着温度的升高，饱和水汽压增大（如表1-7所示）。对于不同的蒸发表面，当温度相同时，饱和水汽压不一定相同。例如：当 $t<0$ ℃时，冰面上的饱和水汽压比过冷水面上的要小；海面上的饱和水汽压比纯水面上的要小些。饱和水汽压实际表示空气“容纳”或“吞食”水汽的能力，不反映空气中水汽含量的多少。船舶上，水汽压一般不直接测得，而是利用百叶箱内的干湿球温度表测得相对湿度，再利用湿度查算表查得。

表 1-7　饱和水汽压随温度的变化

温度(℃)	0	5	10	15	20	30	40
饱和水汽压(hPa)	6.1	8.7	12.3	17.1	23.4	42.5	74.1

（二）绝对湿度（Absolute humidity）（*a*）

单位体积空气中所含水汽的质量，也就是空气中的水汽密度，单位用 g/cm³和 g/m³表示。绝对湿度直接表示空气中含水汽的多少，绝对温度值大，水汽含量多；绝对温度值小，水汽含量少。绝对湿度不能直接测得，通常由水汽压数值计算得到。船舶上一般利用湿度查算表查得。

（三）相对湿度（Relative humidity）（*f*）

相对湿度指空气中的实际水汽压与当时温度下的饱和水汽压的百分比，即 $f=e/E\times 100\%$。相对湿度直接反映空气距离饱和的程度，不直接反映空气中水汽含量的多少。当相对湿度接近100%时，表明空气接近于饱和；当相对湿度小于100%时，表明空气未饱和。相对湿度的大小决定于水汽压和温度的增减，其中往往温度起着主导作用，因为气温的变化比水汽压的变化既快又常见。当水汽压一定时，温度降低则相对湿度增大，温度升高则相对湿度降低。通常夜间与清晨多雾和霜露，就是相对湿度增大的结果。目前，我国许多城市把相对湿度作为日常天气预报的一个指标。

（四）露点（Dew point）（T_d）

在空气中水汽含量不变、气压一定时，降低温度使其达到饱和时的温度，称为露点温

度，简称露点（T_d）。单位与气温相同。在气压一定时，露点的高低只与空气中的水汽含量有关，露点高，水汽含量多；露点低，水汽含量少。所以露点也是直接反映空气中水汽含量多少的物理量。

（五）温度-露点差（$T-T_d$）

温度-露点差也是日常天气分析预报业务中经常用于表示空气干湿程度的一个物理量。该物理量很有用，且在日常业务中容易获取。根据T和T_d的差值，可以大致判断空气饱和的程度。露点小于气温，表明空气未饱和；露点接近气温，表明空气接近饱和。另外，根据百叶箱中干湿球温度差也可以大致判断空气距离饱和的程度。若湿球温度趋于干球温度，说明相对湿度大，空气趋于饱和，一般有雾或降水。

在上述各种表示湿度的物理量中，水汽压、绝对湿度、露点直接表示空气中水汽含量的多少；相对湿度、温度-露点差、干湿球温度差则表示空气距离饱和的程度；饱和水汽压则表示空气容纳水汽的能力。

二、大气中水汽的分布

大气中的水汽主要来自下垫面的蒸发，水汽的凝结或凝华改变水汽的含量，其分布是不均匀的。

（一）垂直分布

绝对湿度随高度的增加而迅速减小，在2 km处不足地面绝对湿度的1/2，5 km处减小到地面绝对湿度的1/10，90%的水汽集中在3 km以下的低层大气中。

（二）水平分布

绝对湿度的水平分布与气温的水平分布基本一致，这是因为地理纬度影响气温、水温的纬向分布，进而影响蒸发以及空气中水汽含量的纬向分布，基本规律是水汽含量随纬度的增高而减少。绝对湿度的水平分布与下垫面性质（如海面、陆地、沙漠、冰面等）关系密切。海洋是水汽的主要源地，因而距海远近直接影响空中水汽含量的多少，这也正是我国东南沿海暖湿多雨，愈向西北内陆腹地伸展，水循环愈弱、降水愈少的原因。

三、湿度的日、年变化

近地层大气的湿度表现出明显的日、年变化的规律，用水汽压和相对湿度表示的大气湿度随时间具有不同的变化规律。

水汽压是大气中水汽绝对含量的表示方法之一，它的日变化有两种类型。一种是双峰型，主要在大陆上湍流混合较强的夏季出现。水汽压在一日内有两个最高值和两个最低值。最低值出现在清晨气温最低时和午后湍流最强时，最高值出现在9～10时和21～22时。峰值的出现是因为蒸发增加水汽的作用大于湍流扩散对水汽的减少作用。另一种是单波型，多出现在海洋上、沿海地区和陆地上湍流不强的秋、冬季。水汽压与气温的日变化一致，最高值出现在午后气温最高、蒸发最强的时刻，最低值出现在气温最低、蒸发最弱的清晨。

水汽压的年变化与气温的年变化相似，有一个最高值和一个最低值。最高值出现在气温高、蒸发强的7—8月，最低值出现在气温低、蒸发弱的1—2月。

相对湿度的日变化主要决定于气温。气温升高时，虽然蒸发加快，水汽压增大，但饱和水汽压增大得更多，反而使相对湿度减小；气温降低时则相反，相对湿度增大。因此，相对湿度的日变化与气温日变化相反，其最高值基本上出现在清晨气温最低时，最低值出现在午后气温最高时。

相对湿度的年变化一般以冬季最大，夏季最小。某些季风盛行地区，由于夏季盛行风来自海洋，冬季盛行风来自内陆，相对湿度反而夏季大，冬季小。

湿度这种有规律的年、日变化的特征有时会因天气变化等因素而遭到破坏，其中起主要作用的是湿度平流。由于各地空气中水汽含量不同，当空气从湿区流到干区时（称为湿平流），所经地区湿度增加；当空气从干区流到湿区时（称为干平流），所经地区湿度减小。

四、大气中水汽凝结的条件

水汽由气态变为液态的过程称为凝结。水汽直接转变为固态的过程称为凝华。空气中所能容纳的水汽是有一定限度的，达到最大限度时，就称为水汽饱和。气温愈高，空气中所能容纳的水汽也愈多。如果空气中所含的水汽多于一定温度条件下的饱和水汽量时，多余的水汽就会凝结出来，变成小水滴或冰晶。因此，大气中水汽凝结或凝华的一般条件是：

（1）有凝结核或凝华核的存在；

（2）增加水汽或降低温度使空气达到饱和或过饱和状态。

（一）凝结核

在大气中，水汽压只要达到或超过饱和，水汽就会发生凝结，但在实验室里发现，在纯净的空气中，水汽过饱和到相对湿度为300%～400%也不会发生凝结。这是因为做不规则运动的水汽分子之间引力很小，通过相互之间的碰撞不易相互结合为液态或固态水。只有在巨大的过饱和条件下，纯净的水汽才能凝结。然而巨大的过饱和条件在自然界中是不存在的。大气中存在着大量的吸湿性微粒物质，它们比水汽分子大得多，对水分子吸引力也大，从而有利于水汽分子在其表面上的集聚，使其成为水汽凝结核心。这种大气中能促使水汽凝结的微粒，叫作凝结核。凝结核半径越大，吸湿性越好，越易产生凝结。凝结核的存在是大气产生凝结的重要条件之一。

（二）空气中水汽的饱和或过饱和

大气中，凝结核总是存在的。能否产生凝结，取决于空气是否达到饱和。使空气达到饱和的途径有两种：一种是通过蒸发，增加空气中的水汽，使水汽压大于等于饱和水汽压；另一种是通过冷却作用，减少饱和水汽压，使其小于或等于实际水汽压。当然，若两者共同作用，更容易促使水汽达到饱和状态。

通常情况下，水面蒸发作用虽然可以增加空气湿度，但并不能使空气中的水汽产生凝结。因为靠近水面的空气接近饱和时，蒸发便基本停止。然而，当冷空气流经暖水面时，由于水面温度比气温高，暖水面上的饱和水汽压比空气中的饱和水汽压大得多，通过蒸发可使空气达到饱和，并产生凝结。秋、冬季的早晨，水面上腾起的蒸发雾就是这样形成的。

空气的冷却方式主要有三种：

（1）绝热冷却：空气在上升过程中，因体积膨胀对外做功而导致空气本身的冷却。随着高度升高，温度降低，饱和水汽压减小，空气达到一定高度就会出现饱和状态。

（2）辐射冷却：在晴朗无风的夜间，由于地面的辐射冷却，近地面层空气降温。当空气中温度降低到露点温度时，水汽达到饱和产生凝结。

（3）平流冷却：暖湿空气流经冷的下垫面时，冷的下垫面造成空气温度降低，达到饱和产生凝结。另外，冷、暖空气平流相遇，水平混合后也可以产生凝结。

在上述几种冷却过程中，对出现在近地层的雾而言，辐射冷却、平流冷却起主要作用；对悬浮在空中的云而言，凝结发生在一定高度上，因而绝热冷却起主要作用。

五、湿度与货运

海上运输某些货物时，货舱“出汗”和货物“出汗”会使货物受潮造成货损，前者是水滴凝结于舱顶、舱壁上，而后者是水滴凝结于货物上。一般而言，若舱内温度小于舱外露点，则不能开舱通风；若舱内温度大于舱外露点，则可以开舱通风。

第六节 空气的垂直运动和大气稳定度

大气的运动除了水平方向还有垂直方向，垂直方向的运动又可分为上升与下沉运动，即对流运动。与空气大规模的水平运动相比，垂直运动的平均速率比较弱，但在上升运动中由于空气块绝热冷却，水汽凝结，才会有云、雨等现象的发生，特别是雷雨、大风、冰雹、龙卷等剧烈的天气现象，都是由空气强烈的对流造成的。

一、垂直运动类型

在垂直方向上，空气受到垂直向下指向地心的重力和垂直气压梯度力的作用，当两力平衡时，空气处于静力平衡状态，即没有垂直运动发生；当两者的平衡遭到破坏时，就会产生空气的垂直运动。由于形成垂直运动的原因不同，垂直运动的速度、范围及伴随天气有很大差异。发生在大气中的垂直运动主要有以下几种类型。

（一）热力对流

在热力作用下引起的垂直运动，称为热力对流。这种对流多是由下垫面受热不均匀而产生的。当某气块的温度高于周围空气温度时，其密度变小，浮力作用便使它具有向上的加速度而产生了上升运动；反之，当气块变冷，低于周围空气温度时，其密度变大，则产生下降运动。这类热力对流多为局地性对流，水平范围较小，只有几千米到几十千米，持续时间短，只有几十分钟到几小时。但是，其垂直上升速度很快，可达1～30 m/s。雷暴云、阵性降水、雷雨大风、冰雹等不稳定性天气都是由热力对流的强烈发展造成的。

（二）水平辐合、辐散引起的垂直运动

由于水平气流的辐合、辐散作用引起的大范围、较规则的上升或下降运动，称为系统性升降运动。这种运动的垂直速度小，但水平范围可达几百至几千千米，并能维持较长时间。

通常，在地面低压区，水平气流辐合，有上升运动；而在地面高压区，水平气流辐散，有下沉运动。由此可见，大气的垂直运动与水平运动是相互联系、互相制约的，而它们又与高、低气压天气系统的发生、发展之间存在着内在联系。

（三）锋面上的垂直运动

锋面上的垂直运动是大规模暖空气沿着锋面爬升而形成的。在冷、暖气团的移行过程中，由于暖空气密度小，大规模暖空气受锋面抬升作用，沿锋面向上爬行。这种系统性的上升运动，通常水平范围可达几百千米以上，其上升速度虽然缓慢，但因持续时间长，可使整层空气的抬升高度达好几千米。暖空气抬升过程中绝热冷却，若水汽充足，会形成大范围的层状云。

（四）地形引起的垂直运动

气流在运行过程中，经过山地时，受山地阻挡作用，会引起气流的抬升运动，类似于暖空气沿锋面的滑升。如果空气潮湿，在其他条件适当时，在山的迎风坡上升气流中常形成地形云和降水。若宽广深厚的气流绕山而行，则在迎风坡山的两侧气流辐合，产生上升

运动；在背风坡山的两侧气流辐散，产生下沉运动。

（五）乱流引起的垂直运动

大气低层的乱流运动也会引起垂直运动，由于垂直尺度不大，通常仅形成层云和雾。

二、气温在垂直运动中的绝热变化

（一）垂直运动中气温的绝热变化

热力学第一定律告诉我们，传递热量或做功都能改变系统的内能，从而引起温度变化。若系统与外界没有热量交换，称该系统是绝热的。在绝热条件下空气状态的变化过程称为绝热过程（Adiabatic process）。由于空气的热传导系数很小，当空气运动很快，来不及与周围空气交换热量时，空气状态的变化可以看成绝热。

干空气或未饱和湿空气块做垂直升降运动时的状态变化过程称为干绝热过程（Dry adiabatic process）。研究表明，在干绝热过程中，气块温度的变化只取决于气压的变化。气压降低（上升运动）时，气温下降；反之，气压上升（下沉运动）时，气温升高。这是因为绝热上升时，气块体积膨胀对外做功的能量全靠降低本身的温度来提供；反之，在绝热下沉时，外界对气块做功，气块体积缩小，本身温度升高。饱和湿空气块做垂直升降运动时的状态变化过程称为湿绝热过程（Wet adiabatic process）。在湿绝热过程中也可以得出类似的结论。

现以 T' 表示气块的温度，T 表示环境温度。在干绝热过程中，气块温度随高度的增加的递减率称为干绝热直减率（Dry adiabatic lapse rate），用 γ_d 表示，即：

$$\gamma_d = -\frac{dT'}{dz} \tag{1-37}$$

可以证明，$\gamma_d = \frac{g}{C_p} = 0.98\ \text{K}/100\ \text{m}$。在实际工作中常近似地取：

$$\gamma_d = 1\ ℃/100\ \text{m} \tag{1-38}$$

这表明，干空气或未饱和湿空气块在绝热上升过程中，每升高 100 m，温度下降 1 ℃；反之，在绝热下降过程中，每下降 100 m，温度升高 1 ℃。

若气块的起始温度为 t_0，上升 Δz 后其温度 t' 应为：

$$t' = t_0 - \gamma_d \Delta z \tag{1-39}$$

同样，在湿绝热过程中，气块的温度随高度的递减率称为湿绝热直减率（Wet adiabatic lapse rate），以 γ_m 表示，即：

$$\gamma_m = -\frac{dT'}{dz} \tag{1-40}$$

可以证明，对于湿绝热过程而言，恒有 $\gamma_m < \gamma_d$，这是因为在湿绝热上升过程中，水汽凝结放出潜热使冷却作用变得缓慢；反之，在湿绝热下降过程中，水滴蒸发吸收的蒸发

热使增温作用减弱。γ_m 不是常数，而是随气压和温度改变的，通常取 γ_m 为0.5 ℃/100 m或0.6 ℃/100 m。

（二）焚风

焚风是一种干热风，发生在山的背风面。利用气温在垂直运动中的干、湿绝热变化过程可以说明焚风效应。当空气在山的迎风面上升时，产生水汽凝结现象而放出凝结潜热。从凝结高度开始直到山顶，空气按湿绝热直减率冷却。空气越过山顶沿背风坡下降时，又按较大的干绝热直减率增温。同时，在迎风面降水使空气湿度减小，因此空气在背风面下降绝热增温时，其相对湿度比越山前要小得多。例如，有一山岭高3 km，山脚下起始温度为20 ℃，当凝结高度为500 m时，到背风面山麓的焚风气流温度就增高至32.5 ℃（取 γ_m = 0.5 ℃/100 m），如图1-36所示。有时空气越山时并没有失去水分，这时的焚风效应是波状运动迫使空气从较高层下降而造成的。

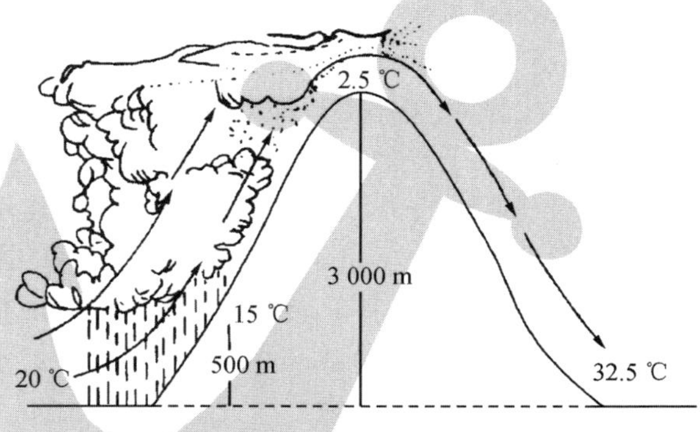

图1-36　焚风

在我国，当气流越过太行山下降时，位于山东麓的石家庄会出现焚风，日平均气温可升高10 ℃。有些地方出现焚风时，温度可升高20 ℃以上。初春的焚风可使积雪融化，夏末的焚风可使粮食与水果早熟。强大的焚风还可能导致森林起火。焚风在欧洲以阿尔卑斯山北麓最为常见，风势猛烈。在美国洛杉矶的焚风称为钦诺克（Chinook）。

三、大气稳定度

大气中的对流有时发展十分强烈，有时却又非常微弱。夏季大陆上的热雷雨常发生在下午到傍晚，而海洋上的热雷雨多出现在半夜到凌晨。为了判断对流运动（如雷雨大风）能否发生和发展，我们引进大气稳定度的概念。

（一）大气稳定度的概念

大气稳定度（Atmospheric stability）又称静力稳定度或大气层结稳定度。在静止大气中，当某一气块受到外力作用在垂直方向产生扰动后，若周围大气有使它返回起始位置的趋势，大气层结是稳定的；若周围大气有使该气块更加远离起始位置的趋势，大气层结是不稳定的；若气块随时都与周围大气取得平衡，这种大气层结是中性的。由此可见，大气层结稳定度是指气块受任意方向扰动后，周围大气使气块具有返回或远离起始平衡位置的趋势和程度。

（二）大气稳定度判据

大气是否稳定，通常用周围空气的温度直减率（γ）与上升空气块的干绝热直减率（γ_d）或湿绝热直减率（γ_m）的对比来判断。

图1-37中A、B、C分别表示三团空气，均属未饱和空气，其位置都在离地面200 m的高度上，在做升降运动时其温度均按干绝热直减率变化，即1 ℃/100 m。A、B、C周围空气的温度直减率γ分别为0.8 ℃/100 m、1 ℃/100 m和1.2 ℃/100 m，则可以有三种不同的稳定度。

A团空气受到外力作用后，如果上升到300 m，则本身的温度（11 ℃）低于周围空气的温度（11.2 ℃），它向上的速度就要减小，并有返回原来高度的趋势；如果它下降到100 m，其本身温度（13 ℃）高于周围的温度（12.8 ℃），它向下的速度就要减小，也有返回原来高度的趋势。因此，当$\gamma<\gamma_d$时，大气处于稳定状态。

B团空气受到外力作用后，不管上升或下降，其本身温度均与周围空气温度相等，它的加速度等于零。因此，当$\gamma=\gamma_d$时，大气处于中性平衡状态。

C团空气受到外力作用后，如果上升到300 m，其本身温度（11 ℃）高于周围空气温度（10.8 ℃），则要加速上升；如果下降到100 m，其本身温度（13 ℃）低于周围空气的温度（13.2 ℃），则要加速下降。因此，当$\gamma>\gamma_d$时，大气处于不稳定状态。

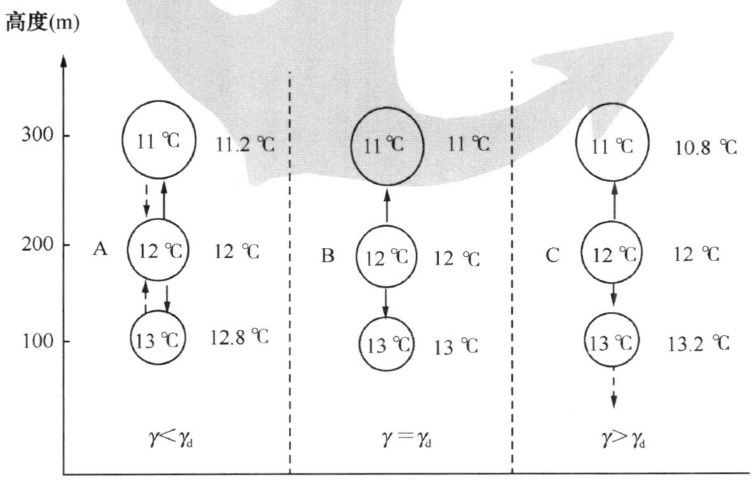

图1-37　大气稳定度示例

由以上分析可知，对于干空气或未饱和湿空气，当$\gamma>\gamma_d$时，层结不稳定；当$\gamma<\gamma_d$时，层结稳定；当$\gamma=\gamma_d$时，层结为中性。同理可以得知，对于饱和湿空气，当$\gamma>\gamma_m$时，层结不稳定；当$\gamma<\gamma_m$时，层结稳定；当$\gamma=\gamma_m$时，层结为中性。综上所述，当

$\gamma>\gamma_d$ 时，必然 $\gamma>\gamma_m$，大气层结无论对于干绝热过程还是湿绝热过程都是不稳定的，称为绝对不稳定（Absolute instability）；当 $\gamma<\gamma_m$ 时，必然 $\gamma<\gamma_d$，无论对于湿绝热过程还是干绝热过程都是稳定的，称为绝对稳定（Absolute stability）；当 $\gamma_m<\gamma<\gamma_d$ 时，层结对于干绝热过程是稳定的，但对湿绝热过程是不稳定的，称为条件性不稳定（Conditional instability），即

$\gamma>\gamma_d$	绝对不稳定
$\gamma_m<\gamma<\gamma_d$	条件性不稳定
$\gamma<\gamma_m$	绝对稳定

这就是大气稳定度判据。

（三）大气稳定度与天气

1. 绝对不稳定

当大气处于不稳定状态时，有利于对流发展，产生积状云，出现不稳定天气，如阵雨、雷阵雨、阵性大风，甚至产生冰雹、龙卷等。

绝对不稳定的情形多发生在夏季局部地区。午后，太阳辐射强烈，陆面上近地面层空气急剧增温，与上层空气之间的温差加大，形成绝对不稳定的大气层结，它非常有利于垂直对流运动的发展，所以夏季大陆上午后至傍晚多积雨云及热雷雨发生。而在海上，热雷雨多发生在后半夜至凌晨。这是由于海水夜间降温很小，贴近海面的下层空气从海面获得热量，上层大气夜间发出长波辐射而失去较多的热量，气温降低多，上、下层空气温差大，也能形成绝对不稳定层结，有利于热力对流的发展而形成热雷雨。

2. 条件性不稳定

条件性不稳定是比较常见的，在这种情况下，气层稳定与否主要取决于空气的湿度，条件性不稳定情况下对流发展的重要条件之一就是湿度要足够大。夏季气温高、湿度大容易形成条件性不稳定的大气层结，因此，经常出现局部雷雨大风天气。

3. 绝对稳定

当大气处于稳定状态时，能有效抑制对流的发展，产生稳定性天气现象，如层云、雾、毛毛雨等。

绝对稳定的情形多发生于逆温层附近，逆温层好像一个盖子，能有效抑制对流的发展，阻挡水汽和尘埃等向上输送。当近地面层有逆温时，易产生雾、毛毛雨、低云等天气；当逆温出现在空中某高度时，抬升运动引起的上升气流很难突破它，而在其下方形成层状云，低层的对流云一般也在此处被阻挡而平衍，只有当低层大气极不稳定时，才有可能突破逆温层。由此可见，大气中的逆温对天气有重要影响。

四、大气中的逆温类型

大气层结稳定度要受到许多物理过程的影响。例如，在一定条件下，对流层中会出现气温随高度的增加而升高的逆温现象，无论是哪种条件造成的逆温，都对天气变化有重要作用。根据形成过程的不同，逆温分为以下几种类型。

（一）辐射逆温

晴朗无风或少云的夜间，地面很快辐射冷却，贴近地面的气层也随之降温，离地面越远，降温越少，因而形成了自地面开始逐渐向上的逆温，称为辐射逆温。

一般而言，辐射逆温半夜后形成，黎明前最强，日出后随着地面升温，贴近地面的气层首先升温，逆温层便自下而上地消失，逆温层消失时间多在9～10时。辐射逆温现象以秋、冬季中高纬度陆地上出现最多，冬季最强，消失得也较慢。在逆温层下部，当气温降至露点温度时，常有露、霜或辐射雾等出现。

（二）平流逆温

暖空气水平移动到冷的地面或冷的水面上，会发生接触冷却作用，愈近地面的空气降温愈多，而上层空气受冷地表面的影响小，降温减少，于是产生逆温现象。这种因空气平流产生的逆温，称为平流逆温。

平流逆温可以出现在一天中的任何时刻，而且一般范围比较广，持续时间比较长，有时可达几天。海上常见的平流雾就是在这种平流逆温层结下形成的。

（三）乱流逆温

由于低层空气的乱流混合而形成的逆温，称为乱流逆温。这种逆温强度弱、厚度薄，多为近地面层的等温现象。在逆温层底部，由于下层的水汽和杂质向上输送和温度的下降，容易产生层云和层积云。

（四）下沉逆温

当高空下沉空气绝热增温，而近地层空气由于经常存在着乱流，温度变化不大，形成下冷上暖的逆温称为下沉逆温。

下沉逆温形成的有利天气条件是极地冷高压和副热带高压控制下的晴好天气，高压中心附近有持久而强盛的下沉运动。由于下沉空气来自高空，水汽含量少，下沉以后温度升高，相对湿度显著减小，空气干燥，不利于云雾生成。因此，在下沉逆温中，天气总是晴好的。

（五）锋面逆温

锋面上、下的冷、暖空气的温度差异形成的逆温，称为锋面逆温。这种逆温层是随锋面的倾斜而呈倾斜状态，又由于锋是从地面向冷空气方向倾斜的，锋面逆温只能在冷气团所控制的地区内观测到。

第七节 云和降水

一、云

（一）云的定义和形成

云是由大量的小水滴、小冰晶或两者的混合物组成的悬浮在空气中的可见聚合体。云是降水的基础，是地球上水分循环的中间环节，而且云的发生、发展总伴随着能量的交换。云可以反映当时的天气状况，也可预示未来天气的变化，同时云层能阻挡太阳和大气辐射，影响气温和风的日变化。

大气中形成云的重要条件是：（1）水汽条件：充足的水汽使空气达到饱和状态。（2）冷却条件：上升运动促使未饱和的空气绝热上升、降温达到饱和状态。（3）凝结核：可以促使水汽在一定温度下凝结。故此，上升运动 + 水汽条件→云形成；下沉运动→云消散。

上升运动的形式和规模不同，形成的云的状态、高度、厚度也不同。大气中的上升运动主要有以下四种方式：（1）热力对流：地表受热不均和大气层结不稳定引起的对流上升运动。（2）动力抬升：暖湿气流受锋面、辐合气流的作用所引起的大范围上升运动。（3）大气波动：大气流经不平的地面或在逆温层以下所产生的波状运动。（4）地形抬升：大气运行中遇地形阻挡，被迫抬升而产生的上升运动。

（二）云的分类及其基本特征

云的分类（Cloud classification）是根据云的特性和形成过程将云区分归类的体系。根据大气中形成云的上升气流的不同特点，将云分为积状云或对流云、层状云和波状云。根据云底的高度和云的基本外形特征，将云分成三族十一属，再根据外形特色、排列情况、透光程度、附从云以及是否从其他云演变而来等，进一步分为二十九类。

1. 积状云

积状云（Cumuliform cloud）是由不稳定层结的自由对流发展而形成的云。对流能否形成积状云，除了取决于凝结的条件外，还取决于对流上升所能达到的高度。如果对流上升所能达到的最大高度（对流上限）高于凝结高度，则积状云形成，否则就不会形成积状云。对流愈强，对流上限高于凝结高度的差值就愈大，积状云就愈厚。对流上升区的水平范围广，则积状云的水平范围也就愈大。

积状云主要包括淡积云、浓积云、积雨云和卷云。实际上，淡积云、浓积云和积雨云是积状云发展的不同阶段。气团内部热力对流所产生的积状云最为典型。夏半年，地面受热不均，暖湿空气块开始上升，当到达凝结高度以上时，就形成了对流单体，再逐步发展，就形成孤立、分散、底部平坦、顶部凸起的淡积云。淡积云云顶一般在0 ℃等温线高度以下，云体由水滴组成，云内上升气流的速度不大，一般不超过5 m/s，云中湍流也较弱。在淡积云出现的高度上，如果有强风和较强的湍流，淡积云的云体会变得破碎，这种云叫碎积云。

当对流上限超过凝结高度许多时，云体高大，顶部呈花椰菜状，形成浓积云。其云顶伸展至0 ℃等温线高度以上，顶部由过冷却水滴组成，云中上升气流强，可达15 ~ 20 m/s，云中湍流也较强。

如果上升气流更强，浓积云云顶可向上伸展，云顶可伸展至−15 ℃等温线以下的高空。于是云顶冻结为冰晶，出现丝缕结构，形成积雨云，如图1-38所示。积雨云顶部在高空风的吹拂下，向水平方向展开成砧状，称为砧状云。在顺高空风的方向上，云砧能伸展很远，因而它的伸展方向可作为判定积雨云的移动方向的依据。积雨云的厚度很大，在中纬度地区为5 ~ 8 km，在低纬度地区可达10 km以上。云中上升、下沉气流的速度都很大，上升气流常可达20 ~ 30 m/s，曾观测到60 m/s的上升速度，下沉速度也有10 ~ 15 m/s。云中湍流十分强烈。

热力对流形成的积状云具有明显的日变化。通常，上午多为淡积云。随着对流的增强，逐渐发展为浓积云。下午对流最旺盛，往往可发展为积雨云。傍晚对流减弱，积雨云逐渐消散，有时可以演变为伪卷云、积云性高积云和积云性层积云。如果到了下午，天空还只是淡积云，这表明空气比较稳定，积云不能再发展长大，天气较好，所以淡积云又叫晴天积云，是连续晴天的预兆。夏天，如果早上很早就出现了浓积云，则表示空气不稳定，可能发展为积雨云。因此，早上有浓积云是有雷雨的预兆。傍晚层积云是积状云消散后演变成的，说明空气层结稳定，一到夜间云就散去，这是连续晴天的预兆。由此可知，利用热力对流形成积云的日变化特点，有助于直接判断短期天气的变化。

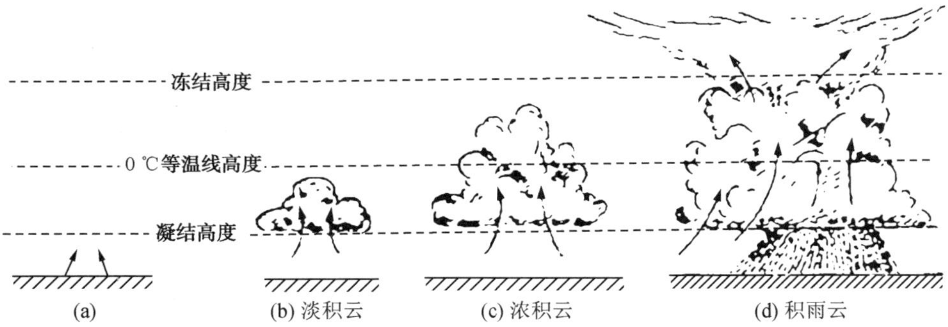

图1-38　积状云形成示意图

2. 层状云

在稳定大气层结中，由于空气大规模的系统性上升运动而形成的云，称为层状云（Stratiform cloud）。层状云主要包括层云、雨层云、高层云和卷层云。形成层状云的系统性上升运动，通常水平范围大，上升速度只有0.1～1.0 m/s，因持续时间长，能使空气上升几千米。发生在锋面上的层状云最为典型（如图1-39所示），云的底部同锋面大体吻合，云顶近似水平。云层从前至后依次为卷云、卷层云、高层云及雨层云。最前面的是卷云和卷层云，其厚度较薄，一般为几百米，云体由冰晶组成。位于中部的是高层云，其厚度一般为1 000～3 000 m，顶部多由冰晶组成，主体部分多由冰晶与过冷却水滴共同组成。最后面是雨层云，其厚度一般为3 000～6 000 m，其顶部由冰晶组成，中部由过冷却水滴与冰晶共同组成，底部温度高于0 ℃，故由水滴组成。

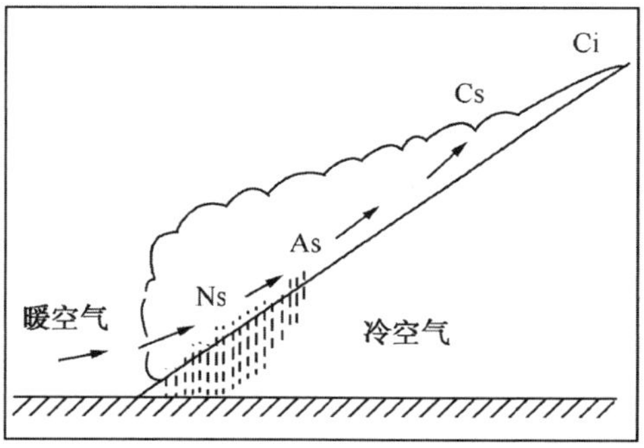

图1-39　暖锋面上的层状云系

此外，在气旋、低槽的气流辐合区或迎风山坡上或空气湍流和辐射冷却均能形成层状云。图1-40是低层空气因湍流和辐射冷却形成的层云示意图。

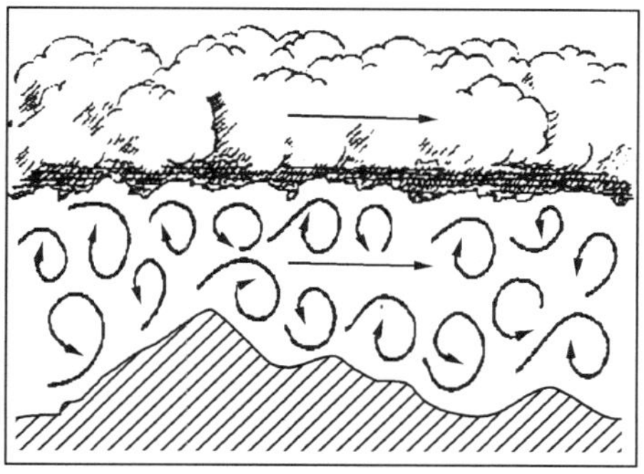

图 1-40　低层空气因湍流和辐射冷却形成的层云示意图

层状云是均匀幕状的云层，常具有较大的水平范围。因逆温层的存在，云只能向水平方向伸展，云顶较为平坦，形如海面起伏，称为“云海”。

3. 波状云

在稳定大气层结中，由大气波动作用产生的云，称为波状云（Wave cloud）。波峰处空气上升绝热冷却而形成云，波谷处空气下沉则无云。如果在波动形成之前该处已有厚度均匀的层状云存在，则在波峰处云加厚，波谷处云减薄以至消失（如图 1-41 所示），从而形成厚度不大、保持一定间距的平行云条，呈一列列或一行行的波状云。

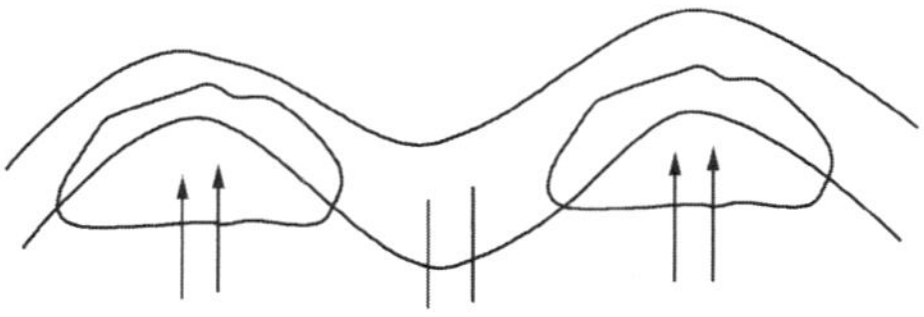

图 1-41　波状云的形成

波状云是波浪起伏的云层，包括卷积云、高积云、层积云。云中的上升速度可达每秒几十厘米，仅次于积状云中的上升速度。波状云的厚度不大，一般为几十米到几百米，有时可达 1 000 ~ 2 000 m。波状云的出现常表明气层比较稳定，天气较少变化。天气谚语“瓦块云，晒死人”“天上鲤鱼斑，明天晒谷不用翻”，就是指透光高积云或透光层积云出现后，天气晴好而少变。但是系统性波状云，像卷积云是在卷云或卷层云上产生波动后演变成的，所以它和大片层状云连在一起，表示将有风雨来临。天气谚语“鱼鳞天，不雨也疯癫”就是指此种预兆。

上面介绍的积状云、层状云和波状云并不是孤立不变的，在一定条件下，可以发展或消散，也可以相互转化。例如，积状云中，淡积云可以发展到浓积云，最后形成积雨云。积雨云在消散时，可以演变成伪卷云、积云性高积云和积云性层积云。又例如，波状云发展时，可以演变成层状云（蔽光高积云可以演变成高层云，蔽光层积云可以演变成雨层云）。层状云消散时，也会演变成波状云（雨层云消散时，可演变为高层云、高积云或层积云）。总之，云的产生、发展和演变过程是复杂的，也是有规律的。

云的形状千变万化，一定的云状常预示着一定的天气，因而云对于天气变化具有一定的指示意义，“看云识天”就是这个道理。表1-8给出了不同的云所预兆的天气。

表1-8　有天气预兆的云

云形	云类	云状	天气预兆
积状云	卷云	毛卷云	雨
		密卷云	晴
		钩卷云	阴雨
		伪卷云	晴
	积云	淡积云	晴
		浓积云	上午如很早出现,下午会有雷雨
	积雨云	鬃积雨云	雷阵雨,伴有大风、雷电
		冰雹云:发展旺盛的积雨云,云底乌黑、很低,上部发黄发红,伴有雷闪	冰雹或较强雷阵雨
		漏斗状积雨云:从发展旺盛的并伴有雷雨的积雨云底下伸,呈漏斗状的云柱	伸到地面或海洋,有龙卷
波状云	卷积云	卷积云	暗,有时阴雨,大风
	高积云	透光高积云	晴,有时兆雨
		蔽光高积云	阴雨,有时兆晴
		荚状高积云	多数情况是晴天
		絮状高积云	雷雨
		堡状高积云	雷雨
	层积云	透光层积云	多数情况是晴天
		蔽光层积云	雨、雪
		积云性层积云	晴,有时下小雨
		堡状层积云	雷阵雨
层状云	卷层云	薄幕卷层云	阴雨、大风
		毛卷层云	有时兆风雨
	高层云	透光高层云	连续性阴雨,或将有雨、雪出现
		蔽光高层云	雨、雪,有时兆晴
	雨层云	雨层云	连绵雨、雪
		碎雨云	雨、雪
	层云	层云	晴,有时下毛毛雨或米雪
		碎层云	上午消散,兆晴;不消散天气转变,有时下毛毛雨,冬天偶尔降米雪

（三）云的高度分类

在航海实际工作中通常根据云底高度把云分为高、中、低三族，再结合云的外形特征、结构和成因分为十一属（如表1-9所示），进行观测和记录。

表1-9 云的高度分类、名称和代码

分类	云底高度	中文名称	英文名称	国际代码
高云	> 5.0 km	卷云 卷层云 卷积云	Cirrus Cirrostratus Cirrocumulus	Ci Cs Cc
中云	2.5 ~ 5.0 km	高层云 高积云	Altostratus Altocumulus	As Ac
低云	< 2.5 km	层云 层积云 雨层云 碎雨云 积云 积雨云	Stratus Stratocumulus Nimbostratus Fractonimbus Cumulus Cumulusnimbus	St Sc Ns Fn Cu Cb

二、降水

（一）降水定义和种类

从云中降到地面上的液态或固态水，称为降水。降水虽然主要来自云中，但有云不一定都有降水。这是因为云滴的体积很小，不能克服空气阻力和上升气流的托举。只有当云滴增长到能克服空气阻力和上升气流的托举，并且在降落至地面的过程中不致被蒸发掉时，降水才形成。

由于云的温度、气流分布等状况的差异，降水具有不同的种类。降水根据不同的物理特征可分为液态降水和固态降水。液态降水有毛毛雨、雨、雷阵雨、冻雨、阵雨等，固态降水有雪、雹、霰等，还有液态、固态混合型降水，如雨夹雪等。

（二）降水性质

降水具有不同性质，通常分为连续性、阵性和间歇性降水。连续性降水历时长，强度具有变化，降水主要来自高层云和雨层云。如暖锋通过时降水，这类降水最典型。阵性降水历时短，强度变化很快，骤降骤止，天空时明时暗，降水主要来自浓积云、积雨云和不稳定的层积云，并常伴有强阵风等特点。间歇性降水指降水强度时大时小，时降时止，但变化缓慢，云和其他要素无显著变化。降水主要来自层积云和厚薄不均匀的高层云。

（三）降水量和降水强度

降水量是指从天空降落到地面上的液态和固态（经融化后）降水，没有经过蒸发、渗透和流失而在水平面上积聚的深度，以“mm”为单位表示。

单位时间内的降水量，称为降水强度，常用“mm/h”“mm/d”等单位表示。我国气象部门规定的常用降水量（降雨量和降雪量）分级情况如表1-10和表1-11所示。

表1-10　降雨量等级表　　（单位：mm）

等级	零星小雨	小雨	中雨	大雨	暴雨	大暴雨	特大暴雨	阵雨
12 h总降雨量	< 0.1	0.1 ~ 4.9	5.0 ~ 14.9	15.0 ~ 29.9	30.0 ~ 69.9	70.0 ~ 139.9	≥140.0	12 h内阵雨累计时间小于5 h，降雨量不超过15 mm
24 h总降雨量	< 0.1	0.1 ~ 9.9	10.0 ~ 24.9	25.0 ~ 49.9	50.0 ~ 99.9	100.0 ~ 199.9	≥200.0	

表1-11　降雪量等级表　　（单位：mm）

等级	零星小雪	小雪	中雪	大雪	阵雪
12 h总降雪量	< 0.1	0.1 ~ 0.9	1.0 ~ 2.9	≥3.0	12 h内阵雪累计时间不超过5 h，降雪量不超过3 mm
24 h总降雪量	< 0.1	0.1 ~ 2.4	2.5 ~ 4.9	≥5.0	—

（四）各类云的降水

不同的云，由于其水平范围、云高、云厚、云中含水量、云中温度和升降气流等情况不同，因而降水的形态、强度、性质也随之有差异。

1. 层状云的降水

层状云包括高层云、层云、雨层云和卷层云。卷层云中含水量较小，云底又高，所以除了在冬季高纬度地区的卷层云可以降微雪以外，卷层云一般是不降水的。

降水与云厚和云高有密切关系。云愈厚、愈低，降水就愈强。一般雨层云比高层云的降水强得多。

由于层状云云体比较均匀，云中气流也比较稳定，所以层状云的降水是连续性的，持续时间长，降水强度变化小。

2. 积状云的降水

积状云包括淡积云、浓积云和积雨云。

淡积云由于云薄，云中含水量少，水滴又小，所以一般不降水。

浓积云是否降水则随地区而异。在中高纬度地区，浓积云很少降水。在低纬度地区，因为有丰富的水汽和强烈的对流，浓积云的厚度、含水量和水滴都较大，故可降较大的阵雨。

积雨云是冰、水共存的混合云，云的厚度和云中含水量都很大，云中升降气流强，因此云滴的凝华增长和冲并作用均很强烈，致使积雨云能降大的阵雨、阵雪，有时还伴随冰雹。

3. 波状云的降水

波状云由于含水量较小，厚度不均匀，所以降水强度较小，往往时降时停，具有间歇性。层云只能降毛毛雨，层积云可降小的雨、雪和霰。高积云很少降水。但在我国南方地区，由于水汽比较充沛，层积云也可产生连续性降水，高积云有时也可产生降水。

（五）全球降水分布特点

全球降水总量的分布表明，降水随纬度呈带状分布，其中有三个主要特点：（1）在赤道有一个降水最大值，其位置和热赤道一致，略偏在北半球；（2）高纬度的降水总量很小；（3）在副热带是一个次低值，尽管副热带高压区是著名的干旱区，但在这个纬度中，大陆东岸的夏季降雨量还是相当多的。

降水的分布与大气的运动、气团和锋带的活动以及海陆分布等有密切的关系。分析全球夏季和冬季降水总量的分布时，要注意到下列因子。（1）空气温度对大气最大水汽含量的限制。这一点对高纬度和冬季大陆内部很重要。（2）纬向的水汽输送主要是由大气平流造成的。这本身反映了全球风系和它们的分布（特别是辐合的信风系统和多气旋的西风带）。（3）海陆分布；南半球缺乏像北半球那样的广阔内陆。南半球浩瀚的海洋使得中纬度的风暴增加了纬向分布的降水平均值，45°S 与 50°N 相比，前者增加了约 1/3。另外季风的影响也是不可忽视的因素，尤其是在亚洲。（4）山区的分布对局地盛行风的影响，也制约着降水的分布。

第八节 雾和能见度

雾是对航海活动有重要影响的灾害性天气之一，是影响海面能见度的首要因素，无论在海洋上还是在港口，浓雾发生时能见度十分恶劣，给港口作业和船舶航行带来很大的困难和潜在的危险，易发生船舶触礁、碰撞等海上交通事故。国内外大量统计资料表明，在浓雾天，即使备有雷达等现代化导航仪器，仍有偏航、搁浅、触礁或碰撞等恶性事故发生。因此，船舶驾驶人员必须熟悉雾的形成和活动规律。

一、雾的概述

（一）雾的定义和成因

雾是悬浮在近地面层大气中的大量细微乳白色小水滴或冰晶组成的可见聚合体。雾的形成与云一样，都是发生在大气中的水汽凝结现象，只是云悬浮在空中，雾贴近地表面，因此可以把雾看成地面上的云。大气中水汽达到饱和凝结的途径有两条：一条是通过蒸发和平流输送，增加大气中的水汽；另一条是降低空气温度。对于雾来说，降低温度更重要。因此，凡是在有利于空气低层冷却的地区，如果水汽充分，风力适度，大气层结稳定，并有大量的凝结核存在，便最容易生成雾。

（二）我国雾的等级划分

我国将雾按水平能见度距离划分为不同的等级，划分标准及名称如下：

（1）水平能见度距离在1～10 km的称为轻雾。

（2）水平能见度大于等于500 m小于1 000 m的称为大雾。

（3）水平能见度大于等于200 m小于500 m的称为浓雾。

（4）水平能见度大于等于50 m小于200 m的称为强浓雾。

（5）水平能见度小于50 m的雾称为特强浓雾。

（三）我国海雾的警报等级

我国海雾警报分为三个等级，依次是海雾蓝色警报、海雾黄色警报、海雾橙色警报。

预计未来24 h近海划分的18个海域中任一海域将出现能见度小于1 000 m的雾，或者已经出现并可能持续，发布海雾蓝色警报。

预计未来24 h近海划分的18个海域中任一海域将出现能见度小于500 m的雾，或者已经出现并可能持续，发布海雾黄色警报。

预计未来24 h近海划分的18个海域中任一海域将出现能见度小于200 m的雾，或者已经出现并可能持续，发布海雾橙色警报。

（四）雾与航海的关系

雾是影响海面能见度的主要因子，无论在海上还是港口，当产生浓雾时能见度十分恶劣，直接影响船舶驾驶人员视线，使船舶雷达等现代化导航仪器受到影响，导致偏航、搁浅、触礁和碰撞等事故发生。据统计，在近几十年发生的数以千计的海上碰撞和海损事故中，大约70%发生在低能见度的雾天。因此，为了避免或减少雾中航行事故，《1972年国际海上避碰规则》中专门制定了船舶在能见度不良时的行动规则。

二、平流雾

（一）平流雾的定义

当暖湿空气流经冷的下垫面时，下垫面的冷却作用使空气达到过饱和、发生凝结而形成的雾称为平流雾（Advection fog）。海洋中冷、暖海流之间或海陆沿岸，只要风向适当，即空气从暖区吹向冷区，都可能在冷的下垫面上形成平流雾。平流雾是海上出现最多、对航海影响最大的一种雾，故又称为海雾（Sea fog）。

（二）平流雾的形成条件

1. 冷的海面和适当的海气温差

较冷的海面是形成平流雾的基本条件。当暖湿空气流到较冷的海面上，气温降低达到饱和凝结而形成雾。研究表明，当表层海水温度低于某个临界值时可能发生海雾，高于此值时则不能发生海雾。在北太平洋海雾发生的区域大致限于表层水温低于20 ℃的冷海面上，高于20 ℃的海区，雾逐渐减少，超过25 ℃等温线的海区，不再有雾。同时，4—9月海雾的南界随着等水温线的季节性北上而相应地从30°N向较高纬度推移。在我国海域雾发生的区域也大致与这个水温界限相符。

观测表明，水平温度梯度较大的海陆交界区域和冷、暖海流交汇的水域是平流雾发生最多的地方，并且平流雾大多出现在冷、暖海流交汇区的冷海面上。

适当的海气温差也是平流雾形成的条件之一。大量观测表明，海雾集中发生在海气温差为0 ~ 6 ℃的范围内，其中2 ~ 3 ℃时雾出现的概率最大。当海气温差大于8 ℃时，一般不能形成海雾。分析长江口外、黄海中部和青岛等地的气候资料可以看到，月平均水温低于月平均气温的季节往往就是多雾季节。例如，山东南部沿海4—6月的海气温差都大于零，这些月份恰好是海雾盛行期。8月海气温差开始变小，并向负值转变，海雾也骤减。

2. 适宜的风场

特定的风向、适度的风力是平流雾形成的重要因子。一般认为2 ~ 4级风有利于平流冷却雾的发展。风速太大，湍流强，热量上下传递快，不易形成雾；风速太小，平流引起的空气与下垫面的温差也小，不易形成雾。因此，只有在中等风速条件下，不但可以源源不断地送来暖湿空气，而且因有一定强度的湍流，使雾达到一定的厚度。但在远海，有大范围的水汽供应，大风时仍伴随浓雾。

对于风向而言，从暖区吹向冷区的风向与等温线垂直或接近垂直最有利于平流雾形成。因此，北半球偏南风、南半球偏北风是形成平流雾的适宜风向。例如，我国近海产生平流雾的有利风向通常为S–SE–E，其中北方海域主要是南风或东南风，南海沿岸多偏东风；英吉利海峡则为西南风。

3. 充沛的水汽

当温度条件满足时，平流过来的暖空气要含有充沛的水汽，即湿度大是成雾的关键因子。平流空气经过暖海流水面时，从中得到大量水分和热量，一旦到达冷水面上，就极易生成雾。因此，源源不断的暖湿空气输送，对平流雾的生成、发展与维持都是十分重要的。

4. 低层逆温层结

海雾是在稳定的大气层结中产生和维持的。当暖空气到达较冷的水面时，低层通过湍流发生温湿交换，从而使大气层结趋向稳定并产生逆温。850 hPa以下的逆温层，是形成平流雾最常见的层结。据统计，在能见度小于500 m的平流雾中，90%以上有明显的逆温层结，而且逆温层厚度通常为200 ~ 600 m。低层逆温能有效地抑制大气中对流的发展，好像一个无形的盖子，阻挡水汽向高空扩散，使水汽和凝结核大量聚集在低层大气中，对雾的形成和维持极为有利。

（三）平流雾的消散

平流雾的生成和维持依赖于一定的条件，一旦这些条件发生逆转或破坏而不复存在时，雾即趋于消散。平流雾向消散方向转化的条件有两个：一是风场改变，造成了暖湿空气水平输送中断，例如冷锋过境或风向较大角度的转变；二是风速增大或减小很多，或低层空气增温破坏了近地面层大气稳定状态。

（四）平流雾的特点

1. 浓度和厚度可以很大

出现平流雾时，通常水汽供应充沛，雾滴浓密，能见度恶劣，甚至会出现水平视程小于50 m的情况，有时还伴有毛毛雨。雾的厚度常可达几十到几百米，遮天蔽日，严重影响船舶的航行和天文、地文定位。平流雾的浓度和厚度一般比其他雾大，在我国沿海四季皆可出现，以春、夏季为多雾季节，夏季风盛行时可伸入陆地。

2. 水平范围广

只要有暖湿空气不断流来，雾可以扩展到很广的范围。通常可达数百甚至数千千米，形成大片雾区。

3. 持续时间长

在某种稳定流场作用下，源源不断的暖湿气流可以使雾持久不消。一般平流雾持续5～6 h而不消散是很平常的。特别是暖湿气流较强，且流场稳定少变时，平流雾不仅整日不消，而且可以持续几天甚至一周以上。例如，青岛海域曾经观测到连续27天的雾。

4. 大洋中没有明显的日变化

一日之中任何时刻都可能产生平流雾，在大洋中没有明显的日变化，但在沿海、港口和岛屿等浅海地区有明显的日变化。白天，特别是午后，太阳辐射强烈，沿海气温升高，雾变稀薄，甚至暂时消散，可是一到傍晚，雾再度转浓。

5. 随风飘移，常伴有较多的层云

在近岸处，平流雾来临时，往往先见到大片破碎的层云，随后就是贴近海面的大雾涌上岸来。当条件适当时，海雾可伸入内陆几十千米远，然后逐渐消散或抬升为层云、碎层云。

三、辐射雾

（一）辐射雾定义

在晴朗微风而又比较潮湿的夜间，地面辐射冷却使近地面温度下降，当气温降低到露点或露点以下时达到饱和凝结而形成的雾称为辐射雾（Radiation fog）。因此，辐射雾是一种典型的“陆雾”，在海面上通常不能产生。辐射雾出现在晴朗、微风、近地面水汽比较充沛的夜间或早晨，日出后，随着地面温度上升，空气又恢复到未饱和状态，雾滴也就立即蒸发消散。发生在沿海的辐射雾与陆地上的不同，它不能因海面直接辐射冷却而形成，往往借助于海面上的悬浮物质、盐粒以及水层等的辐射效应，使贴近海面的一薄层空气达到饱和而形成，一般对航海无影响。如遇到风向适宜，风力轻和，在沿海地区产生的辐射雾可随风缓慢地移往附近海面，有时可以扩展到10 n mile海域，会给沿岸航行带来一定的影响。沿岸港口的辐射雾会影响船舶进、出港及港内的装卸作业。

（二）辐射雾的形成条件

有利于形成辐射雾的条件是：

（1）空气中有充足的水汽；

（2）天气晴朗少云；

（3）低层微风（1 ~ 3 m/s）；

（4）大气层结稳定。

辐射雾与平流雾一样均通过冷却过程形成。晴天是产生辐射雾的有利条件，有云时不利于辐射雾的产生。但雾产生后，晴天也最有利于雾的消散，云则阻碍雾的消散。辐射雾多出现在高压中心区的晴夜，因此早晨出现辐射雾，常预示着当天有个好天气。天气谚语“早晨地罩雾，尽管晒稻谷”“十雾九晴”中提到的雾就是指这种辐射雾。例如，冬半年我国大陆上多为高压控制，夜又较长，特别有利于辐射雾的形成。城市及其附近，烟粒、尘埃多，凝结核充沛，因此特别容易形成浓雾（常称都市雾）。如果机场位于城市的下风向，这种雾就会笼罩机场，严重地影响飞机的起降。

（三）辐射雾的特点

1. 辐射雾与平流雾相比范围、厚度均较小

辐射雾的范围不广，只占据局部地区，多见于峡谷、洼地、湿地或沿海地区。辐射雾的厚度随空气的冷却程度及风力而定。如只在贴近地面的气层内，温度降到露点以下，而且风力微弱，则形成低雾。低雾的高度在2 ~ 100 m，有时低雾厚度不到2 m，薄薄地蒙蔽在地面上，称为浅雾。低雾的形成常与近地层的逆温层有关，它的上界常与逆温层的上界一致。如空气冷却作用所及高度增大，辐射雾能伸展到几百米高，这种辐射雾称为高雾，其范围较广，能持续多日不散，仅在白天稍有减弱。

2. 一年四季都能产生，尤以秋季和冬季最为频繁

冬季，海面水温高于陆地气温，移往海面的辐射雾会立刻消失。因此，往往沿海陆上有雾而海上没有雾，港内雾很浓，离港后就见不到雾。夏季辐射雾比较少见，这时若有辐射雾移往海面，如果此时海水水温低于陆地气温，雾就不容易消散；如果海面水温高于陆地气温，雾会迅速消失。因此，往往沿海陆上有雾而海上没有雾，或港内雾很浓，离港后就见不到雾。

3. 具有明显的日变化规律

辐射雾形成于夜间，日出前最浓，日出后随着低层气温逐渐升高而减弱消散。通常，在日出前后所产生的辐射雾最容易消散。子夜产生的雾，日出后若干小时方能消散。日落后产生的雾，最不容易消散。在热带地区形成的辐射雾，多在日出后2 h内消散。移往海面的小片辐射雾，日出后即消散。除冬季阴天外，辐射雾经午不消散的情况很少。

4. 辐射雾有明显的地方性

我国四川盆地是有名的辐射雾区，其中重庆冬季无云的夜晚或早晨，雾日几乎占80%，有时还终日不散，甚至连续几天。

四、锋面雾

（一）锋面雾的定义

在锋面上暖气团中产生的水汽凝结物（云滴或雨滴）落入较冷的气团内，蒸发使近地面的低层空气达到饱和凝结形成的雾，称为锋面雾（Frontal fog）。锋面雾经常发生在冷、暖空气交界的锋面附近，随锋面降水相伴而生，故又称降水雾或雨雾。锋面雾对航海的威胁仅次于平流雾。

（二）锋面雾的形成条件

锋面雾最常出现于锢囚气旋中和气旋中暖锋接近中心的部分。它的宽度一般不超过50 n mile，多出现于暖锋线前，并随暖锋推移，有时落到暖锋线后分片飘散。同样的道理，在冷锋后也可以产生锋面雾。但浓度较大、范围较广的锋面雾，主要出现在锢囚锋两侧和暖锋前。

（三）锋面雾的特点

锋面雾的范围不大，浓度和厚度均小。锋面雾随锋面和降水区的移动而移动，因此在局地持续时间一般较短，当锋面和降水区移动缓慢或停滞不前时，持续时间相应延长。此外，锋面雾出现的时刻和强度变化均不受气温日变化的影响。

五、蒸汽雾

（一）蒸汽雾的定义

寒冷的空气覆盖在较暖的水面上，水汽蒸发进入冷空气，达到饱和、凝结形成的雾称为蒸汽雾。蒸汽雾和锋面雾统称为蒸发雾（Steam fog）。

（二）蒸汽雾的形成条件

深秋和冬季，陆面比水面冷。从陆面，特别是冰原上的寒冷空气流到较暖的水面上，当气温低于水面温度15 ℃以上，空气层结稳定时，就会产生蒸汽雾。蒸汽雾多产生于极地冰盖的边缘、冰间水面以及亚洲和北美洲的东海岸。一般在南方的暖洋流进极地区域时，极地的冷空气覆盖在暖水面上而形成蒸汽雾。例如墨西哥湾流流入北极的海洋上，常造成北极洋面上大规模的蒸汽雾。有时候，北极的冷空气停留在冰面上，在冰面裂开的地方，冰下较暖的水就露出来，形成局部的蒸汽雾。蒸汽雾大多出现在高纬度的北极地区，所以人们常称它为“北极烟雾”。除了极地区域外，冷空气覆盖暖水面的情形还常出现在内陆湖滨地区。夜间湖水面比陆面暖，当夜间陆风吹到暖的湖面上时，在湖面上就会形成一层比较浅薄的蒸汽雾。蒸汽雾在我国多见于冬季渤海和黄海北部。此外，蒸汽雾的发生与风速无关，在5～40 m/s的风速中均观测到蒸汽雾的发生。风向改变可使蒸汽雾消散。

（三）蒸汽雾的特点

蒸汽雾的特点是范围和浓度不大，厚度薄，离水面几米高，有时遮不住大船桅杆，持续时间短，日变化明显。蒸汽雾多限于高纬度沿海、冰缘和冰间水边较狭窄的水带，稍远的地方就没有这种雾。蒸汽雾一般多产生于清晨，日出后随气温上升而慢慢消散。

六、世界海洋雾的分布

世界海洋雾区的分布如图1-42、图1-43所示：中高纬度海域雾多于低纬度海域；春、夏季雾多于秋、冬季；大洋西海岸雾多于东海岸；大洋中央和赤道附近的热带海面上几乎没有雾；北大洋雾多于南大洋。

（一）太平洋上的雾

在北太平洋上主要是平流雾，与陆地上的雾相比，具有范围广、持续时间长的特点。北太平洋上的雾大多集中在30°N以北。春、夏季较多，秋、冬季较少。从冬季到夏季，多雾区逐渐由东往西移动。1—3月，东北太平洋阿拉斯加南部洋面为频率大于10%的多雾区，4月北太平洋的雾普遍增多，鄂霍次克海和我国的渤海、黄海及东海海区雾频率均达15%。在北美沿岸仅有加利福尼亚沿岸出现频率大于10%的雾区，其他海区均小于5%。5月海雾分布形势同4月一样，但出雾的频率加大，日本海西部和北海道东部海区已超过30%，山东半岛沿海海雾频率超过了40%。6—7月北太平洋的雾区扩大，频率也随之增加，40°N以北海区频率为15%以上，鄂霍次克海频率为50%，白令海大于30%。千岛群岛东南部洋面是海雾出现频率最高的区域，频率高达55%，这主要是该区位于亲潮和黑潮交汇带的缘故。温哥华到旧金山一带沿海，夏季也是多雾区，中心区频率大于30%。秋季，40°N以北至阿留申群岛整个洋面雾频率大于10%，阿拉斯加湾南部局部雾频率为15%。10—12月，北太平洋洋面雾频率为5%。

在南太平洋上，雾主要出现在40°S以南的广大中高纬度西风漂流和秘鲁海流的洋面上。由于西风风速很大，所以雾频率比北太平洋同纬度低得多。4—7月各月雾频率普遍在2%～5%，7月雾最少，一般不足2%。春、夏季节雾频率加大，一般在5%以上，较高纬度地区则出现雾频率大于10%。秘鲁冷流海域在3～4级偏西风作用下常会有雾出现，雾日较多。总之，大洋东部多于大洋西部。

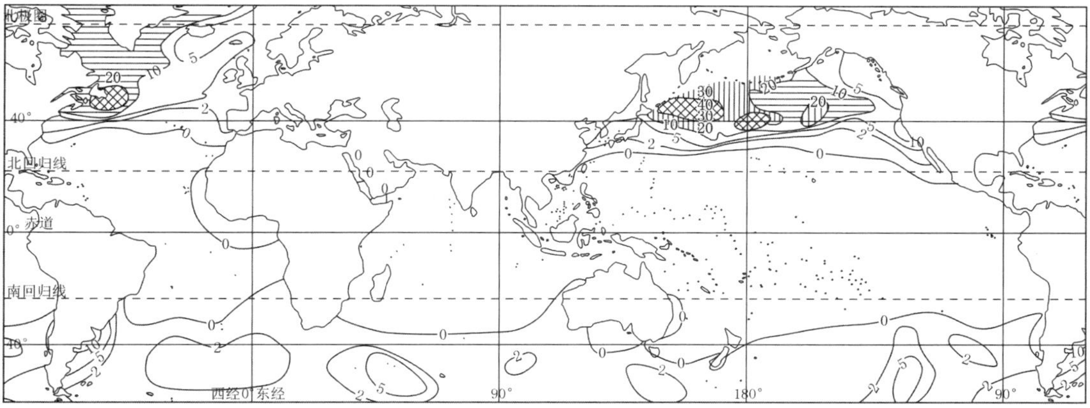

图1-42　7月世界海洋雾的分布（单位：%）

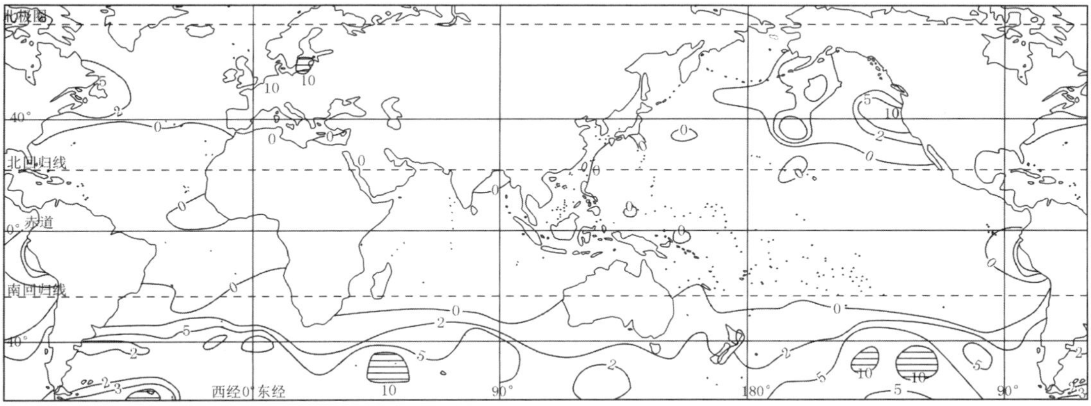

图1-43　1月世界海洋雾的分布（单位：%）

（二）大西洋上的雾

在北大西洋上，北美圣劳伦斯湾至纽芬兰附近海面终年多雾，也是世界上最著名的雾区之一。春、夏季（4—8月）雾最盛，平均每月有10个雾日。夏季雾的频率达到40%，雾区范围很大，向东延伸，可达冰岛以南海面，南北跨越20多个纬度，影响着整个北大西洋北部的欧美航线。这个区域是墨西哥湾暖流与拉布拉多冷流的交汇处，夏季多平流雾，冬季锋面气旋活动频繁，多锋面雾。同时，冬季有来自高纬度的强冷空气吹向海面，会出现蒸汽雾。

挪威、西欧沿岸与冰岛之间海面常年多雾。由于北大西洋暖流与冰岛冷流在这一带交汇，夏季多平流雾，雾频率大于10%；冬季挪威和西欧沿海多锋面雾。英吉利海峡因潮汐涨落而促成的雾经常存在。在挪威沿岸多峡谷和港湾，秋、冬季多辐射雾和蒸汽雾。这一雾区恰好位于北美与西欧和北欧的主要航道上。英吉利海峡和北海等航道狭窄，来往船舶众多，水流急且流向多变，再加上雾频，就更增加了船舶航行的困难。据统计，这段水域上发生的雾中碰撞事故在世界上最多。

在南大西洋上，雾主要出现在30°S以南的广大中高纬度洋面上，特别是在巴西暖流与福克兰冷流相遇的海域雾最为频繁。西风风速很大，不利于海雾的形成，所以南大西洋上雾频率比北大西洋上低得多。4—7月各月雾频率普遍在2%～10%，7月雾区明显缩小，只有阿根廷近海带状雾的频率达到5%～10%。春、夏季节雾区扩大，雾频率增加，一般大于5%，较高纬度地区则出现雾的频率大于10%，尤其1月在合恩角至南乔治亚岛一带海域形成一个多雾中心。总之，大洋西部生成雾的频率大于大洋东部。

（三）印度洋上的雾

在整个北印度洋热带洋面上，终年水温很高，受其影响，贴近海面的低层空气温度比较高，致使低空的水汽经常处于未饱和状态，加之热带洋面上的空气对流活动比较活跃，低空水汽不断随上升气流向高空逸散，这些水域难得见到雾。但在红海和亚丁湾常有沙暴出现。红海北部海区，22°N以北至苏伊士湾，在2—6月，每月有数次被称为Khamsim的大风产生，此风开始时是南风，随后转为西南风或西风，并常伴有沙暴。而在红海南部和亚丁湾海区，这种沙暴常见于5—9月。海上经常产生霾，沿岸大风也会引起沙暴。沙暴和霾的出现造成沿海海域能见度不良（5 n mile以内），影响船舶航行安全。

在南印度洋上莫桑比克海流为暖流，它从莫桑比克海峡直达非洲最南端，从暖海面上向南流去的暖湿空气，在表层海水温度梯度和西风漂流的冷却作用下，在南非东南沿岸及其外海形成雾区，因此，船舶通过好望角时有时会遇到雾。一年四季，雾的频率都在2%左右，再向南，能达到10%。

此外，北冰洋和南极洲沿岸冰缘、冰间水域以及中高纬度大陆东岸附近海面冬季来自高纬度大陆上的冷空气吹刮到海面上，多蒸汽雾。

七、中国近海的雾

我国近海是北太平洋多雾区之一，以平流雾为主，锋面雾和辐射雾次之。雾区的时空分布具有很强的区域性和季节性。

（一）地理分布

我国海域北起渤海湾，南至北部湾，大致呈带状分布。雾区的带状范围具有南窄北宽的特点，南部宽100～200 km，舟山群岛一带约400 km，北部更宽些，如黄海6—7月几乎都是雾区。北部湾、台湾海峡西部、舟山群岛、青岛外海、成山角外海和朝鲜半岛西部沿岸是相对多雾中心（如图1-44所示）。雾区的另一特点是南少北多。琼州海峡和北部湾西北部年雾日（一日中任何时间出现雾，不论持续时间长短，均计为一个雾日）20～30天；台湾海峡西部和福建沿海年雾日20～35天（台湾海峡东部、澎湖列岛一带却很少，只有4～5天）；闽浙沿岸到长江口一带，年雾日增加到50～60天；山东半岛南部成山角和石岛一带海面雾最频，年雾日超过80天，故有“雾窟”之称；从鸭绿江口到济州岛的朝鲜半岛西部沿海雾也较多，年雾日达50多天，有时与山东南部沿海的雾区连成一片。

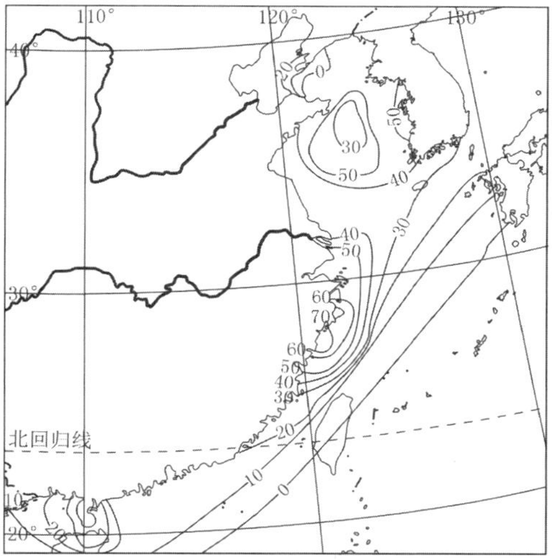

图1-44 中国近海年雾日分布（单位：天）

渤海是我国的内海，暖流不易到达，因而雾相对较少，仅在渤海海峡附近多些，年雾日为20～40天。此外，台湾以东洋面、海南岛榆林港以南终年受暖流控制，缺乏冷却条件，因而基本无雾。

（二）季节变化

我国沿海的雾主要发生在2—7月。随着时间的推后，雾区从初春到盛夏由南向北推进，表现出南早北晚的特点。南海北部沿岸的雾始于头年12月，12月—次年4月为雾季，北部湾沿海2月雾最多，海南岛3月最多，南海沿岸4月最多。东海的雾始于3月，3—7月为雾季，其中浙江沿海至长江口4—6月最盛，到7月、8月明显减少。黄海的雾始于4月，4—8月为雾季，6—7月最盛。8月，除黄海北部外，我国整个沿海的雾骤然减少。

八、船舶测算海雾的方法

航海活动中，驾驶员需要判定航行海区海雾的生消和分布，及时做好雾航的准备，以保证船舶航行的安全。

目前，船舶通常可以利用NAVTEX或GMDSS的增强群呼（EGC）接收作业海区邻近台站发布的天气报告或浓雾警报释读海雾的分布信息，做出海雾的生消预报。

可以通过船载气象传真机实时接收航区邻近国家气象传真广播台发布的传真地面实况图和预报图，查看识读图中的浓雾警报和雾区分布，并通过天气形势做出海雾的生消预报。

可以通过气象导航或登录全球互联网查阅、下载所需海域海雾预报资料。

船舶在近岸或港口附近作业时，可以收听、收看当地广播电视播发的气象信息，判定海雾的生消。

海雾的出现常与相应天气形势有关，适宜的天气系统产生的风将源源不断的暖湿空气输送到冷的海面上，大气层结稳定，便最容易生成雾。例如，在我国沿海出现海雾最常见的有利天气形势为入海变性冷高压西部、气旋和低槽东部、西北太平洋副热带高压西伸脊西部及冷锋前和气旋暖区等四种天气形势。

1. 入海变性冷高压西部的平流雾

冷高压入海后，在其西部能否形成平流雾，主要取决于系统的厚度和系统在海上停留变性的时间。一般说来，冷高压越厚变性越大，在海上停留时间越长，就越有利于在系统的西部形成平流雾。据统计资料分析，厚度达1 500 m以上，入海后停留3天以上，一般都会出现平流雾（如图1-45所示）。雾区的位置由入海冷高压的位置决定。如冷高压中心位于30°N以南海面，则雾多出现在华南沿海；这种平流雾多见于春季，一般出现在海陆交界地区。

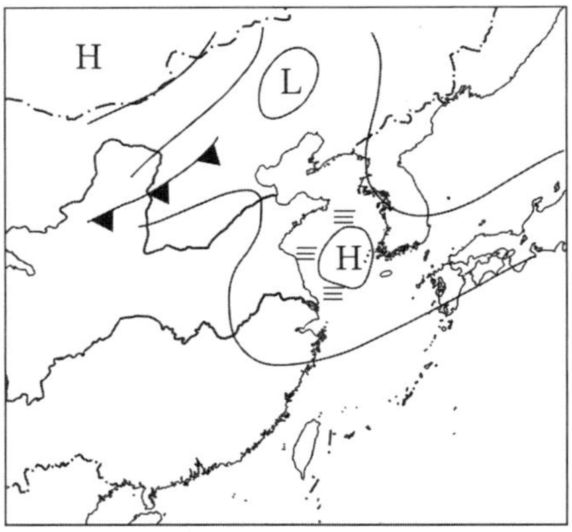

图1-45　入海变性冷高压西部的平流雾

2. 气旋和低槽东部的平流雾

这类平流雾与这些系统的相对位置以及沿海地区上空暖湿平流的厚度有关。沿海地区850 hPa和700 hPa高度上有暖湿平流存在，则有利于平流雾的产生。如由黄河气旋引起的平流雾，主要出现在渤海和黄海北部；由江淮气旋引起的平流雾，主要出现在黄海；东海气旋引起的平流雾，主要出现在东海；由西南倒槽引起的平流雾主要出现在华南沿海。如果上空的暖湿气流太弱，就不利于平流雾的形成，如图1-46所示。

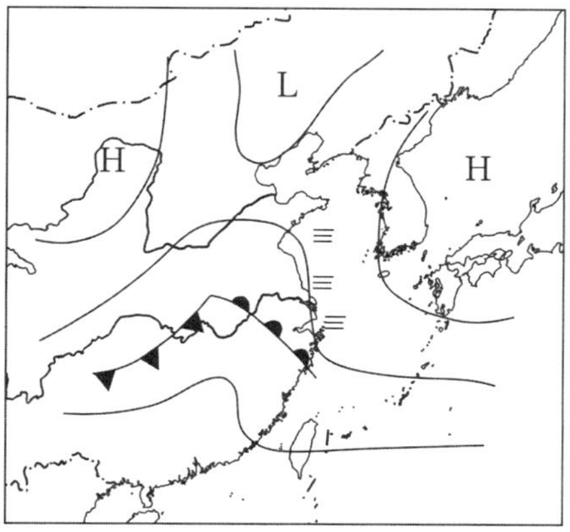

图1-46 气旋和低槽东部的平流雾

3. 西北太平洋副热带高压西伸脊西部的平流雾

夏季，西北太平洋副热带高压势力加强，北跳并西伸至我国沿海地区。西伸的强度和位置决定着能否形成平流雾。如果西伸脊的西缘正好位于我国沿海附近，其强度适中，则有利于平流雾的形成。如果西伸脊太强，一直伸入大陆内部，或其边缘不及沿海，就不会形成平流雾。而且太平洋副热带高压为暖性深厚系统，维持时间长，所以在此形势下形成的平流雾不仅范围广，厚度大，维持时间也较长，短者1～2天，长者5～6天甚至更长，如图1-47所示。

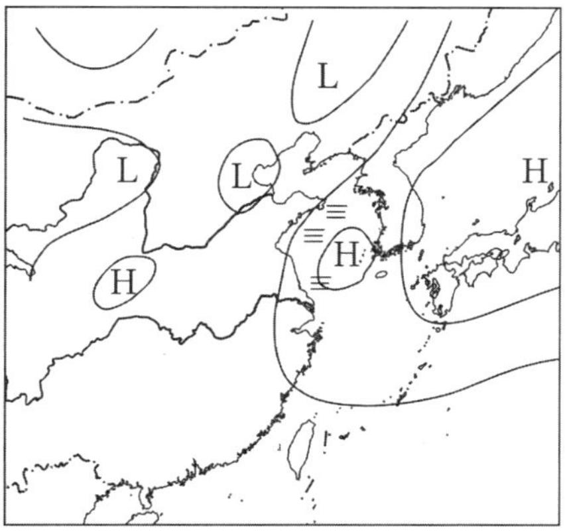

图1-47 西北太平洋副热带高压西伸脊西部平流雾

4. 冷锋前和气旋暖区的平流雾

冷锋前和气旋暖区中的偏南气流有利于暖湿气流的输送，往往会有平流雾出现，如图1-48所示。气旋暖区北半球盛行西南风，风速适宜时，是雾形成的主要天气形势之一。

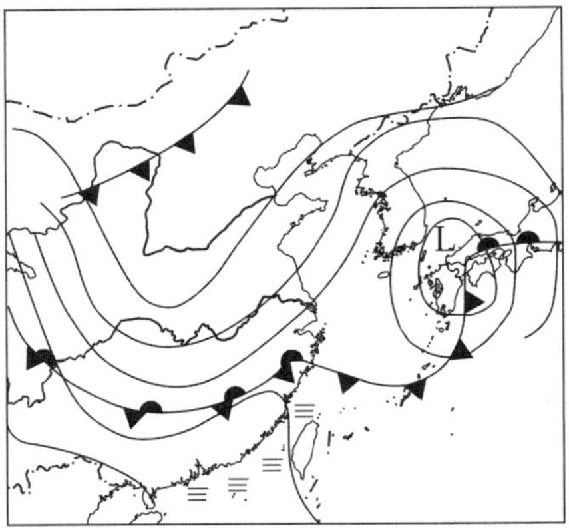

图 1-48　冷锋前和气旋暖区的平流雾

九、海雾在卫星云图中的特征

如果在船上获取效果良好的卫星云图，则可以从云图上分析海雾特征。在可见光云图上，海雾的边界非常清晰，色调从淡灰到白色不等，这主要取决于雾层的厚度和太阳高度角的大小。一般来说，雾层厚度在300 m以上时呈白色，纹理光滑、均匀、无暗影。雾与层云的主要区别是，海雾比层云的边界更加清楚。在近海，海雾的边界与海岸线非常一致，而层云的边界常常是参差不齐的。此外，层云有时有暗影，它的出现与层云相对于海面的高度有关。在红外云图上，雾区与四周海面色调的差异主要决定于表面温度的差别，其形状与可见光云图上的类似，边界清楚，纹理均匀光滑，特别是在白天的图像上，它会更清楚。由于所处纬度的不同，卫星云图上的海雾特征亦有所差别。我们对比高纬度、中纬度和低纬度的卫星云图上的海雾特征，发现在高纬度出现海雾时，海界线最清楚，中纬度次之；低纬度沿海的海雾紧贴海岸，且雾区狭窄，海岸的轮廓不明显。

十、海面能见度

（一）海面能见度的概念

正常视力的人在海上180°视野范围内所能看到的最大水平距离称为海面能见度（Visibility）。能见度常以km或n mile为单位表示。“能见”就是能将目标物的轮廓从天空背景上分辨出来。在海洋上，通常以水天线作为目标物进行观测。大气透明度是影响能见度的直接因子，其次是目标物和背景的亮度以及人的视觉感应能力。影响能见度的主要天气现象有沙尘暴、雾、霾、烟、雨、雪和低云等。

（二）海面能见度的等级

根据能见距离的大小，将能见度分成0～9共10个等级（如表1-12所示），能见度好等级大，能见度差等级小。但在气候资料和世界各国发布的天气报告中，通常能见度不用等级，而以能见度恶劣（Visibility bad）、能见度不良（Visibility poor）、能见度中等（Visibility moderate）、能见度良好（Visibility good）、能见度很好（Visibility very good）和能见度极好（Visibility excellent）等用语来表示。

表1-12　海面能见度等级表

等级	能见距离		天气报告中能见度术语		可能出现的天气现象
	n mile	km	英文	中文	
0	< 0.03	< 0.05	Visibility bad	能见度恶劣	特强浓雾
1	0.03 ~ 0.10	0.05 ~ 0.20			强浓雾或雪暴
2	0.10 ~ 0.25	0.20 ~ 0.50			浓雾或大雪
3	0.25 ~ 0.50	0.50 ~ 1.00	Visibility poor	能见度不良	大雾或中雪
4	0.50 ~ 1.00	1.00 ~ 2.00			轻雾或暴雨
5	1.00 ~ 2.00	2.00 ~ 4.00	Visibility moderate	能见度中等	小雪、大雨、轻雾
6	2.00 ~ 5.00	4.00 ~ 10.00			中雨、小雪、轻雾
7	5.00 ~ 11.00	10.00 ~ 20.00	Visibility good	能见度良好	小雨、毛毛雨
8	11.00 ~ 27.00	20.00 ~ 50.00	Visibility very good	能见度很好	无降水
9	≥27.00	≥50.00	Visibility excellent	能见度极好	空气透明

第二章 大气环流

大气环流（General circulation）一般是指大范围空气运行的现象，它的水平尺度在几千千米以上，垂直尺度在10 km以上，时间尺度在10^5 s以上。大气环流反映了大气运动的基本状态和基本特征，是各种不同尺度天气系统活动的基础。一般，天气系统是大气环流的组成部分，而各种特定的天气过程也是以某种大气环流状态为背景的。天气学的理论和实践表明，大气环流的异常发展必将导致天气、气候的反常。在天气气候学中常把多年（至少30年）平均状况视为正常状况，而异常就是指对多年平均状况的偏差（或称距平）。因此，大气环流不仅决定各地的天气类型，同时还决定各地气候的形成和特点。

第一节 环流模式

大气环流的基本状况主要是由太阳辐射随纬度分布不均匀、地球自转、海陆分布和高大地形等因素决定的，其中太阳辐射随纬度分布不均匀是产生大气环流最基本的因子，也可以说是大气环流的原动力。

一、单圈环流

太阳辐射虽然是大气环流的最终能源，但驱动大气运动的真正原因是太阳辐射能在地表面上的不均匀分布。假定地球不自转，地表平坦，下垫面均一，只考虑太阳辐射随纬度的不均匀性。由于赤道和低纬度地区是辐射源，温度高，产生上升气流，高纬度地区和极地是辐射汇，温度低，产生下沉气流，在对流层高层就产生了由赤道指向极地的气压梯度，同时在低层出现指向赤道的气压梯度。因此，在赤道和极地间构成一个巨大的理想的直接热力环流圈（如图2-1所示），即单圈环流。但是，这种单圈环流实际上是不可能存在的，这说明太阳辐射能随纬度分布的不均匀性所造成的非绝热加热虽然是决定大气环流的重要因子，但不是唯一的因子，大气环流的状态还取决于其他因子。

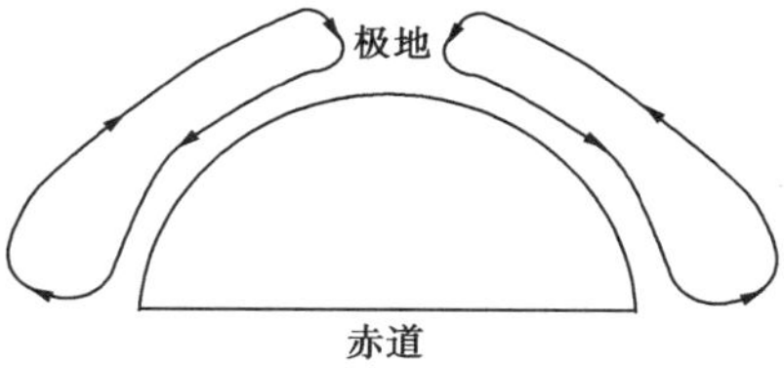

图2-1　单圈环流示意图

二、三圈环流

大气是在自转的地球上运动，大规模的空气运动必然受到地转偏向力的作用，迫使运动空气的方向偏离气压梯度力的方向。假定地表平坦、下垫面均一，在太阳辐射随纬度不均匀和地球自转（地转偏向力）两个因子的作用下，产生三圈环流，即低纬度环流、中纬度环流和高纬度环流。

如图2-2所示，当赤道低纬度上升的暖空气向极地流动时，在地转偏向力的作用下，气流逐渐向纬圈方向偏转（北半球向右，南半球向左），直到30°纬线圈附近向极地气流完全消失。于是，在30°一带发生空气质量堆积，形成副热带高压带。副热带高压低层空气向四周流散，其中向低纬度方向流去的气流在地转偏向力作用下，北半球形成东北信风带，南半球形成东南信风带，信风气流正好补偿了热带赤道上升的空气，形成了一个闭合低纬度环流圈。副热带高压低层向极地方向流去的气流在地转偏向力作用下，形成盛行西风带。极地高压辐散的干冷气流在地转偏向力作用下，形成极地东风带。西风气流与东风气流在60°附近相遇，形成副极地低压带。低压上升气流的一部分流向极地，与极地高压的下沉气流形成闭合高纬度环流；另一部分流向低纬度，与副热带高压的下沉气流形成闭合中纬度环流。

可见，在太阳辐射随纬度不均匀和地球自转的共同作用下，在南、北两半球的经圈剖面内各自形成三圈环流，在水平面上则形成了东、西风带，及分隔它们的副极地低压带、副热带高压带和赤道辐合带。

实际上，大尺度的空气运动正是气压梯度力和地转偏向力基本平衡但又不能完全平衡的准地转运动。这充分说明地球自转是决定大气环流的基本因子之一。

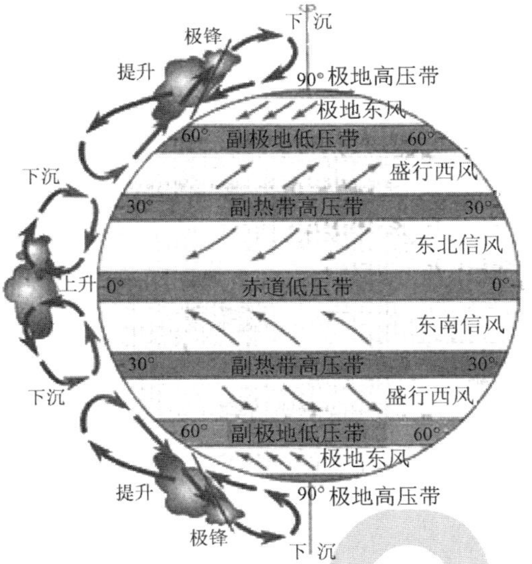

图2-2　三圈环流示意图

三、海陆不均匀分布

海陆热力性质差异表现在以下三方面。(1）辐射性质差异：太阳辐射在陆地只限于一个薄层内，而在海洋里可以达到几十米深。因此，陆地上的温度远比海洋上的温度对太阳辐射敏感得多。(2）热容量差异：海水的热容量是陆地热容量的2倍，海洋升温和降温速度远小于陆地。(3）海水具有流动性：海水的流动使热量在较大范围和较深的层次内均匀分布。

地气系统辐射差额随纬度的不均匀分布主要造成沿经线方向的不均匀加热和南北向的温度梯度。海陆分布所造成的不均匀加热和温度梯度主要沿纬圈方向。这种沿纬线的温度梯度叠加到沿经线的温度梯度上面就使纯纬向的温度场发生经向扰动。海陆分布对气温的影响不只局限于地面层，通过空气的湍流混合可以影响到整个对流层，并进而反映到对流层的气压场上来。冬季大陆是冷源，使其上面的空气变冷，而海洋是热源，使其上面的空气变暖。当空气由陆地移向海洋时，在陆面上不断冷却降温，常在大陆东岸形成温度场中的冷舌和高度场中相应的高空低压槽。冬季亚洲和北美大陆东岸的半永久性低压槽，就是在大陆的冷却作用下形成的。当空气离开陆地在海洋上运行时，不断受热升温，常在大洋东部形成暖区和相应的高空高压脊（如图2-3所示）。夏季的情况与冬季相反，大陆东岸容易出现高空脊，大洋东部容易出现高空槽。可见海陆分布引起的不均匀加热可以在一些特定的地理区域上产生西风带的扰动。由于海陆的不均匀加热有明显的年变化，所以它对大规模风系的年变化（季风现象）必将产生重要的作用。世界上最明显的季风区就在亚洲南部，冬季盛行东北季风，夏季盛行西南季风。

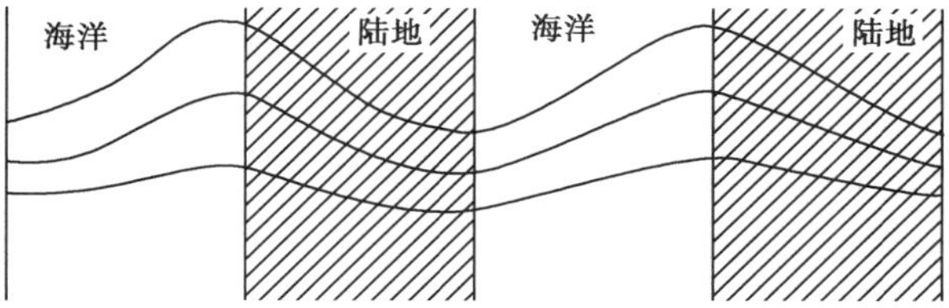

图2-3 海陆热力性质差异形成槽脊示意图

四、高大地形影响

高大地形（山脉起伏）在大气中作为一个固定的、不规则的边界必然要对大气运动产生热力作用和动力作用。

动力作用强迫气流过山时发生爬升和绕流，哪一种占优势要看山脉的形状和大气的稳定度而定。在纯粹爬越的情况下，在迎风坡，气柱的垂直厚度被压缩，将引起水平辐散，从而导致槽在迎风坡变浅，脊变强；反之，在背风坡，气柱的垂直厚度被拉长，将引起水平辐合，从而导致槽在背风坡加强，脊减弱。这种气流爬山的效应能在山脊的迎风坡产生“地形高压脊”，在背风坡产生“地形低压槽”。东亚沿岸和北美东岸，冬半年经常存在的高空大槽，虽然其形成同海陆温差有关，但同西风气流爬越高大青藏高原和落基山的动力减压亦有一定关系。如果地形过于高大或气流比较浅薄，气流过山时就有绕流运动发生。例如，青藏高原会迫使西风带分支。由于青藏高原南、北两侧气压梯度加大，这里的风速也最强，于是常形成南、北两支西风急流。这种现象在冬季非常明显。此外，地形绕流还会产生强迫性槽脊，在青藏高原北侧形成脊区，南侧形成槽区。冬季500 hPa图上孟加拉湾地区经常出现低槽，而青藏高原北部80°E附近常出现“新疆脊”，就与青藏高原的动力作用有关。

在热力作用方面，像青藏高原这样的大地形矗立在大气之中，由于其热力性质与四周大气迥然不同，冬季它是一个冷源，夏季它是一个热源。这种热力作用使大气温度场产生扰动，并进而使气压场产生相应的槽脊。

大地形作用是在固定的地理位置上发生的，它使得大气在这些固定地区受到扰动，因此地形对大气环流的状态必定发生重要作用。

五、气压带和行星风带

由大气环流理论可知，在地表均匀的情况下，南、北半球的近地面层中出现了四个气压带，由赤道向极地依次为赤道低压带、副热带高压带、副极地低压带和极地高压带。与此相应地形成了赤道无风带、信风带、副热带无风带、盛行西风带和极地东风带五个风带。

（一）信风带（Trades wind zone）

信风带位于副热带高压带与赤道低压带之间，平均位置在南、北纬10º～28º。北半球吹东北信风，南半球吹东南信风。信风带的特征是风向常年稳定少变，风力3～4级，天气晴朗，大洋西部降水较多，位置随季节南北移动。

（二）盛行西风带（Westerlies）

盛行西风带位于副热带高压带与副极地低压带，纬度为30º～60º。在北半球低层吹西到西南风，在南半球低层吹西到西北风。在西风带中，天气系统在高空西风的带动下从西向东运行，以槽脊为背景气旋与反气旋交替出现，来自北方的冷气团和来自南方的暖湿气团在此相遇，形成锋面，使西风带多锋面气旋活动，常伴随大风和云雨天气。在南半球西风带中，常年盛行强劲的西风，7级以上的大风频率每月可达10天以上，故有“咆哮西风带”之称。

（三）极地东风带（Polar easterlies）

极地东风带位于南、北纬60º～90º，极地高压向南（北）辐散的气流，在地转偏向力作用下，北半球吹东到东北风，南半球吹东到东南风。

（四）赤道无风带（Doldrums）

赤道无风带平均位于南、北纬10º范围内，其天气特征是：对流旺盛、平流微弱、云量多、高温、高湿、多雷雨、风微弱不定向，位置随季节南北移动。

（五）副热带无风带（Horse latitudes）

副热带无风带位于信风带和西风带之间，平均位于南、北纬30º附近。副热带高压内部多下沉气流，天气晴朗、温暖、微风，陆上干燥，海上潮湿。

第二节 实际环流

由于海陆分布和地形起伏等因素的影响，大气环流的实际环流状况比三圈环流模式要复杂得多。利用30年以上的全球观测资料的统计分析，得到对流层中上层的平均环流和海平面平均气压场的基本特征如下。

一、对流层中上层的平均水平环流

在北半球对流层中，中上层的平均水平环流形式是西风带上叠加着大尺度的平均槽、脊。图2-4为北半球500 hPa平均高度场，由于高空大气运动满足地转平衡，中高纬度的平均环流是环绕纬圈的西风气流。冬季（1月）500 hPa等压面图上，中高纬度西风气流强，位置偏南，环绕纬圈由三个长波大槽、三个长波脊构成。三个平均槽分别是位于亚洲东岸140°E附近的东亚大槽、北美东岸70°W～80°W附近的北美大槽和乌拉尔山西部的欧洲浅槽。在三个槽之间并列着三个脊，脊的强度比槽弱得多。夏季（7月），中高纬度西风气流弱，位置显著偏北，环绕纬圈原有的三个长波大槽已变为四个比较浅的长波槽，即东亚大槽东移入海，原欧洲浅槽已不存在并变为脊，而欧洲西岸和贝加尔湖地区各出现一个浅槽，北美大槽位置基本未动。

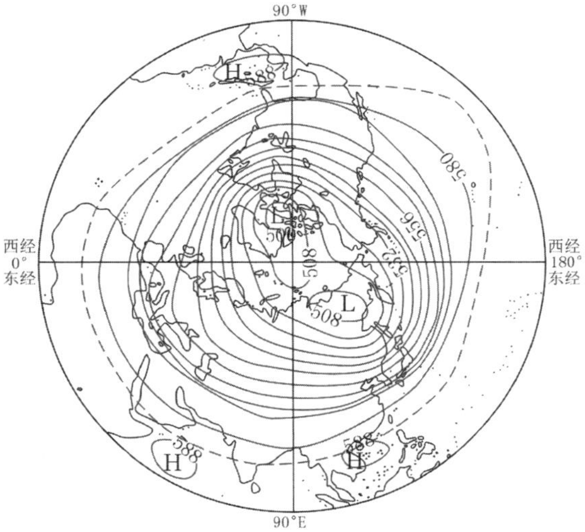

（a）

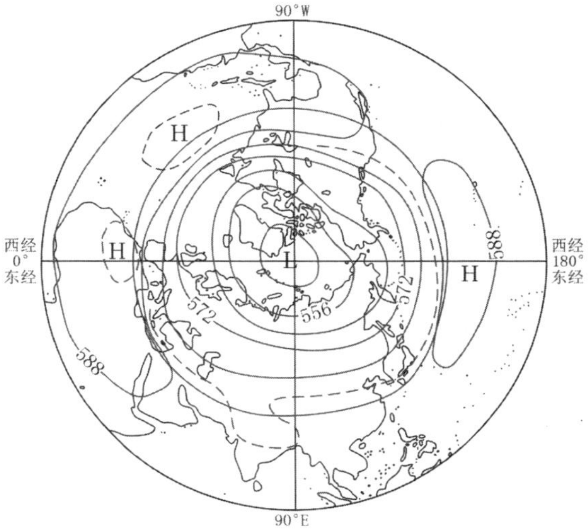

（b）

图2-4　北半球500 hPa平均高度场（单位：hPa）

二、海平面气压场的基本特征

在对流层低层，地表海陆性质差异和地表起伏不平所引起的热力、动力变化，使环流沿纬圈的不均匀性更加显著，水平环流在月平均海平面气压分布图上主要表现为一个个巨大的高、低压中心系统。如图2-5所示，1月北半球主要受四个大范围的气压系统（两个大低压和两个冷高压）控制，一个大低压在北太平洋的阿留申群岛附近，中心强度为1 000 hPa左右，称为阿留申低压。另一个在北大西洋的冰岛附近，中心强度为995 hPa，称为冰岛低压。两个冷高压分别出现在欧亚大陆和北美大陆上。在欧亚大陆上的冷高压中心强度为1 035 hPa，称为西伯利亚高压或蒙古高压。在北美大陆上的冷高压中心强度为1 020 hPa，称为北美高压。副热带的高压有两个主要中心，一个在太平洋，另一个在大西洋，范围甚小，位置偏南，强度较弱。南半球副热带高压分裂成三个高压中心，分别位于南太平洋、南印度洋和南大西洋上，中心气压值都在1 020 hPa左右。而在澳大利亚大陆、非洲南部和南美大陆分别形成三个暖性低压，中心气压值在1 006 ~ 1 009 hPa。

如图2-6所示，7月北半球大陆上发展了两个低压，出现在亚洲南部的低压称印度低压或亚洲低压，中心强度为997 hPa；出现在北美西南部的低压称北美低压，中心强度为1 011 hPa。原在海洋上势力很强的阿留申低压和冰岛低压仍然存在，但强度已大为减弱，位置偏北。海洋上的北太平洋副热带高压（又称夏威夷高压）、北大西洋副热带高压（又称亚速尔高压），强度增强，范围扩大，位置北移，几乎占据整个北大洋，中心气压值增至1 027 hPa左右。南半球副热带高压与澳大利亚大陆、非洲南部和南美大陆分别形成的高压连在一起，呈带状分布，几乎环绕全球，中心气压值超过1 020 hPa。

春、秋两季属于过渡季节，北半球春季，原有的四个大气活动中心减弱，副热带高压开始增强。

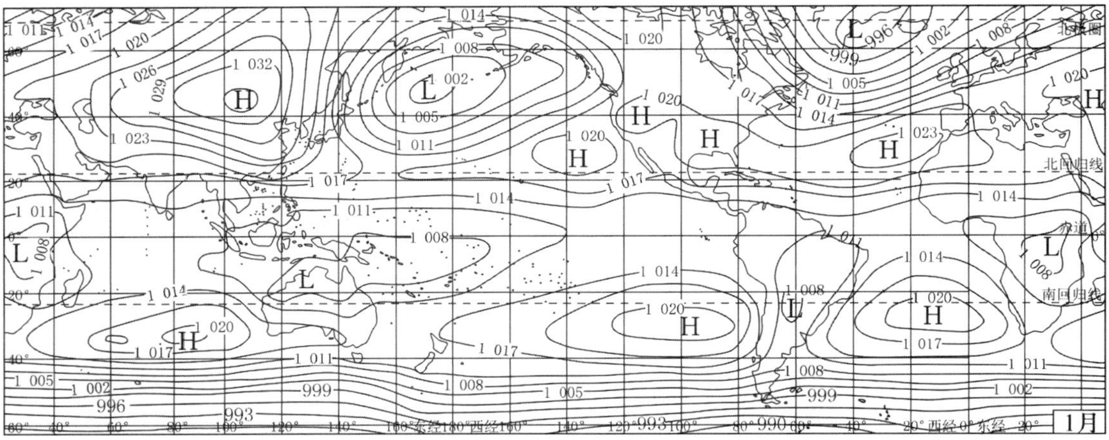

图2-5　1月北半球平均海平面气压分布（单位：hPa）

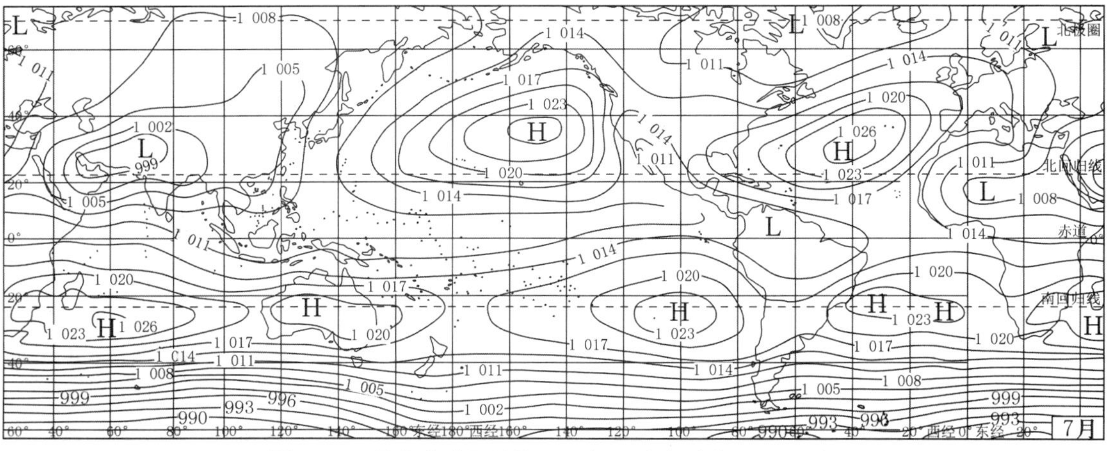

图2-6　7月北半球平均海平面气压分布（单位：hPa）

三、大气活动中心

在平均海平面气压图上，全球范围内经常存在着7~8个巨大的高、低压区，通常称为大气活动中心（Atmosphere center of action），大气活动中心的形成与下垫面有很大关系。北半球海陆交错分布，下垫面对大气的冷热源作用随季节变化，因此大气活动中心随季节有很大变化。南半球海陆分布规整，陆地面积较小，大气活动中心随季节变化不明显。

（一）永久性大气活动中心

全年都不消失的大气活动中心称为永久性大气活动中心。永久性大气活动中心有：北半球的阿留申低压、北太平洋副热带高压（夏威夷高压）、大西洋的冰岛低压、北大西洋副热带高压（亚速尔高压）；赤道低压带；南半球的南太平洋副热带高压、南大西洋副热带高压、南印度洋副热带高压、南半球副极地低压带、南极高压。

（二）半永久性大气活动中心

大型高、低压系统随季节改变的称为半永久性大气活动中心。半永久性大气活动中心有：冬季亚洲大陆的亚洲高压（西伯利亚高压或蒙古高压）、北美大陆的北美高压（加拿大高压）、澳大利亚大陆的澳大利亚高压、非洲大陆的南非高压、南美大陆的南美高压；夏季亚洲大陆的亚洲低压（印度低压）、北美大陆的北美低压以及澳大利亚低压、非洲低压、南美低压。总之，半永久性大气活动中心都与陆地相关。

在北极地区，由于冬季在格陵兰岛和西伯利亚各有一个冷中心，故北极地区一半为低压区，连接着冰岛低压和阿留申低压，一半为高压区，连接着北美高压和西伯利亚高压；在夏季北极主要与北美北部的低压区相连，也无闭合气压系统。因此，北极地区没有独立的大气活动中心。

影响我国天气和气候的大气活动中心主要有：西伯利亚高压、阿留申低压、西太平洋副高和印度低压。

大气活动中心的位置和强弱反映了广大地区大气环流运行的特点，其活动和变化对其附近甚至全球的大气环流，对高低纬度间、海陆间水分热量交换都起着重要作用，对天气、气候形成、演变也起着重要作用，它们是制作天气预报的主要背景条件。

第三节 季风环流

大范围地区的风向随季节而有规律显著改变的盛行风称为季风（Monsoons）。有显著改变是指1月与7月盛行风向的转变角度至少为120°，盛行风向的频率超过40%。

一、季风的成因和分布

季风的形成与多种因素有关，但主要是海陆间的热力性质差异以及这种差异的季节变化，其他如行星风带的季节性移动和高大地形的热力、动力作用等。通常将海陆热力性质差异形成的季风称为海陆季风，将行星风带的季节移动形成的季风称为行星季风。

（一）海陆季风

海陆季风（Sea-land monsoon）是由海陆之间热力性质差异引起气压的季节变化形成的，规模很大，是一年内风向随季节变化的现象。由于一年中海陆的增热和冷却程度不同，所以季风与海陆气压的年变化有密切关系。冬季大陆上高压发展，海洋上低压发展，水平气压梯度力由陆地指向海洋，形成了从陆地吹向海洋的冬季风；夏季则相反，大陆上低压发展，海洋上高压发展，水平气压梯度力由海洋指向陆地，形成了从海洋吹向大陆的夏季风，如图2-7所示。

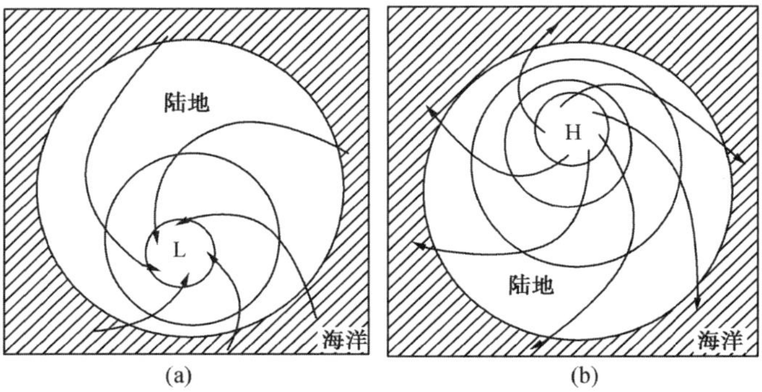

图2-7　海陆季风形成示意图

（二）行星季风

行星风带随季节有南北移动的规律，由此引起风向季节性转变而形成的季风称为行星季风（Plantary monsoon）。地球上存在的五个风带在北半球夏季向北移动，南半球夏季向南移动。这样，冬季西风带的南缘地带，夏季就可能变成东风带；冬、夏季的盛行风就会发生约180°的变化。这种风向转变的区域基本呈带状分布，可以发生在沿海、内陆以及大洋中部。这种季风在赤道和热带地区最明显，所以常称为赤道季风或热带季风。

（三）青藏高原等大地形的作用

青藏高原的平均海拔是4 km，东西宽约3 000 km，南北长约1 600 km。巨大而高耸的青藏高原与周围自由大气之间同样存在着季节性热力差异，必然产生类似于季风的现象。在冬季，高原是冷源，高原低层形成冷高压，盛行反气旋环流，其东南侧盛行北到东北风，与东亚冬季风风向一致。在夏季，高原是热源，低层形成热低压，盛行气旋性环流，其东侧出现西南风，使夏季西南风加强。夏季，青藏高原巨大的热源有助于高层南亚高压和东风急流的形成、维持。模拟实验表明，如果不存在青藏高原，南亚季风现象就会明显减弱。因此，青藏高原大地形的作用是南亚夏季风维持和加强的重要原因之一。另外，冬季由于大地形阻挡作用，冷空气进入南亚后强度明显减弱，南亚冬季风的强度亦较弱。

实际上，某一地区的季风往往是特定的海陆分布、行星风带的季节性位移和地形等多种因素共同作用的结果。例如，温带和副热带季风的形成除海陆热力性质差异之外，往往还包含行星风带季节性位移的作用；而赤道和热带季风的形成除行星风带季节性位移之外，也包含海陆热力性质差异的作用。较大的地形常常是改变季风强度和方向的不可忽视的因素。此外，各地区由于所处纬度和地理条件等的不同，季风的强度、特点也各有所异。

(四) 季风的分布

世界上季风区域分布甚广，主要集中在南亚、东亚、东南亚和赤道非洲四个区域，如图2-8所示。此外，在澳大利亚也有一些季风区。

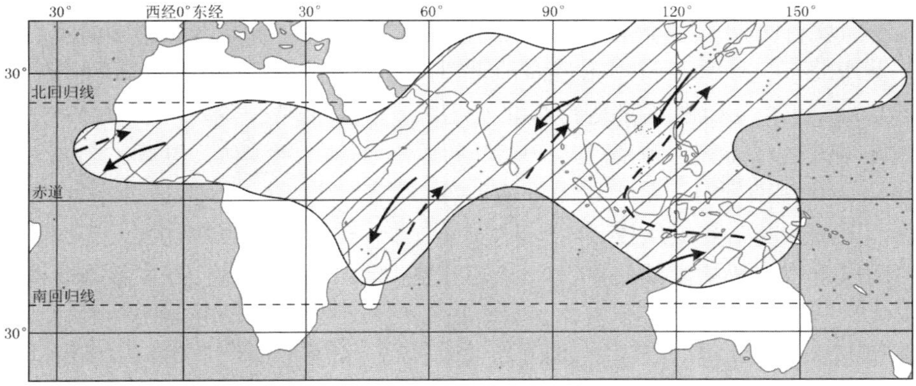

图2-8 世界上主要季风区域分布

二、东亚季风

东亚是世界上著名的季风区，这主要是由海陆热力性质差异形成的。东亚位于世界上最大的大陆——亚欧大陆的东南部和世界上最大的海洋——太平洋之间，气温梯度和气压梯度的季节变化比其他任何地区都显著，所以，这一地区发生的季风强度大、范围广。它的范围包括我国东部、朝鲜、韩国、日本等地和附近海域，如图2-9所示。

冬季，西伯利亚高压盘踞着亚欧大陆，寒潮和冷空气不断爆发南下，高压前缘的偏北风就成为亚洲东部的冬季风。冬季风的强弱和稳定程度主要取决于大陆冷高压的强度和移动情况。高压强时冬季风就强，反之就弱，高压稳定少动时则冬季风的变化也小。冬季风通常要经过几次冷空气的爆发才能建立和稳定下来。冬季风建立后也并非定常，随着大陆冷空气的不断增强、爆发和减弱，冬季风也一次次增强、减弱，甚至中断，通常把冬季风一次次加强的过程称为季风潮，而把季风减弱，甚至在一定时期的完全中断称为季风中断，这样一次循环一般需要10～15天，在冬季风盛行时期，每月可有2～3次季风潮。

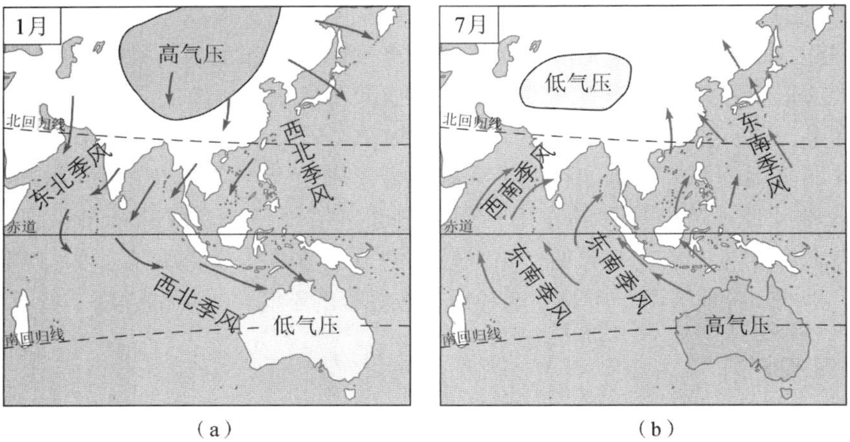

图2-9 亚洲季风示意图

在冬季风盛行时期，由于东亚各地所处高压部位的差异，冬季风的方向不尽相同。通常渤海，黄海北部、中部及日本附近海面都盛行西北风；黄海南部和东海北部盛行北风，有时吹东北风；东海中部和南部盛行东北至北风，以东北风占多数。我国台湾附近海面及南海，东北风占绝对优势，频率高达70%以上。一次冷空气活动，黄海、渤海和东海的风力为5～6级，寒潮南下时，最大风力可达8～12级。

夏季，亚洲大陆为热低压控制，同时，太平洋副热带高压西伸北进，因此，高、低压之间的偏南风就成为亚洲东部的夏季风。由于暖性低压的气压梯度不如冬季冷高压前部的气压梯度大，所以夏季风比冬季风弱。夏季风存在着强度不同的准周期性变化，经常出现季风增强和中断现象。季风增强时期不仅风速加大，雨量也加大；季风中断时，则大部分地区没有降水。一般每月都有几次强度不等、时间长短不同的变动过程，每次季风增强的过程一般持续5～10天。

夏季风时期的风向，在东亚各地也不尽相同。渤海盛行东南风，黄海和东海盛行东南至南风，日本海及日本以东洋面盛行南至西南风或西风。南海南部海区以及菲律宾以东直至140°E洋面盛行西南风，140°E以东洋面则以东风为主，这里已不属季风影响范围。与冬季风相比，夏季风风向稳定性较差，风力也较小。

东亚季风对我国、朝鲜、韩国和日本等地的天气和气候影响很大。冬季风盛行时，这些地区具有低温、干燥和少雨的气候特征；当夏季风盛行时，则表现为高温、潮湿和多雨的气候特征。

三、南亚季风

南亚季风区域较广，包括北印度洋及其周围的东非、西亚、南亚、中南半岛一带，并与东亚季风区相连。南亚季风以印度半岛和北印度洋表现最显著，因此，又称印度季风。

南亚季风主要是由行星风带的季节性位移引起的，但也有海陆热力性质差异和青藏高原大地形的影响。

冬季，如图2-9所示，行星风带南移，赤道低压带移到南半球，亚洲大陆高压强大，其南部的东北风就成为亚洲南部的冬季风。因为亚洲南部远离大陆高压中心，并有青藏高原的阻挡，再加上印度半岛面积相对较小，纬度较低，海陆之间气压梯度较弱，所以，冬季风不强。自11月至次年4月，北印度洋在东北季风控制下，风力一般为3～4级，被称为北印度洋航海的“黄金季节”。在冬季风最盛期，季风区可越过赤道转变为西北季风，可影响到10°S以北的海域。

夏季，全球风带和气压带北移，南半球的东南信风越过赤道进入北半球之后，受地转偏向力作用转变为西南风。与此同时，亚洲南部大陆增温强烈，形成高温低压区，低压中心位于印度半岛北部，而此时南半球为冬季，澳大利亚高压发展，并与南印度洋副热带高压合并加强，位置偏北，使这一地区由南向北的气压梯度加大，南来气流跨越赤道后，受北半球地转偏向力的作用，形成西南风。这样，西南信风与西南季风叠加在一起，造成了北印度洋夏季的西南风特别强大，成为世界海洋上著名的狂风恶浪区之一。另外，印度半岛的岬角效应和青藏高原大地形的存在对维持和加强南亚夏季风起了重要作用。南亚夏季风一般从5月起，小型船只就停止在该海区航行，从7月初至8月末，西南季风的风力常达8～9级以上，并伴有暴雨，给船舶的安全航行造成一定困难。9—10月风力逐渐减小。

南亚季风和东亚季风一样也是冬季干燥，夏季潮湿，但是它和东亚季风有一个明显差别，即南亚夏季风比冬季风强。每年5月由冬季风转为夏季风，而10月由夏季风转为冬季风。

综上所述，东亚季风与南亚季风的主要成因不同，性质也不相同，从两区的季风气候特点来看，主要有以下几方面的差别。

首先，南亚由于北面有喜马拉雅山脉和青藏高原作为屏障，冬季风并不明显，夏季风强于冬季风；东亚冬季则受北方冷空气的影响强烈，冬季风强于夏季风。

其次，南亚夏季风来得很快，气象学上称为季风爆发，表明它迅速到来。东亚夏季风到来很慢，4月初夏季的东南季风已见于广东沿海，但到6月底才到达华北北部和东北地区。相反，东亚冬季风来得很快，大约不用一个月，即能从渤海扩展到南海。

四、其他地区的季风

（一）澳大利亚北部、印度尼西亚和伊里安的季风

澳大利亚北部、印度尼西亚和伊里安的季风远比亚洲季风弱。南半球夏季（12月—次年3月）澳大利亚大陆强烈增温，在北部形成低压中心，此时北半球的东北信风越过赤道转变为西北季风，使西接印度洋上的西北季风区向东扩展到170°E的南太平洋海面。西北季风期潮湿多雨，澳大利亚西北沿岸常出现雷暴天气，可以观测到短时5～8级大风和阵雨现象。南半球冬季（6—9月）吹东南风。

（二）西非的季风

从塞内加尔到塞拉利昂的西非沿岸一带，有西南季风与东北季风交替的现象。夏季东南信风越过赤道变成西南季风，控制着75°W以东、15°N以南的低纬度地带。在塞内加尔约有四个月（5—8月）的西南季风期，其余时间为东北季风。塞内加尔以南西南季风持续的时间加长，到几内亚的西非海岸，几乎一年四季都为西南季风所控制。这里的西南季风与印度的西南季风相似，潮湿多雨，在它的控制下是雨季；东北季风来自大陆，干燥少雨，在它控制下是旱季。当东北风强大时，几内亚湾沿岸一带就会爆发一种当地称为“哈马丹”（Harmatans）的东北季风，这种风十分干燥，并带有大量尘霾，能见度极差，一般持续1～2天，有时持续5～6天。

（三）北美与南美的季风

在北美大陆东岸与南岸具有类似季风的风向转换现象，但除得克萨斯地区外，并不十分明显。得克萨斯冬季（10月—次年4月）吹北风，这种风有时十分强且寒冷，爆发时能影响到墨西哥沿岸；夏季吹南风。在北美东岸和西北大西洋冬季具有类似季风的西北风，而在夏季转为西南风，冬、夏季风向转变不甚明显。

在南美，只有巴西东海岸有较明显的季风，从布立科角到南回归线，7月为东南风，1月则为东北风或东风。

第四节 局地环流

一、海陆风

在沿海一带由海陆热力性质差异而产生的具有明显日变化的周期性风系称为海陆风环流。白天，陆地增热比海洋快，陆上气压降低，出现由海洋指向陆地的气压梯度。所以白天近地面层的风由海洋吹向陆地，叫海风（Sea breeze），在某一高度以上风又从陆地吹向海洋；到了夜晚，陆地散热冷却比海洋快，气压很快增高，气压梯度与白天相反，近地面层的风由陆地吹向海洋，叫陆风（Land breeze），在某一高度以上风又从海上吹向陆地（如图2-10所示）。海陆风可以出现在不同纬度的沿岸地区，但以热带地区最为突出。一方面，因为热带气温的日变化比中高纬度显著；另一方面，热带气压梯度小，风速也小，有利于局地气压梯度迅速形成。

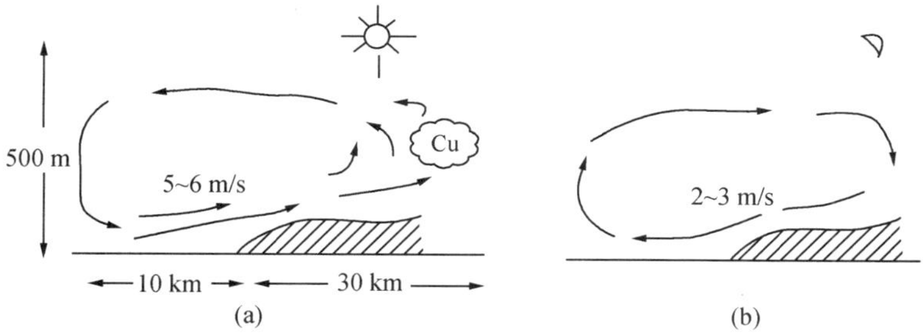

图2-10　海陆风示意图

通常，海风比陆风强，海风可达5 ~ 6 m/s，陆风只有2 ~ 3 m/s；海风的水平范围和垂直厚度也比陆风大。在热带地区，海风可深入内陆50 ~ 100 km，而陆风入海距离不超过10 km。在热带地区，海风的垂直厚度可达1 km左右，而陆风的垂直厚度一般不超过500 m。

海风和陆风的转换时间随地区和天气条件而异。通常，海风始于每日8 ~ 11时，到13 ~ 15时最强，日落后明显减弱，20时后转为陆风。如果是阴天，海风出现的时间要往后延迟，有时到中午12时左右才出现，强度也明显减弱。在海风和陆风交替期间可暂时出现静风，在低纬度地区，特别是傍晚无风时，使人有异常闷热之感。

海风从海上带来大量水汽，使陆上空气湿度增大，有时会形成雾和降水。海风还可以使陆地气温降低，所以，沿海地区夏季不是十分炎热。

海陆风通常出现在大范围气压场比较均匀，即等压线比较稀疏的天气形势下。当大范围气压场的气压梯度较大时，海陆风往往被这种大范围的风场所淹没。

二、山谷风

在山区，白天自谷底沿山坡吹向山顶的风称为谷风（Valley breeze）；夜间自山顶沿山坡吹向谷底的风称为山风（Mountain breeze）。与海陆风类似，它是由于山顶的气温与山谷上空同高度的气温差异产生的局地热力环流，如图2-11所示。

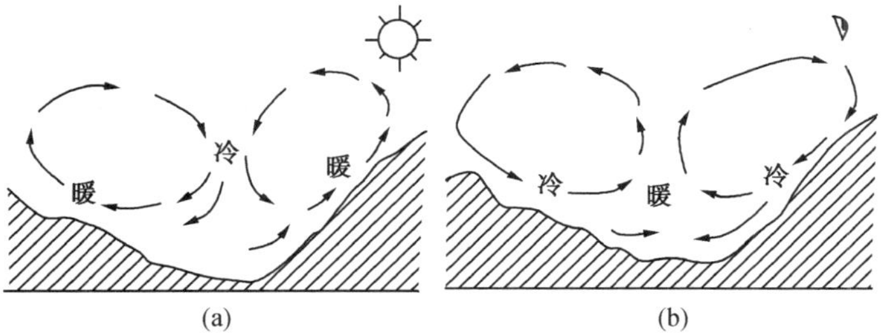

图2-11　山谷风示意图

谷风一般在日出后的9 ~ 10时开始，午后最强；日落后山风开始，逐渐增强，到日出前最强。在背阴的峡谷中，谷风出现的时间会往后延迟，持续时间也会缩短。通常，谷风比山风强些。山谷风在夏季较明显，冬季较弱。除山地外，高原和盆地边缘也可能出现与山谷风类似的风。

在我国沿海，不少港口能观测到明显的海陆风。有些港口因受地形影响，海陆风与山谷风往往同时出现，两者叠加作用的结果使向岸风（海风+谷风）和离岸风（陆风+山风）都相当显著，秦皇岛和连云港就是如此。

三、其他地方性风

在土耳其沿海和亚得里亚海，有一种从山地或高原经过低矮隘道向下倾落的寒冷而又干燥的风暴，称为布拉风。典型的布拉风出现在黑海的冬季，其破坏力很大，最大风速可达40 ~ 60 m/s，气温可迅速降低到–27 ℃，可造成严重的“船舶积冰”。

因特殊地理位置、地形或地表性质等影响而产生的，带有地方性特征的局部范围的风，称为地方性风。它常由地形动力作用或地表热力作用引起。其他地方性风甚多，见表2-1。

表2-1 其他地方性风

名称	地域	季节	风向	特性
贝拉风（Belat）	阿拉伯南岸	12月—次年3月	N、NW	寒冷、干燥强陆风
布拉克非德风（Brickfielder）	澳大利亚南岸	夏	N	热风
可乐诺风（Coronozo）	墨西哥东岸	发生热带低压时	S	强烈南风
艾艺风（Elephanta）	印度洋棉兰海岸	9—10月	S、SE	西南季风尾声
地中海季风（Etesian）	地中海东部	夏	N	山风
格烈风（Gregale）	地中海马耳他	冬	NE	强烈
哈麦丹风（Harmattan）	非洲西岸佛得角与几内亚湾间	冬	E	干燥东风挟带红沙，可吹离海岸数百千米，造成能见度障碍
考斯风（Kaus）	波斯湾	12月—次年4月	SE	与Shamal交替
喀新风（Khamsin）	亚丁湾	7—9月	N	挟带沙尘暴
黎凡特风（Levanter）	直布罗陀海峡	夏	E	常伴潮湿云带，风力强时形成强涡流
拉维奇风（Leveche）	西班牙	常有	SE	干热有沙阵
麦斯楚风（Maestro）	地中海北部	—	NW、N	干冷
东北风（Northeaster）	北大西洋海岸	—	NE	强烈
诺色风（Norther）	墨西哥湾	12月—次年4月	N、NW	寒冷、强烈而干燥

续表

名称	地域	季节	风向	特性
诺色风（Norther）	智利	12月—次年4月	N	常伴有气压下降，密云
潘派洛风（Pampero）	南美东海岸、拉布拉他河口以外海面	7—10月	N转SW	随飑线而来，北风微弱转西南风时，风力突然增至飓风级以上
西洛可风（Sirocco）	意大利、马耳他	夏末	S	暖风，地中海南干燥，地中海北湿热
东南勃斯特风（Southeast Buster）	澳大利亚南、东南岸	12月—次年4月（夏）	SE	狂风，狂风前常有热风
夏马风（Shamal）	波斯湾、阿曼湾及沿马直兰海岸	5—11月	NW	冬季可达8级，伴有飑线、雨、闪电，来时无预兆
苏门答腊风（Sumatra）	马来西亚	—	W	强风
特万特佩克风（Tehuantepecer）	特万特佩克湾	—	N	强风
非洲龙卷风(Tornado)	非洲西岸赤道至10°N	4—5月 9—11月	—	离岸暴风雨
特拉蒙地那风（Tramontana）	地中海	—	N	寒冷
文达瓦风（Vendavales）	西班牙直布罗陀海峡	—	SW	强风
威利瓦风（Williways）	麦哲伦海峡	—	—	狂风，无预兆，可持续1～2 h

第五节 海面实际风分布

一、世界海面实际风的分布

受气压带和行星风带随季节的南北移动，以及季风的分布和局地环流的影响，海面实际风在各大洋有不同的分布特点。

（一）世界海洋风的分布概况

1. 热带海洋

在赤道附近为赤道无风带，位置随季节变化而南北移动，无风带内风力小，沿岸的海陆风非常明显。

赤道无风带在太平洋东部常年位于赤道以北，在太平洋西部则一年内南北摆动较大。2月，无风带在东部位于5°N左右，在西部则移到大约10°S，在澳大利亚北部沿海与印度洋上的无风带相衔接。8月，赤道无风带完全转移到赤道以北，位于10°N左右，在太平洋中部向南凸起，与纬圈不平行。在135°E以西的西太平洋7—9月无风带消失。

2月，赤道无风带在印度洋位于10°S左右，从澳大利亚北部沿海经马达加斯加岛北端至非洲大陆，在大洋的中部向北凸起。7—9月，印度洋上没有赤道无风带。

赤道无风带在大西洋东部和太平洋东部相同，常年位于赤道以北；在大西洋西部，虽然一年中大部分时间位于北半球，但也有时移到赤道以南，在1.5°S ~ 12.5°N摆动。

南、北半球信风带平均位置位于南、北纬10° ~ 28°，各大洋信风带的界限随季节变动，信风带最大的特点是风向、风力常年稳定，风力一般为3 ~ 4级，最大不超过5级。

除热带的边缘外，热带海洋风的变化主要受热带气旋、热带辐合带和东风波等天气系统移动的影响，可带来12级以上狂风。

2. 副热带海洋

在25°N ~ 40°N和25°S ~ 40°S的副热带海洋上，夏季随副热带高压势力增强，海面风很小，只有当热带气旋等天气系统影响时，才出现强风；冬季因经常受到冷高压南下和锋面气旋活动的影响，常出现大风。

在大洋西部，北半球冬季常出现大风，在冷空气南下或锋面气旋影响时，风力常在7级以上，大风出现的纬度多高于30°N。

在大洋中部接近40°N处冬季常伴有7级以上西风，夏季大风较少。

3. 中高纬度海洋

在北大西洋和北太平洋的西岸，冬季盛行西北风，特别是在大洋的西北部，大风频率平均每月在10天；东岸冬季盛行西南风。夏半年（3—10月），这些地区的风很小，海面十分平静。

南半球中纬度地区，因陆地少，三大洋连成一体，气旋通常在50°S ~ 65°S向东或东南方向移动，西风的频率在70%以上，7级以上大风，在40°S ~ 50°S全年各月都可达7 ~ 10天或10天以上，故有“咆哮西风带”之称。

（二）海洋上大风的分布

图2-12和图2-13分别为世界各大洋1月、7月风力大于或等于7级大风的频率分布图，从中可以看出各大洋实际海面大风的分布概况。

冬季（1月），在北太平洋和北大西洋的中高纬度洋面上，由于阿留申低压和冰岛低压强烈发展，加上锋面气旋活动频繁，大风的分布范围广、出现频率高。在30°N以北海域风力大于等于7级的大风频率高达10% ~ 20%。北大西洋上的大风频率相对北太平洋要高。

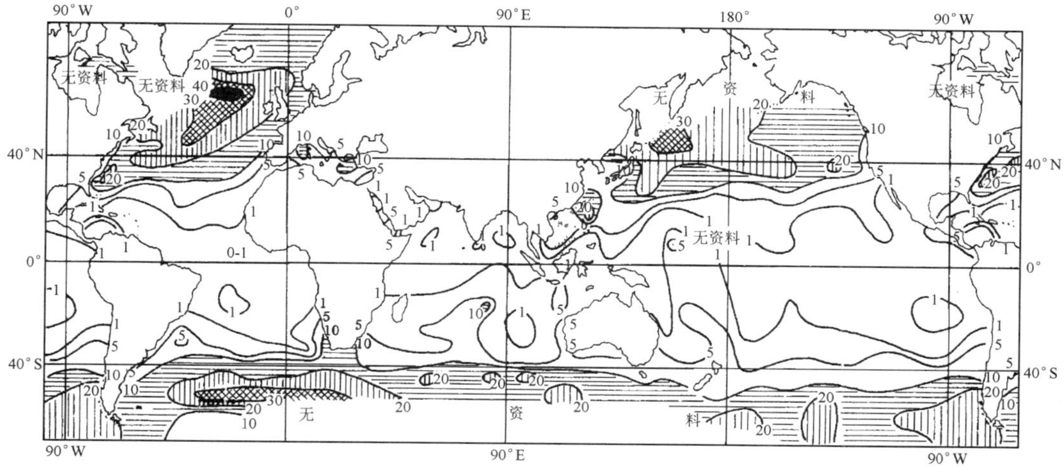

图2-12　1月大风（≥7级）的频率分布图（单位：%）

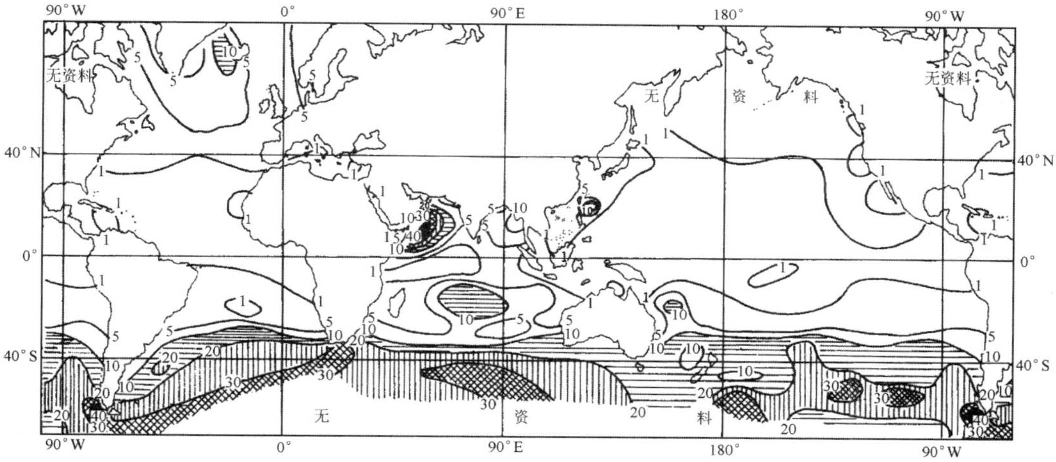

图2-13　7月大风（≥7级）的频率分布图（单位：%）

夏季（7月），在印度洋北部，由于盛行强劲的西南季风，风力经常达8～9级。

在南半球30°S以南的中高纬度洋面上，全年各月风速都较大，且冬季大风频率和范围比夏季还要大。处于“咆哮西风带”中的好望角附近海域，因地形影响风速特别大。

二、中国近海大风分布

中国近海较大范围的大风主要是黄、渤海的偏北大风和西南大风，东海的偏北大风或偏东大风，台湾海峡的东北大风，南海北部的偏北大风和西南大风，南海中部和南部的西南大风等。它们分别是在温带气旋、热带气旋和季风潮等天气系统共同作用下形成的。

（一）中国近海的风分布特点

（1）中国近海是同纬度海面较强风区之一。中国近海处在世界上最大的大陆和最大的海洋之间，海陆热力性质差异形成的季风得以充分发展，特别是冬季大陆高压特别强大，造成风速比同纬度洋面上大。

（2）东亚季风的年变化特点是冬强夏弱，这一点与印度季风的年变化相反。东亚季风区冬季强大的大陆高压周围出现很强的气压梯度，夏季大陆上为低压，海洋上为高压，气压梯度较弱，因而冬季风强于夏季风。同时，冬季海面上是热源，对于北方大陆上移来的极地大陆气团，入海后增暖、增湿，能量得到补充，低层较不稳定，海面风速进一步加强。夏季，海面作为冷源，偏北气流到达海上后，将变得更加稳定，风力不容易增大。

（3）中国近海的大风发生在强冷空气活动、温带气旋、热带气旋等天气过程中，这些天气系统由于从海面补充热量和水分，得以充分发展，致使月平均风速增大。特别是热带气旋在西太平洋暖水区获得大量能量，其强度为全球各大洋区最强，夏季大风区的出现与此有重要关系。

（4）中国近海的大风区与地形上的狭管效应有关。渤海地形像一条东北—西南走向的狭管，使从东北平原下来的冷空气势力增强、风力增大。同样道理，渤海海峡在吹西北风时风速大于两侧海域。台湾海峡也是一条东北—西南走向的狭管，正好与冬季风风向平行，致使风力在正常情况下比海峡外增大2～3级，成为我国近海冬季的最大风区。整个南海是更大的狭管，也是东北风（冬季）、西南风（夏季）的通道，通道上的风速显著大于两侧。巴士海峡在冬季风速较其东面开阔洋面上增大4～5 m/s，也是狭管效应所致。

（二）风向频率

冬季（1月），渤海、黄海、东海风向分散，各向频率不高，这是因为气旋及反气旋活动较多，而且路径各不相同。相比之下台湾海峡以南至南海风向稳定，东北风频率较高。例如：渤海西北风、北风频率仅20%，西风、东北风频率为15%；黄海北风频率稍高于30%，西北风频率为20%左右；东海北风频率高达40%。台湾海峡风向基本顺海峡走向，至南海北部，东北风频率升至60%，局部地区达80%，北风和西北风频率小于10%。

春季（4月），冬季风开始向夏季风过渡，各海区风向变化较大，盛行风向频率较低。由于南海高压影响，北部湾口首先出现东南风，频率达40%。南海西北部南风、东南风频率相应达到20%，东北风频率显著降低，南海北部为30%～40%。渤海和黄海仍处在气旋活动高频期，风向较不稳定，南风、西南风频率略高，达20%，余为东南风、西南风，为10%～15%。东海偏西风很少，北风、东北风至东南风、南风各约15%。

夏季（7月），夏季风风向稳定程度比冬季低，但比春季高。赤道附近气流来自南半球，南风频率达40%左右；且10°N附近逐渐转为西南风，南海中部西南风频率达40%～50%。东海及南黄海，南风频率为25%～30%，东南风频率为20%。渤海及北黄海南风、东南风频率各在20%左右，其余为东风和西南风。

秋季（10月），9月冬季风开始，台湾海峡因地形影响北风频率突增到50%，此时渤海风向多变，尚难确定主导方向。黄海、东海北风、东北风频率各约20%；南海15°N以南仍以西南风为主，频率为40%。10月，黄海、渤海北风频率才稍占优势，东海北风、东北风频率各占60%。

（三）平均风速的季节变化

冬季（1月），济州岛附近、九州岛西南面经台湾海峡至中南半岛东面为平均风速大于8 m/s的高值区，高值中心分别位于台湾海峡、巴士海峡西部及越南东南面海域，它们的形成都与狭管效应使气流辐合有关。黄海中部、北部湾风力次之，风速为7 ~ 8 m/s；南海南部、中国大陆沿岸风速为5 ~ 7 m/s；台湾岛西南面、吕宋岛西面为背风区，风速小于5 m/s。

春季（4月），冬季风向夏季风过渡，全区风力变小，尤其是南海减弱较快，东海和黄海由于气旋活动较为频繁，风速依然较大。台湾海峡、巴士海峡及黑潮区域平均风速仍为全区最大，可达6 ~ 7 m/s，济州岛附近、黄海西部为6 m/s。北部湾南口风速仍达6 m/s，但湾内和沿岸区以及南海大部区域风速为4 ~ 5 m/s。

夏季（7月），南海由于西南季风加强，在越南东南海面出现强风区，平均风速为7 m/s。自此向北穿过巴士海峡至台湾以东洋面，东海及黄海南部，风速为6 ~ 7 m/s。黄海南部、台湾海峡、越南东北部由于处在夏季风的背风区，平均风速小于5 m/s。9月，夏季风开始向冬季风转换，全区大部分海域风速有所减小，尤其是南海区域。但台湾海峡区风速开始增大，平均风速由8月的5 m/s增到7 m/s。

秋季（10月），冬季风基本建立，台湾海峡和南海东北部平均风速增大到10 m/s，由此向南、向北平均风速减小，东海风速为7 ~ 8 m/s，黄海中部为6 ~ 7 m/s，渤海为5 ~ 6 m/s，南海15°N附近大约为7 m/s。

（四）大风频率

8级以上的大风频率和强风频率分布相似，年变化亦有共同之处，不同的是大风频率比强风频率低得多。10月台湾海峡大风频率达11% ~ 15%，向南逐渐减小，至10°N以南大风频率在1%以下。台湾东北面海城大风频率为3% ~ 5%，黄海大风频率为1% ~ 3%。11—12月，主要在台湾海峡及南海频率升高，分别为17% ~ 22%和11%。12月至次年1月，台湾海峡以南的大风频率略微下降，东海至黄海升至3% ~ 5%。2月南海大部大风频率已在1%以下，夏季大风频率更小，即使热带气旋活动区大风频率也仅为1% ~ 2%。

总的来说，年平均风力大于等于8级大风日数在东海沿岸最多，黄海、渤海沿岸次之，南海沿岸最少。此外，台湾海峡大风较多。秋末和冬季我国近海风力较大，大风出现频率在一年中最高。春季是渤海、黄海海区平均风力最大的季节，东海北部风力也较大，但次于冬季。夏季，近海盛行风的风力比冬季小得多，但是当热带气旋侵袭时风力很强。

第三章 影响航海的海洋环境要素

船舶在海上航行，常常会遇到不同的海洋环境，为保证船舶安全、经济航行，驾驶员应掌握影响航海的海洋环境要素，充分利用有利的海洋环境，避离开灾害性海洋环境。本章主要介绍海流、海浪和海冰等与航海有关的海洋环境要素。

第一节 海洋概况

地球上广大的连续水体总称为海洋。它构成了地球的“水圈”。海洋的面积占地表总面积的70.8%，海水的总质量约为地球质量的1‰。由于海水中含有大量盐分，海水的密度是盐度、温度和压力的函数，一般为1.01 ~ 1.03 g/cm^3。

根据水文及海洋形态特征，可将海洋划分为主要部分及附属部分。主要部分称为洋，附属部分是洋的边缘部分，称为海、海湾和海峡。

一、洋

洋（Ocean）是海洋的中心部分，是海洋的主体。世界大洋的总面积约占海洋面积的89%。大洋的水深，一般在3 000 m以上，最深处超过10 000 m。大洋离陆地遥远，水文要素和盐度不受大陆的影响，相对来说比较稳定，季节变化小，平均盐度为35‰。大洋的水色蔚蓝，透明度很高，水中的杂质很少。每个大洋都有自己独特的洋流系统和潮波系统。世界大洋是互相沟通的。根据岸线的轮廓、底部起伏和水文特征，世界大洋分为太平洋、大西洋、印度洋和北冰洋（有些学者将北冰洋划为大西洋的附属海）。

1.太平洋

太平洋位于亚洲、大洋洲、南美洲、北美洲和南极洲之间，北端的白令海海峡与北冰洋相连，南至南极洲，并与大西洋和印度洋连成环绕南极大陆的水域。太平洋西南边，通过马六甲海峡与印度洋相连；以苏门答腊、爪哇、新几内亚等岛屿和澳大利亚与印度洋分界。16世纪，西班牙的航海家麦哲伦从大西洋经麦哲伦海峡进入太平洋并到达菲律宾，航行期间，天气晴朗，风平浪静，于是把这一海域取名为"太平洋"。太平洋东西最长约19 000 km，南北最长约16 000 km，面积约为1.8亿平方千米，占世界海洋总面积的50%，超过了世界陆地面积的总和。太平洋平均深度为3 957 m，而在马里亚纳海沟的最深处可达11 034 m。太平洋周边是地球上火山最多、地震最频繁的地带。在40°S的地方，终年西风肆虐，狂风恶浪，被称为"咆哮西风带"。

2.大西洋

大西洋位于欧洲、非洲、美洲和南极洲之间，是世界第二大洋，也是最年轻的大洋。大西洋的面积为9 336.3万平方千米，平均深度为3 627 m，最大深度为9 219 m。它约占海洋总面积的25.4%，占太平洋面积的一半。大西洋位于直布罗陀以西，原名叫"西方大洋"，中文译名"大西洋"，是明朝时欧洲传教士翻译过来的，一直沿用至今。

大西洋北部气温高于南部。东、西两侧气温差别也很大，在南、北纬30°之间，东部比西部约低5 ℃；在北纬30°和60°之间，东部气温又高于西部约10 ℃，使西欧的气候终年温暖如春。如法国的巴黎比我国东北的哈尔滨纬度还高，但巴黎的冬日气温与我国的上海、南京相似。在南大西洋，30°S以南，东、西两侧差别不明显。

大西洋的航运业极为发达。西部通过中美洲巴拿马运河，直通太平洋；也可绕过南美南端合恩角，穿过德雷克海峡或麦哲伦海峡，到达太平洋。东部穿过直布罗陀海峡进入地中海，穿过苏伊士运河经过红海，抄近路到达印度洋；也可绕过非洲南端的好望角，进入印度洋。大西洋与北冰洋的联系，比其他大洋都方便，有多条航道相连通。大西洋有多条国际航线联系欧洲、美洲、非洲的沿岸国家，货运量居各大洋第一位，而尤以北大西洋更为繁忙。联系北大西洋与北海的多佛尔海峡和英吉利海峡，是世界上海上交通最繁忙的地方。北大西洋沿岸港口很多，主要有波士顿、纽约、巴尔的摩、新奥尔良、哈瓦那、阿姆斯特丹、哥本哈根、威尼斯等。

3.印度洋

印度洋位于亚洲、非洲、大洋洲和南极洲之间，是世界第三大洋，总面积为7 491.7万平方千米，约为海洋总面积的1/5。它的平均深度为3 897 m，最深为7 729 m。印度洋北部是封闭的，南段敞开；西南绕好望角，与大西洋相通；东部通过马六甲海峡和其他许多水道，可流入太平洋；西北通过红海、苏伊士运河，通往地中海。15世纪末，葡萄牙航海家达·伽马，绕过好望角，进入这个洋，并到达印度，就把"通往印度的洋"称为印度洋。

印度洋的主体位于15°N与40°S之间，大部分处在热带和亚热带。所以它是一个热带的大洋，气候比较温暖，水温与气温都比较高，盐度也比较高。红海的盐度高达42‰，是盐度最高的海域之一。

4.北冰洋

北冰洋大致以北极圈为中心，位于地球的最北端，被欧洲大陆和北美大陆环抱着，由狭窄的白令海峡与太平洋相通；通过格陵兰海和许多海峡与大西洋相连，是世界大洋中最小的一个，面积仅为 1.5×10^7 km²，不到太平洋的1/10。它的平均深度为1 097 m，最深为5 499 m。1650年，荷兰探险家威廉·巴伦支，把它划为独立大洋，取名大北洋。1845年，英国伦敦地理学会对其命名，中文翻译为北冰洋。

北冰洋是世界上气候条件最恶劣的地区之一，由于位于地球的最北部，每年都会有独特的极昼与极夜现象出现。每年10月到次年3月，冬半年为“长夜”；4—9月，夏半年为“长昼”。经过一个“白天”和一个“夜晚”，就是一年。

二、海

海是大洋边缘的附属部分。海的面积约占海洋的11%，海的水深比较浅，平均深度从几米到2～3 km。海邻近大陆，受大陆、河流、气候和季节的影响，海水的温度、盐度、颜色和透明度都受陆地影响，有明显的季节变化。夏季，海水变暖，冬季，水温降低；有的海域，海水还要结冰。在大河入海的地方，或多雨的季节，海水会变淡。由于受陆地影响，河流挟带着泥沙入海，近岸海水混浊不清，海水的透明度差。海没有自己独立的海流系统。

海按照其地理位置可分为内陆海和边缘海。内陆海位于陆地内部，仅通过一个或几个海峡与大洋相通。内陆海又分陆间海和陆内海。陆间海是在几个大陆之间的海，如欧洲与非洲之间的地中海。陆内海是在一个大陆内的海，如波罗的海、红海、波斯湾、渤海等。边缘海位于大陆边缘，以岛弧或半岛与大洋为界，海流和潮流直接受大洋影响。其靠近大陆的那一面受大陆影响大，水文状况的季节变化显著；连接大洋的那一面受大洋影响大，水文状况相对比较稳定，如日本海、白令海、鄂霍次克海、黄海、东海、南海等。

三、海湾

洋或海的一部分延伸入大陆，其深度和宽度逐渐减小的水域称为湾（Gulf，Bay），如比斯开湾、孟加拉湾、北部湾等。在海湾内常出现最大潮差，如杭州湾的钱塘潮潮差达8～9 m，芬兰湾潮差可达18～21 m。

四、海峡

海洋中相邻海区之间宽度较窄的水道称为海峡（Strait，Channel）。海峡的特点是流急。世界上可通航的海峡有130多个，其中较重要的有40个，如佛罗里达海峡、马六甲海峡、直布罗陀海峡、台湾海峡、津轻海峡等。

应当指出的是，由于历史习惯等原因，原本是海，却被称为湾的有波斯湾、墨西哥湾等；原本是湾，却被称为海的有阿拉伯海等。

第二节 海流

海流是对船舶航行有较大影响的一种海洋环境因素。顺流使船舶加速，逆流使船舶减速，横流使船舶发生漂移。海流还能带动流冰，影响船舶安全。此外，海流对天气和气候也有显著影响。

一、海流概述

1. 海流的定义

海流（Ocean current）是指海水大规模相对稳定的流动，是海水重要的普遍运动形式之一。大规模是指它的空间尺度大，具有数百、数千千米甚至全球范围的流动；“相对稳定”的含义是在较长的时间内，例如一个月、一季、一年或者多年，其流动方向、速率和流动路径大致相似。

海流一般是三维的，由于海洋的水平尺度远远大于其垂直尺度，因此水平方向的流动远比垂直方向上的流动强得多。习惯上常把海流的水平运动分量狭义地称为海流，而其垂直分量称为上升流和下降流。海流的主轴是指海流流动方向上流速最大点的连线。海流的规模常用流幅来表示，流幅是指垂直于主轴的水平宽度和上下厚度。海流的强弱常用平均流速或平均流量来表示。

海流的单位常用kn（节）和n mile/d（海里/天）表示。海流是矢量，其方向以流的去向表示，通常以8方位或具体度数来表示。

2. 海流的表示方法

海流多以矢量分布图来表示，常用的有流场分布图和海流频率玫瑰图。流场分布图是表示某一时刻或某一段时间（常用旬或月）内的平均流况，常以观测点或网格区内的平均流速矢量表示，箭头指示海流方向，以箭矢的长度、粗细、羽尾数或标值表示流速大小。海流传真图多采用此种方式。在图3-1中将海域分为1°×1°的网格，每个方格中的箭矢表示该月的合成海流方向，左下角数字表示该月总观测次数，右上角数字表示该区域内的平均流速（kn），方格内不标数字的是季节合成流。

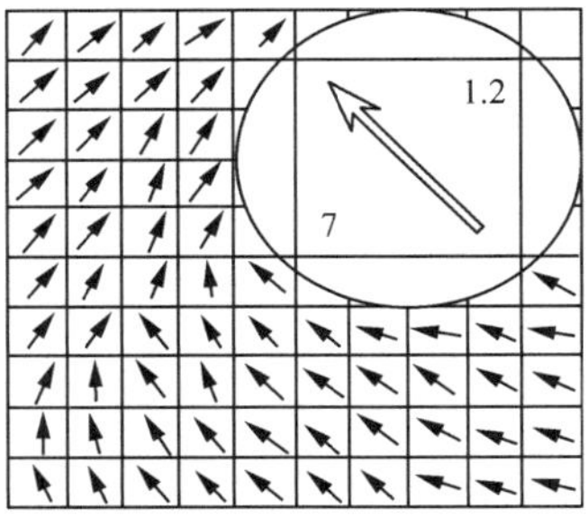

图3-1 海流流线图

海流玫瑰（Current rose）图与风玫瑰（Wind rose）图类似，矢向表示各网格区中该方向上的流向，矢量长度表示该方向流速出现的频率。平均流速则以矢量的粗细或者不同形式的箭矢表示。例如，图3-2中圈内数字87表示观测次数为87次，其中流速小于6 n mile/d的占6%。东南流有三种流速：流速为6～12 n mile/d的占14%，流速为25～48 n mile/d的占15%，流速为49～72 n mile/d的占15%。本月东南流占总数的44%，各个方向的流速≥6 n mile/d的流加起来总数占95%。这种图多见于航海气候资料中。

在船舶所用的海图上，洋流的标示方法如图3-3所示。箭矢方向代表的是流向，数字代表的是平均流速。

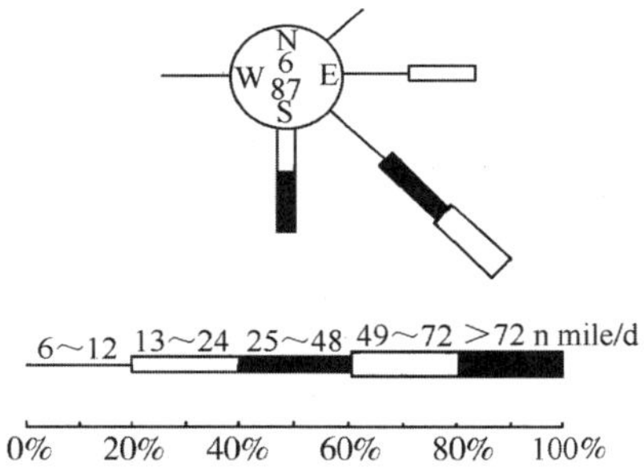

图3-2 海流频率图

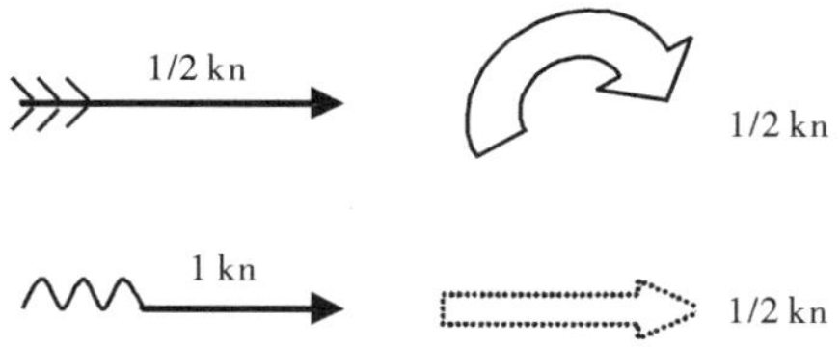

图3-3 海图上洋流的标示

3. **海流的分类**

按照海流的成因，海流可以分为风海流、地转流、补偿流和潮流。按照海流本身的温度与其所流经海域的温度高低，海流可以分为冷流、暖流和中性流；按照海流方向与海岸的相对位置，海流可以分为向岸流、离岸流和沿岸流。在海岸带实测到的海流通常是潮流、风海流、地转流等叠加后的合成海流，可以分解为周期性的海流（潮流）和非周期性的海流（余流）。实际的海流往往是多种原因共同作用的结果，其中可能有一种原因是主要的。例如，在近海通常以潮流为主，在外海则以风海流为主。

4. 表层风海流成因及特征

风力作用于海面时，可产生对海面的正压力和切应力，故风作用于海面时，可同时产生波浪运动和使海水向前运动的海流。当切应力、下层静止海水对上层运动海水的黏滞摩擦力和地转偏向力达到平衡时，便形成稳定的风海流。由于海面风的不同，风海流可分为定海流和风生流。由大范围盛行风的长期吹刮而引起的流向和流速常年都比较稳定的海流称为定海流或漂流（Drift）；由某一短期天气过程形成的风吹刮而引起的流向和流速随当时风向和风速变化的海流称为风生流（Wind-induced current）。

无限深海域的表层风海流流速的经验公式为：

$$v_0 = \frac{0.0247 \cdot w}{\sin\varphi} \tag{3-1}$$

式中：

v_0——无限深海表层流速，单位为kn；

w——海面风速，单位为m/s；

φ——纬度。

根据艾克曼漂流理论，在无限深海中，由于地转偏向力的作用，表层风海流的流向在北半球偏于风的去向之右约45°；在南半球则相反，偏于风的去向之左约45°。

图3-4给出了无限深海中的风海流的方向和强度随深度的变化关系。海流流向随着深度的增加而逐渐向右（南半球向左）偏转，流速随着深度的增加而逐渐变小。到某一深度时，流向与表层海流相反而流速仅为表层流速的5%。观测表明，风海流一般只存在于洋面以下200～300 m的深度内。

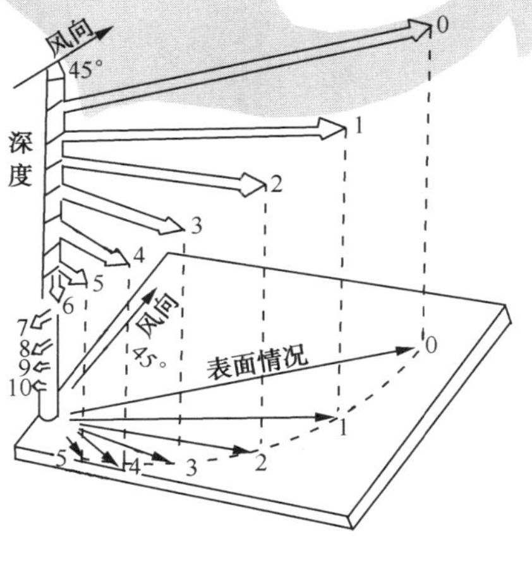

图3-4　无限深海中风海流的方向和强度随深度的变化

在浅海中，流向与海深、摩擦深度有关，流速表达式很复杂。当海深很小时，流向与风向几乎一致。因此，近海风海流流向与风向一致。

5. 地转流

地转流也称梯度流，其成因类似于大气运动中的地转风。它是指当等压面（海面）发生倾斜时，海水的水平压强梯度力和水平地转偏向力平衡时的稳定海流（如图3-5所示）。理论上静态海洋的表面是一个等势面，实际海洋表面（等压面）相对于等势面常常发生倾斜。由于海面的倾斜，海水将在水平气压梯度力的作用下产生水平方向的运动，运动一旦开始，水平地转偏向力将随之产生。若不考虑摩擦力的影响，海水在水平气压梯度力和水平地转偏向力取得平衡时的稳定水平流动，称为地转流（Geostrophic current）。根据引起等压面倾斜的原因不同，地转流又可分为倾斜流和密度流两种。

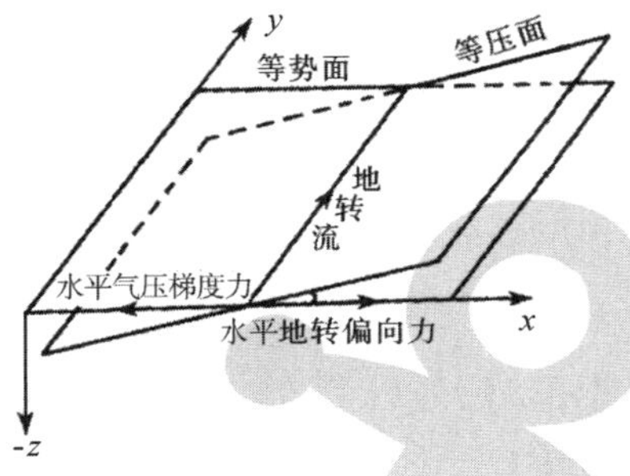

图3-5　北半球地转流示意图

倾斜流是指在不均匀的外压场作用下的地转流。例如，海面上大气压分布不均匀、风、降水、江河径流等因子引起海面倾斜所产生的压力场称为外压场。外压场导致的倾斜流，随深度的增加，其流向、流速不变。观测者若背倾斜流而立，在北半球，海流右侧等压面高，左侧等压面低；在南半球则相反，海流右侧等压面低，左侧等压面高。其流速大小与等压面的倾斜程度有关，倾斜度越大，水平气压梯度力也越大，流速就越大。

密度流是由海水密度分布不均匀引起的等压面倾斜而产生的海流。海水密度的变化与海水温度、盐度的变化密切相关。如图3-6所示，海水温度和盐度的变化主要表现在上层海水中，所以海水密度变化的特点也是上层大、下层小，随着深度的增加，逐渐趋于均匀，所以密度流随着深度的增加而减弱。在通常情况下，海水温度的变化比盐度的变化大得多，从而导致等压面从高温区向低温区倾斜。观测者若背密度流而立，则右侧等压面高，密度小（温度高）；左侧等压面低，密度大（温度低）；在南半球则相反。

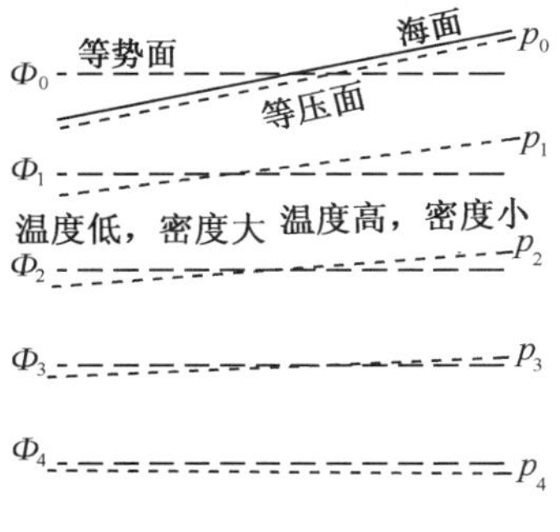

图3-6　密度不均匀引起等压面倾斜

6. 冷流与暖流

海流的水温低于它所流经海域的水温称为冷流，亦称寒流。通常由高纬度流向低纬度的海流为冷流，如拉布拉多冷流、亲潮等。

海流的水温高于它所流经海域的水温称为暖流。通常由低纬度流向高纬度的海流为暖流，如湾流、黑潮等。

海流的水温与它所流经海域的水温基本一致，称为中性流。通常沿东西方向流动的多属于中性流，如南、北赤道流。

二、世界大洋表层海流模式

世界大洋表层海流以风海流为主，其形成主要受制于海面风场。由于稳定风系的作用，大洋表层的海水产生相应的流动。将世界海洋环流分布与世界风带的分布加以比较，就可以看出两者之间有密切的关系。综合各大洋海流的基本状况，可以概括出如图3-7所示的全球大洋环流模式，其中画斜线的区域表示大陆。

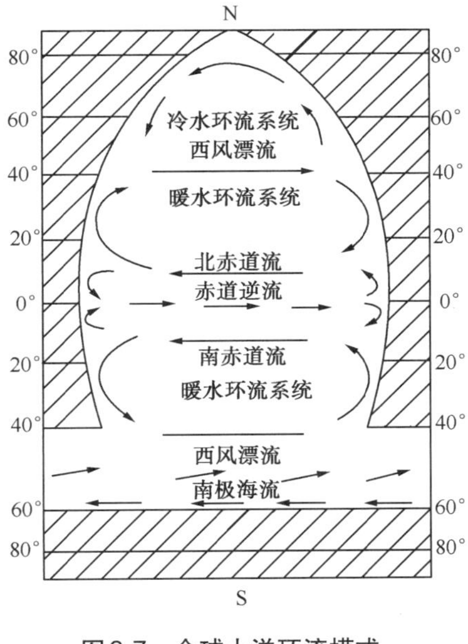

图3-7 全球大洋环流模式

1. 信风流

在稳定的东北信风和东南信风作用下，形成了两支强大的信风海流，分别称为北赤道流和南赤道流。它们自东向西流动，横贯大洋，宽度约为2 000 km，流速均为0.5～1.0 kn，靠近赤道一侧比另一侧要大，可达1～2 kn。这两支海流基本沿纬线圈方向流动，其温度与周围水温差不多，属于中性流。

南、北赤道流的位置并不对称于赤道，而是稍稍偏北。只有南印度洋的南赤道流位于

10°S与南回归线之间。此外，北印度洋的北赤道海流仅在冬季出现。

2. 赤道逆流

在南、北赤道流之间有一支自西向东流的赤道逆流，这是由于南、北赤道流到达大洋西岸时，受到大陆的阻挡分支而成的。赤道逆流在大洋东岸分支，又分别汇入南、北赤道流。它也是一支中性流。

赤道逆流的位置与赤道无风带一致，偏于赤道以北，在3°N ~ 5°N和10°N ~ 12°N。其流速为1 kn左右，最大流速可达3 kn。北半球冬季较弱，许多地方只有0.5 kn，甚至更小。

3. 西边界流

南、北赤道流流到大洋西岸后分支，小部分向赤道汇入赤道逆流，大部分则转向高纬度一侧，沿着大陆的边缘流动，成为近岸水系和大洋水系之间的边界，称为边界流。在大洋西部，当海水从赤道向极地运动时，地转偏向力也逐渐增大，使海流不断向东偏转，沿着顺时针方向（南半球沿逆时针方向）运动，加上风系的切应力作用，导致大洋西部海水的加速运动。在各大洋中，所有强大的海流都集中在大洋西部的狭窄边缘上，如黑潮、湾流等。

大洋的西边界流由于来自热带洋面，水温高，流速大，是较强的暖流，将大量的热量和水汽向高纬度输送。

4. 西风漂流

西边界流进入盛行西风带后便形成了基本上从西向东流动的西风漂流，其暖流特性可一直保持到横越大洋。在南半球因无大陆阻隔，形成一个连续水环，三大洋西风漂流彼此沟通。

5. 东边界流

西风漂流流至大洋的东岸分支，一支主流沿着大陆的西海岸流向低纬度，分别汇入南、北赤道流中，构成了大约在纬度40°以下顺时针方向的大循环。这些大洋东部的海流，称为大洋的东边界流。与西边界流相比，东边界流是一支流动缓慢、幅度宽广、影响深度较浅的海流。其平均流速约为0.5 kn或以下，具有寒流性质。

由此可见，北半球中低纬度的环流系统主要是受东北信风和盛行西风作用而形成的，同时信风带和盛行西风带的位置移动及强弱变化也是这个大环流系统变化的原因。不过，这两个风带都比较稳定，所以该环流变化也不大。因为这一环流系统是在中低纬度地区进行的，水温总的来说较高，所以又称为暖水环流系统。

6. 高纬度冷水环流和南极海流

在北半球，西风漂流到达大洋东岸向高纬度的分支是暖流，进入极地东风带后，在风系和岸形的影响下，先向西然后在大洋西部折向南行，具有寒流性质。它在40°N附近与西风漂流汇合，构成一个逆时针方向的小循环。这个小循环的海水温度较低，特别是大洋西岸，冬季结冰，春、夏两季多浮冰和冰山，所以这个系统被称为冷水环流系统。

南半球因陆地少，三大洋在西风带里相互连接，西风强劲，相应形成自西向东的西风漂流，没有出现顺时针方向的小循环。在南极大陆周围出现受极地东风影响而产生的自东向西的南极海流，这种海流常被南极岸形和其他因素影响而发生的地方性海流所切断。

北印度洋海流受季风影响，随季风的风向变化而变动，称为季风流。

综上所述可知，实际海洋主要环流系统的形成是盛行风带、地转偏向力、海陆岸形分布等因子共同作用的结果。

三、世界海洋表层海流系统

各大洋的主要海流系统如图3-8所示。

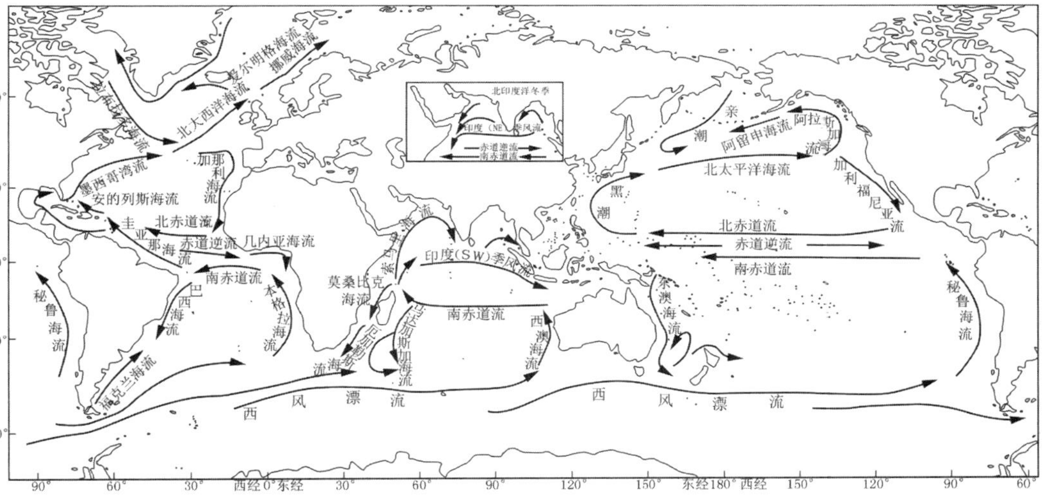

图3-8 各大洋的主要海流系统

1. 太平洋的海流系统

在北太平洋上，北赤道流从加利福尼亚尖端的东南部洋面开始，从东向西横越太平洋，平均流速为0.5～0.7 kn，最大流速发生于夏季，为1～2 kn。海流所占水域范围为10°N～22°N，夏季偏北，冬季偏南。

北赤道海流的主流在菲律宾以东转向北上，形成北太平洋上的强大暖流——黑潮（Kuroshio）。

黑潮在台湾以东洋面的宽度约为150 n mile，流速为1.0～1.5 kn，然后，它越过台湾东部洋面进入东海，沿着大陆架边缘北上，宽度变窄，流速有所增加，在琉球群岛以西，流速增至2.0～2.5 kn，宽约80 n mile。黑潮在台湾附近分离出一支，称为台湾暖流，在日本九州岛西南海域分出两支：一支流向黄海，称为黄海暖流；另一支经过对马海峡进入日本海，称为对马海流。黑潮经吐噶喇海峡流出东海，并沿着日本群岛向东北方向流动。在日本九州岛东部海域，流宽约为80 n mile，流速为2.0 ~ 2.5 kn。在四国外海，流速急增，表层流速达3 ~ 4 kn，宽约为110 n mile，且最大流速位置非常接近海岸，距离只有50 km。

黑潮虽是一支比较稳定的强大海流，但其主轴的位置、宽度和流速都有明显的季节性变化，其变化规律尚未弄明，所以要注意接收传真海流图发布的最新资料。黑潮的温度、盐度都较高，夏季在台湾以东洋面，水温有时可达30 ℃；在日本南部洋面，水温达27 ~ 28 ℃。而冬季在台湾外海为22 ~ 23 ℃，在日本南部洋面也达20 ℃。

通常，从台湾到35°N处这一段称为黑潮。在35°N附近，黑潮离开海岸向东流去，至160°E这一段称为黑潮续流。这一段又分为两支，在35°N附近，主要一支流向正东，在到达160°E以前始终保持着明显的暖流特征；另一支继续向东北，可达40°N附近，在那里与北方南下的亲潮寒流汇合，并一起转向东流成为北太平洋海流。

北太平洋海流较宽，流速较小，为0.5 ~ 1.0 kn。它到达北美西岸分为南、北两支，南支称为加利福尼亚流，属于寒流。主流距岸10 n mile，平均流速约0.5 kn，它与北赤道流相接，构成一个顺时针方向的大环流系统。

南、北赤道海流之间，3°N ~ 5°N为自西向东流动的赤道逆流，流速为0.5 ~ 1.0 kn。

北太平洋海流的北支，沿加拿大西海岸进入阿拉斯加湾，形成阿拉斯加暖流。它的一部分沿阿留申群岛南下汇入北太平洋海流，仍呈暖流性质，称为阿留申海流；还有一部分经乌尼马克海峡进入白令海，称为白令海海流。

白令海海流和来自北冰洋经白令海峡流出的冷流一起，沿大陆东岸南流，沿途又汇合了来自鄂霍次克海、千岛群岛附近的海冰融化而成的海水南下，形成北太平洋上水温最低的寒流——亲潮。它在冬、春两季势力强，流速为0.5 ~ 1.0 kn，在夏季势力较弱。亲潮在北海道东南大约40°N处与黑潮汇合。这样，形成中高纬度的一个逆时针方向的环流系统。

南太平洋上的海流主要是一个逆时针方向的环流系统。南赤道流的北界位于4°N附近，其流速在6°S以北为0.4 ~ 1.3 kn，有时可达2 kn；在6°S以南，流速减弱。南赤道海流的主流，由伊里安岛折向南流，其中很大的一支在菲尼克斯群岛逐渐折向西南，沿澳大利亚东岸前进，直到塔斯马尼亚岛，称为东澳暖流。其流势不强，流速在1 kn左右，它在40°S以南与南大洋的西风漂流汇合。

南太平洋的西风漂流日流速达10 n mile，沿40°S ~ 50°S纬度圈流动，自西向东越过南太平洋时，在南美西岸有一分支北上形成秘鲁冷流，其流速约为0.5 kn。秘鲁海流相当宽，可能在300 n mile以上。秘鲁海流在尚未到达加拉帕戈斯群岛时，就转而向西，汇入南赤道流，构成南太平洋上的逆时针海流系统。

2. 大西洋的海流系统

北大西洋中低纬度海域是由北赤道流、墨西哥湾流、北大西洋流和加那利海流所组成的顺时针海流系统。

北赤道流源于佛得角群岛，在向西流动的过程中与南赤道流的越过赤道北上的一支圭亚那流（流速约为2 kn）汇合后，又在安的列斯群岛南端的近海分为两支：一支沿安的列斯群岛的外侧大致向西北方向前进，称为安的列斯海流；另一支流入加勒比海，再入墨西哥湾回旋后，经佛罗里达海峡流出，沿着北美大陆的边缘北上，在安的列斯群岛以北，与安的列斯海流汇合，形成世界大洋上最强大的暖流——墨西哥湾流，简称湾流（Gulf stream）。湾流沿北美沿岸流至35°N附近后离开海岸，约在哈特拉斯角以南转入深海区。

观测表明，湾流的宽度很窄，流速相当大。从佛罗里达海峡出来至哈特拉斯角之间的湾流，流速为0.5～2.0 kn，在其中心最高流速可达5 kn，其他部分为0.5～1.0 kn；在佛罗里达海峡处，由于流线集中，流速极大，大于4 kn的流速并不少见。

湾流的位置经常变动，大量的资料分析表明，湾流的位置变化并非湾流整体迁移，而是在湾流中出现弯曲现象。湾流通过哈特拉斯角后，趋于形成一系列的弯曲和涡旋，其特征是在哈特拉斯角的东边，弯曲得到发展，尤其在风暴之后发展得特别快，它与湾流一起以0.5～1.0 kn的速度向东北运动。如果弯曲成长得太大了，便与湾流分开，形成单独的涡旋，且很快被周围的海水所包围。涡旋的直径通常是100～300 km，并与湾流两侧的水一起以小于0.5 kn的速度向西南运动。所以，在航线设计和航行中考虑海流因素时，不仅要查阅航海海流图，同时还要接收气象传真图以获取海流最新资料。

湾流通过格兰德浅滩后，稍微散开，在40°N附近向东北横过北大西洋，称为北大西洋海流。北大西洋海流的流速为1.0～1.3 kn，它的水温比周围海水仍要高出8～10 ℃，因此，能把大量的热量向北输送，对欧洲的气候产生重大的影响，使爱尔兰岛成为“海中的绿岛”，使不列颠沿岸覆盖常绿树，同纬度的拉布拉多沿岸却被冰雪覆盖；西欧和北欧的冬季气温比同纬度的亚洲大陆东岸也要高出10 ℃左右。

北大西洋海流在大洋东部形成几个主要的分支，分别向南和向北流去。向南流的一支称为加那利海流。加那利海流到达佛得角群岛时与北赤道流相接，形成北大西洋中低纬度海域的顺时针方向旋转的大环流系统。

北大西洋海流在大洋东部向北流去的几个分支都具有暖流性质，其中几支在不列颠群岛的北部又交汇在一起，进入北冰洋流经挪威沿海，称为挪威海流；另有一支在冰岛南部转向西流，称为爱尔明格海流，它在大洋的西北部与拉布拉多寒流相遇。拉布拉多海流是沿北美东岸南下的强寒流，因其发源于北极水域，所以水温很低，并将由格陵兰的冰川崩裂而成的大量冰山和流冰带往纽芬兰浅滩。因此，在北大西洋中高纬度海域，由北大西洋海流、爱尔明格海流、拉布拉多海流构成逆时针旋转的冷水环流系统。

在赤道以北3°～10°，南、北赤道流之间有一支自西向东的海流，即大西洋赤道逆流，它向东流入几内亚湾，在几内亚湾的部分，称为几内亚海流。

南大西洋的海流主要是由南赤道流、巴西暖流、西风漂流和本格拉寒流组成的逆时针环流系统。南赤道流由几内亚湾开始，沿着4°N～10°S向西流动，在南美的布兰科角附近，因受大陆岸形影响分为两支，向南流去的一支规模较小，称为巴西暖流，流速小于1 kn。巴西暖流南下至30°S附近逐渐向左偏转，到40°S附近折向东流，和西风漂流汇合。

整个南大洋上的西风漂流都具有冷流性质。西风漂流在通过合恩角后，有一支沿南美东岸北上的海流，称为福克兰海流，这是一支夹带着冰山的寒流。它的日流速约为10 n mile，有时可达30 n mile。其一部分北上到达33°S的拉普拉塔河口时，与南下的巴西暖流汇合，汇合后大部海水沿西风漂流向东流去。

南大西洋西风漂流在接近好望角时，一部分沿非洲海岸北上，形成本格拉寒流，流速约为0.8 kn，从岸边起宽达100 n mile。最后它与南赤道流汇合，构成南大西洋上的逆时针循环的海流系统。

3. 印度洋的海流系统

10月—次年4月，北印度洋海面盛行东北季风，这期间的海流主要是向西南方向流动，以12月至次年1月最为明显。冬季的赤道逆流源于南赤道流的北分支，赤道逆流的位置在5°S附近。东北季风下的西南流与赤道逆流相接，从而形成北印度洋冬季逆时针方向的环流流系。季风流的流速在苏门答腊附近约为2 kn，在斯里兰卡南部为2.5 kn，在索马里东部为2～3 kn。

5—9月，北印度洋盛行西南季风。这期间海水活动的总趋势大体与冬季相反，海水在季风作用之下向东或东北方向流动；南赤道流的北分支在季风作用下越过赤道，进入北印度洋，沿索马里沿岸向东北流动，称为索马里海流。7—9月，索马里海流流速大，从赤道附近到索科特拉岛以南，表层流速一般都在4 kn以上，在索科特拉岛南部附近的表层流，曾观测到流速大于7 kn。夏季，赤道逆流消失。整个北印度洋直到5°S，表层海流均为东流，7—8月最明显，它与南赤道海流构成一个顺时针方向的环流系统。由此可见，北印度洋的海流为季风流。

南印度洋的海流基本符合南大洋海流模式，主要的表层海流为一逆时针方向海流系统。

南赤道海流从澳大利亚西北海岸开始，自东向西横穿南印度洋，其北界通常在6°S～10°S，流速为1.5 kn，最大流速可达2.5 kn。当它接近马达加斯加岛时，一部分海流转而沿该岛东岸南下，这支海流称为马达加斯加海流，最后与西风漂流汇合；另一部分经马达加斯加北部，遇非洲海岸时分两支，沿莫桑比克海岸南下，叫莫桑比克海流，流速约为1.7 kn，属暖流。这支海流从30°S往南流速逐渐增大，有时可达4.5 kn，它在接近非洲岸边处势力很强，称为厄加勒斯海流，是世界大洋中较稳定的海流之一。

南印度洋的西风漂流，一部分沿澳大利亚北上，成为冷性的西澳大利亚海流。夏季，由于东澳海流有部分经澳大利亚南岸向西转而北上，与西澳冷流汇合，故势力稍强。但仍较秘鲁海流弱，最大流速小于1 kn。西澳海流北上与南赤道流相汇，构成南印度洋上的逆时针方向的环流系统。

上述仅是大洋海流的概况，实际情况要复杂得多。

四、其他海洋的海流

1. 中国近海的海流

（1）渤海、黄海和东海的海流

我国近海的海流主要由黑潮和沿岸流两个流系组成（如图3-9所示）。

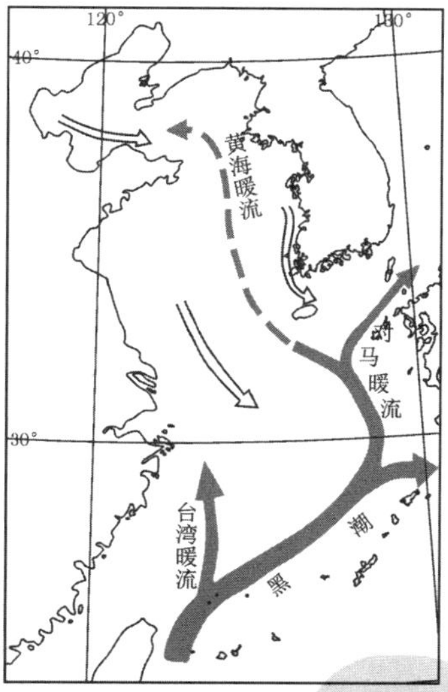

图3-9 渤海、黄海和东海的海流

黑潮自我国台湾东部海域进入东海，沿着大陆架的边缘北上，流经东海的东南部深水区域，至日本九州岛南部海域流出东海。130°E以西这部分黑潮构成了整个东海海流系统的主干。

黑潮在我国台湾东北海域分出一个小分支，沿浙闽外海北上，可达杭州湾外，然后转折向东与黄海冷水混合而变性，称为台湾暖流。台湾暖流流向较为稳定，一直可达到长江口外（31°N，123°E）。其势力远不如黑潮主干强，流速也较小，通常为0.5 ~ 1.0 kn，越往北流速越小。黑潮在九州岛西南海域分出一支经过对马海峡流入日本海，称为对马海流。对马海流在济州岛南部海域又分出一支，从济州岛西南海域进入黄海，成为黄海、渤海海域环流的主干，通常称为黄海暖流。它大致沿着124°E线北上，在北黄海转折，通过渤海海峡老铁山水道进入渤海。其流向比较稳定，流速为0.2 ~ 0.3 kn，冬强夏弱。这支海流进入渤海之后分为两支：一支入辽东湾构成右旋环流；另一支在渤海南部构成左旋环流，然后通过渤海海峡南部流出渤海。

黑潮在我国台湾的东南海域，于10月至次年4月，有一部分流经巴士海峡进入南海，在台湾的南面又分两支：主流向西南，成为南海左旋环流的一个组成部分；支流沿台湾西岸北上，与黑潮主干和台湾暖流汇合。

黑潮及它的三个分支（对马暖流、台湾暖流、黄海暖流）给中国近海带来了高温、高盐的大洋海水，称为外海流系。

我国沿岸有许多大小不同的江河入海，构成沿岸流。沿岸流冬半年具有低温、低盐的性质。渤海中由黄河、海河等径流混合形成的沿岸水，沿着山东半岛北岸流出，绕过成山角，扩散到南黄海。在南黄海，江苏外海的沿岸流一般并不紧贴海岸南下，它在越过长江堆后流向东海的中心部与黑潮及其分支汇合，通常可以到达30°N附近。该沿岸流流速较弱，一般为0.2 ~ 0.4 kn。

另外，在浙闽沿岸，冬季有一支自长江口南下的沿岸流，携带着长江等沿岸江河的淡水经台湾海峡流入南海，夏季这支沿岸流似乎不存在。

上述沿岸流系，冬季在强烈的偏北季风作用下，其强度最强，扩散范围也大，在东海可扩展到126°E左右。3—5月起，沿岸流在整个沿海都由强变弱，并向北收缩，到了夏季7—8月，几乎整个沿海都为暖水所控制。

（2）南海的海流

南海位于热带季风区，其表层海流在季风的作用下，具有季风漂流的特性，海流的方向和强度都随季风而变。冬季，南海盛行东北季风，以12月至次年1月为最强，南海大部分区域为西南流；黑潮部分海水经巴士海峡流入南海北部，同来自台湾海峡的沿岸流合并流向西南，主流沿中南半岛南下，形成南海的左旋季风流，如图3-10（a）所示。夏季，南海盛行西南季风，以6—8月为最强，南海的海流主要为东北流；当到达南海北部时，大部分海水通过巴士海峡流出南海，与黑潮汇合北上，小部分海水继续北上，进入台湾海峡到东海，如图3-10（b）所示。10月和次年4月为季风转换月份，风向不稳定，海流处于转换之中，比较凌乱。

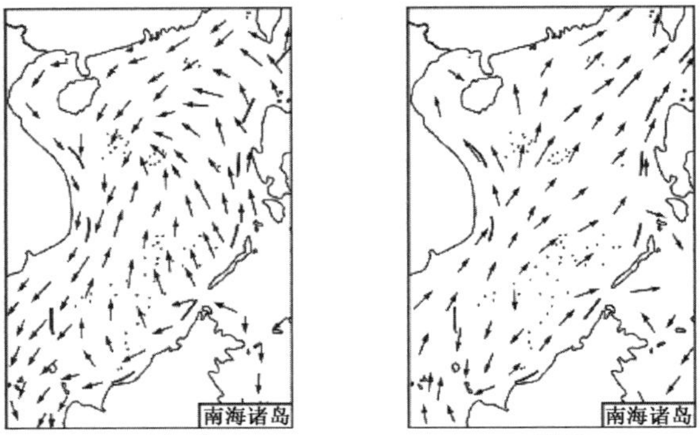

(a) 冬季　　(b) 夏季

图3-10　南海海流

不论冬季或夏季，南海西部的海流均比东部的强，强流区在越南近海。

2. 地中海与黑海的海流

地中海海流主要是由大西洋经直布罗陀海峡，沿非洲北岸东流，至地中海东端塞得港折向北，然后从达达尼尔海峡出来的流；进入爱琴海后，往南绕过希腊沿地中海北岸西流，基本形成一逆时针环流（如图3-11所示）。在黑海，海流也呈逆时针方向流动。由于注入的河水较多，雨量也多，形成速度约为3 kn的海流，从黑海经博斯普鲁斯海峡流入地中海。在达达尼尔海峡通常为西南流，流速为1～4 kn。

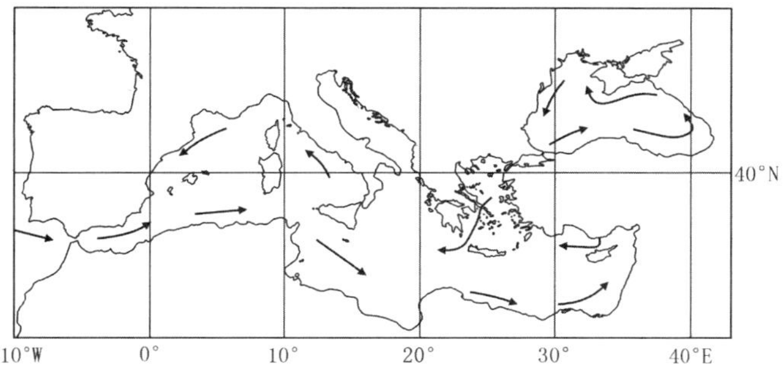

图3-11　地中海、黑海的海流

较强海流出现在直布罗陀海峡以东50 n mile内，其最大流速可达3 kn，向东逐渐减弱，至突尼斯沿岸平均只有1～2 kn，在埃及沿海平均流速为0.5 kn。地中海北部沿岸因岛屿众多、岸线曲折，故流向较乱，流速较弱。

3. 红海与亚丁湾的海流

红海与亚丁湾海流受季风影响。东北季风时期，亚丁湾是西向海流，流速为1.0～1.5 kn，季风流通过曼德海峡进入红海；西南季风时期，亚丁湾是东向海流，流速达2 kn，红海海流经曼德海峡流入亚丁湾，汇入西南季风流。

第三节 海浪

海浪是海水运动的重要形式，它是影响船舶航行的主要海洋环境因素。在大风浪中航行会造成船舶严重失速，甚至停滞不前；螺旋桨可能周期性露出水面空转，使主机负荷剧变而受损；船舶剧烈颠簸会引起舵效降低，难以保持航向；在狂涛巨浪中会出现“中垂”或“中拱”，使船舶结构变形，严重时造成船体断裂；当船舶摇摆周期与波浪周期相同时，会发生共振，导致船舶倾覆的危险；在浅水区航行，海浪会造成船舶搁浅或触底。因此，掌握海浪的发生、发展和传播等规律，对航海者至关重要。

一、波浪概述

1. 波浪要素

波浪的基本特征是具有周期性，就是说，经过一定的时间间隔，运动将重复进行。

人们常用正弦波的要素描述波浪特征。如图3-12所示，波面的最高点叫波峰，最低点叫波谷。相邻的波峰或波谷间的水平距离称为波长（λ）。相邻波峰与波谷之间的垂直距离叫波高（H）。波形的传播速度叫波速（或相速c）。两相邻的波峰（或波谷）通过一固定点所需的时间称为周期（T）。波高与波长之比叫波陡（δ）。沿垂直于波浪传播方向通过波峰的线叫波峰线。垂直于波峰线的线叫波向线，波向是指波的来向。根据波长、波速和周期的定义，可直接得到三者的关系：

$$\lambda = cT \tag{3-2}$$

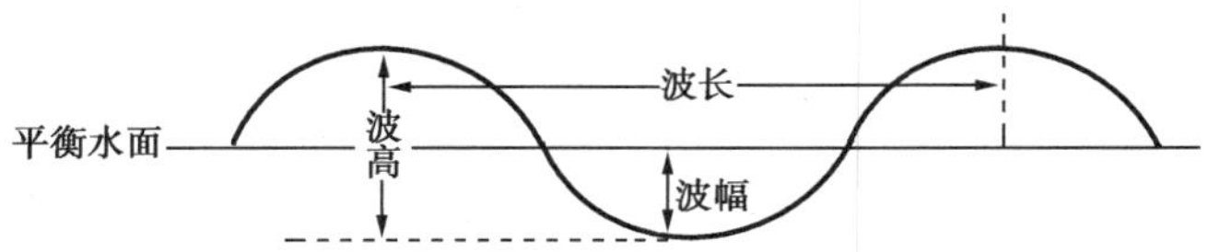

图3-12　波浪要素

2. 波浪的分类

海洋中具有周期从不到1 s到大于1天的各种不同频率的波。波浪按其成因和周期或频率可划分为：

（1）风浪、涌浪和近岸浪：由风直接作用而引起的波浪称为风浪（Wind wave）。风浪离开风区传至远海或者风区中风停息后所留下来的浪，称为涌浪（Swell）。习惯上把风浪和涌浪，以及它们形成的近岸浪（Coastal wave），合称为海浪，其周期通常为1 ~ 10 s。

（2）风暴潮（Storm surge）：由气象原因，如台风、风暴等引起的海面异常升高现象称为风暴潮，亦称风暴海啸。

（3）海啸（Tsunami）：由于海底或海岸附近发生的地震或火山爆发所形成的波动，称为海啸，其周期通常为15 ~ 60 min。

（4）潮汐波（Tidal wave）：由于天体引潮力作用所产生的波动，其周期通常为12 h（半日潮）、24 h（日潮）。

（5）气压波（Pressure wave）：相邻海区的气压不同而产生的波动。

（6）内波（Internal wave）：在不同密度的水层界面处产生的波动。

二、风浪、涌浪和近岸浪

1. 风浪

风的动量借助于摩擦而传给海水，使它产生波浪。风浪从风获得能量的同时又由于种种过程而消耗能量。首先是海水的内摩擦，它随着海浪的成长而变得愈来愈大。当波速大于风速时，空气的阻力也消耗波浪的能量。大风和浅水区波浪的破碎是能量消耗的重要形式，浅水区海底的摩擦同样导致能量的消耗。总之，波浪的生成、发展和消衰，取决于能量的获取和消耗之间的数量关系，当能量的收入大于支出时，风浪就成长发展；反之，风浪趋于衰减。

人们早就有“风大浪高”的经验，在海浪预报方法未出现和被应用以前，人们就是根据风速的大小来估计风浪大小的。但实际上风大不一定浪高，如在一范围较小的水池内，绝不可能吹起像海洋上那样的大浪；另外，风力很大的风吹刮在广阔的海洋上，如果只吹了一段很短暂的时间，亦不可能吹起很大的浪。可见，风浪的大小不仅取决于风速，还与风时（状态相同的风作用的时间）、风区（状态相同的风作用的海区）、海区的形态特征以及海区地理位置等因素有关。

下面我们从风浪的成长过程分析风时和风区对风浪大小的影响。假定风速恒定，当风产生以后，风区内各点同时都受到基本相同的风作用，因而同时产生风浪，且同时开始向风吹去的方向传播（一般说来，风向和由其形成的波的波向一致）。如图3-13所示，风向与x方向一致，O点为风区上沿，A点为x轴上的任一点，按定义，从风区上沿开始，沿风向至某一点的距离，称为该点的风区长度，所以A点的风区长度为OA。现在，我们来观测A点的风浪。出现在A点的风浪不是在A点上产生的，而是从上风方向传来的；当风浪在风区中传播时，它将由于不断摄取风的动量而不断成长。由于离A点近的风浪传到A点所需的时间短，所摄取的动量也少，因而波浪较小；而较远的风浪传到A点所需的时间长，摄取的动量也多，波浪也就较大。于是我们在A点看到，最早出现的风浪是很小的，随着时间的延长，风浪愈来愈大。最后，当O点的风浪传到后，这里的波浪基本上就不再变化了，我们说，A点的风浪达到了定常状态。从风开始吹，到A点的风浪达到定常所经历的时间，称为A点的最小风时。可见最小风时与风区长度有关，风区长度愈短，最小风时也愈短。

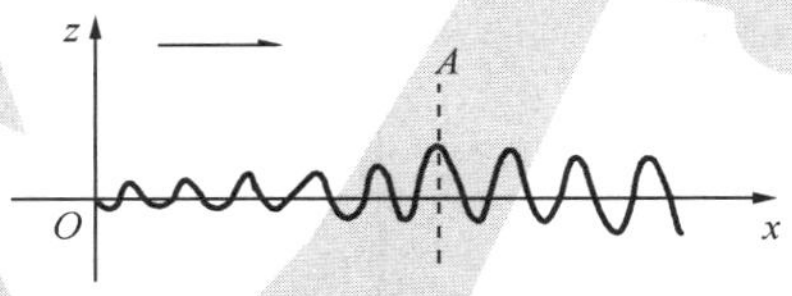

图3-13 风浪随风区长度的分布

显然，当A点达到定常状态后，A点左边各点已依次达到定常状态；风区长度愈短，愈早达到定常。由此可知，达到定常或风时大于最小风时以后，风浪的大小决定于风区长度，而与风时无关。风区长度愈长，风浪愈大；反之愈小。

当A点的风浪刚达到定常状态时，A点右边各点的风浪达到尚未定常状态，还处在过渡状态。虽然这些点的风区长度大于A点，但此刻到达那里的风浪所经历的风作用时间都应与到达A点的风浪相同，因此，它们的风浪大小也应相同，并随着时间而继续成长，直到风时达到最小风时为止。也就是说，当未定常时或风时小于最小风时时，风浪的大小决定于风时，而与风区长度无关。

那么，如果风区与风时都很长，风浪能否无限地增长呢？事实证明这是不可能的。因为风浪在从风获得能量的同时，由于前面指出的种种过程而消耗能量，而且，当风浪成长到一定阶段后，这种能量的消耗过程将急剧增强，最后使能量的收支达到平衡。这时，即使风区和风时再长，风浪也不可能继续增长了，此时的风浪达到了充分成长的状态。显然，上面讨论的定常状态和过渡状态的风浪都是对尚未达到充分成长状态的波浪而言的。

2. 涌浪

当风停息、减弱或改变方向后所遗留下来的波浪，或者从观测海区外传播到当地的波浪，称为涌浪（Swell）。俗语说“无风三尺浪”指的就是涌浪。涌浪在其传播过程中，波高将逐渐衰减。衰减的原因有：

（1）海水的涡动黏滞性和空气的阻力消耗了波浪的能量，从而使波高减小。涌浪的这种衰减是有选择性的，波长大的衰减慢，小的衰减快。

（2）离散作用促使波高减小。离散的原因是引起浪的风速和风向很少能保持长久稳定，因此在风暴区内形成的许多波列移出风暴区时，由于每一个波列的速度不同而相互分离，波浪的能量也相应分散，从而导致波高减小。

（3）角散。当波浪移出风暴区域时，波阵面侧向散开（也称扇形扩散），这必然会造成单位宽度波的能量的损失，从而使波高相应减小。

在波高减小的同时，涌浪的周期和波长都在延长，这是涌浪在其传播过程中的重要特点。理论上可以推出涌浪的波速与波长的平方根成正比。因此，波长长（周期长）的波传播速度快，波长短（周期短）的波传播速度慢。观测结果也表明，随着涌浪传播距离的延长，周期和波长都在延长。另外，空气阻力和海水涡动黏滞性的选择消衰作用，使周期短的波衰减得快，这也说明沿传播方向各点所观测到的涌浪周期是延长的。

涌浪的波长比其波高大40 ~ 100倍。非常低的涌浪（先头涌），其波长可能超过波高1 000倍。这种涌浪在海上是难以发觉的，仅在靠近海岸的地方才能觉察出来。由于波长越长的浪传播速度越快，它往往比海上风暴系统移动快得多，常作为风暴来临的先兆。另外，涌浪在靠近海岸和遇到海底隆起物时，波高突然增大，往往会形成拍岸浪。

3. 近岸浪

风浪或涌浪传至浅水或近岸区域后，因受海底地形摩擦将发生波向折射和绕射、波高增大、波浪卷倒和破碎等一系列变化，称为近岸浪（Coastal wave）或拍岸浪（如图3-14所示）。

图3-14　近岸浪

近岸浪折射的结果是使波峰线越来越趋于与等深线平行。因此，外海传来的波浪，当接近海岸时，通常波峰总是与海岸平行。海浪可以绕过障碍进入被岛屿、海峡或防波堤等遮蔽的水域。绕射进入防波堤后，海浪的波高要减小。

当波浪由深水传至浅水时，能量集中在越来越薄的水层内，于是波高增大，波长减小，周期缩短，波陡增大。当波陡$\delta \approx 1/7$时，波浪就会变得不稳定并发生破碎。

当海岸线有曲折时，在凸处破碎的波浪要高于凹处破碎的波浪。所以，通常岬角受海浪冲击和破坏较大，而海湾内风浪较小。

在浅水中，当波高接近水深时，波谷处的水质点受海底摩擦的影响，其速度比波峰处的水质点速度要慢些，使波前不断变陡，当波前几乎呈垂直时，波浪就卷倒和破碎，称为破浪。因此在暗礁处常出现白浪花。

4. 有效波高和浪级

波高是船舶观测和预报海浪的主要要素。若船舶观测波的总个数为n，波高依次为H_1、H_2、…、H_n，则$\overline{H}=(H_1+H_2+H_3+\cdots+H_n)/n$，称为平均波高。通常在波浪分析图上绘制等波高线所依据的数值（H_E），是风浪波高（H_W）和涌浪波高（H_S）的合成波高，即

$$H_E=\sqrt{H_W^2+H_S^2} \tag{3-3}$$

式中：

H_W——海上测船观测到的风浪波高；

H_S——海上测船观测到的涌浪波高。

在波浪预报图中绘制等波高线所依据的数值采用有效波高（$H_{1/3}$），是利用波谱分析等理论方法计算出来的。

海面波高极不规则，连续观测一列波，将观测到的波高按大小排列起来，取最高的一部分波的波高计算平均值，称为部分大波的平均波高；其中前1/3较大波的平均波高称为有效波高（Significant wave height），用符号$H_{1/3}$表示。

研究表明，一个有经验的观测者目测得到的显著波高与有效波高基本一致，因此，$H_{1/3}$成为最常用的一种统计波高。

若观测1 000个波，利用同样的方法还可以定义出$H_{1/10}$、$H_{1/100}$、$H_{1/1\,000}$等统计波高。这些“部分大波平均波高”可以表示出海浪的显著部分或特别显著部分的状态。设有效波高$H_{1/3}$为一个单位，则其他几种统计波高与$H_{1/3}$的比值如下：

$\overline{H}$：0.63；$H_{1/3}$：1.0；$H_{1/10}$：1.27；$H_{1/100}$：1.61；$H_{1/1\,000}$：1.94。

由此可知，$H_{1/3}$大于平均波高$\overline{H}$，在100个连续波中有一个大波的波高超过$H_{1/3}$的1.5倍稍多些，在1 000个连续波中有一个大波的波高接近$H_{1/3}$的2倍。

在实际工作中，根据浪高大小将海浪强度分为10个等级。各浪级风浪名称和对应的波高如表3-1所示。

表3-1 浪级表（Wave scale）

浪级	风浪名称	波高(m)
0	无浪 Calm-glassy	0.00
1	微浪 Calm-rippled	< 0.10
2	小浪 Smooth-wavelets	0.10 ~ 0.50
3	轻浪 Slight	0.50 ~ 1.25
4	中浪 Moderate	1.25 ~ 2.50
5	大浪 Rough	2.50 ~ 4.00
6	巨浪 Very rough	4.00 ~ 6.00
7	狂浪 High sea	6.00 ~ 9.00
8	狂涛 Very high sea	9.00 ~ 14.00
9	怒涛 Phenomenal sea	> 14.00

5. 流波效应和水气温差对波浪的影响

（1）流波效应

理论和实践都证明，海流对波浪有显著影响，称为流波效应。如果浪向与流向成一定的夹角，则波浪通过海流后不仅波高及波长发生变化，波浪的传播方向也发生改变。据统计，当海流流速为2～3 kn、风速为10～15 m/s时，波浪和海流反向或接近于反向的情况下，其波高比无流时大20%～30%，并产生部分波浪破碎或全部破碎。例如，冬季季风影响黑潮流域时，海浪和海流接近于反向，易使波高增大，波向不稳定。航行船舶应注意这种流波效应。当波浪与海流同向时，波长增大，波高减小；当流速远小于波速时，可不必考虑流的影响。

（2）水气温差

许多研究表明，在风速相同的条件下，气温低于水温时，波高将增大，同时也容易起浪。据统计，严冬季节，气温比水温每低1 ℃，波高平均以5%的比率增高。例如，气温低于水温5 ℃时，波高增大25%；气温低于水温10 ℃时，波高增大50%。在阵风率大时风浪增长更显著。例如，冬季的北太平洋上，日本以东的黑潮流域，其水气温差可达5～10 ℃，再加上流波效应，有时出现比预料高2～3倍的异常大浪。这个海域是海事多发的海域，有“魔鬼海域”之称，船舶应尽量避开这个区域。

三、海啸、风暴潮、内波和潮汐波

1. 海啸

由火山爆发、海底地震引起海底大面积升降，以及沿海地带山崩和滑坡等，造成的巨浪，称为海啸。破坏性的海啸，只在地震构造运动出现垂直断层，震源深度小于20～50 km，而里氏震级大于6.5的条件下才能发生。没有海底变形的地震冲击或海底的弹性震动，可引起较弱的海啸。

海啸是一种频率介于潮波和涌浪之间的重力长波，其波长为几十至几百千米，周期为2～200 min，最常见的是2～40 min。在外海中其坡度甚小，很难观测到它。但海啸进入大陆架后，因深度急剧变浅，能量集中，引起振幅增大，并能诱发以边缘波形式传播的一类长波。当海啸进入海湾以后波高骤然增大，在V形（三角形或漏斗形）的湾口处更是如此。这时湾顶的波高通常为海湾入口处的3～4倍。在U形海湾，湾顶的波高约为入口处的2倍。在袋状的湾口，湾顶的波高可低于平均波高。海啸波在湾口和湾内反复发生反射时，往往诱发出湾内海水的固有振动，使波高激增。这时可出现波高为10～15 m的大波和造成波峰倒卷，甚至发生水滴溅出海面的现象。溅出的水珠有时可高达50 m以上。

世界上有记载的大地震引起的海啸，80%以上发生在太平洋地区。环太平洋地震带的西北太平洋海域，更是发生地震海啸的集中区域。海啸主要分布在日本太平洋沿岸、夏威夷群岛、中南美和北美。我国是一个多地震国，但海啸不多见。2004年12月26日，印度尼西亚苏门答腊岛发生地震引发大规模海啸，到2006年年末为止的统计数据显示，印度洋大地震和海啸以及所造成的瘟疫灾害已经造成近30万人死亡，这可能是世界200多年来死伤最惨重的海啸灾难。

2. 风暴潮

由热带气旋、温带气旋、寒潮冷高压的强风作用和气压骤变等强烈的天气系统引起的海面异常升降现象，叫风暴潮，又称风暴增水或气象海啸。风暴潮是一种重力长波，周期从几小时到几天不等，介于地震海啸和低频的海洋潮汐之间，振幅可达数米。风暴潮是沿海地区的一种自然灾害，它和相伴的狂风巨浪可引起水位暴涨、堤岸决口、农田淹没、房摧船毁，从而酿成灾害。例如，1970年11月12日—13日发生在孟加拉湾沿岸地区的一次超强热带风暴潮，最大增水超过6 m，导致20余万人死亡和约100万人无家可归。在较大风暴潮和潮汐高潮相叠的情况下，必然造成更大的灾害，但这种情况比较罕见。

通常把风暴潮分为温带气旋引起的温带风暴潮和热带气旋（台风）引起的热带风暴潮两类。

温带风暴潮多发生在春、秋两季，中纬度沿海各地都可以见到。如北海和波罗的海沿岸、美国东岸和日本沿岸，经常出现这种风暴潮，它以潮位变化的稳定和持续为特点。每逢春、秋两季过渡季节，中国北部海区在北方冷高压配合南方低压（槽）的天气形势影响下发生的风暴潮，也有类似的特点。

热带风暴潮常见于夏、秋两季，总伴有急剧的水位变化。凡是热带气旋影响的沿海地区均有热带风暴潮的发生。中国东南沿海也是这类风暴潮的多发地区。

风暴潮影响的范围一般为数十至上千千米，持续时间为1～100 h，如逢天文大潮，常造成重灾。我国是世界上风暴潮最严重的国家之一，1949—1990年，共发生热带风暴潮308次、温带风暴潮278次。

我国的风暴潮虽遍及沿海，但由北到南主要集中地段是渤海湾、莱州湾、江苏小洋河口至浙江北部的海门、温州、台州、沙埕和福建的闽江口、广东汕头至珠江口、雷州半岛东岸以及海南岛东北部沿海。

3. 内波

在海洋中，密度相差较大的水层界面上的波动称为内波。内波在各种深度的海洋中都可产生，其波高比表面波大得多，常达几十米，甚至近百米。船舶遇到内波现象时，大致会经历“死水”和共振两种情况。

（1）“死水”：船舶前进时带动了上部密度较小的水层，使这个水层在密度较大的水层上滑动，从而形成了内波；这时，船舶的运动能量都消耗在这种内波的形成上了，尽管开足了马力，却很难前进一步，船员们称这样的海面为“死水”。

（2）共振：当船舶的固有摇摆周期与内波的波动周期重合时，就会出现共振现象，使船的摇摆度增加。为了有效地克服“死水”和共振现象，船舶应改变航速，必要时还需适当改变航向，离开产生内波的海区。

4. 潮汐波

海水在月球和太阳引力作用下产生的长周期波动称为潮汐波，由此引起的海面周期性涨潮和落潮称为潮汐，所引起的海水周期性水平流动称为潮流。关于潮汐和潮流，在《航海学》教材中有详细介绍。

四、深水波和浅水波

海洋中的波浪是由若干正弦波组成的，当波长比波高大很多时（对于大洋来说，这个假定是成立的），则可以确定波速、波长和水深的关系。

1. 浅水波的波速

理论上说，波长远大于海深的波称为浅水波。实际工作中发现，当波长大于水深的20倍时，海底摩擦对波动影响显著，因此实用中通常将波长大于水深20倍时的波浪定义为浅水波。

由于海底摩擦的影响，浅水波波速只取决于水深，而与波长和周期无关。理论上可以证明，浅水波中海面水质点的运动轨迹为椭圆。

2. 深水波的波速

海深相对于波长较大的波称为深水波。实际工作中发现，当水深大于1/4波长时，海底对波动的影响就可忽略，这种波动具有深水波的特性，因此实用中通常将水深大于1/4波长的水域中传播的表面波定义为深水波。

由于海底对深水波波动影响可以忽略，深水波波速与波长和周期有关，而与水深无关。

理论上可以证明，深水波中海面水质点的运动轨迹是以波高为直径的圆。当水质点运动到最高位置（即波峰到达）时，其运动方向与波向一致；当水质点运动到最低位置（即波谷到达）时，其运动方向与波向相反。当波面上每个水质点在自己的平衡位置附近完成一次圆周运动时，整个波形就向前传播了一个波长的距离。相邻水质点落后的相角越小，波长越长；反之，相邻水质点落后的相角越大，波长越短。

在海洋中的大部分波浪不是具有深水波的性质就是具有浅水波的性质。

五、群波和驻波

实际海洋中的波浪十分复杂，其中很多不能直接用简单的正弦波说明。但如将若干正弦波叠加起来，则可以解释许多波动现象。

1. 群波

观测表明，海洋中的波浪常以“群”的形式出现。在一群波中，由小到大，再由大到小排列有序，称为一个群波（Group of waves）。设两列波向、振幅相同，波长和周期稍有差别的正弦波相互叠加，叠加以后的合成波形如图3-15（b）中实线所示。由于两列波的位相由相反而逐渐变成相同，又由相同而逐渐变成相反，如图3-15（a）所示，故使合成波的振幅由小变大，又由大变小，形成有规律的排列。它们的包络线也形成一条正弦曲线，如图3-15（b）中虚线所示。包络线所表示的波形也是向前传播的，其传播速度称为群速（C_g），群速通常慢于其中个别波的波速。当我们追踪一个个别波时就会发现，当它刚进入一个波群时，它的波高较小，在以后向前传播的过程中逐渐增大，至波浪中央时变得最大，然后逐渐减小，最后离开这个波群继续前进，把刚刚所穿过的波群抛在后面。很容易证明，深水波的群速（Group velocity）为相速（Phase velocity）的一半；对于浅水波，群速与相速相同。

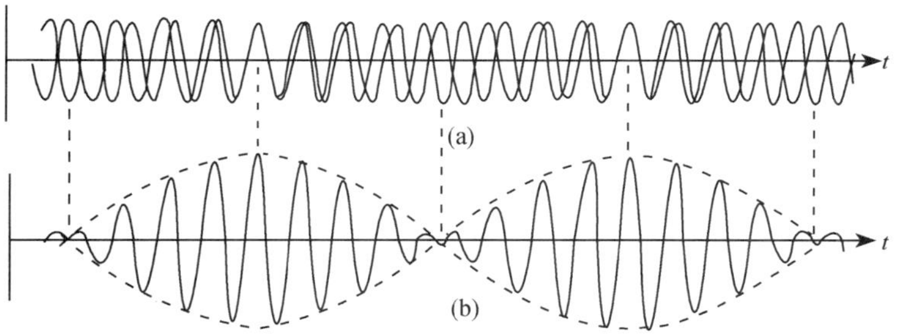

图3-15　群波

2. 驻波

由两列波向相反的正弦波叠加，可以得到一种波形不向前传播的波，波面只在原地振动，称为驻波（Standing wave），如图3-16所示。在海滨峭壁处常出现驻波，在热带气旋眼区出现的“金字塔浪”亦属于驻波性质。在驻波中，波腹处的水质点只做垂直运动，在波节处水质点只做水平运动，在波腹和波节中间的那些点，既有垂直运动又有水平运动。当波面处于最高或最低位置时，水质点的速度也为零，波面升降速度为零；当波面处于水平位置时，水平流速的绝对值最大，波面升降也最快。

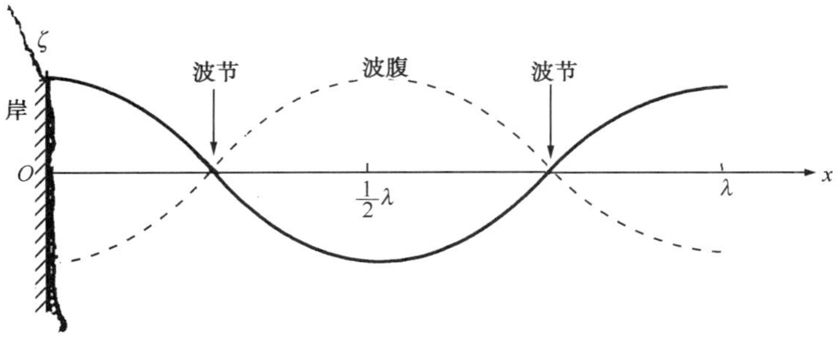

图3-16　驻波

六、世界大洋主要大风浪区及其成因

大风浪对船舶航行影响很大，分析多年的波浪观测资料可知，世界各大洋中多狂风恶浪的海域主要有以下几个：

1. 冬季北大西洋和北太平洋中高纬度海域，尤其是大洋的西部

冬季，在北大西洋和北太平洋中高纬洋面上，大浪的分布范围广、出现频率高，是两个著名的狂风恶浪海区。在30°N以北海域，北太平洋上波高大于等于3.5 m的大浪频率达到20%～30%，北大西洋上的大浪频率相对北太平洋要高，波高大于等于3.5 m的大浪频率达到10%～50%。大洋西部大浪频率高于东部，千岛群岛与阿留申群岛之间大浪频率高达40%；格陵兰、纽芬兰及北欧沿岸的海域，大浪频率高达50%～60%，狂浪的频率达到15%。

冬季这两个海域多狂风恶浪，原因主要有三个：一是因为极地来的东冷风与西风带的西暖风在这两个地区相遇后频生气旋，从而形成狂风恶浪；二是因为这两个地区是冷、暖海流交汇地带，冷流使其上方冷空气变得更冷，暖流使其上方暖空气变得更暖，这样，冷、暖空气相遇更容易生成锋和气旋，或促使移动过来的锋和气旋加强；三是因为这两个地区正好是两个永久性大气活动中心——冰岛低压和阿留申低压的所在地，尤其在冬季低压特别强盛，从而生成狂风恶浪。

2. 夏季北印度洋

夏季，北印度洋由于盛行强劲的西南风，在7—8月最盛，风力常达8～9级或以上，风浪特别大。在阿拉伯海西部大浪频率高达74%，它是世界各大洋中大浪频率最高的海区。

3. 全年南半球的咆哮西风带

南半球30°S以南中高纬度海域为咆哮西风带，终年盛行强劲的西风，为狂风恶浪区。其中处于世界重要航道上的好望角和合恩角附近海域风浪特别大，海面有时会出现狂浪怒涛，严重影响船舶航行安全。

4. 冬季比斯开湾

著名的比斯开湾是通往北欧的重要航道，每年10月至次年3月海况十分恶劣，经常大风怒吼、狂涛汹涌，极不平静。这是因为比斯开湾地处法国西部45°N附近盛行西风带中，湾口对着大西洋。冬季北大西洋中高纬度为狂风恶浪区，当外海的波浪传入比斯开湾时，因水深变浅和沿岸地形的影响，波高剧增。此外，北大西洋海流一分支沿比斯开湾北岸流入，顺南岸流出，这样当波浪遇到出湾的海流时，流波效应使波高进一步增大。以上因素造成了比斯开湾冬季经常有10 m以上的狂涛。

七、中国近海风浪分布特征

我国近海的浪主要受季风影响。冬季，黄海和渤海主要多西北浪和北向浪，平均波高为1.0～1.5 m，最大波高可达7.0～7.5 m，大浪频率为5%～15%；东海主要多北向浪和东北浪，平均波高为1.5～2.3 m，最大波高可达7.5～8.0 m，大浪频率为20%～40%；南海主要多东北浪，平均波高为1.5～2.5 m，最大波高可达7.5～8.0 m，大浪频率为15%～30%。春季，南海仍多东北浪，平均波高为1.0～1.5 m，大浪频率为10%～20%；黄海、渤海和东海浪向多变，相对多南向浪、西南浪、东南浪和东浪，平均波高为0.8～1.8 m，黄海、渤海大浪频率相对较小，东海大浪频率可达10%～20%。夏季，黄海、渤海和东海主要多东南浪和南向浪，平均波高为1.0～1.4 m，黄海、渤海大浪频率小于等于3%，东海大浪频率为5%～10%；南海主要多西南浪和南向浪，平均波高为1.0～1.5 m，大浪频率为5%。秋季，浪向多变，渤海主要多西北浪和北向浪，平均波高为1.1～1.4 m，大浪频率为6%～8%；黄海和东海多北向浪和东北浪，黄海平均波高为1.0～1.5 m，大浪频率为6%～10%；东海平均波高为1.3～2.2 m，大浪频率为20%～35%；南海主要多东北浪和东向浪，平均波高为1.2～2.0 m，大浪频率为10%～25%。台湾海峡东北浪占优势，大浪频率高达62%，最大波高可达9.5 m。

总之，冬季典型的大浪区有我国山东半岛成山角附近海域、韩国济州岛以南海域、琉球群岛西侧海域、我国台湾海峡和台湾以东海域。夏季风浪较小，但有热带气旋活动时，可造成巨浪和大的涌浪。

八、中国近海船舶预防大风浪对策

我国近海的偏北大风浪主要是由冷锋南侵造成的，表现为冷锋后面的偏北大风。由冷锋单独形成的大风，约占整个大风次数的37%。频率最高的（约占整个大风次数的56%）是冷锋与气旋共同造成的大风，其形势表现为冷锋后方有高压、冷锋前面有气旋，称北高南低型（或西高东低型）。特别是西北冷锋与江淮气旋相遇，北路冷锋与黄河气旋相遇，偏北大风出现频率很高，最大风力可达9～10级。由于渤海的地形影响，历史上一些严重的风灾特别是渤海西岸的风暴潮灾害多由北方冷锋造成。单独的低压也能造成黄海、渤海的偏北大风，但为数很少，出现频率为3%～4%。

我国近海的强南风比强北风发生频率低，范围也小，但变化突然，海面上亦会产生不同程度的灾害。造成强南风的地面气压形势主要是南高北低型、东高西低型和低压型。南高北低型即高压在25°N～37°N，120°E～130°E，与来自贝加尔湖至蒙古的低压一起移向东北。东高西低型即蒙古高压南下入海或与海上高压合并加强，或者日本海高压脊向西伸展到黄海、渤海与西部低压配合形成东高西低形势。低压型是指渤海低压、黄海气旋和江淮气旋等。另外，极少数热带气旋北上时，在其后部亦可出现西南大风。

偏南大风天气主要出现在春末夏初，此时冷空气影响逐渐减弱，暖空气影响逐渐加强，4—5月偏南大风的频率为63%。就天气形势而论，南高北低型出现最多，频率达53%；东高西低型和低压型各占约21%；热带气旋造成的黄海、渤海偏南大风概率很小，只有5%。表3-2给出了中国近海偏北大风和偏南大风对船舶影响程度。

表3-2　中国近海偏北大风和偏南大风对船舶影响程度

风向	中国近海偏北大风				中国近海偏南大风			
形势类别	冷锋	低压	北高南低	热带气旋	南高北低	东高西低	低压	台风
出现月份	10月—次年3月	8—10月	10月—次年4月	8—9月	4—5月	4—5月	6—8月	7—9月
频率	36.8%	4.0%	56.0%	3.2%	53.0%	21.0%	21.0%	5.0%
对船舶影响程度	大	一般	大	较大	较大	较大	一般	大

为了预防恶劣天气系统引起的大风浪带来的风险，船舶应适时接收气象部门发布的恶劣天气预警信息和预报产品，结合船舶本身的性能和装载条件，及早采取相应的预防和避离措施。通常我国近海大风浪的持续时间多在24 h以内，有的只有几小时，而我国近海有许多避风锚地，抗风能力较差的船舶应尽可能避开强风浪时段。

第四节 海冰

海冰能封锁航道和港口，破坏港口设施，流冰能切割或碰撞船只，特别是冰山严重威胁船舶航行安全。例如，排水量为46 000 t的英国巨型客船“泰坦尼克”号，首次航行时，于1912年4月15日在大西洋的格兰德浅滩处与冰山相撞而沉没，造成1 490人死亡，是航海史上迄今最大的悲剧。因此，冬季在高纬度航行或在冰山经常活动的海域航行时，必须考虑海冰的影响。要考虑海冰的影响，就必须掌握海冰的形成、漂移规律及分布特点。

一、海冰的定义、形成和分类

（一）海冰的定义

从广义上讲，海冰（Sea ice）是指海洋中各种形式的冰，它既包括海水本身结冰，也包括由大陆冰川、江河流入海洋中的陆源冰。

海冰包括咸水冰和淡水冰，其中咸水冰由海水直接冻结形成，淡水冰多为陆源冰。

咸水冰实际上是淡水冰晶、卤汁和气泡的混合物。海水结冰时，其中的水冻结，盐分被排挤出来，部分来不及流走的盐分以卤汁的形式被包围在冰晶之间的空隙里形成“盐泡”。此外，海水结冰时，还将来不及逸出的气体包围在冰晶之间，形成“气泡”。

（二）海冰的形成

海冰的形成与海水的温度、盐度和密度等特性有直接的关系。

1. 海水的温度、盐度和密度及其分布

（1）海温

海水温度，简称海温，是表示海水冷热程度的物理量，通常以 ℃表示。

①表层海温分布

表层海水温度是指海水表面到水下0.5 m深的海水温度，其分布与气温分布有相同之处，在赤道附近为高温，随纬度增加而下降。大洋表层水温的水平分布主要取决于太阳辐射、海陆分布和冷、暖海流等因素。南半球的等温线大致与纬圈平行，北半球的大洋西部等温线较密集，东部较稀疏，这是由于大洋西部冷、暖海流交汇处温度梯度大，形成等温线密集带，称为“海洋锋”。

中国近海靠近亚洲大陆，一方面受大陆性气候影响显著，另一方面受沿岸江河径流的影响较大，再加上水深较浅，因此表层海温的分布状况要比大洋复杂一些。2月，表层海温最低，冬季南、北海区温差很大，同纬度沿岸表层水温低于外海。8月，表层海温最高，夏季南、北海区温差较小，同纬度沿岸表层水温高于外海。

②大洋表层水温的日、年变化

大洋表层水温的日变化很小，日较差通常小于0.4 ℃。在平静无风的天气，虽然要大些，但是最高也不超过1 ℃。最高水温出现在下午2～3时，最低水温出现在早晨6时左右。通常纬度越低，日较差越大，冬季日较差较小，夏季较大。

大洋表层水温的年变化，一般比气温的年变化滞后1～2个月，北半球月平均最高值出现在8—9月，最低值出现在2—3月。在赤道、热带海区以及寒带海区年较差较小，一般只有2～3 ℃；温带海区较大，为5～10 ℃。

大洋表层水温与气温的日、年变化相比，有两个特点：一是水温的变化幅度比气温小；二是水温的变化位相落后于气温的变化位相，且冬季水温高于气温，夏季水温低于气温。

中国近海表层水温的日、年变化有三个特点：一是沿岸日较差比中央海区大；二是北部海区的日较差比南部海区小；三是年较差比日较差大得多。

（2）海水的盐度

海水中含有多种无机盐类，盐度是海水中含盐浓度的一种量度，符号为$S‰$。海水的平均盐度为35‰，对应的冰点为-1.9 ℃。

大洋表层海水的盐度分布同降水量与蒸发量之差的分布相当一致。赤道地区盐度较低，为35‰左右，随着纬度的增加，盐度增高，在副热带海区达到最高，为36‰以上，向两极又逐渐下降，最低值主要出现在极地海区，在34‰以下，主要是受融冰和结冰的影响。各大洋边缘处，受大陆径流冲淡的影响，盐度较低。

（3）海水的密度

海水的密度是指单位体积海水的质量，单位为g/cm³或kg/m³。海水密度是温度、盐度和压力的函数，通常为1.028 g/cm³。

大洋表层海水的密度分布主要取决于表层水温和盐度的分布。在赤道地区，由于海水的温度高，盐度低，所以密度小。由赤道向高纬度，密度逐渐增大。在副热带地区，虽然盐度很高，但温度也很高，所以密度并不大。最大的密度发生在寒冷的极地海区。

2. 海冰的形成特点

海水中含有大量的溶解盐，其结冰过程、结冰速度和物理性质等均与纯水不同。

纯水的冰点为0 ℃，最大密度时的温度为4 ℃。因此，当上下层水温都降至4 ℃以后，若水面继续降温，上层水的密度就会减小，小到比下层水轻，从而抑制对流，当水面温度降至0 ℃时就会结冰。

海水结冰除与海水温度和盐度有关外，还与盐度的垂直分布及海深有关。海水冰点和最大密度时的温度都随盐度变化而变化，盐度越高，冰点越低，最大密度时的温度更低。研究表明，当盐度为24.695‰时冰点和最大密度时的温度值相等。盐度小于24.695‰时的海水结冰过程与纯水相同，而大于24.695‰的海水结冰过程与纯水完全不同。盐度大于24.695‰时的海水，其最大密度温度低于冰点。因此当表面海水先于下层海水达到冰点时，若未结冰，随着表面温度不断下降，上层海水密度不断增大，大到比下层海水重，从而引起对流，并将一直持续到海水结冰时为止。

3. 海冰的发展阶段

海冰是大气和海洋相互作用的结果，是在一定的海域中，温度下降，低于海冰的冰点后的产物，其生成、发展和消融是一个复杂的物理和化学过程。海冰并不是一时就能够形成的，它的形成过程通常可以分为以下几个阶段（如图3-17所示）。

（1）初生冰

当海上气温下降到海水的冰点，或有雪降到低温的海面上时，海水会开始结冰。这时结成的海冰还不是大块形状，而是呈针状、薄片状、糨糊状或绵状。

（2）冰皮

冰皮是由平静的海面直接冰冻结成或者是由初生冰继续冰冻而成的海面冰层。它的厚度大概是5 cm，比较脆，容易被海面的风或海面的水流弄碎，变成长方形的薄冰块。

（3）尼罗冰

当初生冰成长到厚度约为10 cm时，称为尼罗冰，这时海冰开始变得比较有弹性，但依然容易折断。

(a) 初生冰　(b) 冰皮　(c) 尼罗冰
(d) 莲叶冰　(e) 灰冰　(f) 灰白冰
(g) 白冰　(h) 一年冰　(i) 多年冰

图3-17　海冰的发展阶段

（4）莲叶冰

莲叶冰是直径在0.3~3.0 m、厚度为10 cm左右的浮冰。在较为平静的海面上，初生冰可以直接冻结为莲叶冰。而大块的冰皮或尼罗冰破碎后也可以形成莲叶冰。莲叶冰的边缘由于与其他冰块碰撞而形成一圈凸起，而且形状近似圆形，仿佛海面上的一朵朵莲叶，故称为莲叶冰。

（5）灰冰、灰白冰和白冰

当寒冷持续时，初生冰、冰皮、尼罗冰和莲叶冰会混杂在一起，厚度继续增加。当厚度增加到10 ~ 15 cm时，冰面多呈灰色，称为灰冰。灰冰脆而易断，受挤压的时候会折断而重叠，增加厚度。当厚度增加到15 ~ 30 cm时，冰块颜色从灰色过渡到灰白色，称为灰白冰。当厚度增加到30 cm以上时，色泽变为白色，表面凹凸不平，形状也变得不规则了，这时的浮冰称为白冰。

（6）一年冰

一年冰是指成长期没有超过一个冬季的白冰，一般厚度在30 cm以上。

（7）多年冰（老冰）

多年冰是指至少经过了一个夏季的海冰。夏天受热，表面融解再结冰，使得表面比较光滑。同时，由于夏季融解时冰晶中的盐泡会融合或析出，老冰的盐度会比一年冰低，而且随着年龄增加而递减。老冰的颜色一般是青色或蓝绿色。

（三）海冰的分类和密集度

1. 海冰的分类

海冰按运动状态可分为固定冰、流冰和冰山三大类。

固定冰，亦称岸冰，是与海岸、岛屿或海底冻结在一起的冰。当潮位变化时，能随之发生升降运动。其宽度可从海岸向外延伸数米甚至数百千米。

流冰，亦称浮冰，是自由浮在海面上，能随风、流漂移的冰。它可以由大小不一、厚度各异的冰块形成，但它不包括冰山。浮冰按形态分可分为碎冰、饼冰（厚度小于3 m）、块浮冰（厚度小于20 m）、小浮冰（厚度20～100 m）、中等浮冰（厚度100～500 m）、大浮冰（厚度500～2 000 m）、巨浮冰（厚度大于2 000 m）。

冰山是由大陆冰川或冰架断裂后滑入海洋且高出海面5 m以上的巨大冰块。冰山可以是漂浮的，也可以是搁浅的，分为桌状（平顶）冰山、尖顶冰山以及冰岛。北冰洋和北大西洋以尖顶冰山为主，它是由山谷冰川崩解而形成的，通常其高度大于宽度，具有陡峭的坡度，易倾倒或翻转。冰山淹没的深度，取决于冰山和海水的密度。冰山的密度通常为0.86～0.92 g/cm^3，比海水的密度小，因此形状较规则的冰山，露出海面的体积一般为总体积的1/10～1/9。

2. 海冰的密集度

在当前海冰研究中，常使用十分法来对海面上浮冰覆盖的比例进行度量，即冰量，表征海区浮冰的密集度。

二、船舶接近冰山活动区的征兆

船舶在可能会出现冰山的海域航行时，应注意海洋气象要素的观测，加强瞭望，同时还要注意雷达回波、接收冰况图及有关部门发布的冰情报告及警报，及时掌握海洋上的流冰动态。当出现以下现象时，可判定船舶接近冰区。

（1）海水温度急剧降低，盐度减小。

（2）如在大风浪中航行，突然波浪减弱，或突然海面变得平静，说明其上风方向可能有冰区存在，因为海冰可以阻碍波浪的运动。

（3）在空阔的海面上听到本船汽笛的回声，说明可能有矗立的冰山存在。但这种回声不是都能听到的。

此外，船舶在接近冰区时，会见到小块浮冰的出现；会望见冰反射出的光芒；有时会听到冰块互相撞击的响声、海浪在冰中的冲击声或海冰因风浪的压挤而发出碎裂的声音，或冰山的融碎声、倒塌声；在流冰边缘处经常会见到浓雾屏带，这是比较温暖的空气遇到冰山附近的冷水面时冷却而形成的雾；远处有海冰时，在水天线上还可能有海市蜃楼出现。

三、冰山和浮冰的漂移规律

通常认为，冰山和浮冰在风和海流的共同影响下移动，固定冰保持不动。在无风的海域，浮冰和冰山随流漂移，其漂移的速度、方向与流一致。在无流的海域，浮冰和冰山随风漂移。

冰山和浮冰漂移方向，在北半球，偏离风的去向之右约28°；在南半球，偏离风的去向之左约28°。

浮冰的风致漂移速度不仅与风速大小有关，还与浮冰的密集度和范围相关。非常稀疏的浮冰能有更多的自由空间响应风的影响，而密集的冰响应风影响的自由空间非常有限。航海上冰山和浮冰漂移速度近似取风速的1/50。

冰山和浮冰的实际漂移运动是风与流引起的漂移运动的合成。冰山水下部分的体积大，受流的影响比风大。此外，冰本身的特征、大气和海洋的热力状况、地形等对冰漂流也有影响。

四、世界大洋冰况

海冰主要分布在高纬度海域，并随季节变化而变化。冬半年严重，活动范围扩大；夏半年较轻，活动范围向高纬度收缩。

（一）北冰洋

北冰洋部分海面终年被冰覆盖，自1978年人类开始使用卫星记录冰雪融化情况开始，北冰洋的海冰覆盖面范围呈下降趋势。

（二）北大西洋

欧洲波罗的海和北美哈得孙湾常年有固定的岸冰。北大西洋的浮冰和冰山，在格陵兰岛东南海域和纽芬兰东南海域最多。从格陵兰岛西岸滑入巴芬湾的冰山，不仅进入北冰洋，而且平均每年有388座冰山经戴维斯海峡随拉布拉多寒流输送进大西洋，南界可达40°N，冰山有时甚至可穿越湾流南下至31°N。冰山盛行期是4—6月，活动仅限于北大西洋西部。

（三）北太平洋

北太平洋的白令海、鄂霍次克海、日本海以及堪察加半岛以东海湾、北海道和阿拉斯加湾，一年中都有不同的结冰期。在北太平洋西部，冰的南界的平均位置在58°N。从冰川入海形成的小冰山数量不多，仅限于在阿拉斯加湾内活动。

日本近海的浮冰主要来自鄂霍次克海，流冰于1月上旬自库页岛南下，中旬到达北海道沿岸，以后势力增强，2月末到3月达最盛期，3月下旬开始衰退，4月末完全消失。

（四）南大洋

南极大陆是世界上最大的冰山源地，在南极大陆周围洋面上经常有22万座冰山在游动，多数冰山在向北漂移中融化掉，因此，南大洋的海冰多为2 ~ 3 m厚的一年冰。冰山在55°S以南到处都可遇到，其北界可达45°S ~ 40°S或更低的纬度。

五、中国沿海的冰况

我国近海地区所处地理纬度大多比较低，不易出现结冰现象，唯有渤海和黄海北部，位于37°N ~ 41°N的海区，每年有海冰出现。一般情况下，在45°N ~ 50°N以北的海区才能形成海冰。而渤海和黄海北部海冰的出现，主要是由于这一海区深入大陆，深度较浅，盐度较低，与外海的水交换少，冬季受来自欧亚大陆的寒流侵袭，气温急剧下降，使近岸海区的海水冻结成冰。在正常的年份，结冰不甚严重，对航海的影响不大。但是在个别异常寒冷的冬天，渤海会出现严重的冰封，如1969年2—3月曾发生严重的冰封，除了海峡附近外，渤海几乎全被冰覆盖。渤海湾的冰厚度达50 ~ 70 cm，最厚达120 cm。海上活动几乎完全停止。某万吨级的货船曾被冰挟持，随冰漂移达4天之久。有些船舶被冰挤压得船体变形、船舱进水。类似的情况在1936年和1947年都曾发生过。

除了季节变化和各年的冰情有差异之外，由于海区所处地理位置和水文状况不同，冰情也不一样。正常年份，渤海和黄海北部从11月中旬到12月中旬，由北向南先后岸边开始结冰，次年2月下旬至3月中旬，由南向北逐渐消失，冰期为3 ~ 4个月。根据海冰的发展情况，冰期可分为初冰期、盛冰期和终冰期。盛冰期在1月中下旬到2月中下旬。此时冰情最严重，威胁着航海的安全。盛冰期，渤海和黄海北部沿岸固定冰的宽度一般在0.2 ~ 2.0 km，其中河口和浅滩区可达5 ~ 10 km。冰的厚度，北部多为20 ~ 40 cm，最大为60 cm左右，南部多在10 ~ 30 cm，最大约为40 cm。此时渤海和黄海北部流冰的外缘线，除辽东湾外，大致沿10 ~ 15 m等深线分布；辽东湾冰情最严重，流冰外缘线距北岸60 ~ 80 n mile，其他地区一般离岸15 ~ 25 n mile。

渤海和黄海北部流冰漂流的方向多与海岸平行，或与潮流方向接近，流速多在1 kn以内，最大为2 ~ 3 kn。

六、船体积冰的条件及船体积冰的预防

船体积冰又称重冰集结或甲板冰。当气温较低、海上风较强时，波浪的飞沫在空中变

成过冷水滴，一碰到船体时便发生冻结，形成船体积冰。船体积冰能压断天线，阻隔通信，严重时可使船舶重心上升，甚至因失去平衡而发生突然倾覆。

船舶在有可能发生积冰的天气条件下的海域航行时，为防止积冰发生，要经常改变航向或者减速，使波浪和飞沫尽量少浸没船体表面。如估计到将会遭遇严重积冰，船舶应驶往开阔的海域或较暖的水面。因为较冷的大陆气团在海上移动一段较长距离后会发生变性，气温上升。所以，重冰集结现象在开阔的海洋中较少发生。

第四章

天气系统及其天气特征

天气是某一区域短时间内气象要素（温度、气压、湿度、风、云、能见度等）综合表征，也是大气状态（如冷暖、风雨、干湿、阴晴等）及其变化的总称。天气系统（Synoptic system；Weather system）是指具有一定的温度、气压或风等气象要素空间结构特征的大气运动系统。如以气压分布为特征分为高气压、低气压、高压脊、低压槽等；如以风的分布特征分为气旋、反气旋、切变线等；如以温湿分布特征分为气团、锋等；如以某些天气现象特征分为雷暴、热带云团等。各种天气系统都具有一定的空间尺度和时间尺度。空间尺度主要以天气系统的水平尺度的大小来衡量，水平尺度系指天气系统的波长或扰动直径；时间尺度以天气系统的生命史的时间长短来衡量，生命史系指天气系统由新生到消亡的生消过程。一般天气系统的水平尺度越大，其时间尺度也越长（如表4-1所示）。较小尺度系统往往是在较大尺度系统的孕育下形成、发展起来的，而较小尺度系统的发展、壮大以后，又给较大尺度系统以反作用，彼此相互联系，相互制约，关系错综复杂。许多天气系统的组合，构成大范围的天气形势，同时也构成半球甚至全球的大气环流。

表4-1　天气系统特征尺度

种类	水平尺度(km)	时间尺度	主要天气系统
行星尺度天气系统	3 000 ~ 10 000	3 ~ 10天	超长波、长波、副热带高压、热带辐合带等
天气尺度天气系统	1 000 ~ 3 000	1 ~ 3天	锋、锋面气旋、冷高压、台风等
中间尺度天气系统	200 ~ 300至1 000 ~ 2 000	10小时 ~ 1天	梅雨锋上的低压、西南涡等
中尺度天气系统	10至200 ~ 300	1 ~ 10小时	飑线、海陆风等
小尺度天气系统	0.5 ~ 40.0	10分钟 ~ 3小时	局部强雷暴、龙卷等

天气系统依据各自的生消条件和能量来源总是处在不断新生、发展和消亡过程中，在不同发展阶段有其相对应的天气特征分布。同时，一个天气系统经常不停地与周围天气系

统的空气发生交换，随着这种交换，系统与系统之间的动量、能量等进行交换，从而引起系统的生消以及系统之间的相互作用。因此，一个地区的天气和天气变化取决于控制该地区的天气系统及其发展演变过程，也是大气的动力过程和热力过程的综合结果。在天气预报中，通过对各种天气系统的预报，可以大致预报未来一段时间内的天气变化。

第一节 气团

天气变化是十分复杂的，同一时刻不同地区天气不同，同一地区不同时刻天气也不同。这种天气变化和天气现象是由大气的物理性质和大气中的运动过程所决定的，而大气的不同物理性质是大气运动过程中与地理环境不断作用下形成的。地球表面宽阔广博，地表性质十分复杂，在其上面运行着的空气必然具有多种多样的物理性质，正是由于这些性质不同，从而形成了各种不同性质的天气现象。1920年前后以威廉·皮叶克尼斯（Vilhelm Bjerknes）和伯杰龙（Tor Harold Percival Bergeron）等学者为代表的挪威锋面学派以温度场为主要特征研究天气变化，发现在全球范围内存在着水平方向上物理属性相对均匀的大块空气和物理属性很不均匀的狭窄空气带，提出了气团和锋的概念，并运用这些概念从千变万化的天气现象和天气过程中总结出了许多天气分析和预报规则。

一、气团定义

气团（Air mass）是指气象要素（主要指温度、湿度、稳定度等）在水平方向上分布比较均匀的大块空气。气团的水平范围常可达数百或数千千米，垂直范围可达几千米到十几千米，有时达平流层。气团在横越大陆或大洋的运动过程中，在某一确定的高度上温度和湿度状况近似保持均匀，如水平温度梯度小于1～2 ℃/100 km，天气现象也大致一样。

二、气团的形成

气团形成需要具备以下两个条件：

（一）具备大范围性质比较均匀的下垫面

辽阔的海洋、无垠的沙漠、冰雪覆盖的大陆和极区等都可成为气团形成的源地。大气的热量主要来自地球表面，空气中的水汽也来自地球表面水分的蒸发，所以下垫面是空气最直接的热源和水源。通过大气中各种尺度的湍流、对流、辐射、蒸发和凝结及大范围的垂直运动等物理过程，下垫面不断与空气交换相应的热量和水汽，使气团获取下垫面的物理性质，因而下垫面的性质决定着气团属性。在冰雪覆盖的地区往往形成寒冷干燥的气团；在水汽充沛的热带海洋上常常形成温暖潮湿的气团；在夏季的沙漠或干燥大陆上形成干热的气团。所以，大范围性质比较均匀的下垫面，被视为气团形成的基本条件。

（二）具备稳定的环流条件

稳定的环流条件使大范围空气能较长时间停留或缓行在均匀的下垫面上，有充足时间与下垫面进行热量和水汽等交换，取得与下垫面相近的物理特性。例如，亚洲北部西伯利亚和蒙古等地区，冬季经常为移动缓慢的高压所盘踞，那里的空气从高压中心向四周流散，使空气性质渐趋一致，形成干冷的气团，成为影响我国冷空气的源地；又如我国东南部的广大海洋上，比较稳定的太平洋副热带高压，是形成暖湿热带海洋气团的源地；在赤道无风带，风力微弱，大块空气长期停留，形成高温、高湿的赤道气团。

三、气团的变性

大气处在不断的运动中，当气团在广阔的源地上取得大致与源地相同的物理属性后，随着环流条件的变化，离开源地移至与源地性质不同的下垫面时，两者间又发生了热量与水分的交换，则气团的物理属性随之发生相应的变化，这种气团原有物理属性发生改变的过程称为气团变性（Air mass transformation）。气团的变性过程同气团的形成过程一样，也是通过辐射、湍流、大范围垂直运动和蒸发、凝结等物理过程来实现的。变性的快慢和变性程度的大小，取决于所流经地区下垫面性质与气团源地性质差异的大小、离开源地时间的长短以及空气运动状态等因素。

对于不同的气团，其变性的快慢是不同的。通常，移向暖区的气团变性快，而移向冷区的气团变性慢，这是因为移向暖区的气团低层受热后，层结不稳定，湍流、对流容易发展，能较快地把低层热量、水汽输送到上层大气，改变着气团物理属性；相反，移向冷区的气团低层不断变冷，层结稳定，抑制了湍流、对流的发展，致使气团变冷主要通过辐射过程缓慢进行，因而变性较慢。冬季影响中国的冷空气，都已不是原来的西伯利亚大陆气团，而是变性了的极地大陆气团。从气团水分变性来看，干气团容易变湿，湿气团不容易变干。因为干气团只要通过海洋或潮湿下垫面的蒸发作用就可增加水汽而变湿，湿气团则要通过大气中水汽凝结和降水过程才能把水分除去而变干，显然变干过程要比变湿过程缓慢。

气团总是随着大气的运动而不停地移动，停滞或缓行的状态只是暂时的、相对的。而气团的变性是经常的、绝对的。因而气团的形成只是不断变性过程中的一个相对稳定阶段。日常所见到的气团大多是已经离开源地而有不同程度变性的气团。

此外，空气中的平流作用也伴随着热量和水分的输送，影响着气团中某一部分热量和水分的增减和分布，并可能引起气团稳定度的变化。

四、气团的分类及天气特征

为了分析气团的特性、分布、移动规律，常常对地球上的气团进行分类。分类的方法有地理分类法和热力分类法两种。

（一）地理分类法

根据气团形成源地的地理位置，对气团进行分类，称为气团的地理分类。按这种分类方法，可将气团分成冰洋气团、极地气团、热带气团、赤道气团四大类。根据源地地表性质，又可将每种气团（赤道气团除外）分为海洋性和大陆性两种，这样，总共分为七种气团（如图4-1所示）。

（1）冰洋大陆气团（Arctic continental air mass）：大致位于纬度65°以上的极地大陆。天气特点是温度极低、气压高、湿度小、气层稳定，以晴好天气为主。冬季侵入中高纬度地区时，会带来暴风雪天气。我国境内看不到它的活动。

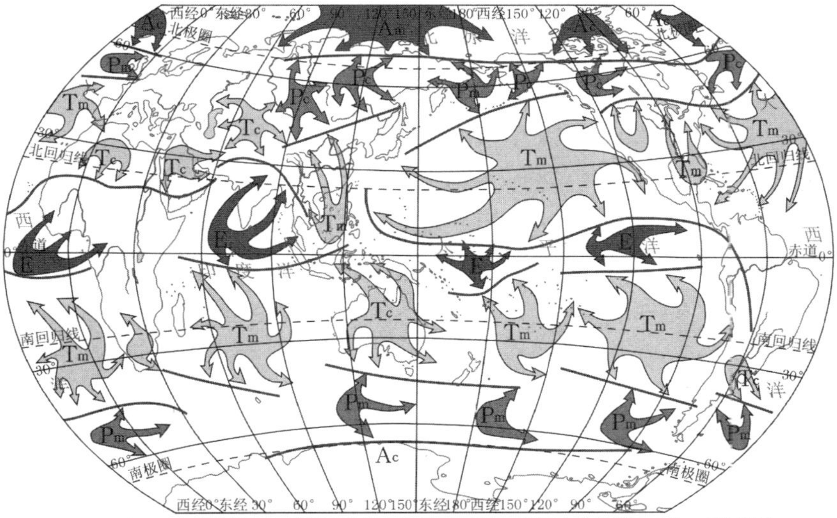

图4-1 气团源地和锋

（2）冰洋海洋气团（Arctic maritime air mass）：大致位于纬度65°以上的极地海洋。天气特点与冰洋大陆气团相近。但夏季可以从海洋获得一定的热量和水汽，出现多云天气。

（3）极地大陆气团（Polar continental air mass）：位于40° ~ 70°纬度带的大陆上，如西伯利亚、蒙古、加拿大一带。低温、干燥、天气晴朗，空气层结稳定。冬季，气团低层温度很低，有强烈的逆温现象，空气层结稳定，天气与冰洋气团类似；夏季，受大陆热力状况的影响，空气层结不稳定，加上湿度增大，常出现多云天气。

（4）极地海洋气团（Polar maritime air mass）：位于40°～70°纬度带的海洋上，如南半球中纬度海洋和北太平洋、北大西洋。极地海洋气团多数由极地大陆气团移至海洋上变性而成，冬、夏季气团性质有显著不同。冬季低层接触洋面，温度较高，湿度较大，常不稳定，易形成对流云，有时产生降水；夏季与极地大陆气团性质差不多，只是温湿均较大，稳定度较小，多层云天气，对我国影响不大。

（5）热带大陆气团（Tropical continental air mass）：位于10°～40°纬度带的大陆，如中亚、西亚、北非撒哈拉沙漠等地。特征是炎热、干燥、晴朗少云，低层不稳定。夏季常影响我国西北地区，为最干热的气团。

（6）热带海洋气团（Tropical maritime air mass）：位于10°～40°纬度带的海洋，如太平洋副热带高压区域和大西洋副热带高压区域。气团低层暖湿而不稳定，但中层经常存在一个下沉逆温层，阻止了低层对流的发展和水汽向上输送。逆温层以上比较干燥，所以虽然低层暖湿而不稳定，但天气特征是气温高，湿度大，晴朗少雨。我国大部分地区一年四季会受到热带海洋气团的影响，尤其是夏季，来自太平洋、南海和印度洋的热带海洋气团，是形成我国夏季降水的主要水汽来源。当热带海洋气团刚刚抵达我国西南、华南和东南沿海时，因锋面和地形等的抬升作用，常出现雷暴等天气。在这种气团持续控制的地区，因受中层下沉逆温的影响，天气晴朗，高温少雨，天气闷热，当它的北缘与变性温带气团相遇时，可出现降水天气。

（7）赤道气团（Equatorial air mass）：位于南、北纬10°以内的洋面。具有气温高、湿度大，常出现对流性不稳定天气。在赤道气团控制下，天气闷热、潮湿、多雷暴。盛夏时，它影响我国华南一带，天气湿热，常有雷雨产生。

（二）热力分类法

根据气团在移动过程中与所经下垫面的温度对比或两个气团之间的温度差异，可分为冷气团和暖气团两大类。如果气团温度低于流经地区下垫面温度，叫冷气团；相反，如果气团温度高于流经地区下垫面温度，叫暖气团。换言之，移向暖的下垫面的气团称冷气团；移向冷的下垫面的气团称暖气团。这里的冷、暖均是相对而言的，温度低到多少度才是冷气团，温度高到多少度才是暖气团，则没有绝对的数量界限。一般在冷源地形成的气团是冷气团，在暖源地形成的气团是暖气团。两气团相遇时，温度相对高的称暖气团，温度相对低的称冷气团。

（三）冷、暖气团的天气特征

由于不同的气团具有不同的温度、湿度和稳定度等物理特性，在它们控制下的地区，就分别具有不同的天气特点。

暖气团一般含有丰富的水汽，气压低，容易形成云雨天气。当北半球暖气团向北移向冷区（高纬度）时，不仅会使所经之地变暖，而且气团本身逐渐冷却，气温直减率减小，气层趋于稳定，有时形成逆温或等温层，不利于对流的发展，往往呈现出稳定性天气。如果暖气团中湍流作用较强，也可能形成层云、层积云，甚至毛毛雨、小雨等天气。有时，因为低层空气迅速冷却，还会形成平流雾，所以暖气团中能见度通常比较差。特别是冬季，从南方海洋移入中国近海和大陆的暖气团，是具有这种天气的典型气团。如果暖气团中的水汽含量较少，天气一般是少云或无云天气。

冷气团一般形成干冷天气。当北半球冷气团从源地向南移向暖区（低纬度）时，不仅会使这个地区变冷，而且气团低层因不断吸热而增温，气温直减率增大，层结稳定度减小，气层往往趋于不稳定，有利于对流的发展。冷气团中由于湍流、对流活跃，所以低层能见度一般较好。夏季，冷气团来自海洋，水汽含量较多，常形成积云或积雨云，甚至出现阵性大风、阵性降水或雷暴天气。冬季，冷气团中水汽含量通常较少，这时多为少云或碧空。

冷、暖气团的天气特征在不同季节、不同下垫面可能有所差别。例如夏季的暖气团，水汽含量丰富，如被地形或外力抬升时，可能出现不稳定天气。冬季的冷气团不仅水汽含量少而且气层非常稳定，可能出现稳定性天气。同时，冷暖气团在不同纬度所产生的天气也不完全一样。

五、影响我国天气的气团

我国大部分地区处于中纬度，冷、暖气流交绥频繁，缺少气团形成的环流条件。同时，地表性质复杂，不具备大范围物理属性均匀的下垫面，因此，活动在我国境内的气团，大多属于外来的变性气团，其中最主要的是变性的极地大陆气团和变性的热带海洋气团。

冬半年，我国主要受变性的极地大陆气团影响，来自西伯利亚和蒙古的冷空气控制我国大部分地区，通常造成天气干燥、降温、偏北大风。这种气团的地面流场特征为很强的冷性反气旋（冷高压），中低空有下沉逆温，它所控制的地区天气干冷。当它与热带海洋气团相遇时，在交界处则能形成阴雨天气，尤其多见于华南地区。冬季热带海洋气团可影响到华南、华东和云南等地，其他地区除高空外，一般影响不到地面。总之，变性的极地大陆气团的气候特点是干燥、晴朗、低温、多偏北风。

夏半年，我国沿海主要受变性热带海洋气团影响，来自西伯利亚的变性极地大陆气团在我国长城以北和西北地区活动频繁，它与南方热带海洋气团交绥，是构成我国盛夏南北方区域性降水的主要原因。我国西部地区主要受热带大陆气团影响，常出现干燥、炎热、少雨的天气。我国长江流域以南地区受赤道气团影响，可造成大量降水。而云南、云贵高原南部受夏季西南风影响，形成了得天独厚的温暖潮湿的气候特征。如闻名于世的西双版纳四季如春。总之，变性的热带海洋气团气候特点是炎热、潮湿、多雷雨。

春季，变性的极地大陆气团和热带海洋气团两者势力相当，互有进退，因此是锋系及气旋活动最频繁的时期。

秋季，变性的极地大陆气团逐渐占主导地位，变性的热带海洋气团退居东南海上，我国东部地区在单一的气团控制下，出现全年最宜人的秋高气爽的天气。

第二节 锋

一、锋的定义和空间结构

锋（Front）是冷、暖气团之间的狭窄、倾斜的过渡带。锋的下面是冷气团，上面是暖气团。因为冷、暖气团之间的温度和湿度有相当大的差别，而且这种差别可以扩展到整个对流层。由于冷空气比暖空气重，随着地球自转，这个过渡带（交界面）向冷气团倾斜（如图4-2所示）。交界面靠近暖气团一侧的界面叫锋的上界，靠近冷气团一侧的界面叫锋的下界。上界和下界的水平距离称为锋的宽度。锋在近地面层中宽数十千米，在高层可达200～400 km。而这个宽度与其达数百米或数千米的水平长度相比是很小的。因此，人们常把锋近似地看成一个面，称为锋面。锋与空中某一等压面相交的区域称为锋区（上界和下界之间的区域）。在锋区中温度水平梯度特别大，等温线密集，并随高度向冷区倾斜。锋面与地面相交而成的线叫作锋线。一般把锋面和锋线统称为锋。由于锋两侧的气团性质上有很大差异，所以锋附近空气运动活跃，在锋中有强烈的升降运动，气流极不稳定，常常形成广阔的云系和降水天气，有时还出现大风、降温和雷暴等剧烈的天气变化。因此，锋是温带地区重要的天气系统之一。

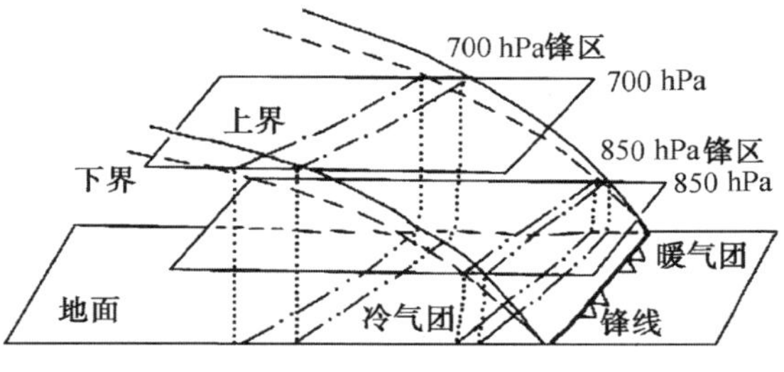

图4-2　锋面的空间结构

二、锋的分类

根据锋两侧冷、暖气团强度、移动方向和结构状况，一般把锋划分为冷锋、暖锋、准静止锋和锢囚锋四种类型。

冷锋（Cold front）是冷气团前缘的锋。在锋面移动过程中，冷气团势力强，占主导地位，推动着锋面向暖气团一侧移动的锋称为冷锋，如图4-3所示。冷锋过境后，原来暖气团被冷气团取代。冷锋又因移动速度快慢不同，分为缓行（第一型）冷锋和急行（第二型）冷锋。

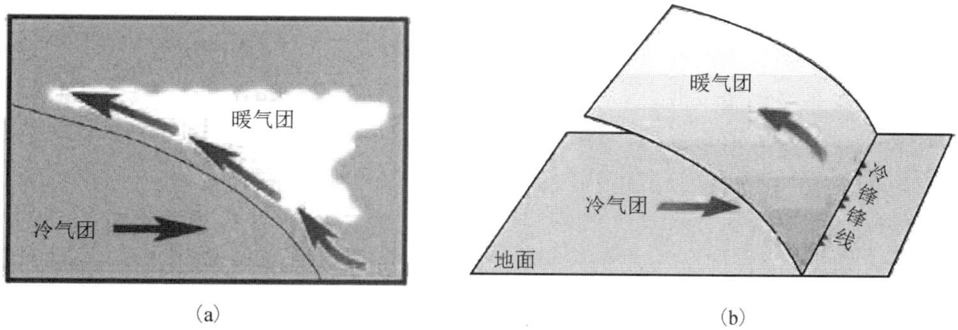

图4-3　冷锋示意图

暖锋（Warm front）是暖气团前沿的锋。在锋面移动过程中，暖气团势力强，起主导作用，推动着锋面向冷气团一侧移动的锋称为暖锋，如图4-4所示。暖锋过境后，原来的冷气团被暖气团取代。

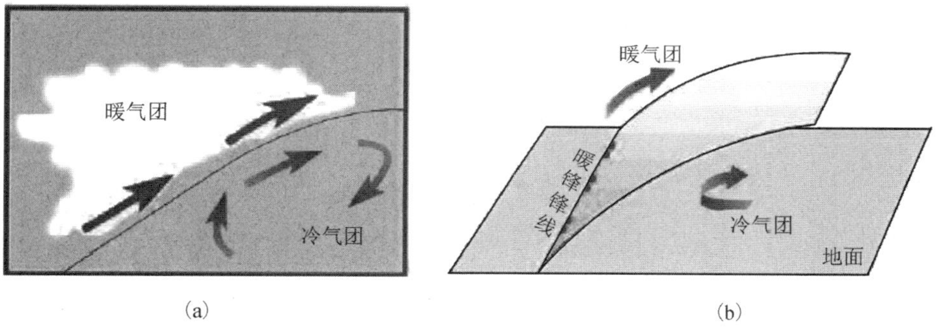

图4-4　暖锋示意图

准静止锋（Quasi-stationary front）是冷、暖气团势力相当，互有进退，锋面在小范围内来回摆动的锋，如图4-5所示。实际上没有绝对静止的锋，在一段时间内，冷、暖气团势力相当，相互对峙，有时冷气团占主导地位，有时暖气团占主导地位，使锋面来回摆动。气象预报一般把天气图上6 h内锋面位置无太大变化作为判断准静止锋的依据。

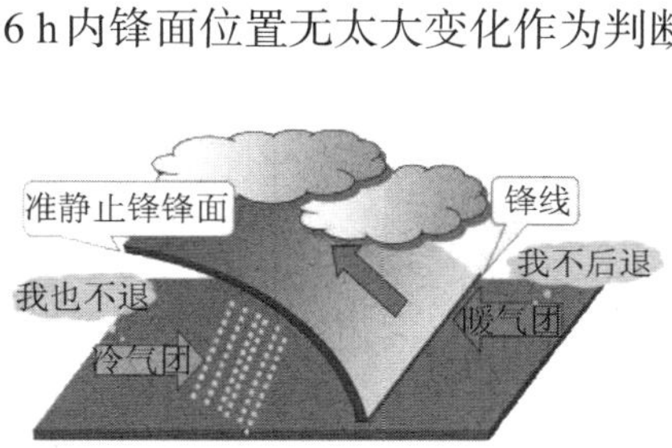

图4-5　准静止锋示意图

锢囚锋（Occlusion front）是两个冷气团之间的锋。在锋面活动过程中，冷锋移速快于暖锋，冷锋追上暖锋，或者两条冷锋迎面相遇，迫使两锋间暖气团被抬离地面，锢囚到高空，近地层由冷锋后部的冷气团和暖锋前的冷气团相接触构成的交界面称为锢囚锋，如图4-6所示。锢囚锋形成主要有三种情况：

①由锋面受山脉阻挡形成的地形锢囚；

②两条冷锋迎面相遇；

③温带气旋中冷锋追上暖锋。

暖锋前部的冷气团比冷锋后的冷气团更冷时，称为暖式锢囚锋；当冷锋后部的冷气团比暖锋前的冷气团更冷时，称为冷式锢囚锋；当锋前、后的两个冷气团势力相当时，称为中性锢囚锋。

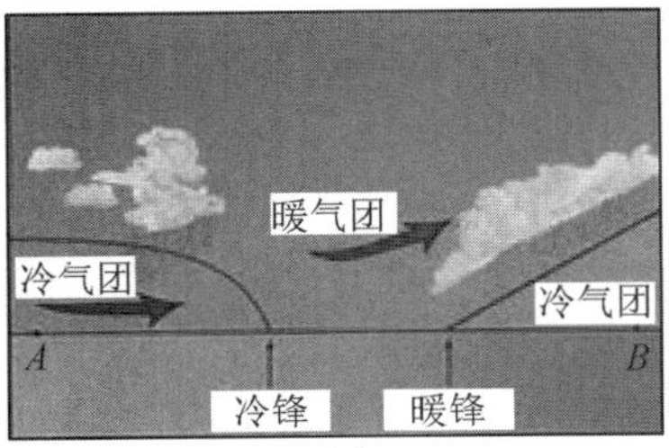

(a)

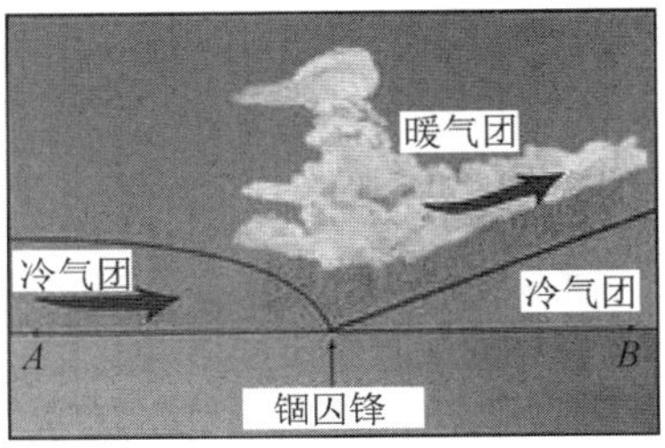

(b)

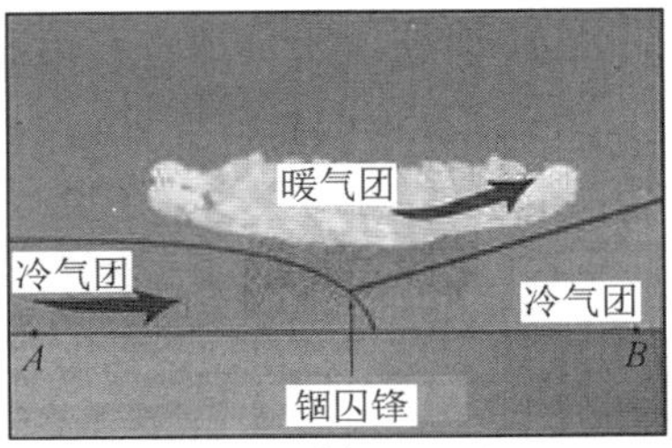

(c)

图4-6　锢囚锋示意图

三、锋的特征

锋是两种性质不同的气团相互作用的过渡带，因而锋两侧的温度、湿度、稳定度以及风、云、气压等气象要素具有明显差异，可以把锋看成大气中气象要素的不连续面。

（一）锋面坡度

锋面在空间向冷气团倾斜是锋的一个重要特征，用锋面坡度来表示。如图4-7所示，由于锋面两侧冷、暖气团密度不同，在两气团间便产生了一个由冷气团指向暖气团的水平气压梯度力（G），这个力迫使冷气团呈楔形伸向暖气团下方，并力图把暖气团抬挤到它的上方，使两者的分界面趋于水平。然而，当水平气压梯度力开始作用时，地转偏向力（A）就随之起作用，并不断地改变着冷空气的运动方向，使其逐渐同锋线趋于平行。当地转偏向力和锋面气压梯度力达到平衡时，气流平行于锋面做地转运动，这时冷、暖气团的分界面就不再向水平方向过渡而呈现为倾斜状态。因此，锋面坡度的形成和保持是地转偏向力作用的结果。

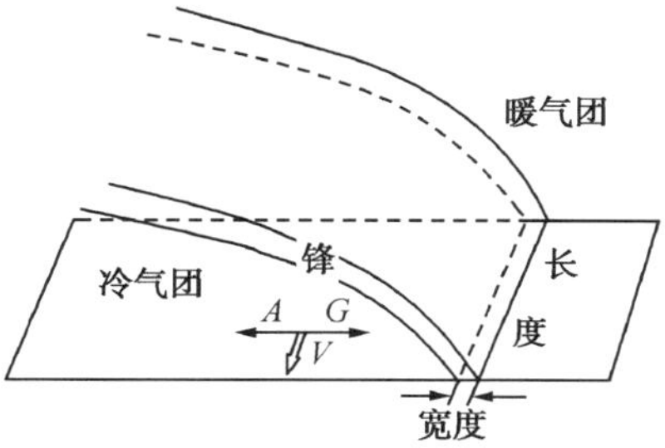

图 4-7 锋面坡度

通常锋面的坡度在 1/200～1/50，冷锋坡度最大，暖锋次之，静止锋最小。由于一般锋面坡度很小，锋面所覆盖的地区必然很大。如坡度为 1/100，锋线长为 1 000 km、高为 10 km 的锋，其覆盖的面积可达 10^6 km^2。正是由于锋面有坡度，暖空气沿倾斜面上升，为云雨天气的形成提供有利条件。

（二）温度场

锋两侧间的水平温度梯度比气团内的温度梯度大得多。气团内部的气温水平分布比较均匀，通常在 100 km 内的气温差为 1～2 ℃。而在锋两侧间，水平方向上的温度差异非常明显，在 100 km 的水平距离内温差可达 10 ℃左右。在高空等压面图上，锋区表现为等温线密集区，而且与地面锋线近于平行，如图 4-8 所示（虚线为等温线，细实线为等高线）。

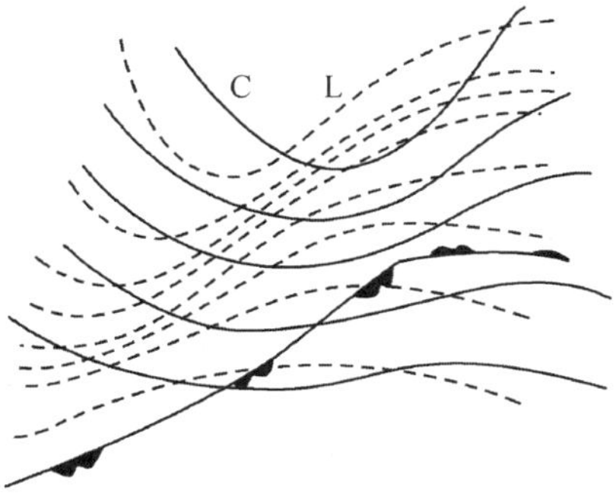

图 4-8 地面锋线与高空锋区的相对位置

由于锋面在空间呈倾斜状态，各等压面上的等温线密集区位置随高度的增加不断向冷区一侧倾斜。因而，高空锋区位于地面锋线的冷空气一侧，锋伸展得高度愈高，锋区偏离地面锋线愈远。在垂直方向上，气团中温度垂直分布是随高度的增加而递减的，而锋区内，由于下部是冷气团，上部是暖气团，垂直温度梯度小，往往出现逆温层，如图 4-9 所示。

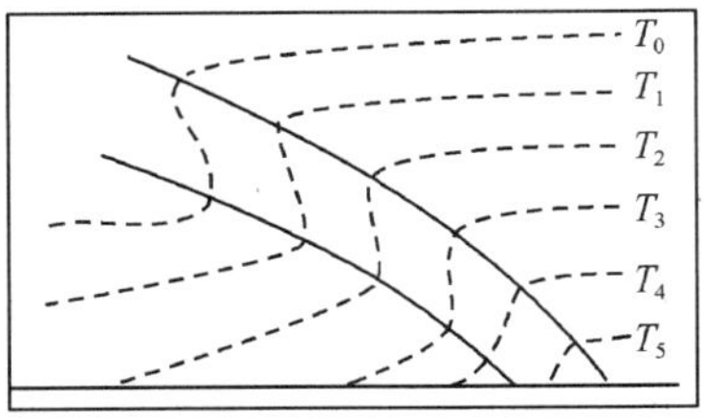

图 4-9　剖面图上锋区附近等温线

（三）气压场

锋面两侧是密度不同的冷、暖气团，因而锋区的气压变化比气团内部的气压变化要大得多。锋附近区域气压的分布不均匀，锋两侧的气压梯度不连续，如图 4-10 所示。一种情况锋处于低压槽中，锋线与槽线重合，等压线通过锋面有指向高压的折角；另一种情况锋处于两个高压之间、气压相对较低的地区，等压线几乎与锋面平行。

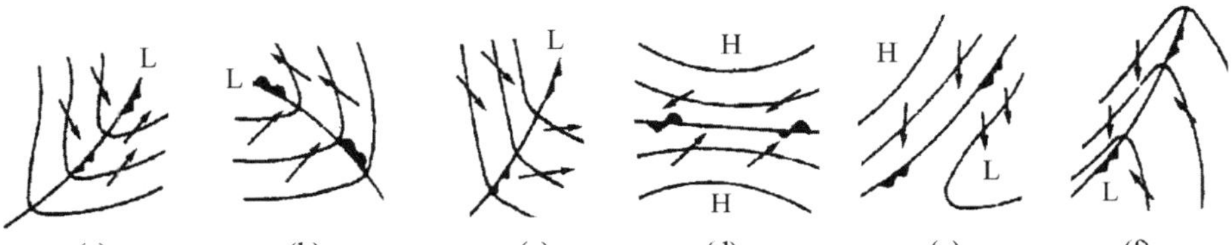

图 4-10　地面锋线附近常见的几种气压场与风场配置型式

（四）变压场

气压随时间的变化量称为变压，气压场随时间的变化即构成变压场。通常气象上用的变压有三小时变压和二十四小时变压。锋面附近气压场的变化是由于锋面移动和冷、暖空气密度不同，锋面呈倾斜状态这一特殊结构所引起，用三小时变压来表示。变压场的特征（如图 4-11 所示）：暖锋前出现负的三小时变压，冷锋后出现正的三小时变压。锋面移动愈快，其两侧的变压差愈大。锋面两侧的密度差愈大（一般可认为锋愈强）锋面坡度愈陡，其两侧的变压差也愈大。锢囚锋附近的正、负变压中心是对称于锢囚锋线的，这可看为与冷、暖锋结合的正、负变压区相互合并的结果。不过，在暖式锢囚锋上，由于冷锋面叠加于暖锋面之上，故正变压区已扩展到锢囚锋线之前；在冷式锢囚锋上，由于暖锋面叠加于冷锋面之上，故负变压区扩展到锢囚锋的后部。

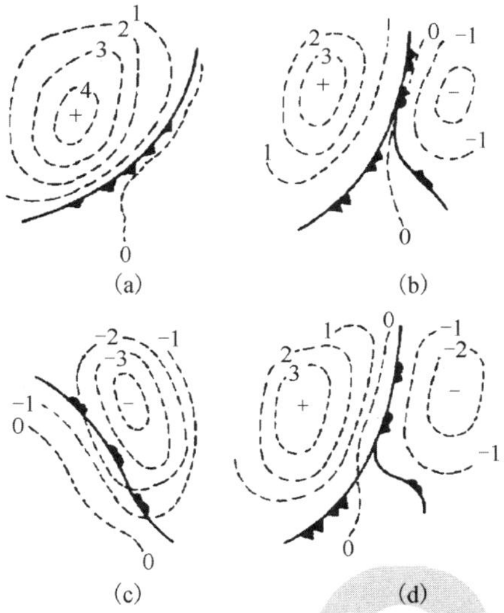

图4-11　锋面附近变压场特征

（五）风场

锋附近的风场是同气压场相适应的。在锋线两侧的风场具有明显的气旋性切变，即北半球风向呈逆时针方向旋转，南半球风向呈顺时针方向旋转。这种风场的气旋性切变包括风向切变和风速切变，例如，北半球冷锋呈东北—西南走向时，锋前多为西南风，锋后多为西北风，由锋后到锋前，风向呈逆时针方向变化，而且风速一般锋后大于锋前，表现出明显的气旋性切变，如图4-10所示。

四、锋面天气特征

锋面天气主要指锋附近的云系、雾、降水、风、能见度等气象要素的分布和演变状况。锋附近的天气主要决定于锋附近空气垂直运动状况、气团的属性和锋的强弱、锋面坡度的大小及地形等因素。这些因素的不同组合状况构成了多种多样的锋面天气。尽管锋面天气因时间、地点、冷暖气团强弱而千差万别，但人们从大量典型个例中概括出了一些典型的天气模式，对初学者分析锋面天气很有参考价值。

（一）暖锋天气

暖锋天气模式如图4-12所示，暖锋的坡度较小，约为1/150。暖锋中暖气团在推挤冷气团过程中缓慢沿锋面向上滑行，滑行过程中绝热冷却，当升到凝结高度后，在锋面上产生云系，如果暖气团滑行的高度足够高，水汽又比较充足时，锋上常常出现广阔的、系统性的层状云系。典型云序为：卷云（Ci）、卷层云（Cs）、高层云（As）和雨层云（Ns）。云层的厚度视暖气团上升的高度而异，一般可达几千米，厚者可到对流层顶，而且距地面锋线愈近，云层愈厚。暖锋降水主要发生在雨层云内，多是连续性降水。天气谚语所说的“天上钩钩云，地上雨淋淋”就是典型暖锋云系和天气的生动写照。降水宽度随锋面坡度大小而异，一般宽度为300 ~ 400 km，暖锋云系有时因空气湿度和垂直速度分布不均匀而造成不连续，可能出现几千米甚至几百千米的无云空隙。

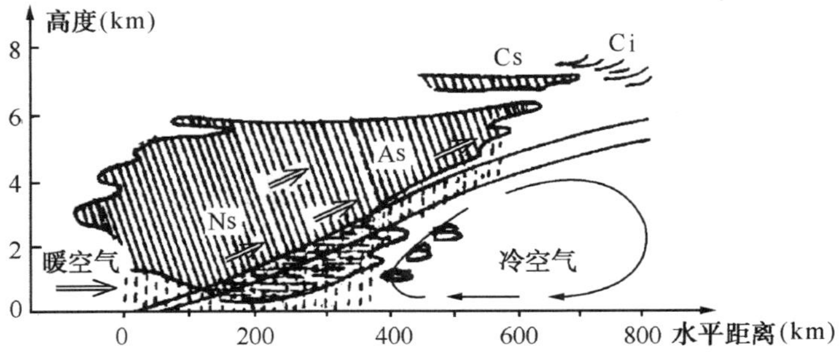

图4-12　暖锋天气模式

在锋下靠近地面锋线的冷气团中，在气流辐合和湍流作用下常产生层积云和层云，如果暖空气中的雨滴下降到冷气团中蒸发，使冷气团中水汽含量增多并达到饱和时，在暖锋前50 ~ 100 n mile近地层会形成锋面雾。

夏季暖气团不稳定时，可能出现积雨云、雷雨等阵性降水。春季暖气团中水汽含量较少时，可能仅仅出现一些高云，很少有降水。

暖锋是暖气团推动冷气团后退，暖锋过境意味着后面的暖气团取代前面的冷气团，引起气温逐渐升高，气压逐渐降低，锋前出现负的三小时变压。

在北半球暖锋多为西北—东南走向，锋前吹E–SE风，锋后吹S–SW风，锋过境时，风向随时间做顺时针变化；在南半球，暖锋线的走向多为西南–东北，锋前吹E–NE风，锋后吹N–NW风，锋过境时风向做逆时针变化。在垂直方向上，一般暖锋附近的冷、暖气团两侧均为上升运动。

在我国典型的暖锋很少单独出现，大多同冷锋一起伴随着气旋出现。春、秋季一般出现在江淮流域和东北地区，夏季多出现在黄河流域。

（二）冷锋天气

冷锋根据移动速度的快慢分为两种类型，第一型冷锋和第二型冷锋。

（1）第一型冷锋（缓行冷锋）移动缓慢，锋面坡度较小，约为1/100。其天气模式如图4-13所示。冷气团缓慢地推动暖气团，当暖气团比较稳定、水汽比较充沛时，产生与暖锋相似的层状云系，只是云系的分布序列与暖锋相反，云序依次为雨层云（Ns）、高层云（As）、卷层云（Cs）、卷云（Ci），而且云系和雨区主要位于地面锋附近及锋后。由于锋面坡度大于暖锋，因而云区和雨区都比暖锋窄一些，且多稳定性降水。但当锋前暖气团不稳定时，在地面锋线附近也常出现积雨云和雷阵雨天气。这类冷锋是影响我国天气的重要天气系统之一。

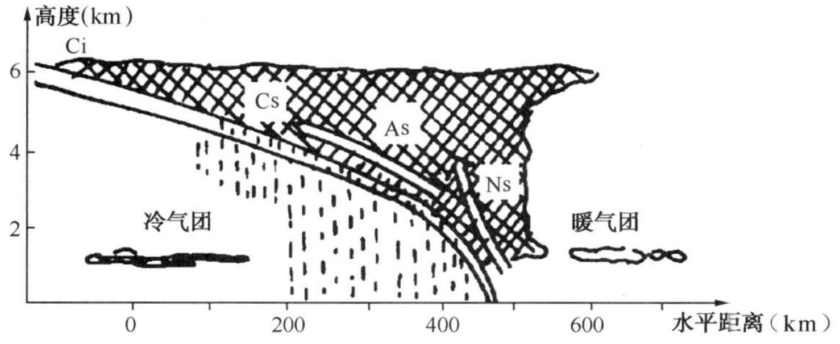

图4-13 第一型冷锋天气

（2）第二型冷锋（急行冷锋）移动快，坡度大，为1/80～1/40。其天气模式如图4-14所示。冷锋后的冷气团势力强，移速快，猛烈地冲击着暖空气，使暖空气急速上升，形成范围较窄、沿锋线排列很长的积状云带，产生对流性降水天气。夏季，空气受热不均，对流旺盛，冷锋移来时常常狂风骤起、乌云满天、暴雨倾盆、雷电交加，气象要素发生剧烈变化。但是，这种天气历时短暂，锋线过后气温急降，天气豁然开朗。

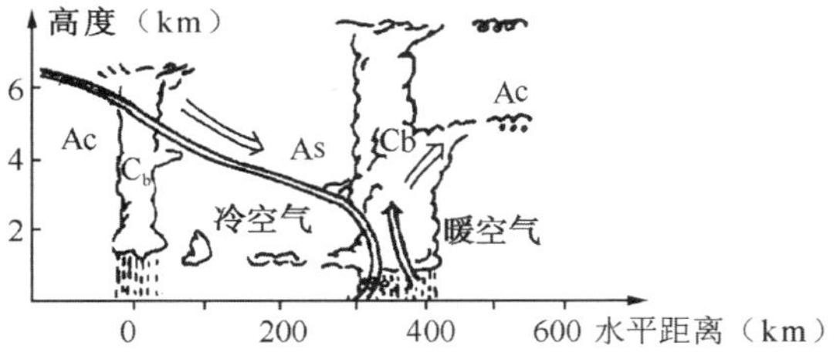

图4-14 第二型冷锋天气

在冬季，暖气团由于湿度较小、气温较低，不可能发展成强烈不稳定天气，只在锋前方出现卷云、卷层云、高层云、雨层云等云系（如图4-15所示）。当水汽充足时，地面锋线附近可能有很厚、很低的云层和宽度不大的连续性降水。锋线一过，云消雨散，出现晴朗、大风和降温天气。

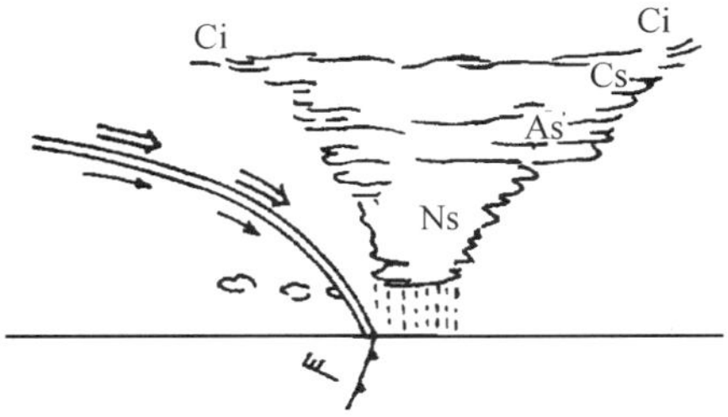

图4-15 冬季第二型冷锋天气

冷锋是冷气团推动暖气团后退，冷锋过境意味着后面的冷气团取代前面的暖气团，引起气温逐渐降低，气压逐渐升高，锋后出现正的三小时变压。若是急行冷锋，气温迅速降低，气压迅速升高。

冷锋在北半球多为东北—西南走向，锋前吹S-SW风，锋后吹N-NW风。锋过境时，风向做顺时针变化；在南半球，冷锋多为东南—西北走向，锋前吹N-NW风，锋后吹S-SW风，锋过境时风向做逆时针变化。锋前后风速值的大小则主要取决于水平气压梯度的大小，并无普遍的变化规律。一般与季节、地理位置和地形条件等有关。例如冬季冷锋后偏北风一般较强，而夏季较弱。在垂直方向上，缓行冷锋的冷气团一侧以下沉运动为主，暖气团一侧多为上升运动；急行冷锋的冷空气一侧以下沉运动为主，暖空气一侧低层上升，高层下沉。

冷锋在我国活动范围甚广，几乎遍及全国，尤其在冬半年，北方地区更为常见，它是影响我国天气的重要天气系统。我国的冷锋大多从俄罗斯、蒙古进入我国西北地区，然后南下。冬季多二型冷锋，其影响范围可达华南，但其移到长江流域和华南地区后，常常转变为一型冷锋或准静止锋。夏季多一型冷锋，其影响范围较小，一般只达黄河流域。

（三）准静止锋天气

准静止锋大多是由冷锋演变而成的，因此准静止锋天气与一型冷锋天气相似。准静止锋的坡度通常比较小，沿锋上滑的暖空气可以延伸到距离地面锋线更远的地方，其云区和降水区比冷锋更为宽广。云系与一型冷锋相似（如图4-16所示），依次为雨层云（Ns）、高层云（As）、卷层云（Cs）、卷云（Ci）。降水强度较小，持续时间长，经常绵绵细雨连日不断，甚至持续一个月以上，“清明时节雨纷纷”就是江南地区这种天气的写照。如果暖气团湿度大而不稳定，准静止锋上也可能出现积雨云和雷阵雨天气。

在冬半年，准静止锋坡度特别小，暖气团滑升到与地面锋线有一定距离时才能凝结成云雨，故云雨天气区与锋线有一定的距离。准静止锋多呈东西走向，北半球高纬度一侧多吹NE风，低纬度一侧多吹SW风。南半球低纬度一侧多吹NW风，高纬度一侧多吹SE风。准静止锋在我国活动具有明显的地域特征，主要出现在我国华南、西南和天山北侧。相应的准静止锋称为华南静止锋、西南静止锋和天山静止锋。

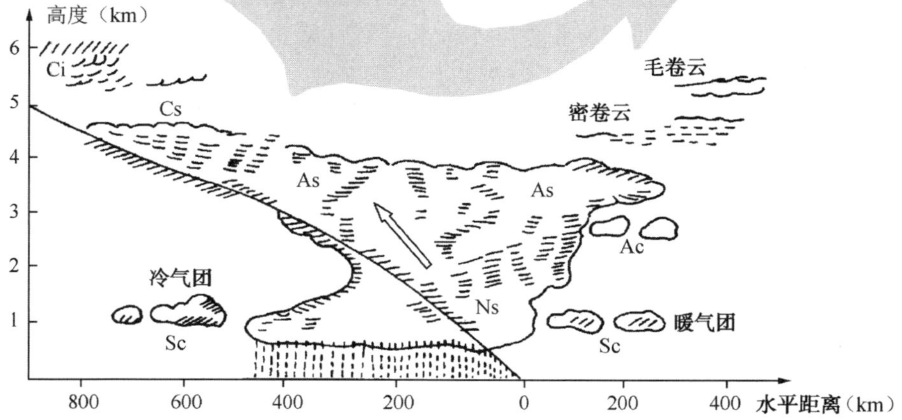

图4-16　准静止锋天气模式

（四）锢囚锋天气

锢囚锋是由两条锋合并形成的，它的天气必然会保持原来两种锋面的基本特征。如果锢囚锋是由具有层状云的两条锋合并的，那么锢囚锋的主要云系也是层状云，它近似对称地分布在锢囚点的两侧，如图4-17所示。当这种锋过境时，云层先由薄变厚，再由厚变薄。如果原来的一条锋上是积状云，另一条锋上是层状云，锢囚后积状云便与层状云相连。

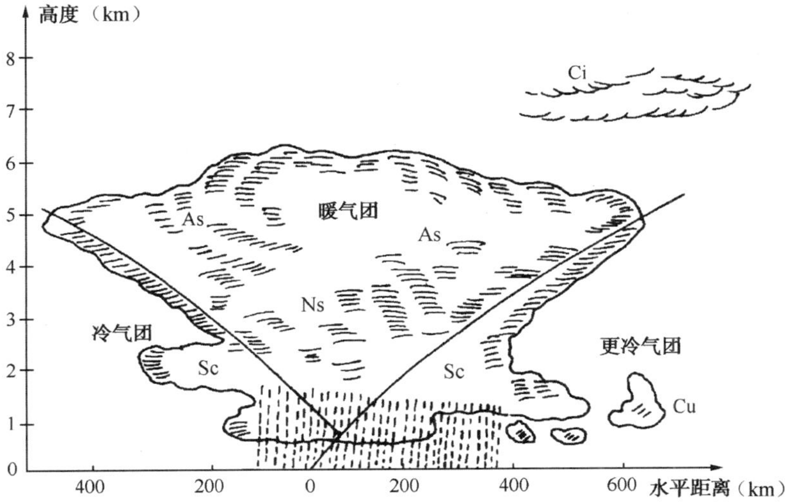

图4-17 锢囚锋天气模式

然而，锢囚锋天气并不是原有两条锋天气的简单合并。当锢囚锋形成后，一方面，锢囚锋降水保留着原来锋面降水的特点，而且锢囚点以上的上升运动进一步发展，暖空气被抬升到锢囚点以上，利于云层增厚、降水增强、降雨区扩大；另一方面，锢囚点以下的锋段还会有云新生，暖式锢囚锋一般出现层状云，冷式锢囚锋一般出现积状云。随着锢囚锋的发展，暖气团会被抬升得越来越高，其中的水汽也会因降水消耗而越来越少。于是，锢囚点以上的云层逐渐变薄和消散。由此可见，比起单独的冷暖锋来，锢囚锋天气要复杂一些。

在中国锢囚锋主要出现在锋面频繁活动的东北、华北地区，以春季较多。东北地区的锢囚锋大多由蒙古、俄罗斯移来，多属冷式锢囚锋。华北地区锢囚锋多在本地生成，属暖式锢囚锋。冬半年在西北、华北、华东地区，还出现地形锢囚锋。

五、锋面的移动规律

锋面与天气有着密切的关系，因此，掌握锋面移动规律，对正确分析和预报本地区天气是很重要的。锋面移动速度取决于锋面两侧垂直于锋面风速分量的大小和方向。当锋面前后风向相同，垂直分量愈大，锋面移速愈快；反之愈慢。当锋面前后风向相反时，锋面移速决定于垂直于锋面的风速差，风速差愈大，锋面移速愈快；反之愈慢。当无垂直于锋面的风速时，锋面呈准静止状态。一般来说，在我国北方的冷锋移速比南方快，在西北地区移速最快，在华南移速最慢。当锋面的走向呈南北向时，冷锋从西北向东南的移速较快；当锋面的走向呈东西向时，冷锋从北向南的移速较慢。暖锋的移速较小，无一定规律。锋面的移速不但因地而异，且因季节而不同，平均说来，在冬、春季移动较快，秋季次之，夏季较慢。

第三节 锋面气旋

一、气旋概述

（一）气旋的概念

大气中存在着各种大型的旋涡运动，像江河里的旋涡一样：有的呈逆时针方向旋转，有的呈顺时针方向旋转；有的一面旋转一面向前运动，有的却停留原地少动；有的随生随消，有的却出现时间相当长。在北半球，沿逆时针方向旋转的大型空气涡旋称为气旋（Cyclone）；在南半球则相反，沿顺时针方向旋转的大型空气涡旋称为气旋。由闭合等压线围成的，中心气压比四周低的系统称低压。由风场与气压场之间的关系可知，气旋与低压都是对同一天气系统的描述，气旋是从流场的角度来定义的，而低压是从气压场的角度来定义的，除赤道低纬度地区以外，两个名称可以互相换用。

在低层大气中，特别是在近地面附近，风向与等压线斜交，在北半球气旋是一个按逆时针方向旋转向中心辐合的系统；在南半球气旋是一个按顺时针方向旋转向中心辐合的系统。由于气流从四周向气旋中心辐合，必然产生上升运动，气流升至高空又向四周辐散，这样才能保证低层大气不断地从四周向中心流入，气旋才能存在和发展（如图4-18所示）。所以气旋的存在和发展必须有一个由水平运动和垂直运动所组成的环流系统。因此，每当低气压（或气旋）移到本区时，云量增多，出现阴雨天气。

（二）气旋的强度和范围

通常气旋的强度（Intensity）以气旋中心气压值来表示。中心气压值越低，表示气旋越强，中心气压值越高，表示气旋越弱。一般地面气旋中心气压值在970 ~ 1 010 hPa，发展强大的可低于935 hPa。另外，气旋的强弱也可以用其中心最大风速来度量，最大风速大的表示气旋强，最大风速小的表示气旋弱。实际上，在气旋区中风速与水平气压梯度相适应，气旋中心气压越低，水平气压梯度越大，风速也越大。

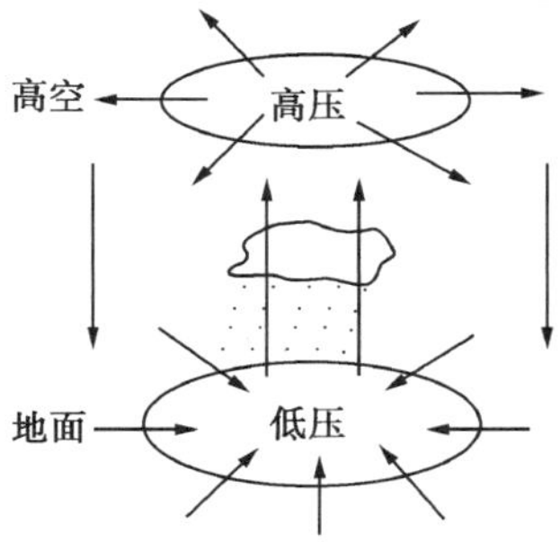

图4-18　气旋上下层气流示意

气旋的水平范围（Horizontal coverage）以地面天气图上最外围闭合等压线围成的近似圆形区域的直径表示，平均为1 000 km，大的达2 000 ~ 3 000 km，小的只有300 ~ 500 km。

当气旋中心气压值随时间的推移降低时，称气旋发展或加深（Deepening）；反之，当气旋中心气压值随时间的推移升高时，则称气旋减弱或填塞（Filling）。

（三）气旋的分类

根据气旋形成和活动的地理区域，将气旋分为极地气旋（Polar cyclone）、温带气旋（Extratropical cyclone）和热带气旋（Tropical cyclone）。根据气旋的热力结构，将气旋分为锋面气旋（Frontal cyclone）和无锋面气旋。无锋面气旋包括热带气旋和热低压等。另外，气旋之间并不存在不可逾越的鸿沟，不同类型的气旋，在一定条件下会互相转化。如锋面气旋在一定条件下可转化为无锋面气旋（冷涡），无锋面气旋（热低压、热带气旋）在一定条件下可转化为锋面气旋。

二、锋面气旋概述

（一）锋面气旋的概念和结构

锋面气旋（Frontal cyclone）频繁产生和活动于温带地区（故又称为温带气旋），它是温带地区最重要的天气系统之一。发展强烈的锋面气旋，可带来强烈的降水、雷暴、大风等恶劣天气，在海上还可引起大范围的大风浪，是影响中高纬度大洋航线天气的主要风暴系统。

一个发展成熟的锋面气旋，一般由2 ~ 3个气团组成。从平面看，北半球锋面气旋是一个逆时针方向旋转的涡旋，中心气压最低，自中心向前方伸出一条暖锋，向后方伸出一条冷锋，冷、暖锋之间是暖气团，暖锋前、冷锋后是冷气团。锋面上的暖气团呈螺旋式上升，锋面下的冷气团呈扇形扩展下沉。从垂直方面看，气旋的高层是高空槽前气流辐散区，低层是气流辐合区。根据质量守恒原理，空气在高层辐散、在低层辐合，则其间必有上升运动。因而在气旋前部和中心区有上升气流，气旋后部有下沉气流。另外，气旋自低层到高层是一半偏冷、一半偏暖的温度不对称系统，低压中心轴线自下而上向冷区倾斜。

（二）锋面气旋的生命史

锋面气旋是由锋面上发生的波动发展而成的。有关锋面气旋生成的学说很多，挪威锋面学说首先指出，气旋是在静止锋或冷锋上发生波动而生成的。开始时，在锋上形成一个波动，并在波动顶点附近出现一条闭合等压线，此后逐渐发展，形成一个完整的气旋。锋面气旋的演变过程，大致可分为初生阶段、发展阶段（成熟阶段）、锢囚阶段及消亡阶段（填塞阶段），如图4-19所示。

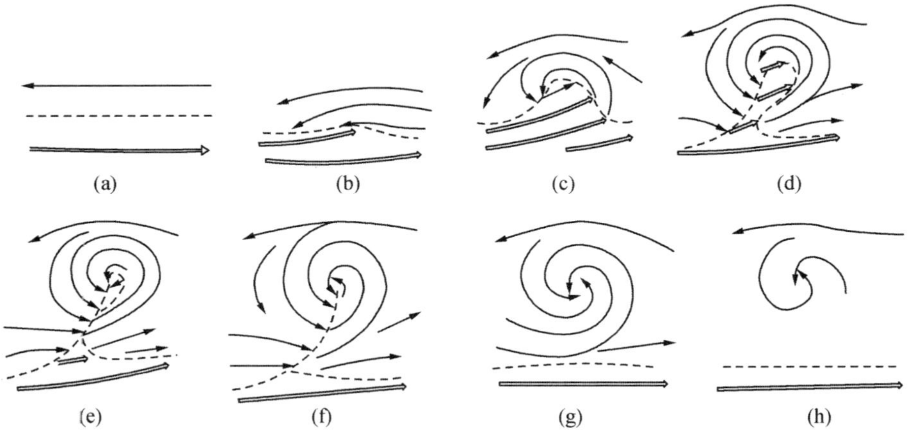

图4-19　锋面气旋生命史

1. 初生阶段

原先地面上有一条静止锋，锋北面是冷空气，锋南面是暖空气，冷空气自东向西运动，暖空气自西向东运动。当气流发生波动时，冷空气向南扩张，暖空气向北抬升，并出现1～2条闭合等压线。

2. 发展阶段（成熟阶段）

随着波动的发展，气压进一步下降，闭合等压线增加，冷空气进一步向南推进，冷锋附近出现阵雨或阵雪，暖锋前也出现降水，降水区域扩大。随着气旋的发展，低层扰动逐渐向高层发展，气流做螺旋式上升，高空低槽也逐步加深。

3. 锢囚阶段

气旋发展至最盛时期，自地面到500 hPa高度均已成为圆形闭合环流。地面冷锋逐渐追上暖锋，并将地面暖空气上抬，气旋开始锢囚。这时，云雨范围最大，强度加强，风力增大，天气变化最剧烈。但由于地面已为冷空气所占据，成为冷性涡旋，因而气旋开始减弱。

4. 消亡阶段（填塞阶段）

气旋发展的最后阶段，暖空气仅残留在地面东南角，低层整个气旋中心辐合加强，地面加压，已变为冷性涡旋，低压中心部位开始填塞。从地面到500 hPa左右的闭合环流减弱，上升运动已消失，气旋减弱，以至消亡。

锋面气旋的生命史一般是5天左右。活动在北大西洋和欧洲的气旋，锢囚阶段缓慢，生命史往往超过5天，而活动在东亚地区的气旋，初生和锢囚阶段较短，生命史大多在3天左右。实际上有些气旋在生成后并未经历全部发展阶段就消亡了，也有的气旋发展到锢囚之后，又有冷空气加入并未消亡，反而又重新加强起来。因而，气旋的发展过程会因条件的差异而有不同。

（三）锋面气旋发展演变的温压场特征

锋面气旋发展的高空温压场理想模式是：高空温度槽落后于高度槽以及气旋始终处于高空槽的前方。前者导致高空槽前出现暖平流，槽后出现冷平流，后者引起高空槽前气流辐散，槽后气流辐合。根据静力平衡和质量守恒原理，暖平流会引起地面系统热力减压，冷平流引起热力加压，气流辐散会造成地面系统动力减压，气流辐合会造成动力加压。因而高空槽前的下方既是热力减压区又是动力减压区，是有利于地面气旋发生、发展的区域。锋面气旋发展的高低空配置如图4-20所示。

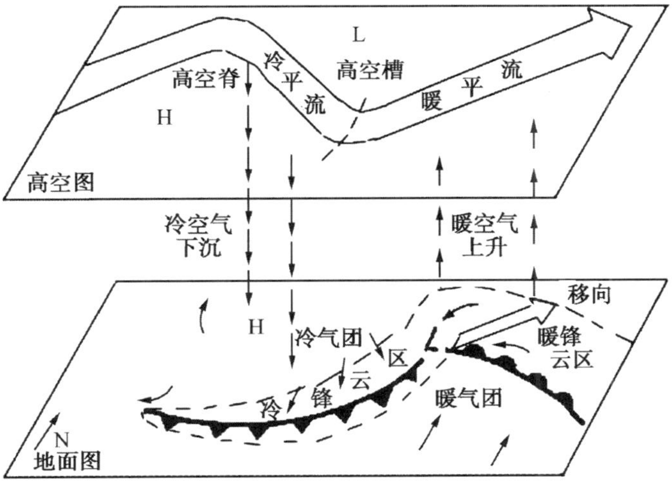

图4-20 锋面气旋发展的高低空配置

1. 初生阶段

如图4-21（a）、（b）所示，高空温压场结构是温度槽落后于高度槽，地面气旋中心位于高空槽前，气旋前部的暖平流和辐散流场使其减压，其后部的冷平流和辐合流场使其加压；槽前正涡度平流促使地面气旋发展，槽后负涡度平流促使地面反气旋发展。这些因子联合作用，引起地面气旋一面向前移动，一面向前发展。

2. 发展阶段

如图4-21（c）、（d）所示，高空温压场波动振幅增大，有时出现闭合中心，温度槽仍落后于高度槽，但位相更接近，温度平流和涡度平流的联合作用使气旋中心气压继续下降，气旋式环流不断加强，冷暖锋进一步发展，出现系统性云系和降水。

3. 锢囚阶段

如图4-21（e）、（f）所示，高空槽进一步出现闭合中心，温度槽趋于高度槽，气旋发展到最强阶段，中心气压值降至最低，气旋环流达到最强，云雨范围扩展，风力增大，天气发展到最盛期。温度平流变小，涡度平流减弱，摩擦作用增大，气旋移动缓慢不再发展。

4. 消亡阶段

如图4-21（g）、（h）所示，高空温压场接近重合，冷暖、平流趋于零，成为一个深厚的冷低压。锋面脱离气旋，环流减弱、气压升高。由于摩擦辐合作用，气旋填塞而消亡。

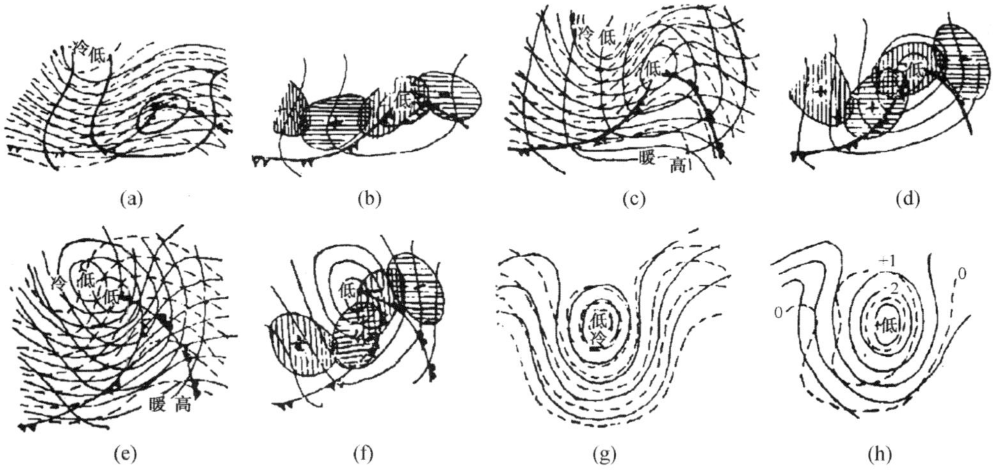

图4-21　锋面气旋温压场演变

(四) 锋面气旋在卫星云图上的特征

锋面气旋从初生到消亡的各个阶段，在卫星云图上云系变化较为清晰，所以卫星云图也是分析判断锋面气旋活动的方式。

当与空中槽相伴随的逗点云系［如图4-22（a)所示］*A*逼近锋面云带*EGF*时，锋面云带变宽，最宽处*G*（地面最大降压中心所在处）的中、高云变厚，范围变广。云区北界向冷空气一侧凸起，表示原锋面上出现冷暖锋结构。云带向冷空气一侧凸起部分即地面气旋生成的区域。地面气旋中心一般定在锋面云带的曲率从凹变成凸的部位［如图4-22（b)所示］。在初生阶段，气旋区的云系没有涡旋状结构。

发展阶段的气旋锋面云带［如图4-22（c)所示］的凸起部分更加明显，在靠近移动方向的一侧有一条条卷云线，向外呈辐射状，这表明对流层上部气流有辐散，高空的辐散有利于地面降压，是锋面气旋发展的标志。同时，气旋中、高云区的后部边界表现有凹向低压中心的曲率，这是出现干舌的前兆。

在锢囚阶段，云系出现螺旋状［如图4-22（d)所示］，在锋面云带后面出现干舌，并逐渐旋向气旋中心。当干舌已经伸到气旋中心时，水汽供应切断，表示气旋不再发展，并开始向消亡阶段过渡。

当进入消亡阶段时，原涡旋云带断裂［如图4-22（e)所示］，断裂处无云。涡旋云带里不再是高云而是积状或层状的中云或低云。随着气旋的进一步消亡，锋面云带已同涡旋中心分开了，涡旋中心附近一般是无云的，或仅有一些由于下垫面加热形成的对流性云。

(a) (b) (c) (d) (e)

图4-22 卫星云图上锋面气旋云系的演变

（五）锋面气旋的天气特征

锋面气旋天气，可以看成以气旋的空气运动特征为背景的气团天气与锋面天气的综合。锋面气旋的中部和前部在对流层中下层主要以辐合上升气流占优势，但上升气流的强度和锋面结构各有差异。同时，由于季节和地面特征的不同，组成气旋的各个气团的属性也有所区别。因此锋面气旋的天气特征不仅是复杂的，而且随着生命史的不同阶段、季节和地区的不同而有所差异。

锋面气旋在初生阶段强度一般较弱，坏天气区域不广。暖锋前会形成雨层云，伴有连续性降水及较坏的能见度，云层最厚的地方在气旋中心附近。当大气层结不稳定时，如夏季，暖锋上也可出现雷阵雨天气。在冷锋后，大多数是第二型冷锋天气。在气旋的暖区，如果是热带海洋气团，水汽充沛，则易出现层云、层积云，有时可出现雾和毛毛雨等天气现象。如果是热带大陆气团，则由于空气干燥，无降水，最多只有一些薄的云层。

当锋面气旋处于发展阶段时，气旋区域内的风速普遍增大，气旋前部具有暖锋云系及其伴随的天气特征。云系向前伸展很远，尤其靠近气旋中心部分，云区最宽，离中心愈远，云区愈窄。气旋后部的云系和降水特征是属于第一型冷锋，还是第二型冷锋，则要视高空槽与地面锋线的配置情况及锋后风速分布情况而定。若高空槽在地面锋线的后面，地面上垂直于锋的风速小，则属于第一型冷锋；若地面锋位于高空槽线附近或后部，则属于第二型冷锋。

当锋面气旋发展到锢囚阶段时，气旋区内地面风速较大。辐合上升气流加强，当条件充足时，云和降水天气加剧，云系比较对称地分布在锢囚锋的两侧。

当锋面气旋进入消亡阶段，云和降水也就开始减弱，云底抬高。以后，随着气旋消亡，云和降水区也就逐渐减弱消失了。

锋面天气不仅决定于气旋温压场结构，还与空气的稳定度、水汽条件、高空环流形势以及气旋发展阶段等因素有关，而且随地区、季节有所差异。从大量的个例中略去比较次要的差别，归纳出基本相同点，便可概括出一个发展成熟的锋面气旋的天气模式（如图4-23所示）。

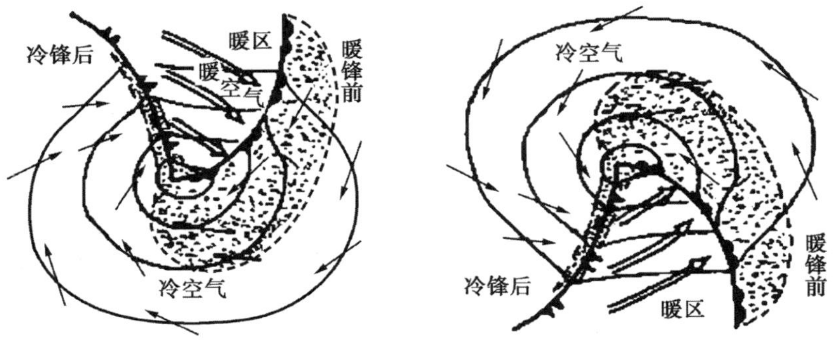

图4-23　南、北半球锋面气旋天气模式

气旋前部（暖锋前）：在气旋前部的天气主要为宽阔的暖锋云系及相伴随的连续性降水天气。云系向前伸展很远，最前面的是卷云（Ci），依次为卷层云（Cs）、高层云（As）、雨层云（Ns）。降水位于地面暖锋前200～400 km，靠近气旋中心部分最宽，一般为连续性降水。若气层不稳定，还会出现积雨云、阵性大风和雷阵雨。随着地面锋线的接近，气温升高，气压明显降低。北半球暖锋前多吹E–SE风（南半球吹E–NE风），风力一般为4～6级。此外，在锋前50～100 n mile常有锋面雾。

暖区（暖锋后，冷锋前）：气旋中部是暖气团天气，气温高，气压基本停止下降。北半球风向多为S–SW风（南半球吹N–NW风），陆地上风力一般为2～4级，海上风力可达7～8级。天气特征主要取决于暖气团的性质。如果暖气团比较潮湿，靠近中心的地方会有层云（St）、层积云（Sc），有时可出现大片平流雾和毛毛雨，离中心较远的地方通常是少云。如果暖气团比较干燥，至多有一层薄云而没有降水出现。

气旋后部（冷锋后）：冷锋过后，气温急速下降，气压迅速回升。北半球风向多转为N–NW风（南半球吹S–SW风），风力一般为6～9级，最大可达11～12级。气旋后是比较狭窄的冷锋云系和降水天气。如果是第一型冷锋，一般以层状云为主，依次为雨层云（Ns）、高层云（As）、卷层云（Cs）、卷云（Ci），产生连续性降水和锋面雾。如果是第二型冷锋，则伴有积状云（Cu、Cb）、阵性大风和雷阵雨。

（六）船舶通过锋面气旋伴随的天气

根据发展成熟的锋面气旋天气模式图（如图4-24所示），如果船舶沿*AB*线从锋面气旋中心以南（低纬度一侧）通过，会先后遇到上述暖锋前、暖区和冷锋后三个不同部位的天气。

如果船舶沿*CD*线从锋面气旋中心以北（高纬度一侧）通过，则遇到的是锋面附近冷气团里的天气。靠近气旋中心时，有很厚的云层和较强的降水，云系依次为卷云（Ci）、卷层云（Cs）、高层云（As）、雨层云（Ns）。在北半球观测到风向随时间的推移沿逆时针方向变化：SE→E→NE→N→NW；在南半球风向随时间的推移沿顺时针方向变化：NE→E→SE→S→SW。

因此，船舶可以通过观测风和云系的变化，判断船舶从锋面气旋的哪一侧通过。

（1）当测到风向随时间的推移做顺时针变化，北半球船舶通过气旋中心低纬度一侧（南半球高纬度一侧）。

（2）当出现云系依次为Ci→Cs→As→Ns→As时，船舶通过气旋中心高纬度一侧。

（3）当测到风向随时间的推移做逆时针变化，北半球船舶通过气旋中心高纬度一侧（南半球低纬度一侧）。

（4）当出现云系依次为Ci→Cs→As→Ns→St→Cb时，船舶通过气旋中心低纬度一侧。

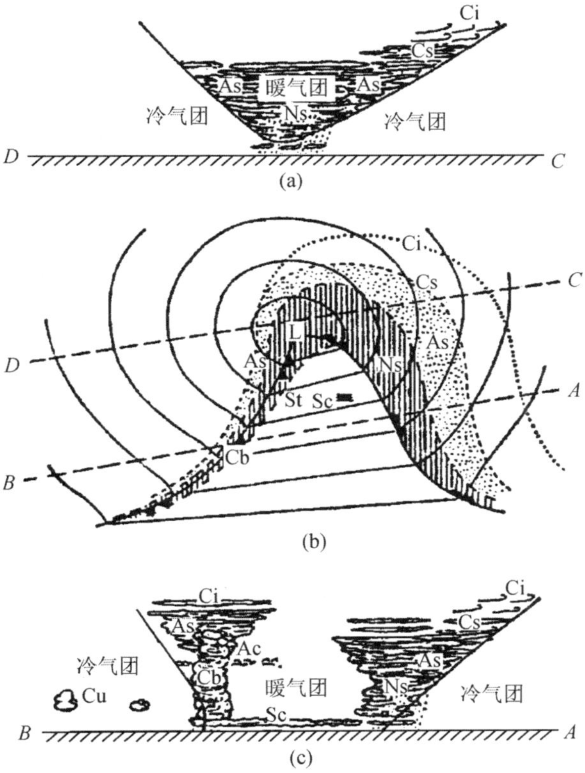

图4-24 船舶通过锋面气旋伴随的天气

（七）锋面气旋中的波浪分布

锋面气旋中的风浪分布，并不以中心为对称，最大风旋区的出现取决于周边气压场的分布和地形等因素。

对西北太平洋上冬季锋面气旋的研究资料表明，气旋中的大风和波浪分布不对称，气旋南侧的强风、大浪大于北侧，最大的强风中心和大浪中心出现在气旋中心西南偏南方向上。图4-25给出锋面气旋中风、浪不对称分布的特征。图中同心圆表示与低压中心的距离分别为60 n mile、300 n mile和600 n mile，低压中心南侧的强风、大浪比北侧显著，而且不对称性在冬季表现特别强；在锋面气旋中心西南侧相当远处仍有强风和大浪，特别是波高7 m的大浪中心区域出现在低压中心S–SW 300 ~ 600 n mile处。因此，船舶航行应尽量避开这一区域。

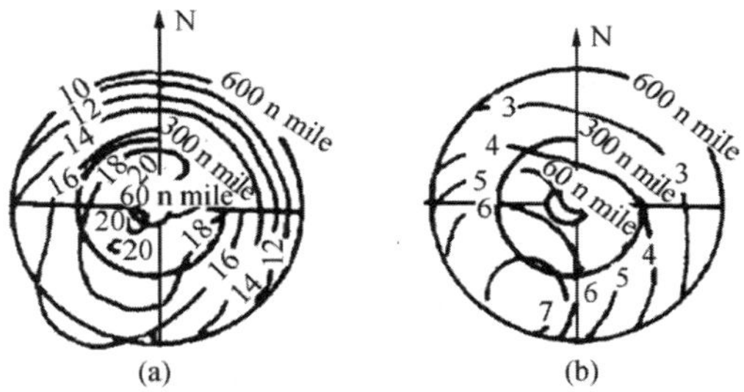

图4-25　锋面气旋中风、浪不对称分布的特征

（八）锋面气旋的移向和移速

1. 移向

锋面气旋形成后，其移动方向主要受西风带基本气流引导，总趋势都是自西向东移动。如东亚气旋移动路径主要有三种情况：一是自西向东；二是自西南向东北；三是先自西北向东南，然后折向东北。东亚气旋若在移动中不消失，最终都将进入阿留申群岛附近海域锢囚消失。

2. 移速

气旋平均移速为30 ~ 40 km/h，慢的只有15 km/h，快的可达100 km/h。通常，气旋在初生和发展阶段移动快，锢囚和消亡阶段移动慢；气旋强度减弱时移动快，加强时移动慢；春季移动最快，夏季最慢；锋面呈南北向时的气旋移动快，锋面呈东西向时的气旋移动慢。

三、东亚气旋

（一）东亚气旋的生成源地

东南亚及北太平洋锋面气旋的生成区大体分为三个：蒙古气旋生成区、江淮气旋生成区和沿海气旋生成区。在蒙古气旋生成区（包括蒙古中部、东部和我国东北、河套地区生成的气旋），一年四季均有气旋生成，但春、夏季频率较高。冬季气旋东移入海的过程中，又会重新发展和加强。江淮气旋四季皆可形成，但以春季和夏季较多，东移入海后改称东海气旋。沿海气旋生成区较为宽阔，在30°N～55°N，120°E～160°E区域中有一条西南—东北走向的带状海域是高发区，其中包括东海北部、日本南部海域、黄海和渤海、日本海和千岛群岛附近洋面生成的气旋，冬、春偏多，约占全年的70%。这一地区处在全球冬季最强的高空平均槽前及附近，也是黑潮和亲潮交汇的海水温度梯度最大的海域，气象条件和海洋状况均有利于气旋的发生发展，也是爆发性气旋活动的高频区。

（二）东亚气旋强度的季节变化

气旋的强度一般用中心最低气压值来表示。在气旋生命史中，将中心气压值小于等于980 hPa定为强气旋，中心气压值为981～1 000 hPa定为中等气旋，中心气压值大于1 000 hPa定为弱气旋。表4-2给出了1987—1996年东亚气旋强度随季节变化的统计结果。强气旋多与强冷空气活动的冷高压相伴而生，冬季气旋东移入海后，在沿海气旋生成区得到进一步发展和加深，或在沿海气旋生成区形成并迅速加强，所以强气旋主要集中在海面上。夏季气旋在移动过程中强度变化很小，有些几乎不变，大部分在入海前就减弱消失。

表4-2　1987—1996年东亚气旋强度随季节变化的统计结果

强度 季节	强气旋		中等气旋		弱气旋		合计
	个数	百分比	个数	百分比	个数	百分比	
冬季	103	38.4%	113	42.2%	52	19.4%	268
春季	56	13.7%	270	65.8%	84	25.5%	410
夏季	8	2.3%	291	82.9%	52	14.8%	351
秋季	59	18.9%	170	54.5%	83	20.2%	312

（三）东亚气旋的发展和移动

锋面气旋生成的地理分布很广（尤其是沿海气旋生成区），移动路径随纬度有明显的季节性变化，其特征如下：

冬季，产生于蒙古中部和东部的气旋主要是东移，移到东北地区和新生的东北低压统称东北气旋，入海后向东北方向加深发展，移到阿留申群岛附近洋面达到最强，然后减弱东移到阿拉斯加湾或北美大陆后消亡。沿海生成的黄海、渤海气旋和日本海气旋东移加深发展，取东北路径的一支与千岛群岛附近洋面生成的气旋合并加深，移到阿留申群岛达到最强；另一支先东移发展，然后转向东北。江淮气旋与东海气旋形成后先东移发展，后转东北方向移向阿留申群岛。另外，偶有锋面气旋在阿拉斯加湾又重新加深发展，然后移向北美大陆后减弱消失。

春季，蒙古气旋和东北气旋主要是东移，只有一部分在东移过程中加深发展。入海的黄河气旋和黄海、渤海气旋先向东移动，然后向东北方向移动并加深，但强度明显比冬季弱。江淮气旋和东海气旋及日本气旋主要向东北方向移动并发展，大部分在170°E以西的洋面上达到最强。

夏季，蒙古气旋一支向东北方向移动，另一支和东北气旋缓慢东移，一般入海前达到最强。河套、江淮气旋和沿海生成的气旋缓慢向东北方向移动，在150°E以西达到最强。

秋季，蒙古气旋和中国东北气旋的一支向东北方向移动，另一支东移入海。两支均在大陆至千岛群岛一带的洋面上加深发展，达到最强。日本海和千岛群岛附近洋面生成的气旋向东北方向移动并发展，部分气旋移到阿拉斯加湾或北美沿岸达到最强。

四、太平洋中部和东部的气旋

在太平洋中部和东部生成的气旋，一般向东北方向移动，最终移至北美的东岸和阿拉斯加湾，平均移速35 ~ 40 km/h，最大频率出现在每年10—12月。

冬季北美太平洋沿岸的气旋发展最强烈，活动最频繁。夏季中心强度减弱，活动明显减少，范围向北收缩。

五、北大西洋气旋

影响北大西洋的温带气旋主要来自北美大陆和美国的东部沿岸，冬季主要有三条路径：

（1）气旋在45°N ~ 50°N自西向东沿着与纬圈平行的路径移动，进入大西洋后向东北方向移动。

（2）在美国中部向南移动，然后向东北朝着圣劳伦斯湾移去。

（3）在美国的东部沿岸和墨西哥湾生成后，向东北方向朝着纽芬兰移去。

总之，上述三条路径移动的温带气旋，绝大部分在冰岛附近洋面发展成锢囚气旋，然后减弱消失。

气旋季节变化表现为：冬、春季发生频率高，强度大；夏季明显减少，路径偏北。

六、爆发性气旋

在北太平洋和北大西洋中高纬度海域航行的船舶常会遇到迅速发展加深的温带气旋，当气旋发展速度达到 $(\Delta p\times\sin60°)/(24\ \text{h}\times\sin\varphi)\geq1$（$\varphi$：气旋中心所在纬度；$\Delta p$：气旋中心气压24 h降压幅度，单位为hPa）时，称为爆发性气旋，也称“气象炸弹”。为了方便船舶应用，多采用的定义法为：气旋中心不论在哪一纬度上，其中心气压的加深率只要24 h达到24 hPa或12 h达到12 hPa，就定义为爆发性气旋。这种气旋是冬半年中高纬度洋面强烈发展的温带气旋，平均风速都在20 m/s，有的达到40 ~ 60 m/s。气旋爆发前的中心气压一般比较高，船舶驾驶人员往往认为是弱气旋被忽视，而经12 h或24 h强烈爆发后，伴随的狂风恶浪使远洋船舶猝不及防。

表4-3给出了西北太平洋海域1987—1996年各月爆发性气旋发生频数。10年中共发生157个爆发性气旋，主要出现在11月至次年4月，约占全年总数的90%，其中冬季（12月至次年2月）频率最高，夏季罕见。中心气压骤降，风力猛增，大风区范围迅速扩大是爆发性气旋的主要天气特征。虽然爆发性气旋只占气旋总数的15%～20%，但由于其强度大、发展快、范围广、难预报，常给海上航行的船舶带来严重威胁，往往造成海上事故。

表4-3　1987—1996年各月爆发性气旋发生频数

月份	1	2	3	4	5	6	7	8	9	10	11	12	总数
频数	28	26	26	11	3	2	0	0	3	9	22	27	157

统计发现，北太平洋爆发性气旋主要发生在135°E以东，160°W以西，35°N以北的洋面上。东亚大陆及邻近海域很少有气旋做爆发性发展，而在其东侧的西北太平洋海面（35°N～55°N，140°E～170°E）是爆发性气旋的高发海域，约占82%。该区域是著名的黑潮暖流和亲潮冷流交汇的地方，海温梯度特别大，大气斜压性明显，锋面抬升作用强烈，这些因素为气旋的爆发性发展提供了有利的背景条件。爆发性气旋生成后向东北和东北偏东方向移动，抵达白令海南部及其以南洋面上时发展成熟，最后消亡在阿拉斯加湾一带。

表4-4给出了气旋做爆发性发展前、后中心气压的变化分布，气旋爆发前的中心气压一般在980～1 010 hPa，平均为998 hPa，经过24 h爆发性发展，气旋中心气压降到960～990 hPa，平均为974 hPa。

表4-4　气旋做爆发性发展前、后中心气压变化分布

爆发前	气压/hPa	＞1 010	1 001～1 010	991～1 000	981～990	＜980
	个数	10	50	73	21	3
爆发后	气压/hPa	＞990	981～990	971～980	961～970	＜960
	个数	8	42	64	34	9

近些年来，对北太平洋上气旋爆发性发展的研究表明，冬季东亚大陆的寒潮爆发所伴随的大尺度环流调整给西太平洋地区爆发性气旋发生发展提供了必要的环境条件。大陆冷高压越强，维持时间越长，西太平洋爆发性气旋的强度也越强，甚至可能还有连续几天的爆发性发展。在卫星云图上，它的生命史中各阶段的云型演变并没有固定特征，只是在初生阶段至发展阶段云型变化更剧烈一些，并且锢囚阶段云型更典型。

对北太平洋气旋爆发性发展的地面平均气压场形势的分析表明：千岛群岛以南为一个较强的气旋区，低压带向东伸至阿拉斯加湾南部洋面上；此低压带处在东、北、西三个方向的高压包围之中，其中尤其是中西伯利亚地区为一个强大冷高压，并分裂出一个较强冷高压位于我国黄海和东海，在这种形势下，气旋和冷高压之间的气压梯度很大，较强冷空气源源不断地从极地涌向气旋后部，激发气旋强烈发展。因此，在冬半年（11月至次年3月）西北太平洋和北大西洋上航行的船舶，应实时接收气象传真图，密切关注爆发性气旋动向，做好应对决策。

七、影响我国海域的气旋

温带气旋是影响我国沿海区域的主要天气系统之一。它常常造成沿海地区的暴雨和大风等灾害性天气。我国通常按气旋生成和影响的地区将其分为蒙古气旋、东北气旋、黄河气旋、黄海气旋、江淮气旋和东海气旋。

1. 蒙古气旋

蒙古气旋是发生或发展在蒙古中部和东部高原一带（40°N～50°N，100°E～115°E）的气旋，这个地区的西部、西北部多高山，蒙古中部和东部处于背风坡，有利于气旋的生成和发展。春、秋季，冷暖空气活动频繁，气旋出现次数最多，冬季次之；夏季，锋区北移，暖空气活动占优势，故气旋显著减少。

蒙古气旋的主要移动路径有三条，一条以向东略偏南经过锡林郭勒西部，沿东北平原、松花江下游移动最为常见；另两条是向东经呼伦贝尔移去和向东南经华北、渤海，绕长白山经朝鲜移去。天气特征多以大风为主。发展强盛的蒙古气旋，在气旋的任何部位，都可出现大风。降水一般不大，甚至没有，这是因为气旋内暖空气多来自青藏高原的东北部和河西走廊一带，水汽含量少，常常除了中心北部出现一些降水外，其他地区多半只有高云。值得注意的是，蒙古气旋的活动总伴有冷空气的侵袭，所以大风、沙尘和霜冻等天气现象会随之而来。

2. 东北气旋

东北气旋是生成于蒙古、河套、华北以及渤海等地并都经过东北地区的气旋，又称东北低压。东北气旋与蒙古气旋相似，大多是从其他地区移来的，是我国气旋中发展最强的一类，它一年四季都可出现，以春、秋两季最为频繁。东北气旋常引起大范围的大风、风沙、雷暴及强烈降水等灾害性天气，冬季能引导气旋后部的冷空气南下，造成寒潮天气。

3. 黄河气旋

黄河气旋是生成于河套及黄河下游地区的锋面气旋，主要影响黄河下游、辽东半岛、渤海和黄海。黄河气旋全年均可出现，但以5—8月为最多，占全年总数的80%。夏季，在冷、暖空气交汇处，多造成大风，水汽充沛时有大雨和暴雨。黄河气旋的主要移动路径有三条：

（1）气旋东移入海，不大发展；

（2）向东北方向沿山东半岛入海，也不大发展；

（3）自东北偏北方向经渤海进入东北地区，气旋往往得到发展。

4. 黄海气旋

黄海气旋又称黄海低压。它是一种在黄海一年四季中均可出现的重要天气系统，常常造成海上大风和强降水，直接影响海上航行安全。它还往往东移，给韩国和日本西部陆地上带来大风和强降水天气，有时还造成较严重的灾害。

黄海气旋冬、春季出现最多。这类气旋发展迅速，常导致黄海、渤海和东海北部出现猛烈的偏北大风。

5. 江淮气旋

江淮气旋是生成于长江中下游、淮河流域和湘赣地区的锋面气旋、全年均可出现，以春季和夏初为最多，盛夏最少。江淮气旋有的向东经过黄海、朝鲜半岛进入日本海；有的从长江口附近入海进入日本南部。这种气旋因水汽充足，其中心附近常产生暴雨、雷雨等天气，暴雨区一般出现在气旋中心附近或偏于暖区的地方。春季在气旋的东部常有平流雾出现，江淮气旋如果发展加深，在其三个部位都有大风：暖锋前有偏东大风，暖区有偏南大风，冷锋后有偏北大风。

6. 东海气旋

东海气旋是生成于东海海域的锋面气旋，有的是江淮气旋东移入海后改称东海气旋。形成时中心气压不低，边向东北方向移动边发展，到达日本南部洋面迅速加深，有时呈爆发性发展，并伴有10级以上大风，天气变化剧烈。移到千岛群岛以东洋面时气压降到940 ~ 970 hPa，最终在阿留申群岛一带海域锢囚消失。东海气旋春季和初夏最多，冬季次之，盛夏和秋季最少。这种气旋水汽充沛，多阴雨天气。一般经日本南部洋面或日本海向阿留申群岛移去。在气旋的后部常常出现偏北大风，有时可达7 ~ 8级，大风的产生较突然。该气旋常造成中国东部沿海、中国台湾、朝鲜和日本地区的强风和降水天气。

八、其他低压或气旋

（一）双低压

当发生于黄海的低压进入日本海并迅速发展时，同时发生于东海的低压朝日本南部沿岸移动，形成双低压的形势。两个低压逐渐接近，在北海道以东迅速加深，常常达到台风的强度。

（二）热低压

热低压是浅薄而移动缓慢的暖性低压系统，是近地层的无锋面气旋，通常出现在夏季内陆地区，由于近地层空气受热不均匀而形成。大陆热低压具有明显的日变化，一般夜间和早晨弱，白天强，午后达最强。

（三）气旋族

在温带，有时一条锋上产生2个或2个以上形成家族式气旋，并沿锋线顺次移动。当最前面的一个已经锢囚时，其后跟着的是一个正在发展的气旋，再后面跟着一个初生气旋，这种在同一条锋上出现的气旋序列，称为气旋族。气旋族中每一个锋面气旋都同高空长波槽前的一个短波槽相对应。每个气旋族中的气旋个数多少不等，多者可达5个，少者只有2个。据统计，大西洋上平均每一个气旋族有4个气旋，太平洋上和我国沿海是2~3个。一个气旋族经过某一区域的时间平均为5~6天，个别可达10天以上。

第四节 冷高压

一、反气旋概述

（一）反气旋的概念

在北半球，顺时针旋转的大型空气涡旋称为反气旋（Anticyclone）；在南半球则相反，逆时针旋转的大型空气涡旋称为反气旋。由闭合等压线围成的，中心气压比四周高的系统称为高压。由风场与气压场之间的关系可知，反气旋与高压都是对同一天气系统的描述，只是反气旋从流场的角度来定义，而高压从气压场的角度来定义，除赤道低纬度地区以外，两个名称可以互相换用。

在低层大气中，特别是在近地面附近，风向与等压线斜交，在北半球反气旋气流是一个按顺时针方向旋转向四周辐散的系统；在南半球是一个按逆时针方向旋转向四周辐散的系统。由于气流从反气旋中心向外辐散，必然产生下沉运动，对应高空出现低压辐合下沉气流，伴随晴朗、微风或少云天气，如图4-26所示。

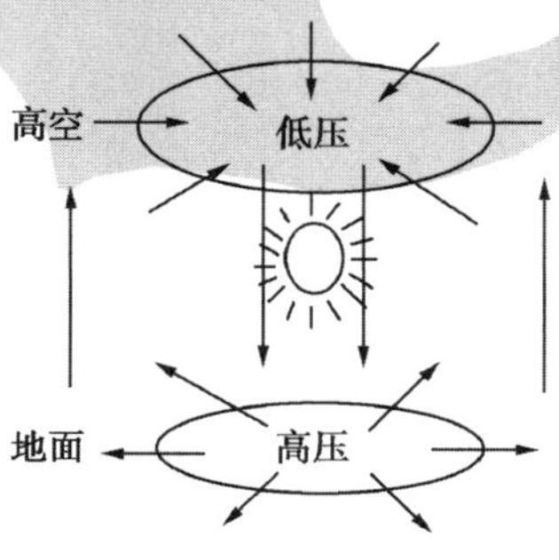

图4-26 反气旋上下层气流示意

（二）反气旋的强度和范围

通常反气旋的强度（Intensity）用反气旋中心气压值来表示。中心气压值越高，表示反气旋越强；中心气压值越低，表示反气旋越弱。一般地面反气旋中心气压值为1 020~1 040 hPa，目前最高纪录是1 083.3 hPa。

反气旋的水平范围（Horizontal coverage）用地面图上最外围闭合等压线围成的近似圆形区域的直径来表示。反气旋的水平尺度比气旋大，一般为1 500 ~ 2 000 km，发展强盛时可达数千千米。

当反气旋中心气压值随时间的推移升高时，称反气旋加强或发展；当反气旋中心气压值随时间的推移降低时，则称反气旋减弱。

（三）反气旋的分类

根据反气旋形成和活动的地理区域，将反气旋分为极地反气旋（Polar anticyclone）、温带反气旋（Extratropical anticyclone）和副热带反气旋（Subtropical anticyclone）。根据反气旋的热力结构，将反气旋分为冷性反气旋和暖性反气旋。活动于中高纬度对流层中下层的温带反气旋属于冷性反气旋，习惯上称为冷高压。副热带高压、阻塞高压是典型的暖性反气旋。

（四）反气旋的一般天气特征

反气旋的天气由于所处的发展阶段、气团性质和所在地理环境的不同而具有不同的天气特点。同时对某一个反气旋而言，随着反气旋结构变化、气团变性，天气情况也在变化。

反气旋的中下层，因有显著的辐散下沉运动，一般伴随晴朗天气。同时反气旋是由单一气团组成的，而且近地面层有明显的辐散，所以反气旋内天气分布比较均匀。由于在反气旋区域内，近地面没有锋存在，所以气团特性和反气旋天气具有紧密关系，但在其不同部位天气也有所不同。通常在反气旋的中心附近，下沉气流强，主要出现晴朗、微风天气。在反气旋的四周边缘，气压梯度较大，风力增强，伴有云雾。在北半球强大的反气旋东部出现偏北大风，南部出现偏东大风，西部出现偏南大风，北部出现偏西大风。在南半球强反气旋东部出现偏南大风，南部出现偏西大风，西部出现偏北大风，北部出现偏东大风。

二、冷高压概述

冷高压（Cold high）形成于寒冷的中高纬度地区，如北半球的格陵兰、加拿大、北极、西伯利亚和蒙古等地。冷高压势力强大、影响范围广阔，往往给活动地区造成降温、大风和降水天气，是冬季影响中高纬度广大地区最重要的天气系统之一。冷高压出现在对流层下层，由冷空气聚集而成，随高度上升强度减弱，平均厚度不到5 km，因而属于冷性浅薄天气系统。冷高压的范围一般比锋面气旋大得多，最大的冷高压可与最大的大陆或海洋相比。

亚洲大陆面积广大，北部地区冬半年气温很低，南部又有青藏高原和东西走向的高大山脉阻挡冷空气南下，因而成为北半球冷高压活动最为频繁、发展最为强大的地区。冷高压在其发展、增强时期常常静止少动，但当高空形势改变时，会受高空气流引导而移动。当其南移时，就造成一次冷空气袭击，如果冷空气十分强大，如同寒冷潮流滚滚而来，给流经地区带来剧烈降温、霜冻、大风等灾害性天气，这种大范围的强烈冷空气活动，称为寒潮。

（一）冷高压天气特征

根据冷高压控制地区的不同天气特征，通常可将冷高压分为前部、中部和后部三个天气区。

1. 冷高压前部（东部）

冷高压侵入时，它所造成的恶劣天气主要出现在冷高压前缘的冷锋附近及锋后。在这里等压线较密集，水平气压梯度大，冷平流较强。主要天气特征是气温明显下降，北半球吹偏北风（南半球吹偏南风），并常伴有雨雪。降温幅度和风力大小则因冷空气强度、路径及发生季节的不同而有差异。冬半年，寒潮或强冷空气带来的天气最为剧烈。船舶在中高纬度海上航行时，在冷高压前部除可能遭遇强风大浪外，由于气温剧降，还容易引起船体积冰等危害。

2. 冷高压中部（内部）

进入冷高压中心区域，等压线变稀疏，风速明显减小。由于气团干冷，盛行下沉气流，天气以晴朗、低温、微风、少云为主。在内陆、港口附近和沿海容易出现辐射雾、烟、霾等天气现象。冬季可能有层云、层积云出现，夏季可能有淡积云出现。高压中部天气一般可以维持2～3天，以后随着气团的变性增暖，气温略有回升。

3. 冷高压后部（西部）

在冷高压后部，北半球伴随偏南气流（南半球伴随偏北气流），气温回升，湿度增大，出现类似暖气团的天气。春季，当亚洲冷高压中心入海后，我国沿海地区处在变性冷高压后部，常出现平流雾、毛毛雨或层云。

冬季一次强冷高压活动过程平均为7天，我国东南沿海民间对此就有“三寒四暖”的说法。

规模较小的位于两个气旋之间的反气旋天气是前部具有冷锋后部的天气特征，后部具有暖锋后部的天气特征。

规模特大而强的冷性反气旋（即寒潮高压）从西伯利亚和蒙古侵入我国时，携带大量的强冷空气，使所经之地气温骤降，风速猛增，一般可达10～20 m/s，风力有时甚至可达11～12级。

（二）冷高压的移动

冷高压的移动受高空气流引导，因此，在北半球总体上都是自西向东或自西北向东南方向移动，南半球自西向东或自西南向东北方向移动。实际上冷高压的移动情况比较多样化，它可以是整个高压一起移动，也可能是高压中心基本不动，只是向某个方向或两个方向上伸出高压脊。伸出的高压脊也可以发展成一个脱离母体的单独的高压中心。冷高压在东移和南下过程中，变性会使高压中心产生分裂。它们在我国消失的不多，多数经我国东移入海，逐渐变性成为暖性高压，最后并入副热带高压中或在海上减弱消失。

三、影响东亚及我国的冷空气

（一）冷空气活动概况

冷空气是导致天气变化的重要角色。东亚及我国大部分地区一年四季都有冷空气活动，其强度和影响范围随季节而异。冬半年我国常处在东亚大槽后部，冷空气活动对我国天气的影响十分显著。即使在夏季，冷空气活动也是引起大风、降水、冰雹等恶劣天气的重要原因。因此，做天气预报时必须密切注意上游地区冷空气的活动情况。

据统计，我国全年平均每4天就有一次冷空气活动。无论冬季还是夏季，冷高压都以贝加尔湖西南方出现最多。从贝加尔湖到我国河套地区，是东亚冷高压经常活动的地方。冬季冷高压强烈发展，可到达华东沿海；夏季则偏北，出现在40°N以北地区，强度较弱。

除冬季经常由于强冷空气活动带来恶劣天气外，在春、秋季节，冷空气仍可带来大风、降温、降水和沙尘等天气。下半年，特别是夏季，除西北地区外，冷空气活动一般较弱。但是由于暖湿空气活跃，只要有冷空气南下，就会造成大范围降水，并往往伴有雷暴、雷雨大风或冰雹天气 。

（二）冷空气的源地和路径

冷空气源地是指冷空气开始形成和聚集的地区。据统计，影响我国的冷空气的源地有以下三个。第一个是在新地岛以西的洋面上，冷空气经巴伦支海、俄罗斯欧洲部分进入我国。它出现的次数最多，达到寒潮强度的也最多。第二个是在新地岛以东的洋面上，冷空气大多数经喀拉海、泰梅尔半岛、俄罗斯进入我国。它出现的次数虽少，但是气温低，可达到寒潮强度。第三个是在冰岛以南的洋面上，冷空气经俄罗斯欧洲南部或地中海、黑海、里海进入我国。它出现的次数较多，但是温度不是很低，一般达不到寒潮强度，但如果与其他源地的冷空气汇合后也可达到寒潮强度。此外，冬季西伯利亚和蒙古也是冷空气孕育形成的有利地区。

冷空气的路径，主要是指冷空气主体的移动路线。中央气象台统计了影响我国的较强冷空气路径。结果表明，冷空气在侵入我国以前，95%要经过“关键区”（70°E ~ 90°E，43°N ~ 65°N），如图4-27所示。冷空气从关键地区侵入华北、东北地区，一般需3天左右；侵入长江以南，需4天左右。

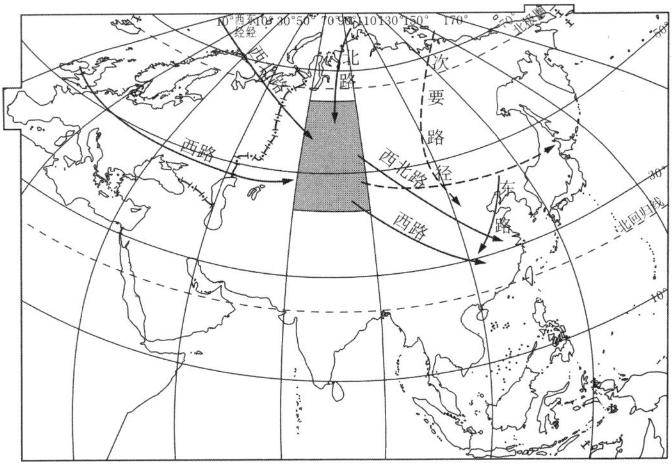

图4-27　侵入我国的冷空气源地、路径及关键区

冷空气从关键区侵入我国有四条路径：

（1）西北路（中路）：冷空气从关键区经蒙古到达我国河套附近南下，直达长江中下游及江南地区。循这条路径下来的冷空气，在长江以北地区所产生的寒潮天气以偏北大风和降温为主，到江南以后，主要伴有降温和雨雪天气。特点是强度大，活动频繁。

（2）东路：冷空气从关键区经蒙古到我国华北北部，在冷空气主力继续东移的同时，低空的冷空气折向西南，经渤海侵入华北，再从黄河下游向南可达两湖盆地。循这条路径下来的冷空气，常使渤海、黄海、黄河下游及长江下游出现东北大风，华北、华东出现低温和连阴雨（雪）天气。特点是强度强，活动稀少。

（3）西路：冷空气从关键区经新疆、青海、青藏高原东南侧南下，对我国西北、西南及江南各地区影响较大，但降温幅度不大。特点是强度弱。

（4）东路加西路：东路冷空气从河套下游南下，西路冷空气从青海东南南下，两股冷空气常在黄土高原东侧的黄河与长江之间汇合，造成大范围的雨雪天气，出现大风和明显降温。

（三）我国对冷空气的等级划分

冷空气，特别是强冷空气和寒潮是我国重大的灾害性天气之一，它具有发生频率高、持续时间长、影响范围广、致灾严重等特点。长期以来，我国气象工作者对冷空气，特别是寒潮的标准进行了大量的研究。但由于我国幅员辽阔，各地的自然地理和气候差异很大，因此过去几十年冷空气的分级标准各地不统一，并且时有更改，还有的不够科学合理。国家气象中心为了统一和规范影响我国单站的冷空气分级标准，使冷空气的监测、预报、警报、评估、研究及防范工作更规范化、标准化、科学化，2006年编制了《冷空气等级》的国家标准。该标准将冷空气分为五个等级：弱冷空气、中等强度冷空气、较强冷空气、强冷空气和寒潮。

（1）弱冷空气：使某地日最低气温48 h内降温幅度小于6 ℃的冷空气。

（2）中等强度冷空气：使某地日最低气温48 h内降温幅度大于或等于6 ℃但小于8 ℃的冷空气。

（3）较强冷空气：使某地日最低气温48 h内降温幅度大于或等于8 ℃，但未能使该地日最低气温下降到8 ℃或以下的冷空气。

（4）强冷空气：使某地日最低气温48 h内降温幅度大于或等于8 ℃，而且使该地日最低气温下降到8 ℃或以下的冷空气。

（5）寒潮：使某地日最低气温24 h内降温幅度大于或等于8 ℃，或48 h内降温幅度大于或等于10 ℃，或72 h内降温幅度大于或等于12 ℃，而且使该地日最低气温下降到4 ℃或以下的冷空气。

四、寒潮

（一）寒潮的概念

寒潮（Cold wave）是指大规模强冷空气（在气压场上为强冷高压）大举南下时造成的剧烈降温和大风天气过程。这种冷空气来势凶猛，如汹涌澎湃的潮水一样，所以我国气象工作者把它叫作寒潮，或寒潮爆发，在国际上也称“寒流”或“冷波”。我国国家气象中心将寒潮定义为：由于冷空气侵袭，最低气温24 h内下降8 ℃以上，且最低气温下降到4 ℃以下；或48 h内气温下降10 ℃以上，且最低气温下降到4 ℃以下；或72 h内气温连续下降12 ℃以上，并且最低气温在4 ℃以下。由于我国幅员辽阔，南方和北方气候差异很大，一般而言，北方采用的寒潮标准是：24 h降温10 ℃以上，或48 h降温12 ℃以上，同时最低气温低于4 ℃；南方采用的寒潮标准是：24 h降温8 ℃以上，或48 h降温10 ℃以上，同时最低温度低于5 ℃。寒潮是一种大范围的天气过程，在全国各地都可能发生，可以引发霜冻、冻害等多种自然灾害。

在寒潮或冷空气前锋经过的地区常出现剧烈降温，并伴有大风和降水（雨、雪）等天气现象。冬季冷空气在西伯利亚不断堆积加强，成为强大的冷高压后，在高空低压大槽后部西北气流的引导下大举南侵，在我国南岭以北的广大地区形成寒潮或强降温天气，即寒潮。

（二）寒潮天气特征

寒潮冷锋过境前，多吹偏南风，风力一般较弱，天气相对较温暖，属于典型的暖气团天气。冷锋一过境，便转为偏北风。若冷锋南下快，锋面坡度陡，锋前低压系统比较强时，主要气压梯度集中在冷锋的北侧，风向一旦转北，风速就立即增大。若寒潮冷锋南下慢，锋面坡度小，锋前低压系统比较弱，主要气压梯度在较远的地区，则在风向转偏北后风力逐渐增大，最大风力常出现在冷锋过境后3 h左右，寒潮大风在海上一般为6～8级，最大可达12级，通常在黄海、渤海和东海风向多为西北风和北风，台湾海峡及其附近洋面和南海多为东北风。大风持续时间一般为1～2天，有时在2天以上。海上可形成狂浪。

寒潮是大规模的强冷空气活动，因而寒潮侵袭引起流经地区剧烈降温、大风和降水天气现象。在不同季节、不同地区寒潮天气也有不同。冬半年，寒潮天气的突出表现是大风和降温。大风强度以我国西北、内蒙古地区为最强，在我国北方为西北风，中部为偏北风，南方为东北风。

降水主要产生在寒潮冷锋附近。在我国淮河以北，由于空气比较干燥，很少降水，偶有降雪。淮河以南，暖空气比较活跃，含有水分较多，降水机会增多，尤其当冷锋速度减慢或在长江以南准静止时，能产生大范围的、时间较长的降水。春、秋季，寒潮天气除大风和降温外，北方常有扬沙、沙尘暴现象，降水机会也较冬季增多。

寒潮天气过程的强弱取决于：（1）地面图上冷高压的强度；（2）高空图上冷中心的数值、高空锋区强度、冷区范围和冷平流强度；（3）地面图上冷锋后降温程度、冷锋后变压中心强度、锋面附近其他气象要素。

（三）寒潮预警

寒潮致灾严重、影响大、持续时间长，是预警服务和社会关注的重点。当寒潮出现时，有关气象部门将发布寒潮预警信号。寒潮预警信号分为三级：蓝色预警、黄色预警和橙色预警信号。

当气象部门预报24 h内最低气温将要下降8 ℃以上，最低气温不高于4 ℃，平均风力可达6级以上，或阵风7级以上；或最低气温已经下降8 ℃以上，最低气温不高于4 ℃，平均风力达6级以上，或阵风7级以上，并可能持续时，有关气象部门将发布寒潮蓝色预警信号。

当气象部门预报24 h内最低气温将要下降12 ℃以上，最低气温不高于4 ℃，平均风力可达6级以上，或阵风7级以上；或最低气温已经下降12 ℃以上，最低气温不高于4 ℃，平均风力达6级以上，或阵风7级以上，并可能持续时，有关气象部门将发布寒潮黄色预警信号。

当气象部门预报24 h内最低气温将要下降16 ℃以上，最低气温不高于0 ℃，平均风力可达6级以上，或阵风7级以上；或最低气温已经下降16 ℃以上，最低气温不高于0 ℃，平均风力达6级以上，或阵风7级以上，并可能持续时，有关气象部门将发布寒潮橙色预警信号。

（四）寒潮活动规律

寒潮活动的年变化也很明显。3—4月是寒潮活动频数的最高峰，11月是次峰。这是因为春、秋两季是过渡季节，西风带环流处于转换期内，调整和变动都很剧烈，特别是春天，低层比高层增暖大得多，有助于地面低压强烈发展，从而促使风力增强，温度变化也剧烈。隆冬季节，虽然冷空气供应充足，活动频繁，但是天气形势变化较小，因而南下的冷空气往往达不到寒潮的强度。

全国性寒潮一般于9月下旬开始活动，直到次年5月才结束。每一次寒潮从爆发到结束（移出我国），需要3～4天，但也有一些寒潮，待冷锋过后，北方又有一股更冷的冷空气补充南下，气温持续下降，这样总的历时可达7～10天。

寒潮冷空气堆的垂直厚度可达7～8 km，向东南或南方爆发时，冷空气堆就以扇形向东南或南方扩展。

中国平均每年出现6次寒潮，但各年差异很大，寒潮出现次数最多的年度达10次，而出现最少的年度仅2次。

第五节 副热带高压

一、副热带高压概述

在南、北半球副热带地区，经常维持着沿纬圈分布的稳定而深厚的暖性高压带，称副热带高压（Subtropical high），简称副高。在北半球，由于海陆分布的影响，副高不是沿纬圈连续均匀分布的，而是断裂成若干个具有闭合中心的高压单体，分别在北太平洋西部、北太平洋东部、北大西洋中部、北大西洋西部和北非等地。在南半球，海陆分布相对均匀，副高仍然保持带状的结构。此外，夏季大陆高原上空出现的青藏高压和墨西哥高压，也属副热带高压。这些高压并不是同时都很明显，而是有强有弱，有分有合。由于副高占据广大空间，稳定少动成为副热带地区最重要的大型天气系统。

副高是控制热带、副热带地区的大尺度的、永久性的大气活动中心。它的维持和活动对低纬度地区与中高纬度地区之间的水汽、热量、能量、动量的输送和平衡起着重要的作用，对低纬度环流和天气变化具有重大影响。如西北太平洋副高与西太平洋及东亚地区的天气有极其密切的关系，它直接影响我国东部地区及沿海的旱涝，对西太平洋热带气旋的移动路径具有决定性的影响。副热带高压的东部是强烈的下沉运动区，下沉气流因绝热压缩而变暖，所控制地区会出现持续性的晴热天气。而副热带高压的西部是低层暖湿空气辐合上升运动区，容易出现雷阵雨天气。随着季节的更迭，副热带高压带的强度、位置也会发生明显的季节变化。从1月到7月，副热带高压主体呈现出向北、向西移动和强度增强的趋势；从7月到次年1月，副热带高压主体则有向南、向东移动和强度减弱的动向。这种季节性的变化，还具有明显的缓慢式变化和跳跃式变化的不同阶段。

二、副热带高压结构

副热带高压形成的主要成因是动力作用，即其高压脊线（等压线或等高线反气旋曲率最大处的连线）处于哈得来经圈环流和费雷尔经圈环流的汇合带，对流层中上层气流辐合、聚积形成下沉气流区。副高结构比较复杂，在不同高度以及不同季节、不同地区有所不同。副高多呈椭圆形，长轴大致同纬圈平行。从垂直剖面看，100 ~ 600 hPa层以质量辐合为主，尤以200 hPa附近质量辐合最突出。600 hPa层以下质量辐散占优势，整层空气质量辐合大于辐散，有净质量堆积。

在对流层的中下层，副高的强度是随高度的增加而增强的，高压的中心位置随高度的增加向暖区偏移，因而高压中心与高温中心并不完全重合，高压脊轴线也不垂直。夏季，陆地增温显著，下层暖中心便移向高压脊轴线的陆地一侧（在北半球是北侧）；冬季，陆地冷却明显，暖中心便移到高压脊轴线的南侧。到对流层中上层（500 hPa以上），地表海陆热力差异的影响已不明显，高压中心与暖中心基本重合，高压脊轴线也大体垂直。副高的强度、范围和位置随季节而有变化。夏季北半球副高的强度、范围迅速扩大，盛夏增至最强，范围几乎占北半球的1/5 ~ 1/4，位置偏北。冬季，北半球副高强度减弱，范围缩小，位置南移、东退。南半球副高的季节变化状况与北半球相反。

副高区内的水平温度梯度一般都比较小，而高压边缘由于同周围系统相交绥，温度梯度明显增大，尤其北部和西北部更大。这种温度梯度分布造成了副高脊线附近气压梯度小、水平风速小，而南、北两侧气压梯度增大、水平风速增大的现象。

副高范围内盛行下沉气流，因而在低层普遍形成逆温层，尤其高压东部逆温层较厚、较低。逆温层阻挡了对流运动的发展和水分垂直输送，导致逆温层以下空气潮湿，相对湿度达80%以上；而逆温层以上空气干燥，相对湿度在50%以下。

三、西太平洋副热带高压

（一）特征指数

出现在西北太平洋上的副热带高压称为西太平洋高压。为了掌握西太平洋副高的活动规律，认识和分析西太平洋副高与西太平洋及东亚地区天气的密切关系，制定一系列描述西太平洋副高的特征指数。

（1）强度指数：以副高中心最高气压值表示。

（2）位置指数：以500 hPa图上副高脊线的位置和走向表示副高的位置和走向，脊线的南北移动表示副高的北进和南退。脊线的确定以500 hPa图上高空东西风速的零线为准。

（3）范围指数：以500 hPa图上588位势什米线包含的区域表示。

（4）西伸脊点指数：以500 hPa图上588位势什米线最西端所在的经度来表示西伸脊点位置。

（二）活动规律

太平洋副高多呈东西扁长形状，中心有时只有1个，有时有数个。夏季一般分裂为东、西两个高压单体，位于西太平洋的称西太平洋副高，位于东太平洋的称东太平洋副高。西太平洋副高除在盛夏时偶呈南北狭长形状外，一般呈东西向的椭圆形。

西太平洋副高的季节性活动具有明显的规律性。移动方式表现为缓慢移动、稳定少动和跳跃三种状态。冬季副高位置偏南、强度弱、范围小。从初春到盛夏副高向北偏西移动，范围扩大，强度增强；自夏至冬副高则向南偏东移动，范围缩小，强度减弱。冬季副高脊线位于15°N附近。随着季节转暖，脊线缓慢地向北移动。大约到6月中旬，脊线出现第一次北跳过程，越过20°N，在20°N ~ 25°N徘徊。7月中旬出现第二次跳跃，脊线迅速跳过25°N，以后摆动于25°N ~ 30°N，在7月底至8月初，脊线跨过30°N到达最北位置。9月以后随着西太平洋副高势力的减弱，脊线开始自北向南迅速撤退，9月上旬脊线第一次回跳到25°N附近，10月上旬再次跳到20°N以南地区，从此结束了以一年为周期的季节性南北移动。副高的季节性南北移动并不是匀速进行的，而表现出稳定少动、缓慢移动和跳跃三种形式，而且在北进过程中有短暂南退，在南退过程中有短暂北进的南北振荡现象。同时，北进过程持续的时间较久、移动速度较缓，而南退过程经历时间较短、移动速度较快。上述西太平洋副高季节性变动属于一般规律，在个别年份可能有明显出入，而且这种移动特征在大西洋、亚洲大陆、北非大陆、北美大陆上的副高同样存在，表明是全球性现象，是太阳辐射季节变化和副高强度的纬向不均匀分布以及随时间非匀速变化的反映。

西太平洋副高还有非季节性的中短期变动，主要表现为半个月左右的副高偏强或偏弱趋势及一周左右的副高西伸东退、北进南缩的周期变化。非季节性中短期变动大多是受副高周围天气系统活动影响而引起的。例如，夏季青藏高压、华北高压东移并入西太平洋副高时，副高产生西伸，甚至北跳。而当热带风暴或台风移至西太平洋副高的西南边缘时，副高随之东退；热带风暴沿副高西缘北移时，副高继续东退；当风暴越过高压脊线进入西风带时，副高又开始西伸。此外，西风带的小槽小脊、长波槽脊都对副高变动有不同程度的影响，同时副高又对周围天气系统有明显影响，彼此相互联系、相互制约。

（三）副高天气

副热带高压天气分布特征如图4-28所示，副高的不同部位，其结构特点不同，天气也不相同。在高压内部一般辐散气流占优势，为下沉气流区，特别是副高广大中心区域和脊线附近盛行下沉气流，经常是万里无云。由于水平气压梯度小，风力微弱，天气温暖，其西伸脊控制大陆时则炎热。副高西部和东部的天气有很大差异。在副高东部为偏北冷气流，而且大洋东部存在着冷的涌升流，所以下层数百米高度内成为相对的冷空气层，大气层结稳定，大洋上有时会出现低的层云或雾，长期受其控制的一些陆地，因久旱无雨而变成沙漠；在副高的西部是偏南暖湿气流，而且位于暖流上空，大气层结不稳定，多雷阵雨和雷雨大风；在副高的高纬度一侧，与盛行西风带交界，多锋面和气旋活动，上升运动强，多阴雨和风暴天气。副高的低纬度一侧是信风气流，通常风向稳定，风力不大，低层潮湿、闷热，天气晴好。但当有热带气旋、东风波等热带天气系统活动时，也可能产生大范围暴雨和中小尺度雷阵雨及大风天气。

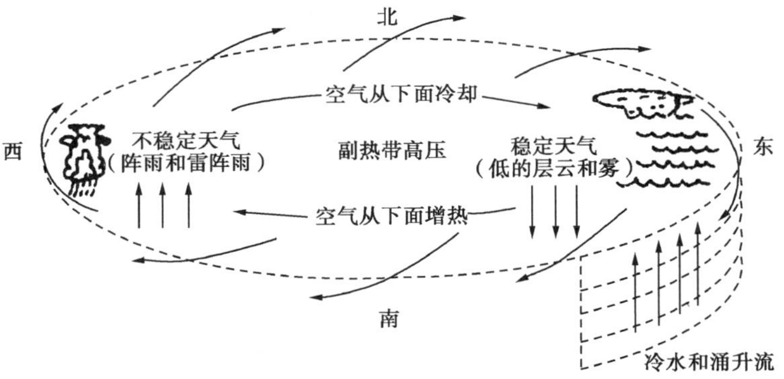

图4-28　副热带高压天气分布特征

（四）西太平洋副高活动对我国天气影响

西太平洋副高对我国东部地区的旱涝、近海的天气及热带气旋的活动影响十分重要，夏半年更为突出。这种影响一方面表现在西太平洋副高本身；另一方面表现在西太平洋副高与其周围天气系统间的相互作用。在西太平洋副高内部控制下的地区，有强烈的下沉逆温，使低层水汽难以成云致雨，带来晴空万里的稳定天气，长时间控制可能出现大范围干旱。

西太平洋副高是向我国大陆输送水汽的重要系统。我国降水的水汽来源，虽然主要依靠西南气流从印度洋输送来，而太平洋副高的位置、强度和活动，不仅对西南气流的水汽输送有影响，还影响着它南侧的东南季风从太平洋向大陆输送来的水汽。同时，西太平洋副高的北侧是沿副高北上的暖湿空气与中纬度南下的冷空气相交绥的地带，往往形成大范围的阴雨天气，是我国重要的降水带。因而我国降水带的南北移动同西太平洋副高的季节活动相一致。通常降雨带位于副高脊线以北5～8个纬度，其走向大致与脊线平行。冬季，西太平洋副高脊线位于15°N附近，随季节转暖脊线缓慢北移。3月至6月上旬，脊线稳定在15°N～20°N，华南前汛期，这时华南地区出现连续低温、阴雨天气。6月中旬，副高脊线北跳跃过20°N，稳定在20°N～25°N，副高强度增加，范围扩大，长江中下游及日本一带“梅雨”开始，华南前汛期结束。副高北进快慢有别，梅雨期的长短和入梅、出梅的早晚都有很大差异。梅雨可以出现在5—7月的各个时段。出现在5月的梅雨称为早梅雨，出现在6—7月的梅雨称为正常梅雨。一般在6月中旬前后入梅，7月上旬出梅，梅雨期平均为20天。造成梅雨期连续降雨过程的天气系统，主要是准静止锋、切变线和西南低涡。这些系统在长江中下游地区的连续出现或缓移、停滞，都能造成大面积的洪涝。7月中旬前后，副高脊线再次北跳越过25°N，雨带移到了黄淮流域，长江中下游的梅雨结束，开始被西太平洋副高内部所控制，天气变得炎热少雨。如果副高强大，控制时间长久，将造成严重干旱现象。另外，副高南侧的热带气旋活动开始影响我国。7月下旬到8月初，副高脊线北移到30°N以北，雨带也移至华北和东北南部，这时长江中下游正处在副高脊线附近，进入盛夏伏旱期。华南地区热带气旋活动频繁，进入第二个汛期，热带气旋雨季，此时热带气旋侵入我国登陆的机会增多。9月副高脊线开始南退，雨带也向南撤。9月上旬，脊线回移到25°N附近，黄淮流域又是秋雨潇潇，江南则秋高气爽，热带气旋活动仍然较多。10月上旬副高脊线南退到20°N以南，长江中下游秋雨结束，华南又将多阴雨。

（五）西太平洋副高异常对我国旱涝的影响

上述情况仅仅是西太平洋副高活动对我国天气影响的一般规律。实际上，副高的南、北季节性活动经常出现异常，造成一些地区干旱、另一些地区洪涝的反常天气。

（1）若夏季副高脊线和北界位置偏南，冷、暖气团在华南或江南南部交绥，形成华南或江南多雨带，雨带中心地区有洪涝发生。缺乏水汽来源的华北地区和长江中下游地区是少雨干旱区。

（2）若初夏副高稳定少动，冷、暖气团在江淮流域相遇形成梅雨。如1954年副高脊线比较久地稳定在20°N～25°N，长江流域梅雨持续时间达2个月之久，结果造成江淮地区几十年罕见的洪涝灾害。被副高控制的华南和江南南部多为干燥炎热天气。北方大部分地区则因缺乏水汽来源而为少雨干旱天气。

（3）若盛夏副高偏北，副高中心控制下的整个江南和长江中下游地区缺乏水汽来源成为干旱少雨区，而副高以北的华北和东北地区出现多雨，造成部分地区洪涝。

（4）若夏季副高偏东偏弱，我国大部分地区缺乏水汽来源而为少雨天气，造成我国大部分地区少雨干旱天气。

第六节 热带气旋

一、热带气旋概述

热带气旋（Tropical cyclone）是发生在热带洋面上的一种发展强烈的暖性气旋性涡旋，是对流层中最强大的风暴，被称为“风暴之王”。它像在流动江河中前进的涡旋一样，一边绕自己的中心急速旋转，一边随周围大气向前移动。在北半球热带气旋中的气流绕中心逆时针旋转，在南半球则绕中心顺时针旋转。热带气旋来临时，会带来狂风暴雨天气，海面产生巨浪和风暴潮，严重威胁海上船舶安全。因此，掌握热带气旋的发生、发展和活动规律极为重要。

（一）热带气旋产生的大风

发展成熟的热带气旋，最大风速一般可达30 ~ 60 m/s，少数可超过100 m/s。热带气旋中心附近最大风速与中心气压有密切关系，一般来说气压越低，风速越大，但不是一一对应关系。如1979年10月发生在太平洋西北部的台风“蒂普”（Tip），中心气压值达到870 hPa，风速达到80 m/s；1959年14号强台风（Joan），中心气压值达到885 hPa，最大风速达到100 m/s。

（二）热带气旋带来的降水

热带气旋常伴有惊人的降水，一次台风登陆，降雨中心一天之中可降下100 ~ 300 mm的大暴雨，甚至可达500 ~ 800 mm的特大暴雨，个别登陆台风造成的过程降水量超过1 000 mm。如1975年8月7503号台风登陆后侵入我国河南境内，造成过程降水量达到1 631 mm，日最大降水量达到1 005.4 mm，1 h最大降水量达235 mm，创造多项纪录，属于千年不遇的特大暴雨。台风暴雨造成的洪涝灾害，是最具危险性的灾害。台风暴雨强度大，洪水出现频率高，波及范围广，来势凶猛，破坏性极大。

（三）热带气旋引起的海浪

热带气旋中心的极低气压和云墙区的强风，使海面产生巨大的风浪和涌浪。在热带气旋大风区中，海浪都在5 m以上，强热带气旋中的海浪可达10 m以上。狂涛巨浪会使船体结构变形，严重时造成船体断裂，导致重大海上事故。

（四）热带气旋造成的风暴潮

热带气旋在沿海登陆时，台风的强风和低气压的作用，使海水向海岸方向强力堆积，潮位猛涨，海浪排山倒海般向海岸压去，常造成风暴潮。强台风的风暴潮能使沿海水位上升5 ~ 6 m。若风暴潮与天文大潮高潮位相遇，产生高频率的潮位，导致潮水漫溢，海堤溃决，冲毁房屋和各类建筑设施，淹没城镇和农田，造成大量人员伤亡和巨大的财产损失。如1970年11月一个热带气旋在天文大潮时在孟加拉湾登陆，风暴潮高达3 ~ 9 m，巨浪高达20 m，直冲沿海地区，一些岛屿被淹没，死亡人数达30万，是近百年来热带气旋造成的最严重灾难。

二、全球热带气旋的强度等级标准、编号、命名和警报

（一）热带气旋的等级标准

国际上根据热带气旋中心附近最大平均风速对其进行分级，1989年世界气象组织规定，按照热带气旋中心附近平均最大风力的大小，把热带气旋划分成热带低压、热带风

暴、强热带风暴和台风或飓风4类。

热带低压TD（Tropical Depression）：风速22 ~ 33 kn（风力6 ~ 7级）；

热带风暴TS （Tropical Storm） ：风速34 ~ 47 kn （风力8 ~ 9级）；

强热带风暴STS （Severe Tropical Storm） ：风速48 ~ 63 kn （风力10 ~ 11级）；

台风T （Typhoon）或飓风H（Hurricane）：风速≥64 kn （风力≥12级）。

需要注意，各国家、地区和组织对于热带气旋分类等级标准有所不同，表4-5列出了主要几个国家、地区和组织的热带气旋分类等级标准。

表4-5 主要几个国家、地区和组织对热带气旋分类等级标准

国家、地区和组织		热带气旋等级名称	中心附近最大风速	风力
中国	国家气象中心（NMC）	热带低压（Tropical Depression）	10.8 ~ 17.1 m/s	6 ~ 7 级
		热带风暴（Tropical Storm）	17.2 ~ 24.4 m/s	8 ~ 9 级
		强热带风暴（Severe Tropical Storm）	24.4 ~ 32.6 m/s	10 ~ 11 级
		台风（Typhoon）	32.7 ~ 41.4 m/s	12 ~ 13 级
		强台风（Severe Typhoon）	41.4 ~ 50.9 m/s	14 ~ 15 级
		超强台风（Super Typhoon）	≥51.0 m/s	16级或以上
	中国台湾气象局	热带性低气压	<17.2 m/s	小于8级
		轻度台风	17.2 ~ 32.6 m/s	8 ~ 11级
		中度台风	32.7 ~ 50.9 m/s	12 ~ 15级
		强烈台风	≥51.0 m/s	16级或以上
日本气象厅（JMA）		热带低压（Tropical Depression）	22 ~ 33 kn	6 ~ 7 级
		热带风暴（Tropical Storm）	34 ~ 47 kn	8 ~ 9 级
		强热带风暴（Severe Tropical Storm）	48 ~ 63 kn	10-11 级
		台风（Typhoon，“强”）	64 ~ 80 kn	12-13 级
		台风（“非常强”）	81 ~ 102 kn	14 ~ 15 级
		台风（“猛烈”）	≥103 kn	16级或以上
美国国家海洋和大气管理局（NOAA）		热带低压（TD）	≤33 kn	6 ~ 7 级
		热带风暴（TS）	34 ~ 63 kn	8 ~ 11级
		一级飓风（CATEGORY 1，简称CAT.1）	64 ~ 82 kn	12 ~ 13 级
		二级飓风（CAT.2）	83 ~ 95 kn	14 ~ 15 级
		三级飓风（CAT.3）	96 ~ 113 kn	16 ~ 17 级
		四级飓风（CAT.4）	114 ~ 135 kn	
		五级飓风（CAT.5）	≥136 kn	

续表

国家、地区和组织	热带气旋等级名称	中心附近最大风速	风力
印度气象局（IMD）	低压（Depression）	17 ~ 27 kn	4 ~ 6级
	深低压（Deep Depression）	28 ~ 33 kn	7级
	气旋性风暴（Cyclonic Storm）	34 ~ 47 kn	8 ~ 9级
	强气旋性风暴（Severe Cyclonic Storm）	48 ~ 63 kn	10 ~ 11级
	强气旋性风暴伴有飓风核心（Severe Cyclonic Storm with Hurricane Core）	≥64 kn	12级以上
法国留尼汪岛（La Reunion）气象局	热带低压	≤33 kn	6 ~ 7 级
	热带风暴	34 ~ 47 kn	8 ~ 9 级
	强热带风暴	48 ~ 63 kn	10 ~ 11 级
	热带气旋	64 ~ 87 kn	12 ~ 14 级
	强热带气旋	≥88 kn	15 级或以上
澳大利亚气象局（BOM）	热带低压(TD)	≤33 kn	6 ~ 7 级
	一级旋风(CYCLONE, CAT.1)	34 kn ~ 47 kn	8 ~ 9 级
	二级旋风(CAT.2)	48 kn ~ 63 kn	10 ~ 11 级
	三级旋风(CAT.3)	64 kn ~ 86 kn	12 ~ 14 级
	四级旋风(CAT.4)	87 kn ~ 107 kn	15 ~ 16级
	五级旋风(CAT.5)	≥108 kn	17 级或以上

另外，对于风力大于等于12级的热带气旋，西北太平洋称其为台风（Typhoon）；菲律宾群岛称其为巴加峨斯（Baguious）；北大西洋、加勒比海、墨西哥湾、墨西哥西岸、西印度群岛、北太平洋东部、南太平洋140°W以西等区域称其为飓风（Hurricane）；澳大利亚西北海岸称其为威力威力（Willy-willy）；阿拉伯海、孟加拉湾、南印度洋称其为气旋（Cyclone）；在马达加斯加东部，称其为毛里求斯（Mauritius）。

（二）热带气旋的编号和命名

1. 热带气旋的编号

国际上对热带扰动和达到热带低压强度的热带气旋都进行统一编号，对于达到热带风暴等级的热带气旋，则要另行编号并进行命名。

我国国家气象中心对发生在经度180°以西、赤道以北的西北太平洋和南海海面上的中心附近的最大平均风力达到8级的热带气旋，从每年1月1日起按照其出现的先后次序进行编号。编号用四位数码，前两个数码表示年份的末两位，后两个数码表示在该年出现的先后次序。如果在同一天内上述海域中有两个或两个以上热带气旋生成，则按“先西后东”（经度读数由小到大）的顺序编号。如果在同一天内同一经度上有多个热带气旋产生，则按“先北后南”的原则（纬度读数由大到小）分别编号。例如，2018年出现的第1个达到编号标准的热带气旋编为“1801”。

2. 热带气旋的命名

19世纪末澳大利亚的预报员克里门·兰格最早给热带气旋命名。此后，美国、日本等国相继给热带气旋命名。2000年起，热带气旋的命名改由世界气象组织中的台风委员会负责。1997年11月25日—12月1日，在香港举行的世界气象组织台风委员会第30届会议决定，西北太平洋和南海热带气旋采用统一的具有亚洲风格的名字命名。随后，根据1998年12月1日—7日在菲律宾马尼拉举行的台风委员会第31届会议的决定，西北太平洋和南海热带气旋用亚太地区的柬埔寨、中国、朝鲜、中国香港、日本、老挝、中国澳门、马来西亚、密克罗尼西亚联邦、菲律宾、韩国、泰国、美国和越南等14个成员提供（每个成员提供10个名字）的140个具有风土人情味的名字为其命名。从2000年1月1日起，对发生在经度180°以西、赤道以北的西北太平洋和南海海面上的中心附近的最大风力达到8级或8级以上的热带气旋进行统一命名。表4-6为西北太平洋和南海热带气旋命名表。命名表分5列，从第一列起连续循环使用。如果某个热带气旋给台风委员会成员造成了特别严重的损失，该成员可申请对该热带气旋的名字不再循环使用，以便在台风气象灾害史上作为标志性的事件永久记录。同时，该成员提出新名字进行更新。

表4-6 西北太平洋和南海热带气旋命名表

第一列	第二列	第三列	第四列	第五列	备注
英文/中文名	英文/中文名	英文/中文名	英文/中文名	英文/中文名	名字来源
Damrey/达维	Kong-rey/康妮	Nakri/娜基莉	Krovanh/科罗旺	Sarika/莎莉嘉	柬埔寨
Haikui/海葵	Yutu/玉兔	Fengshen/风神	Dujuan/杜鹃	Haima/海马	中国
Kirogi/鸿雁	Toraji/桃芝	Kalmaegi/海鸥	Mujigae 彩虹	Meari/米雷	朝鲜
Kai-tak/启德	Man-yi/万宜	Fung-wong/凤凰	Choi-wan/彩云	Ma-on/马鞍	中国香港
Tembin/天秤	Usagi/天兔	Kammuri/北冕	Koppu/巨爵	Tokage/蝎虎	日本
Bolaven/布拉万	Pabuk/帕布	Phanfone/巴蓬	Champi/蔷琵	Nock-ten/洛坦	老挝
Sanba/三巴	Wutip/蝴蝶	Vongfong/黄蜂	In-fa/烟花	Mu-fa/梅花	中国澳门
Jelawat/杰拉华	Sepat/圣帕	Nuri/鹦鹉	Melor/茉莉	Merbok/苗柏	马来西亚
Ewiniar/艾云尼	Mun/木恩	Sinlaku/森拉克	Nepartak/尼伯特	Nanmadol/南玛都	密克罗尼西亚联邦

续表

第一列	第二列	第三列	第四列	第五列	备注
英文/中文名	英文/中文名	英文/中文名	英文/中文名	英文/中文名	名字来源
Maliksi/马力斯	Danas/丹娜丝	Hagupit/黑格比	Lupit/卢碧	Talas/塔拉斯	菲律宾
Kaemi/格美	Nari/百合	Changmi/蔷薇	Mirinae/银河	Noru/奥鹿	韩国
Prapiroon/派比安	Wipha/韦帕	Mekkhala/米克拉	Nida/妮妲	Kulap/玫瑰	泰国
Maria/玛莉亚	Francisco/范斯高	Higos/海高斯	Omais/奥麦斯	Roke/洛克	美国
SonTinh/山神	Lekima/利奇马	Bavi/巴威	Conson/康森	Sonca/桑卡	越南
Ampil/安比	Krosa/罗莎	Maysak/美莎克	Chanthu/灿都	Nesat/纳沙	柬埔寨
Wukong/悟空	Bailu/白鹿	Haishen/海神	Dianmu/电母	Haitang/海棠	中国
Jongdari/云雀	Podul/杨柳	Noul/红霞	Mindulle/蒲公英	Nalgae/尼格	朝鲜
Shanshan/珊珊	Lingling/玲玲	Dolphin/白海豚	Lionrock/狮子山	Banyan/榕树	中国香港
Yagi/摩羯	Kajiki/剑鱼	Kujira/鲸鱼	Kompasu/圆规	Hato/天鸽	日本
Leepi/丽琵	Faxai/法茜	Chan-hom/灿鸿	Namtheun/南川	Pakhar/帕卡	老挝
Bebinca/贝碧嘉	Peipah/琵琶	Linfa/莲花	Malou/玛瑙	Sanvu/珊瑚	中国澳门
Rumbia/温比亚	Tapah/塔巴	Nangka/浪卡	Meranti/莫兰蒂	Mawar/玛娃	马来西亚
Soulik/苏力	Mitag/米娜	Soudelor/苏迪罗	Fanapi/凡亚比	Guchol/古超	密克罗尼西亚联邦
Cimaron/西马仑	Hagibis/海贝思	Molave/莫拉菲	Malakas/马勒卡	Talim/泰利	菲律宾
Chebi/飞燕	Noguri/浣熊	Koni/天鹅	Megi/鲇鱼	Doksuri/杜苏芮	韩国
Mangkhut/山竹	Ramasun/威马逊	Morakot/莫拉克	Chaba/暹芭	Khanun/卡努	泰国
Barijat/百里嘉	Matmo/麦德姆	Etau/艾涛	Aere/艾利	Lan/兰恩	美国
Trami/潭美	Halong/夏浪	Vamco/环高	Songda/桑达	Saola/苏拉	越南

（三）热带气旋的警报

根据热带气旋未来影响到预报责任区的时间，按其等级（如热带风暴、强热带风暴、台风等）发布消息、警报和紧急警报。远离或尚未影响到预报责任区时，根据需要可以发布“消息”，报道编号热带气旋的情况，警报解除时也可用“消息”方式发布；预计未来48 h内将影响本责任区的沿海地区或登临时发布警报；预计未来24 h内将影响本责任区的沿海地区或登临时发布紧急警报。

台风预警信号分四级，分别以蓝色、黄色、橙色、红色表示。

台风蓝色预警信号表示24 h内可能或者已经受热带气旋影响，沿海或者陆地平均风力达6级以上，或者阵风达8级以上并可能持续。

台风黄色预警信号表示24 h内可能或者已经受热带气旋影响，沿海或者陆地平均风力达8级以上，或者阵风达10级以上并可能持续。

台风橙色预警信号表示12 h内可能或者已经受热带气旋影响，沿海或者陆地平均风力达10级以上，或者阵风达12级以上并可能持续。

台风红色预警信号表示6 h内可能或者已经受热带气旋影响，沿海或者陆地平均风力达12级以上，或者阵风达14级以上并可能持续。

三、热带气旋的源地和发生季节

(一) 热带气旋的源地及发生季节

全球的热带气旋源地包括八大海区，即西北太平洋、东北太平洋、西南太平洋、北大西洋、孟加拉湾、阿拉伯海、南印度洋西部、澳大利亚西北等洋区（如图4-29所示）。东南太平洋和南大西洋则没有热带气旋发生。

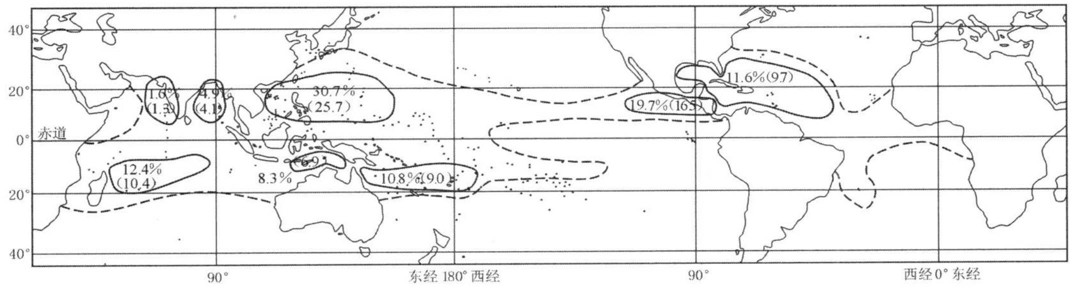

图4-29　全球热带气旋发生次数及占全球总数百分率的区域分布

热带气旋主要分布在南、北两个半球的5°～20°的纬度，其中纬度10°～20°占了65%。在20°以外较高纬度发生的热带气旋只占13%，而且都发生在西北太平洋和西北大西洋这两个海域。发生在5°以内赤道附近的热带气旋极少。

世界气象组织（WMO）的最新统计结果表明，全球每年平均有83个热带气旋发生，但是热带气旋在各海域发生的季节和频率不同（如表4-7所示）。

在西北太平洋海域，热带气旋全年各月都会发生，但主要发生在5—11月，平均每年有25.7个，占全球的30.7%。

在中美洲海岸以西的东北太平洋海域，热带气旋一般发生在6—10月，平均每年有16.5个，占全球的19.7%。

在北大西洋海区，即中美洲海岸以东，包括加勒比海西部和墨西哥湾等海域，热带气旋一般发生在6—11月，平均每年有9.7个，占全球的11.6%。

在孟加拉湾和阿拉伯海，热带气旋一般发生在5—6月和10—11月，孟加拉湾海域平均每年有4.1个，约占全球的4.9%；阿拉伯海平均每年有1.3个，约占全球的1.6%。

在南印度洋90°E以西的海域，热带气旋一般发生在11月至次年5月，每年平均10.4个，约占全球的12.4%。

在南印度洋澳大利亚的西北部至90°E海域，热带气旋一般发生在11月至次年4月，每年平均6.9个，占全球的8.3%。

在澳大利亚的东北部140°W以西的南太平洋海域，热带气旋一般发生在12月至次年4月，平均每年有9.0个，占全球的10.8%。

表4-7 全球各海域热带气旋平均分布情况

源地编号	源地名称	包括的范围	年平均发生数（个）	占全球总数百分比
1	北大西洋	北大西洋、加勒比海、墨西哥湾	9.7（5.4）	11.6%（12.0%）
2	东北太平洋	北美到180°E	16.5（8.9）	19.7%（19.8%）
3	西北太平洋	180°E以西，包括南海	25.7（16.0）	30.7%（35.6%）
4	北印度洋1	孟加拉湾	4.1（2.1）	4.9%（4.7%）
5	北印度洋2	阿拉伯海	1.3（0.4）	1.6%（0.9%）
6	西南印度洋	南印度洋180°E以西	10.4（4.4）	12.4%（9.8%）
7	东南印度洋	南半球100°E ~ 142°E	6.9（3.4）	8.3%（7.6%）
8	西南太平洋	南半球142°E ~ 120°W	9.0（4.3）	10.8%（9.6%）
	全球	—	83.6（44.9）	100%

注：括号中的数字为中心附近最大风力≥12级的热带气旋发生数及占全球总数的百分比。

由此可知，北太平洋热带气旋占全球发生总数的1/2，达到50.4%，而西北太平洋占全球总数的近1/3，达到30.7%。

在北半球，除孟加拉湾和阿拉伯海热带气旋发生在5—6月和10—11月以外，其他源地热带气旋多发生在7—10月，其中8—9月最多。在南半球，热带气旋发生最多的月份是1—3月。

在全球热带气旋中，有一半多（约54%）可达到台风或飓风强度，但总的来说北半球发生较多，占全球总数的73%；南半球较少，占全球总数的27%。

（二）西北太平洋热带气旋的源地及发生季节

热带气旋的发生源地，一般有两种含义：一种含义是因热带扰动加强而形成的热带气旋首次达到热带低压标准（风力达到6级）时的位置；另一种含义是热带气旋首次达到热带风暴标准（风力达到8级）时的位置。目前各教科书上实际上指的是后一种。

根据对西北太平洋热带气旋多年来首次达到热带风暴标准时位置的统计得知，西北太平洋上达到热带风暴标准的热带气旋出现的位置主要集中在三个区域：一个是菲律宾吕宋岛西部的我国南海中部的东北海区；二是菲律宾以东、加罗林群岛西部岛国帕劳的北部洋面；三是关岛附近至西南方的加罗林群岛中部洋面。

西北太平洋平均每年发生26个热带气旋，其中1—3月仅占4%。7—10月是热带气旋盛行季节，约占全年总数的68%，我国称为台风季节。个别年份可能相差较大，如1967年出现40个热带气旋，而2010年仅出现14个。如以8月为例，1950年出现18个，而1947年仅出现2个。

我国濒临西北太平洋，是全球受热带气旋影响最大的国家之一。以下是一些关于热带气旋对中国影响情况的统计结果：

（1）年均有20.1个热带气旋进入海岸线300 km的沿海海域，其中频率最高的是南海，占总数的60.4%。

（2）我国每年平均有8个热带气旋登陆，而华南沿海占58.1%，其次是华东沿海，占37.3%。

（3）登陆热带气旋集中出现在5—12月，其中7—9月占全年登陆热带气旋总数的76.4%，是热带气旋袭击我国的高峰季节，1—4月几乎没有热带气旋在我国登陆。

四、热带气旋的天气结构和模式

（一）热带气旋的天气结构

发展成熟的热带气旋多呈圆形对称分布，圆形涡旋的直径一般为600 ~ 800 km，个别可达1 000 km以上。热带气旋垂直伸展一般到对流层上部，个别可达到平流层下部（15 ~ 20 km）。热带气旋的垂直尺度与水平尺度的比值约为1∶50 。由此可知，热带气旋是一个扁圆形的气旋性涡旋。

1. 气压场

强烈发展的热带气旋海平面中心气压一般都可以达到950 hPa以下。在地面天气图上，热带气旋区域内等压线非常密集，从外围至中心，气压急剧降低，中心附近呈漏斗状陡降和陡升，这是热带气旋的一个显著特征。

2. 风场

热带气旋的风场，按风速大小通常可分为外围区、涡旋区和眼区三个区域。

（1）外围区，又称大风区，自台风边缘到涡旋区外缘，半径在200 ~ 300 km，其主要特点是风速向中心急增，风力可达6级以上。

（2）涡旋区，又称台风中圈，从大风区边缘到台风眼壁，平均宽10 ~ 100 km。风的径向分布特征是越往中心风力越大，中心附近为围绕台风眼区的最大风速区，其宽度与围绕眼区的云墙区相重合。涡旋区是台风中对流和风、雨最强烈的区域，破坏力最大。

（3）眼区，又称台风眼区，半径在5 ~ 30 km。多呈圆形，风速迅速减小到3 ~ 4级，有时几乎是静风。

3. 垂直流场

垂直流场大致分为三层：

（1）从地面到3 km属于低层流入层。气流强烈向中心辐合，最强的流入层出现在1 km以下的摩擦层内。由于地转偏向力作用，内流气流呈气旋式旋转，而且在向内流入过程中愈接近台风中心，旋转半径愈短，等压线曲率愈大，惯性离心力也相应增大。结果在地转偏向力和惯性离心力作用下，内流气流并不能到达台风中心，而在台风眼壁附近强烈螺旋上升。

（2）从3 km到10 km属于上升气流层。气流主要沿切线方向环绕台风眼壁上升，上升速度在700 ~ 300 hPa达到最大。

（3）10 km以上属于高空流出层。气流在上升过程中释放大量潜热，致台风中部气温高于周围，台风中的水平气压梯度力便随着高度升高而逐渐减小，当达到某一高度（10 ~ 12 km）时，水平梯度力小于惯性离心力和水平地转偏向力的合力时便出现向四周外流的气流。当空气的外流量大于低层的流入量时，台风会加强；否则，当空气的外流量小于低层的流入量时，台风会减弱。

4. 眼区和云墙区特征

发展到热带风暴等级以上强度的热带气旋，在深厚云区的中间，往往存在一个直径为几十千米，近似圆形的晴空少云区，称为眼区。在卫星云图上，眼区表现为密蔽云区中心附近的一个黑点。眼区外围的一圈环状的云区称为云墙或眼壁。

眼区通常呈圆形，也有椭圆形或不规则的形状，在热带气旋发展初期，眼区形状一般不规则，范围也较大；而热带气旋强烈发展时，眼区范围缩小呈圆形，并呈轴对称分布。

眼区基本上是晴空少云区，只在低层有少量层积云。眼区中心的气压最低，风速也很小，为微风或静风。而眼壁附近，风速急剧增大，达到极大值。

（二）热带气旋的天气模式

热带气旋所伴随的天气主要有大风、暴雨、巨浪及在海湾引起的风暴潮，它们往往带来巨大的灾害。气象要素多呈圆形对称分布，大体分为三个区域（如图4-30所示）。

（1）外围区气象要素：气温向中心逐渐升高，气压向中心逐渐下降，风速向里逐渐增大，自中心传出涌浪且风浪向中心逐渐增大，伴有阵性降水，强度向中心增大。

（2）涡旋区气象要素：温度向中心迅速升高，气压呈漏斗状急速下降，梯度大，等压线特别密集，风速达到最大，在眼壁附近，强台风最大风速可达60 ~ 70 m/s及以上。积雨云（Cb）和雨层云（Ns）组成庞大的云墙，伴随雷鸣电闪，暴雨倾盆，恶浪滔天，昏天黑地。最强烈的对流和狂风暴雨就发生在这里。

（3）气象要素眼区：温度达最高，形成暖中心，气压降至最低，风速突降至4级以下，降水突然停止，晴天少云。但这里会出现三角浪或金字塔式浪，海况十分恶劣。

图4-30 台风结构垂直剖面示意图

五、热带气旋的形成和消亡

（一）热带气旋的形成条件

对卫星云图分析的结果表明，每年热带洋面上都有几百个热带扰动发生，但能够发展成热带风暴等级的热带气旋不到1/10。有些热带扰动产生后很快发展到热带风暴等级；有些却发展得很慢；有一些几经加强和减弱的过程才能发展到热带风暴等级；更多的热带扰动不会发展成热带风暴等级的热带气旋。所有这些都与热带气旋形成和发展的条件有关。

目前比较一致的观点认为，热带气旋形成需具备以下几个条件：广阔的高温、高湿洋面；适宜的流场；一定的地转偏向力；对流层风速垂直切变小。

1. 广阔的高温、高湿洋面

广阔的高温洋面是热带气旋发生、发展的一个根本条件。海水温度要高于26.5 ℃，而且深度要有60 m。因为暖的海面蕴藏着大量的热量，海面蒸发亦旺盛，通过海气间的湍流输送，使扰动所在的低层大气获得大量的热量和水汽，积云对流释放出大量凝结潜热，维持台风的暖心结构，这是形成热带气旋的主要能源。实际分析发现，26 ~ 27 ℃的海温可以作为热带气旋形成的第一临界温度，只有达到这一临界值的海域，才有热带气旋发生的可能。29 ~ 30 ℃是热带气旋发生的第二临界温度，达到这一临界值的海域，热带气旋发生、发展的概率最大。另外，台风周围旋转的强风会引起中心附近60 m深的海水发生翻腾，为了确保海水翻腾中海面温度始终高于26.5 ℃，暖水层的厚度必须达60 m。

2. 适宜的流场

要使高温、高湿洋面蕴藏的大量不稳定能量得以释放并转变为热带气旋发生发展的动能，必须有一个启动机制，这就是低层的初始扰动。因为在低层初始扰动中，摩擦辐合产生上升运动，可使气块抬升至自由对流高度以上，从而使不稳定能量释放出来。作为初始扰动场有赤道辐合带涡旋和东风波。统计表明，由赤道辐合带涡旋发展成的热带气旋约占85%，由东风波发展成的热带气旋约占15%。适宜的流场促使气流不断向气旋中心辐合并做上升运动，水汽凝结释放出巨大的潜热，形成暖心为台风补给能量，并使上升运动越来越强。

另外，要使低层扰动迅速发展，在低层辐合流场的上空要有辐散流场，而且高空辐散必须大于低层辐合。这种高空辐散流场的“抽吸作用”保证了对流层中下层的上升运动，促使地面不断降压，辐合增强，最后发展成台风或飓风强度的热带气旋。

3. 一定的地转偏向力

热带气旋是一个具有强烈旋转流场的移动性系统。一定的地转偏向力（即地转参数 $f=2\omega\sin\varphi$ 大于一定值）能使辐合气流逐渐形成强大的逆时针方向旋转（南半球为顺时针旋转）的空气涡旋。在赤道附近，即使存在水平风速辐合，正涡度不能产生或者产生极慢，没有足够的旋转来维持强大的梯度运动。热带气旋的强大旋转流场是其最基本的特征。因此，热带扰动一般只有在离赤道5°以外的地区才能发展为热带气旋。一定的地转偏向力的作用是台风发生、发展的必要条件。

4. 对流层风速垂直切变小

对流层风速垂直切变的大小，决定了初始扰动的对流凝结所释放的潜热能否集中在一个有限的空间范围内。如果风速垂直切变很大，通风良好，会使积云对流产生的凝结潜热被迅速带离扰动区上空，热量不能在局地范围的对流层中上层集中。如果风速垂直切变小，通风条件不良，则凝结释放的潜热将积聚在有限范围的同一气柱内，可以很快形成暖心结构，促使初始扰动的气压不断下降，最终形成热带气旋。如夏季北印度洋，强劲的西南季风，加上大的风速垂直切变，不利于热带气旋形成。一般在纬度大于20°的地区，高层风很大，不利于增暖，台风不易出现。

（二）热带气旋的减弱、消亡和加强

当热带气旋产生和维持条件发生改变时，就会逐渐减弱或消亡。

热带气旋的消亡通常有两种情况：一种是登陆后减弱消失；另一种是移向中高纬度冷海面或有冷空气侵入而演变为温带气旋。

热带气旋登陆后，由于水汽供应量减少，能量来源枯竭，同时由于陆地摩擦作用增大，因而迅速减弱，最后完全消失。但有一部分热带气旋在近海地区登陆后不久又重新入海，在海上又能得到发展。

热带气旋向北移动至较高纬度进入西风带较冷海面后，一般会有冷空气侵入，这时热带气旋就不再是单一的暖气团，而会逐渐形成冷、暖锋；因高纬度海面的水温也降低了，热带气旋中心的温度场不再呈暖心结构，低压中心随高度变化由垂直变为有相当大的倾斜。这样，就会失去热带气旋的特性而变成温带气旋。这个过程也称为热带气旋的变性。

但应注意，有极个别热带气旋在变成温带气旋后，会因其他因素作用获得能量而重新发展。

热带气旋得到加强的情况有：热带气旋移向更暖水面；登陆热带气旋重新回到海上；热带气旋移到高空辐散区的下方。

（三）热带气旋的生命史

一般认为热带气旋的生命期从热带扰动形成闭合环流并达到热带低压等级起，直到环流消失或转变为温带气旋为止。这个过程一般为3～8天，长的可达20天以上，短的仅1～2天。夏、秋季生命期较长，冬、春季较短。

对于典型的热带气旋，其生消过程通常可分为4个阶段：

（1）初生阶段：热带扰动中积雨云增多，使地面气压徐徐下降，风力开始增强。一般可认为气压达到1 000 hPa及风力达到6级时，即由初生阶段进入加深阶段。

（2）加深阶段：积雨云不断增多，放出大量凝结潜热，使中心部分温度不断上升，地面气压不断下降，风力不断增强，直到中心气压达到最低值时，风速达到最大。

（3）成熟阶段：中心气压不再加深，风力不再增强，但大风和降水的范围扩大。

（4）消亡阶段：进入中高纬度海域后，因冷空气侵入而转变为温带气旋或登陆消失。

有时热带气旋的生命过程比较复杂，表现为时而加强、时而减弱的反复变化过程。

六、热带气旋的移动规律

（一）影响热带气旋移动的直接因素

1. 大型气压场的气压梯度力

与副热带高压、东风波、西风带槽脊等大型天气系统相比，热带气旋可以被看成大的环流场中一个相对较小的涡旋，因此，热带气旋会受到大型气压场的水平气压梯度力的影响。

大型流场的水平气压梯度越大，地转气流越强，热带气旋的移动速度也就越大，即副热带高压、东风波和西风带槽脊等大型天气系统对热带气旋的移动起到了一个操纵和引导的作用。因此，一般将大型天气系统的流场称为热带气旋移动的引导气流。

2. 地转偏向力

热带气旋作为一个整体在运动过程中，还会受到地转偏向力的作用。地转偏向力与热带气旋移动速度和所在的纬度正弦成正比，高纬度地区大，低纬度地区小，赤道上等于零。其方向与运动方向垂直，北半球指向右方，南半球指向左方。

3. 内力

热带气旋本身的流场结构在地转偏向力的作用下，还会产生“内力”。热带气旋涡旋内空气质点所做的运动，可以分解为切向的气旋式旋转运动和径向的辐合运动。由于各空气质点在运动过程中受到的地转偏向力在高纬度地区较大、低纬度地区较小，因此，就整个热带气旋而言，切向的气旋式旋转运动将产生一个净的向北的内力，径向的辐合运动将产生一个净的向西的内力。作用在整个热带气旋上的内力则为上述两个内力之和，合力方向在北半球为西北，在南半球为西南。

4. 热带气旋在三个力作用下的运动

在大型流场的水平气压梯度力、地转偏向力和内力的作用下，热带气旋处于东风带时，将沿着大型引导气流运动，但移向与引导气流有一个夹角，偏向高压一侧；处于西风带时，移向与引导气流也有一个夹角，偏向低压一侧。

（二）影响热带气旋移动的天气系统

影响热带气旋移动的引导气流方向与周围大型天气系统密切相关。副热带高压是影响热带气旋移动最直接、最主要的天气系统。此外，西风带槽脊和其他热带天气系统也能直接或间接地影响热带气旋的移动路径。

1. 副热带高压的影响

副高是一个行星尺度的系统，其位置最靠近热带气旋，因此，它对热带气旋的发生、发展和消亡都有直接的影响。同时，副高对热带气旋移动路径，特别是对转向前的路径，起着最主要、最直接的作用。

当副高强大、稳定并呈东西带状分布时，位于副高南侧的热带气旋在东风气流引导下向西稳定移动［如图4-31（a）所示］；当热带气旋位于副高西侧时，将向北移动；当副高减弱东撤，热带气旋处在副高西南侧时，未来将转向北上［如图4-31（b）所示］。如果副高位置偏东，热带气旋将在海上转向；如果副高位置偏西靠近我国，则热带气旋可能登陆我国以后再转向出海。当热带气旋位于副高北侧时，将向东或东北方向移动。当热带气旋位于一分为二的东、西两个较弱副热带高压中心之间时，则热带气旋将北上穿越副高。

当高空西风带高压或大陆高压与太平洋副热带高压合并时，副热带高压的形状和强度将发生很大变化，导致热带气旋路径发生突变或出现特殊路径。当西北太平洋副高脊线呈西北—东南向，其西部大陆上有西风带暖高压东移，两者有打通的趋势，此时位于副高西南侧的热带气旋将继续向西移动。

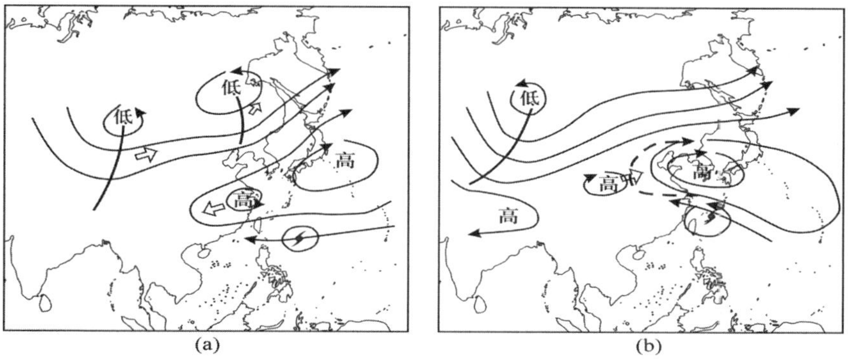

图4-31　副高与热带气旋的移动关系

2. 西风带槽脊的影响

西风带长波槽脊对热带气旋移动的直接影响主要在热带气旋转向以后。当深厚的西风槽槽底南伸到35°N以南时，常迫使西太平洋副高减弱东撤，这时热带气旋在槽前西南气流引导下转向北或东北方向移动（如图4-32所示）。如果西风槽位置偏北或以短波槽的形式快速东移，则对热带气旋的移动影响不大。此外，西风带长波发生调整时，往往引起西太平洋副高的位置、强度和形状的变化，进而引起热带气旋路径的变化而出现异常。

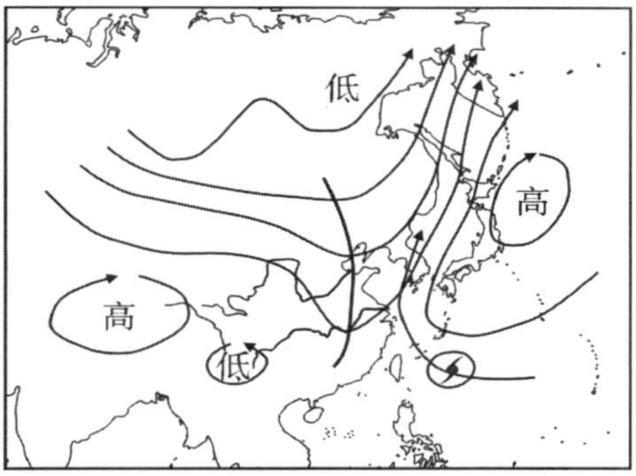

图4-32　西风槽与热带气旋的移动关系

3. “双热带气旋”效应

在夏、秋季节同一洋面上同时出现多个热带气旋，当两个热带气旋相距20个纬距以内时，会产生明显的相互作用，称为“双热带气旋”效应。由于双热带气旋之间的相互作用，往往出现相互逆时针旋转、停滞、摆动或打转等复杂路径。一般来说，双热带气旋相互绕转，其旋转点的位置与两个热带气旋的强度、范围及外部流场的强弱有关。若两个热带气旋强度相差不多，同时环境流场很弱，则旋转点基本上在两个热带气旋中心连线的中点附近；若两个热带气旋的强度不等，则旋转点比较靠近强热带气旋一侧。

（三）世界大洋热带气旋的典型移动路径

图4-33为全球各大洋上热带气旋的主要移动路径。从图中可以明显看出，在北半球洋面上，大部分热带气旋路径为西行、西北行和抛物线转向型；在南半球洋面上，大部分热带气旋路径为西行、西南行和反抛物线转向型。

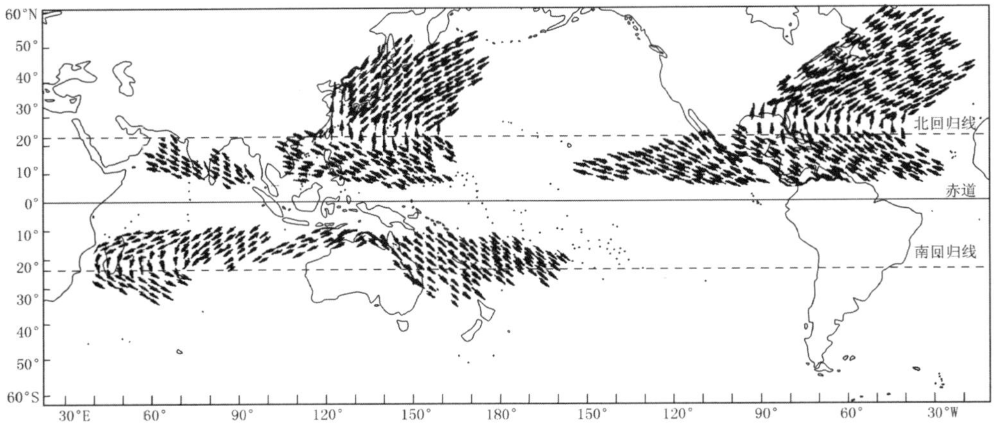

图4-33　全球各大洋上热带气旋的主要移动路径

但从历史资料上看，具体的每个热带气旋移动路径都不相同，有的路径简单，有的路径十分复杂。

（四）西北太平洋热带气旋的移动路径

人们收集西北太平洋的热带气旋路径资料已有上百年的历史，严格地说每个热带气旋的路径都是不一样的，有的呈直线，有的呈抛物线，有的简单，有的复杂。根据西北太平洋热带气旋的活动情况，利用多年的资料进行分类分析，西北太平洋的热带气旋路径大致分为：西行路径、西北路径（登陆类）、转向路径（抛物线型）和异常路径四类（如图4-34所示）。

1. 西行路径

热带气旋一般从菲律宾以东洋面一直向西移动，经过我国南海，在华南沿海、海南岛或越南一带登陆。西行路径的纬度随季节南北移动，自初春至夏、秋季，逐渐北抬，然后南撤。此类路径热带气旋约占西北太平洋热带气旋总数的19%，盛行期为每年9月至次年2月。

2. 西北路径（登陆类）

热带气旋从菲律宾以东向西北偏西方向移动，在我国台湾、福建一带登陆；或从菲律宾以东向西北方向移动，穿过琉球群岛，在浙江一带登陆。此类路径热带气旋约占西北太平洋热带气旋总数的27%，盛行期为每年7—9月，每年平均有8个热带气旋登陆。

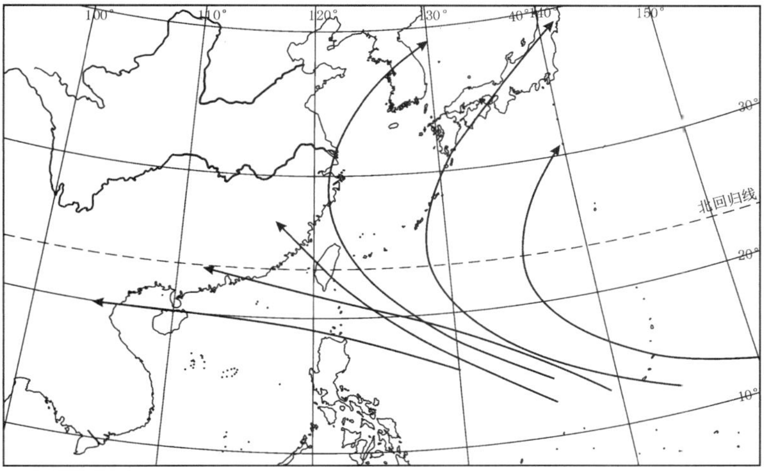

图4-34 西北太平洋热带气旋移动主要路径图

3. 转向路径（抛物线型）

热带气旋在菲律宾以东洋面或我国台湾以东或日本以南洋面上先向西北移动，再转向北上，然后转向东北方向。转向路径的转向点纬度和经度随季节不同而变化，自冬至夏转向点从低纬度向高纬度推移，盛夏达到最北，而从秋到冬又向低纬度迁移。转向点的经度变化是5—9月逐渐向西移动（称为近海转向类），10—12月向东移动（称为远海转向类）。转向类热带气旋约占西北太平洋热带气旋总数的49%。

4. 异常路径

除上述主要常规路径之外，有时也可出现复杂多变的异常路径，如蛇行、摆动、打转、停滞、突然加速和突然转向等不规则移动情况。此类路径热带气旋约占西北太平洋热带气旋总数的5%。

（五）热带气旋路径的季节变化

热带气旋路径随季节变化而有所不同，夏季多为西北行路径，其他季节多为西行路径和转向路径。1—4月热带气旋基本在10°N以南西行，热带气旋从菲律宾以东一直向偏西方向移动，主要影响菲律宾、马来西亚、新加坡，或在菲律宾以东洋面上急转向东北，这时热带气旋很少影响我国。5—6月，热带气旋主要在10°N ~ 15°N西行进入南海，在华南沿海、海南岛或越南一带登陆。或者在120°E ~ 125°E转向东北方向，如果热带气旋在远海转向，经我国台湾东南洋面，主要袭击日本或在海上消失；如果热带气旋在近海转向，大多影响韩国、朝鲜。7—9月，热带气旋主要有4条路径：其一是经我国台湾西南，登陆我国广东；其二是经我国台湾东北，在我国福建、浙江或者华东登陆后突然转向东北，可能影响山东半岛和辽东半岛；其三是向西北方向移动时，突然转向东北方向，在日本登陆，随后在日本以东洋面消失；其四是热带气旋在北上的后期突然折向西北行，这时又会影响我国山东和辽宁沿海。10—12月，热带气旋又将偏南，在15°N以南西行，主要影响菲律宾和越南沿海；或者在菲律宾到我国台湾以东洋面转向东北，有可能影响日本。

（六）热带气旋的移动速度

热带气旋的平均移速为20 ~ 30 km/h，最快可达100 km/h。热带气旋的移速与其移动路径有一定关系。对于转向类热带气旋，转向前在东风带内移动时，移速会比转向后进入西风带时慢一些，转向时最慢。热带气旋加强时移速较慢，减弱时移速较快。另外，当热带气旋出现异常路径时，往往移速减慢，甚至停滞不动。

七、南海热带气旋

（一）南海热带气旋概况

南海是我国与南亚、非洲和欧洲等地区之间的重要海上通道。这里又是热带气旋频繁发生和活动的海域。南海每年平均出现达到热带风暴强度的热带气旋有9个，约占西北太平洋总数的1/3，相当于北大西洋出现的总数。这些热带气旋当中，大约有1/2在西太平洋形成之后从菲律宾以东移入南海，其余1/2是在南海地区由热带低压发展而成的。南海热带气旋全年各月均可发生，其中8—9月最多，约占总数的45%，1—3月极少。大多数南海热带气旋发生在10°N以北，比西太平洋热带气旋要高5个纬度，主要出现在南海中部偏东的海面（12°N ~ 20°N ，112°E ~ 120°E）。绝大部分南海热带气旋形成于热带辐合带上，少数是由东风波或其他扰动形成。北部湾和我国大陆南部沿海海面以及10°N以南的南海南部，只有极少数热带低压发生，且不易发展成台风。南海热带气旋从生成到登陆历时很短，对华南天气影响很大，登陆时间大多集中在7—9月。

（二）南海热带气旋的特点

（1）南海热带气旋水平范围较小，垂直伸展高度低，云系分布不对称。南海热带气旋的直径平均300 ~ 500 km，最小的不到100 km；垂直伸展高度6 ~ 8 km ，最高达10 km左右。云区最广、云层最厚、雨量最大的区域一般在南海热带气旋移向的右前部，左后部与之相反。

（2）南海热带气旋强度较弱。与西太平洋热带气旋比较，强度大的南海热带气旋较少，仅占总数的1/3左右。统计分析表明，南海热带气旋中心最大风速一般在35 m/s，个别达到50 m/s；中心气压一般为980 ~ 990 hPa，最低达960 hPa，很少观测到950 hPa以下的气压值。一般认为这是其生成以后很快就登陆，没有得到充分发展的缘故。

（3）结构特殊。第一种是“豆台风”“微型台风”,在南海形成的热带气旋中的一种小而强的热带气旋。这种热带气旋的特点是发展迅速、移动快、生命史短、破坏力大，带有龙卷风的性质。热带气旋气压曲线呈“漏斗”状，在地面图上，往往只能画一根闭合等压线，有时只能看到低压环流。6级大风范围不超过50 ~ 100 km。有时南海热带气旋连闭合等压线都分析不出来，只有台风涡旋环流。这种小而强的台风若不注意，同样可以带来巨大的损失。第二种是“空心台风”，其特点是外围风力比中心附近大，过境时地面气压曲线呈“脸盆状”。这种热带气旋常常受周围系统的影响而使某外部部位风力加大。例如，大陆冷空气南下，与南海热带低压相遇，使热带低压西北侧的东北风加大；或者副热带高压加强西伸，使热带低压东北侧的东南—偏南风加强；或者西南季风爆发，使热带低压南侧的西南风加大。第三种俗称“短命”台风，其特点是生命史短，为1天左右，水平范围半径100 ~ 150 km，中心最低气压980 ~ 990 hPa，大多处于近海。在它发展初期移动路径复杂，到后期大多向西到西北方向移动，多在海南东部、广东西部、广西沿海登陆。这类台风登陆前各种征兆不明显，容易导致麻痹大意而使预报失败。

（三）南海热带气旋的路径

南海热带气旋移动路径受高空流场影响较大。夏季，当西太平洋副高势力较强、高空形势较稳定时，南海热带气旋的路径多是西行或倒抛物线型。当高空环流较弱，或有“双台风”影响时，它常在海上打转，路径无规律。过渡季节或冬季，遇强冷空气南下，南海北部东北气流增强时，可使南海热带气旋南移。据统计，南海热带气旋进入18°N以北，115°E以西后，一般向西北偏西方向移动，很少北移或转向。

南海热带气旋生成以后其主要移动路径大致可归纳为四种类型：正抛物线型、倒抛物线型、西移型和打转后北上型。图4-35是前三类路径的示意图，其中正抛物线型路径多发生在4—6月，倒抛物线型多发生在7—8月，西移型多发生在6—12月，它们的位置6—9月偏北，10—12月偏南。

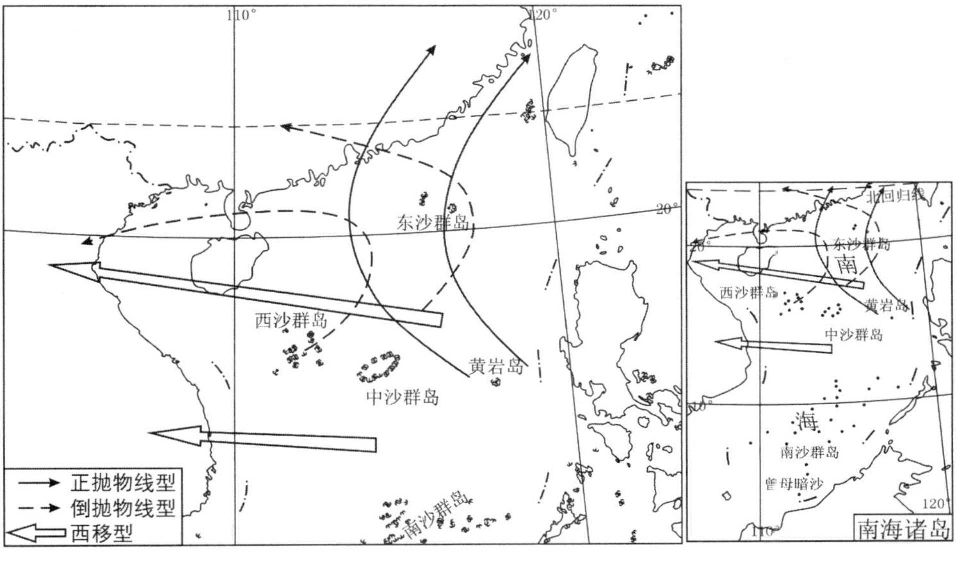

图4-35 南海热带气旋路径图

南海热带气旋的异常路径中，较多的是“双台风”和突然折向的问题。在出现“双台风”时，南海热带气旋路径复杂多变。一般来说，当东、西两个热带气旋相距小于等于

14个纬距时，相互作用比较明显；北上热带气旋突然西折，发生在盛夏和秋季，但环流形势和引导气流不同。在盛夏主要考虑海上副高和大陆副高的强度、位置变化，而入秋以后的突然西折路径主要与冷空气活动有关。由于一般热带气旋不可能穿越其北侧斜压性很强的锋区，常受阻减速而后西折。因此，入秋后进入南海或在南海生成的热带气旋在向西北方向移动过程中，要注意冷空气的动向及强度变化，尤其在中低层引导气流不一致时，需要着重考虑低层气流引导作用。

八、船舶测算和避离热带气旋

（一）热带气旋来临前的征兆

热带气旋来临前天象、物象和海象等方面的预兆，可以帮助我们判断航行海区附近是否有热带气旋活动，或为我们提供附近已知热带气旋活动的最新动向，其中有些预兆具有很高的参考价值。

1. 云

当热带气旋外围接近时，天边出现辐辏状卷云（亦称为马尾云），并逐渐变厚、变密，辐辏状云中心的方向就是热带气旋所在的方向。随着热带气旋的移近逐渐出现了卷层云、高层云和层积云，低空伴有的灰黑色碎层云和碎积云随风急驰。在中纬度地区，高云一般是从偏西向偏东方向移动的。但是，当热带气旋西行时，高云随热带气旋自偏东向偏西方向移动。因此，如果看到高云移向反常，可作为热带气旋来临前的征兆。

2. 天色

当距热带气旋中心约1 000 km时，有时会看到天空的颜色由正常的颜色转变成霞一般的颜色。这种变化不一定发生在早、晚，因此不会与早、晚霞混淆起来。

3. 涌浪

热带气旋造成的巨大波浪，能向四周传播到很远的距离。其传播速度比热带气旋本身移速快3倍以上，因此，在热带气旋来临之前1～2天，涌浪将首先到达。如果无风来涌浪，说明远处可能有热带气旋（或其他风暴）存在。如天气谚语“无风起长浪，不久风雨狂”，这里说的长浪就是涌浪。

4. 海响

在热带气旋到来前一两天，某些地方有时可以听到海响，像远处吹号角的声音一样。海响与平常风浪所引起的响声不同，它往往是在寂静时才能听到，持续时间较长，有时在两个地点同时发生。广东汕头一带就有“东吼叫，西吼应，台风来到鼻梁根”的说法。

5. 潮汐潮流异常

潮流流向变乱、流速变急，潮位急增或急降，涨潮、落潮的时刻异常等现象，都有可能是热带气旋来临的征兆。

6. 风和气压

当热带气旋接近时，当地的盛行风会发生改变。在信风区域内，在小范围内发现东风风速比平均值大25%以上时，就应当提高警惕，尤其是在流线有气旋性弯曲的地方。以我国沿海为例，在南海沿岸西南风季节里，或是在东海、黄海沿岸南风、东南风季节里，遇到东风或东北风出现并逐渐加强，表明可能有热带气旋来临。热带气旋到达前2～3天，气压总的趋势是下降的，但是还可以看出日变化。随着热带气旋的接近，气压明显下降，日变化消失。

需要特别注意，对于上述热带气旋预兆，应根据多种资料进行综合分析，切勿单凭其中某一条就简单下结论。

（二）热带气旋中心方位判定法

1. 观察云和涌

如前所述，热带气旋临近，但尚未受其环流影响时，就可以看到远处天边出现辐辏状卷云。这种云在水天线上的汇聚点方向指示热带气旋中心所在的方位；在外海，有规律的和不断增强的涌浪的方向指示热带气旋中心（或其他风暴中心）所在的方位。

2. 根据风压定律

当船舶受到热带气旋环流的影响时，可根据船上观测到的真风向和真风速来判断热带气旋的中心方位。背真风向而立，以正前方为0°，在北半球，热带气旋在左前方45°～90°的方位；在南半球，热带气旋在右前方45°～90°的方位。当风力为6级以下时，中心在45°左右；当风力为8级时，在67.5°左右；当风力大于等于10级时，在90°左右，如图4-36所示。

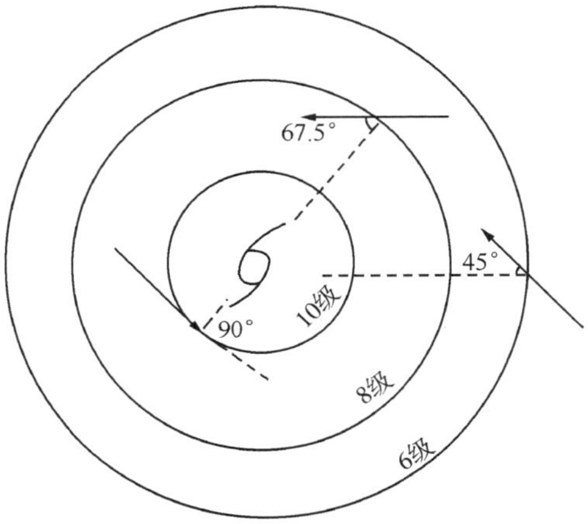

图4-36 根据风向、风力判断台风中心方位

（三）热带气旋的部位及判定

1. 热带气旋的部位划分

顺着热带气旋的移动方向往前看，把热带气旋分成两个半圆，分别称为右半圆和左半圆。如图4-37所示：在北半球，右半圆称为危险半圆，左半圆称为可航半圆；在南半球则相反，右半圆称为可航半圆，左半圆称为危险半圆。在北半球右前象限又称为危险象限，在南半球左前象限称为危险象限。

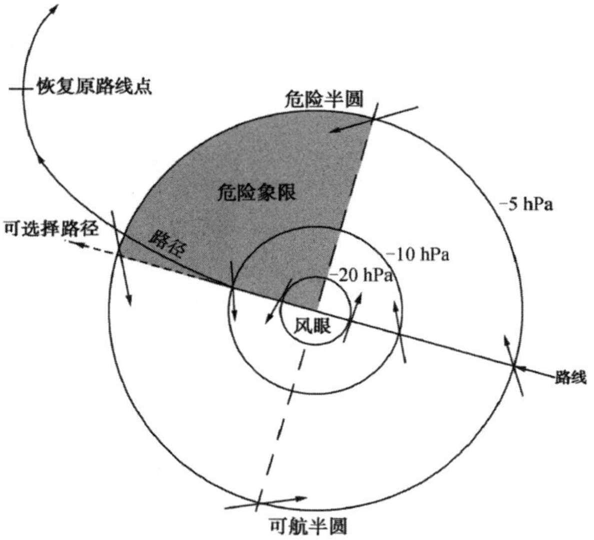

(a)北半球

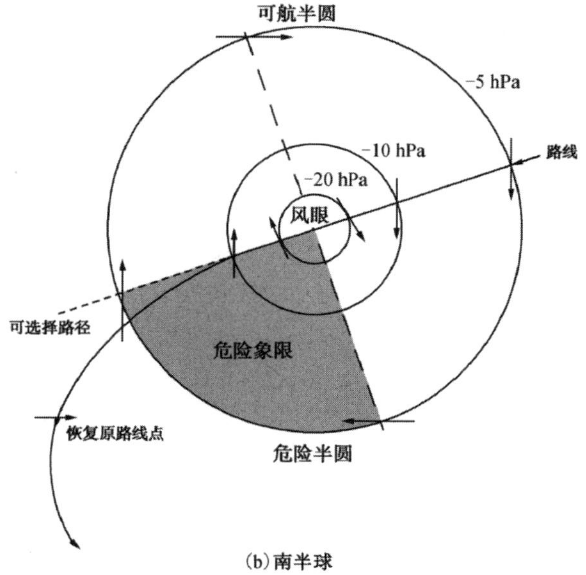

(b)南半球

图4-37　危险半圆和可航半圆

北半球热带气旋的右半圆被称为危险半圆有以下理由：

（1）在北半球热带气旋中，风绕中心沿逆时针方向吹，右半圆各处的风向与热带气旋整体的移向接近一致，风速与热带气旋移速两者叠加，使风力加大。特别是右半圆中心附近后部，由于风时和风程较长，波高最大。据统计，热带气旋最大波高出现在右后象限距中心20～50 n mile的地方；在左半圆，风向与热带气旋移向基本相反，矢量叠加，风力被抵消一部分，风力相对较小。

（2）北半球热带气旋的右半圆一般与副高相邻，两个气压系统相互靠近，水平气压梯度加大，这也使右半圆的风力大于左半圆。

（3）当船舶处于右半圆（尤其是右前象限）时，容易被吹进热带气旋中心的移动路线上，一旦被吹进中心，就不容易驶离。此外，北半球大多数热带气旋向右转走抛物线路径，一旦转向，处在危险半圆的船舶被卷入热带气旋中心的危险性很大。

同理可知，在南半球左半圆为危险半圆，而右半圆为可航半圆。

这里必须注意的是，危险半圆和可航半圆只是相对而言的，实际上，在可航半圆航行时同样会遭遇狂风巨浪袭击，严重威胁船舶安全。

2. 热带气旋部位的判定

船舶一旦误入热带气旋影响区，必须首先根据能够得到的气象部门发布的热带气旋报告或警报，正确地判断船舶在热带气旋中所处的部位，再采取适当的航法尽快驶离。

在缺乏气象台发布的热带气旋中心位置和移动方向等情报的特殊情况下，可以利用本船现场观测的真风和气压随时间变化来判断船舶所处的热带气旋部位。

（1）判断左、右半圆

如图4-38所示，处于滞航状态下的船舶每隔一段时间进行几次连续观测，不论南、北半球，当真风向随时间顺时针方向变化时，表明船舶处在热带气旋右半圆；当真风向逆时针方向变化时，表明船舶处在热带气旋左半圆。若真风向基本不变，则表明船舶处在热带气旋的进路上。

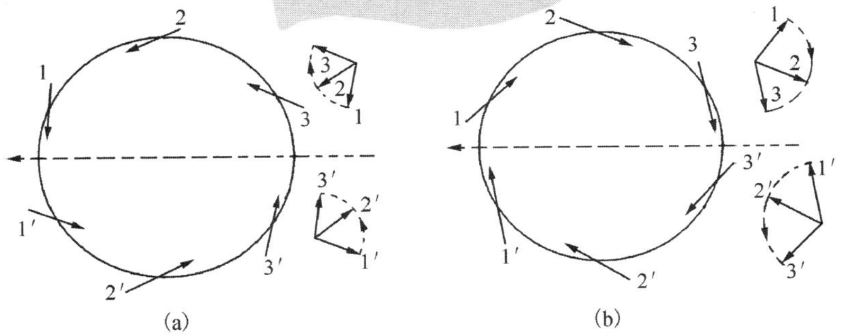

图4-38 热带气旋南、北半球的左、右半圆的风向变化规律

（2）判断前、后半圆

当船舶越接近热带气旋中心附近时，风力越大，气压越低。当风速随时间增大（或气压随时间降低）时，表明船舶处在前半圆；当风速随时间减小（或气压随时间上升）时，

则表明船舶处在后半圆。

例如，在北半球，当风向顺转、风力增大（或气压下降）时，则可判定船舶处在危险象限（右前象限）；在南半球，当风向逆转、风力增大（或气压降低）时，则表明船舶处于危险象限（左前象限）。同理，可以判定出其他3个象限。若风向不变而风力增大或气压降低，则表明船舶在热带气旋中心进路正前方；若风向不变而风力减小（或气压上升），则表明船舶处在后半圆热带气旋中心的尾迹上。

注意，当热带气旋转向时可能停滞不前或原地打转，船舶观测的风和气压都不会有显著变化，此时上述方法是无效的。

当船舶离热带气旋中心非常近时，即使有气象台报告的热带气旋位置，由于热带气旋中心定位存在一定误差，因此，这时也需要船舶利用现场观测资料，自行判断船舶所处的实际部位。

（四）热带气旋不同部位的航法

在海洋上，若船舶误入危险半圆，应使右舷船首顶风全速驶离，保持风从右舷（南半球为左舷）10°～45°来，直到离开危险区域为止，如图4-39中*A*船（南半球为*C*船）虚线所示。

若船舶位于可航半圆，则应以右舷（南半球为左舷）船尾受风脱离，保持受风角为30°～40°，船舶相对于热带气旋的航迹如图4-39中*B*船（南半球为*D*船）虚线所示。

若因风浪过猛或其他原因无法向前航行，应采取滞航的办法来操纵船舶，这样，随着热带气旋的移动就会逐渐脱离其控制。

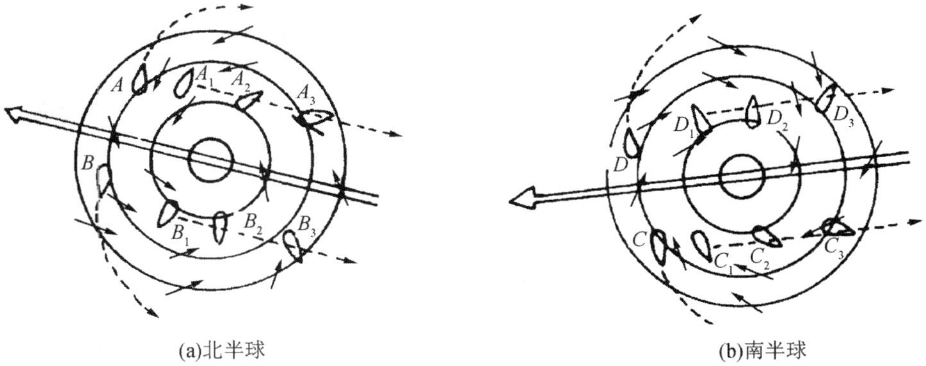

图4-39 脱离热带气旋驾驶法示意图

（五）船舶避离热带气旋的常用方法

1. 避风锚地的选择

当热带气旋来临时，在近海航行的船舶应及时避离，选择封闭式或背风的港口避风。如果没有这种条件，则应将船驶向外海深水区，全力以赴准备抗御。切不可犹豫不决，停留在近岸浅水海域或迎风港口中。

例如，大连港开口朝东南方向，如果预报是偏北风，可在内锚地避风。但如果预报是偏南风，则应及时将船舶从内锚地调往外锚地。

2. 船舶根据台风动态图避台

船舶在大洋上航行时，遇到热带气旋可以制作船舶与台风动态图进行避台。首先根据台风路径预报信息画出主要时间点的10级大风圈和7级大风圈；其次点绘预定航线上主要时间点的船舶位置，判断是否进入10级和7级大风圈；最后根据本船实际情况综合分析设计并确定避台航线的转向点和航法。图4-40是船舶根据台风动态图避台示意图，*P*线为台风移动路径，*P*线上标注了20日06时至22日06时的台风预报位置。*OA*为船舶预定航线，22日03时船舶在*A*点，船舶与台风距离最近。根据综合动态图，可以设计航线1：从*O*点航至B_1（*O*点与7级风圈切点），再到C_1点，船舶在安全区航行，称为安全航线；航线2：从*O*点航至B_2（*O*点与10级风圈切点），再到C_2点，船舶在风险区航行，称为风险航线。根据船舶自身抗风险能力确定避台航线的转向点，达到避离台风的目的。

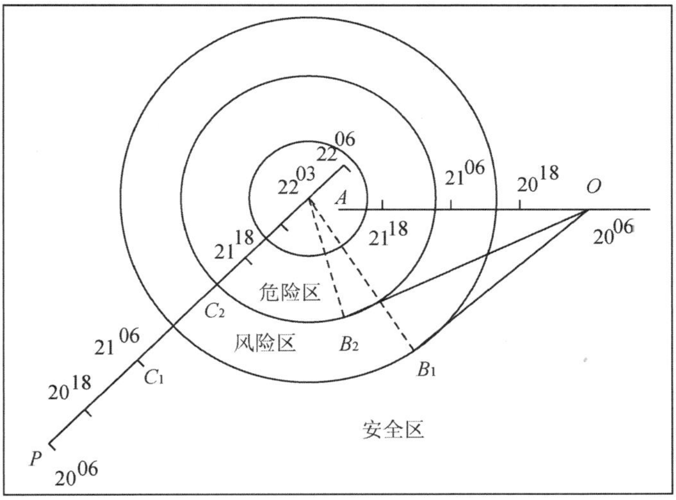

图4-40　船舶根据台风动态图避台示意图

3. 避离热带气旋与温带气旋方法的比较

航行在大洋上的船舶对待热带气旋和温带气旋这两种风暴系统要采取不同的对策和措施。例如，对热带气旋一定要避离或绕航，与热带气旋中心保持一定的距离，绝对不能穿越中心航行；温带气旋影响范围广大，跨洋航行时采用绕航的方法则不可取，必要时完全可以穿越其中心区域，因为温带气旋的最大风浪区位于中心的西南偏南部位。

九、热带气旋与温带气旋的比较

热带气旋和温带气旋的流场特征均为低层北半球逆时针（南半球顺时针）旋转向中心

辐合，高层北半球顺时针（南半球逆时针）旋转向四周辐散，并伴有上升运动。热带气旋与温带气旋不同之处主要有以下诸方面。

（1）发生源地不同：热带气旋发生在热带高温、高湿的洋面上，而温带气旋发生在中高纬度大陆和海洋上。

（2）移动路径不同：热带气旋的移动路径不像温带气旋那样一般自西向东移动，而是在热带洋面上一般自东向西偏向高纬度移动，或转向后进入西风带，且偏向高纬度移动。因此，热带气旋的移动路径多为直线型和抛物线型。

（3）结构不同：热带气旋在一个气团内部形成，不存在锋面。在发展强烈的热带气旋中心，有一个直径10～60 km的眼区，风力很小，天气晴朗少云，眼区外部属于狂风暴雨、巨浪暴潮、电闪雷鸣的涡旋区；温带气旋由2～3个气团组成，有锋面，很少有眼区，阴雨天气不对称出现在中心及锋面附近。

（4）影响范围不同：热带气旋影响范围小，一般为几百千米；温带气旋影响范围大，一般在1 000 km甚至更大。

（5）气压和大风分布不同：图4-41是取13个中心气压接近950 hPa的冬季太平洋强温带气旋及25个太平洋热带气旋的平均值，得出的风速分布曲线和气压分布曲线。由图可以看出，热带气旋外围气压变化平缓，在涡旋区呈漏斗状降低，眼区达到最低值；温带气旋的气压从外围到中心呈线性缓慢降低；热带气旋与温带气旋的大风具有不同分布特征，环绕热带气旋眼区存在一个能量（动能）高度集中的特大风区，其最大风速大于温带气旋，但热带气旋8级以上的大风范围远小于温带气旋。

（6）温压场性质不同：热带气旋的温压场基本对称分布，是典型的暖性低气压，属于特殊的深厚系统；温带气旋的温压场基本不对称，随着发展演变最终成为冷性低涡。

（7）能量源泉不同：热带气旋的能量主要来自潜热能释放，而温带气旋的能量主要来自位能的释放。

（8）降水量不同：热带气旋的降水量十分惊人，过程降水量总在几百毫米，甚至上千毫米，而温带气旋完全不可与之相比。

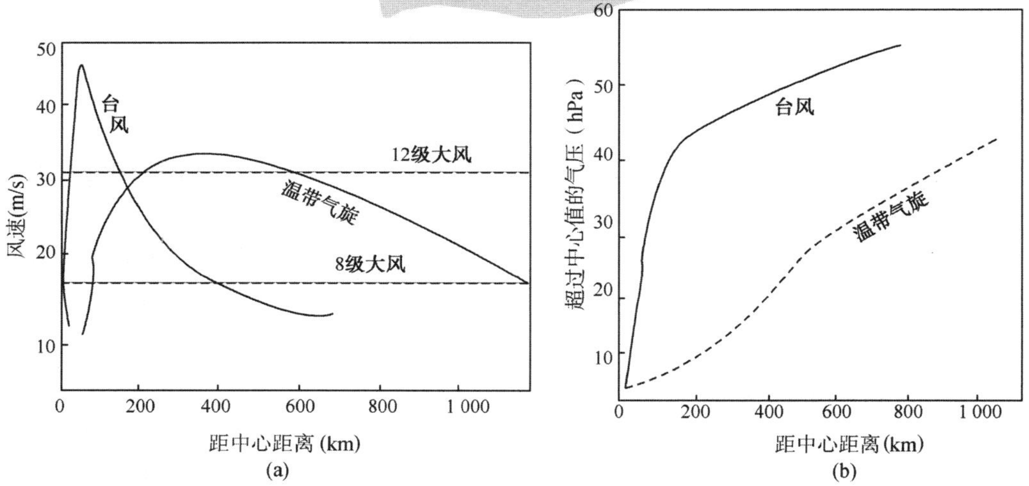

图4-41　热带气旋与温带气旋的比较

第七节●强对流性天气系统

强对流性天气是指发生突然，天气变化剧烈，破坏力极强，常伴有雷雨大风、冰雹、龙卷风、局部强降雨等的强烈对流性灾害天气，是具有重大杀伤性的灾害性天气之一。在暖季，在大气层结处于不稳定状态、空中有充沛水汽、有足够对流冲击力的条件下，大气中对流运动得到强烈发展，形成对流性天气系统。强对流性天气发生于中小尺度天气系统，空间尺度小，一般水平范围在十几千米至二三百千米，水平尺度一般小于200 km，有的水平范围只有几十米至十几千米。其生命史短暂并带有明显的突发性，为1 h至十几小时，较短的仅有几分钟至1 h。典型的强对流性天气系统有雷暴、飑线和龙卷等。

一、雷暴

雷暴（Thunderstorms）是伴有雷击和闪电的局地强对流性天气。雷暴常出现在春、夏季之交或炎热的夏季，大气中的层结处于不稳定状态时容易产生强烈的对流，云与云、云与地面之间电位差达到一定程度后就要发生放电现象，常伴有大风、阵性降雨或冰雹，雷暴天气总是与发展强盛的积雨云联系在一起。从积雨云的出现到消失，具有很强的局地性和突发性，水平范围只有几千米或十几千米，在时间尺度上也仅有2～3 h。通常将没有降水的闪电、雷鸣现象称为干雷暴；把只伴有阵雨的雷暴称为一般雷暴；把伴有暴雨、阵性大风、冰雹、龙卷等严重灾害性天气现象之一者，称为强雷暴。在天气预报中，人们常常说的雷雨大风等强对流性天气，就是指伴有强风或冰雹的这种雷暴天气。

（一）雷暴的生命史

产生雷暴的积雨云叫作雷暴云或雷暴单体。一次雷暴过程并不只是一块雷暴云，而往往由几个或更多个处于不同发展阶段的雷暴单体组成。这些雷暴单体虽然处于同一个雷暴云中，但每个单体都具有独立的云内环流，其生命史大致可分为发展、成熟和消散三个阶段，每个阶段持续十几分钟至半小时。

1. 发展阶段

发展阶段即积云阶段。主要特征是上升气流贯穿整个云体。地面风一般较弱，低层有向云区的辐合气流，促使上升运动发展。

2. 成熟阶段

成熟阶段的特征是云中出现降水以及降水拖曳的下沉气流。由于云中上升气流不断发展，雨滴不断增大，当雨滴增大到上升气流托不住时，就开始降水，并伴有放电现象，出现闪电和雷鸣。由于降水物的拖曳作用，其后部出现下沉气流，从而导致地面出现阵性大风。

3. 消散阶段

这阶段的主要特征是云中以下沉气流为主。当雷暴云减弱消散时，伴随下沉气流，其他天气现象也逐渐减弱。

（二）雷暴的天气特征

雷暴属于小尺度强对流性天气系统，其水平范围只有几十米至十几千米，生命期只有几分钟至几小时。雷暴过境时，气象要素发生剧烈变化，如气压猛升，风向急转，风速大增，气温突降，电闪雷鸣，大雨倾盆。强烈的雷暴甚至带来冰雹、龙卷风和下击暴流等灾害性天气。

（三）引发雷暴的对流特征

1. 热力对流引起的雷暴

陆地在夏季午后受太阳辐射，常在近地面层形成绝对不稳定层结，引起局地热对流，形成的雷暴称为热雷暴。由于热力对流的强度和高度都比较小，所以它形成的雷暴强度不大，历时短暂，很少移动，产生的天气也不严重。陆地热雷暴主要发生在午后，海上热雷暴大多发生在后半夜或凌晨前后。

2. 动力抬升作用引起的雷暴

形成雷暴的动力抬升作用一般包括以下三类：

（1）锋面抬升：锋面的移动迫使暖湿不稳定空气沿锋面抬升，从而发展成对流天气，尤其是加速移动的强冷锋，其锋面坡度大，抬升作用强，造成强烈对流，发展成雷暴。如果锋区上空有高空槽等系统配合，可发展成强雷暴。锋面动力抬升形成的雷暴，一般影响范围大，维持时间长，产生的坏天气比较严重。

（2）低层气流辐合抬升：一些出现在低空的天气系统，如低压槽、切变线、热带气旋等会引起低层气流水平辐合，触发对流发展，形成雷暴。当低层气流辐合场上空有辐散场叠置，而且高空辐散量大于低层辐合量时，低层辐合量不断增多，导致强烈对流发展，形成强雷暴。

（3）地形抬升：当低层层结不稳定的气流遇到山地时，受地形的动力抬升作用，促使对流发展，产生雷暴。

(四) 雷暴的活动特征

雷暴活动具有一定的地区性和季节性。雷暴可以在世界任何地方发生，甚至发生在两极和沙漠地带，但通常在低纬度的地方（特别是热带雨林地区）会较频繁地发生，甚至每日都会发生。总之，低纬度雷暴出现的次数多于中纬度，中纬度又多于高纬度。这是由于低纬度空气终年处于高温、高湿的不稳定状态，容易形成雷暴；中纬度夏半年，近地层大气增温、增湿，大气层结不稳定度增大，同时经常有天气系统活动，雷暴次数也较多；高纬度气温低、湿度小，大气层结比较稳定，雷暴很少出现。就同纬度来说，雷暴出现次数，一般是山地多于平原，内陆多于沿海。一年中雷暴出现最多的是夏季，春、秋季次之，冬季除暖湿地区外，极少出现。

用雷暴日表征不同地区雷暴活动的频繁程度，即统计某地区一年中有雷暴放电的天数，一天中只要听到一次以上的雷鸣就算一个雷暴日。根据雷暴活动的频度和雷电灾害的严重程度，我国把年平均雷暴日数大于90日的地区叫作强雷区，大于等于40日的地区为多雷区，大于等于15日且小于40日的地区叫作中雷区，小于15日的地区叫作少雷区。我国年平均雷暴日统计表明，海南岛及广东的雷州半岛大于100日；23° N以南地区大于80日；长江以南地区大于40日；长江以北大部分地区在15～40日；西北地区小于15日。

雷暴移动受地理条件影响很大。在山区受山地阻挡，雷暴常沿山脉移动，如果山地不高，发展强盛的雷暴可越山而过。在海岸、江河、湖泊地区，白天因水面温度较低，常有局部下沉气流产生，致使雷暴强度减弱甚至消失，而一些较弱雷暴往往因不能越过水面而沿岸移动，但在夜间，雷暴可能增强。

二、飑线

飑线是带状雷暴群所构成的风向、风速突变的狭窄强对流天气带。雷暴云的发展常常不是孤立的单体，而是对流云群。在适当的条件作用下，对流云群呈带状排列，形成带状分布的雷暴或积雨云带天气——飑线天气。飑线过境时，风向突变、风速急增、气压骤升、气温剧降，同时伴有雷暴、暴雨，甚至冰雹、龙卷和下击暴流等天气现象，因而飑线是一种破坏力很强的严重灾害性天气。

(一) 飑线的形成

具有不同特征的两个气团相互碰撞是飑线形成的必要条件。最常见的情况是冷气团与暖气团碰撞，但也有干空气与湿空气碰撞。无论哪种情况，高空中均有风切变。相邻的两股风方向和速度都不同时，就会发生风切变。它可以使上升的空气离开云顶。大多数飑线开始于干燥、密度较大的冷空气。

飑线产生于强烈不稳定的气流中，与高空急流也有一定的联系，多发生于急流区或风的铅直切变较大的区域。

飑线虽属中尺度天气系统，但其形成和发展与一定的大尺度天气形势有关。飑线多出现在高空槽后和冷涡的南或西南方；有时出现在高空槽前、副热带高压西北边缘的低空西南暖湿气流里；少数飑线产生于台风前部的倒槽或东风波里。从相应的地面形势看，大部分飑线与锋面活动有关，主要发生在地面冷锋前100 ~ 500 km的暖区内。

（二）飑线的一般特征

（1）飑线属于中尺度对流型天气系统。飑线的水平长度从几十千米到几百千米，一般为150 ~ 300 km。宽度一般为1 km到几千米，最宽几十千米或上百千米。垂直范围只有3 km左右。维持时间多为4 ~ 18 h，短的只有几十分钟。

（2）飑线过境伴随雷暴高压。在飑线前为低压区，常可分析出闭合的中尺度低压系统，对应的温度场是暖区，为辐合气流。飑线后面是冷性的中尺度高压，称为雷暴高压，对应地面为辐散流场，如图4-42所示。

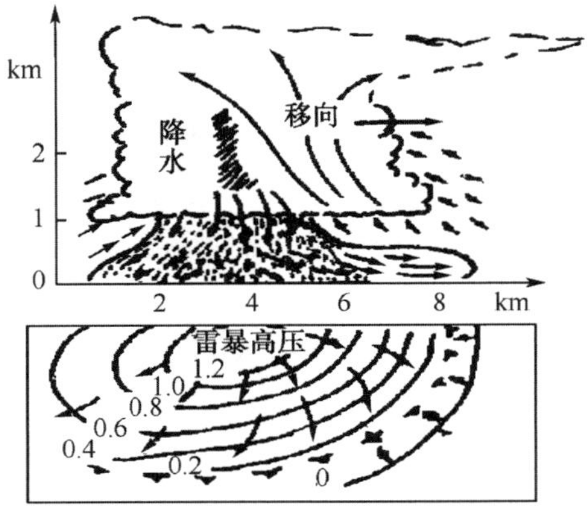

图4-42　雷暴云和雷暴高压

（3）飑线附近等温线很密集，两侧的温度差大。飑线之前为暖区，飑线之后变为明显的冷区，看起来很像冷锋，有“伪冷锋”之称。

（4）飑线前、后的风具有气旋性切变。飑线之前多为偏南风，飑线后急转为偏北、偏西风，飑线上有十分明显的风向辐合。飑线之后风速一般有20 m/s，有时可达40 m/s。

（5）飑线过境后则天气急剧变坏。图4-43是南京测站所记录的一次飑线过境时气象要素剧变的情况。飑线在19时15分经过南京测站，至20时，气压骤升8 hPa，温度剧降11 ℃，风速达38.9 m/s，邻近县下了冰雹，最大冰雹直径达10 ~ 11 cm，重量达0.6 kg。

（6）飑线常见于暖湿热带气团中，但大多数产生在温带气旋冷锋前附近的暖区中。

从以上分析可见，飑线处于雷暴云下沉冷空气的前缘，空间结构和冷锋酷似，都是冷、暖空气的分界面，过境时都伴有风向急转，风力增加，气温下降，气压上升，加之它又常出现在冷锋附近，因此，容易把它与冷锋混淆。尽管飑线与冷锋有不少相似之处，但也有很大差异，故又常将飑线称为“伪冷锋”或“假冷锋”。冷锋是两种不同性质气团的分界面，是大尺度系统，飑线则是在同一气团内部形成和传播的中尺度系统；飑线附近的天气现象比冷锋天气剧烈得多，气象要素的变化率也比冷锋附近大得多；飑线的移速一般比冷锋要快，有时甚至比冷锋快2～3倍；飑线强度有明显的日变化，而冷锋没有。

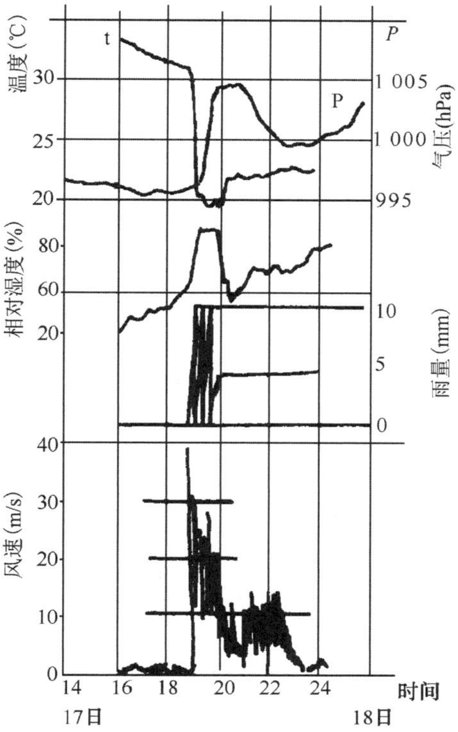

图4-43　飑线经过测站气象要素剧变的情况记录

（三）雷暴高压与雷雨大风

在成熟阶段的雷暴（包括锋面上的雷暴、飑线和局地强风暴）云的下方，一般都会出现一个冷性的中尺度高压，叫雷暴高压。

雷暴高压的形成机制主要是雷暴云发展到成熟阶段，开始出现降水和下沉气流，由于下沉气流中水滴的蒸发作用，下沉气流几乎保持饱和状态，所以下沉气流由上层到下层（包括云底以下）是按湿绝热增温的，升温率小，而上升气块在上升过程中，云下未饱和时，温度按干绝热下降，因而在云底以下直到地面，下沉空气的温度比四周要冷，在雷暴云的下方形成冷空气堆积，气压升高，这个高压就是雷暴高压，如图4-42所示。

雷暴高压的生成与雷暴云体的存在是相联系的。当雷暴云为对流单体时，其下方表现为一个雷暴高压，若对流系统为飑线，在加密观测的地面中尺度天气图上，常常可以分析出几个雷暴高压。雷暴高压中心值比四周的气压高出几百帕。强的雷暴高压一般能维持6～12 h，其水平范围在几十千米到二三百千米。高压范围内，大多有雷雨，在整个降水过程中，雷暴高压总是随着主要的降水区而移动的。

雷暴高压的形成常引起地面附近强烈的雷雨大风。在大气层结极不稳定的天气形势和条件下，强烈的上升运动形成浓重的积雨云，产生雷鸣闪电，雷暴云发展到成熟阶段，开始出现暴雨和下沉气流。由于下泻饱和气流升温率小，温度低于上升的暖湿气流，在雷暴云的下方形成冷空气堆积，气压升高，形成雷暴高压。这种强大的下沉气流到达地面后将转变为强的水平气流，当在距地面100 m的高度上，下沉气流为每秒几米时，在地面就可产生18 m/s以上的大风，从而造成灾害。这种在地面上或地面附近引起灾害性大风的向外暴流的局地强下降气流，称为下击暴流（Downburst）（如图4-44所示）。下击暴流在近地面上引起的强风是直线风，即从雷暴母体云下的雷暴高压中，基本上呈直线型向外流动，它的水平尺度为4～40 km。有时，在被强风破坏的整个区域内，包含了两个或更多的下击暴流，它们可称为下击暴流群，其水平尺度为40～400 km。当一个强风暴系统移动数百千米时，它能产生一连串的下击暴流群，水平尺度可达1 400 km，故又称为下击暴流族。这种下击暴流群或下击暴流族必然会给人类在更大的范围内带来严重的灾害。

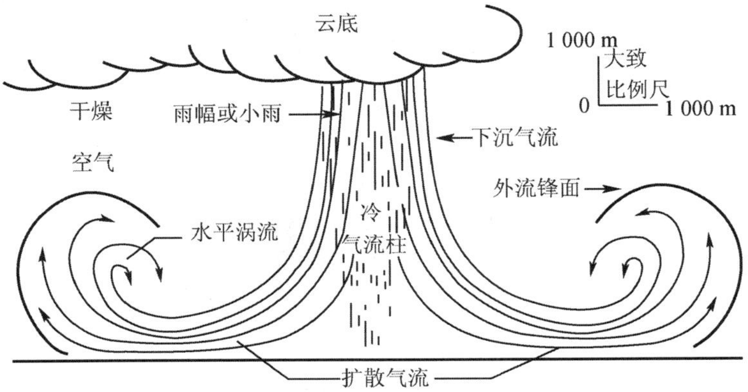

图4-44　下击暴流形成示意图

下击暴流来自1 km以上的空中，那里的风通常比地面风大很多，当这股气流迅速下降时，保持原来的风向、风速降至地面，于是造成强烈阵风（Gust）。阵风不但风速突增，而且风向与地面盛行风向不同，一般偏离20°～30°，如图4-45所示。这种具有突发性的局地短时阵性大风会危及船舶安全。除上述飑线之外，强风暴还包括超级单体和多单体风暴。

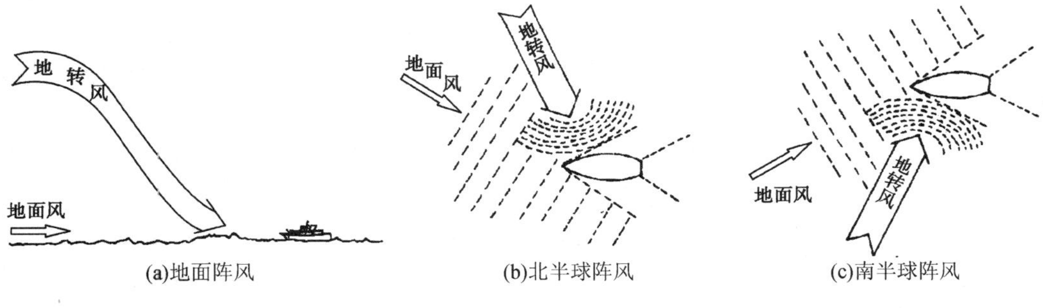

图4-45　雷暴气流下传形成的阵风

超级单体风暴云是具有单一的特大垂直环流的巨大强风暴系统，从环流来看，它是单一的实体，其水平尺度可达数十千米，是对流风暴中发展最强烈和最壮观的一类，它造成的天气也最强。在强烈超级单体风暴中，可以产生强烈的冰雹，这种风暴通常称为雹暴。超级单体风暴的一个明显特征是具有钩状雷达回波。超级单体是一种最强烈的局地风暴，但不常出现。

在大气中更常出现的一种强风暴叫多单体风暴。它们也是一种大而强的雷暴体，其中包含有几个单体，这些单体在风暴内横向排成一列，不断地在雷暴复合体的前侧发生、在后侧消亡，看起来风暴像一个整体运动。虽然每个单体的生命期不长，但通过上述单体的连续更替过程可以形成生命期很长的风暴体。

2015年6月1日晚间21时28分，重庆东方轮船公司所属的旅游客船“东方之星”号在长江湖北监利大马洲水道瞬间翻沉，船上载有454人，获救12人，遇难442人。调查组认定，“东方之星”号客船航行至长江大马洲水道时突遇飑线伴有下击暴流袭击，瞬间极大风力达12～13级（风速32～38 m/s），并伴有特大暴雨。船长虽采取了稳船抗风措施，但在强风暴雨作用下，最大风压倾侧力矩达到该客船极限抗风能力的2倍以上，船舶持续后退，处于失控状态，倾斜进水并在一分多钟内倾覆。

三、龙卷

龙卷是自积雨云底部伸出来的漏斗状的涡旋云柱伸展到地面时引起的强烈旋风，俗称龙卷风。当有龙卷出现时，总有一个“象鼻子”式漏斗状云柱自对流云的底部盘旋而下，有的能达到地面或水面，有的稍伸即隐或悬挂在空中。出现在陆地上的称为陆龙卷（Tornado），出现在海面上的称为海龙卷（Water spout）。

（一）龙卷的一般特征

1. 水平范围小

龙卷的水平尺度很小，近地层直径一般在几米到几百米，大的可达1 km左右。空中直径可达3～4 km，最大可达10 km。

2. 持续时间短

龙卷持续的时间很短，一般为几分钟至几十分钟。

3. 气压甚低

龙卷是一种强烈旋转的小涡旋，中心气压很低，一般比同高度四周低几十百帕。强龙卷中心附近的地面气压可降至400 hPa以下，极端情况可达200 hPa。正是龙卷内部气压的剧降造成了水汽的迅速凝结，龙卷才由不可见的空气涡旋变为可见的“象鼻子”式漏斗状云柱。

4. 风力甚强

中心气压很低、气压梯度极大，引发出强大风速和上升速度。据估计，龙卷中心附近的风速达每秒几十米到100 m/s，极端情况下可达150 m/s以上，最大上升速度达每秒几十至上百米。其风速分布是：自中心向外增大，在距中心数十米的区域达到最大，再往外，风速便迅速减小。

5. 破坏力大

龙卷极强的上升和水平气流具有巨大破坏力，能摧毁建筑物并能将上百吨重物卷入空中。如1956年9月24日，上海出现一次强烈的龙卷，一座三层楼房被吹塌，一座钢筋水泥的四层楼房被削去一角，一个重达110 t的大油桶被从地上拔起，并抛出120 m远。龙卷的巨大破坏能力是由龙卷中强大的风速和强大的内外气压差提供的，这两种作用把龙卷在行进途中所遇到的一切物体做力所能及的摧毁，同时被强风驱使而四处横飞的杂物、碎块像弹片一样打击其他物体。因此，经过龙卷的打击之后而不遭损坏的建筑和设施几乎是没有的。

6. 移动路径多为直线

龙卷的移动路径多为直线，移动速度平均为15 m/s，最快的曾达70 m/s。路径长度一般为5 ~ 10 km，短的只有300 m，个别长的可达300 km。龙卷的漏斗状云柱一般是垂直向下的，但有时也因空中风比地面风大，它的上部会顺着气流方向倾斜。“象鼻子”式漏斗状云柱倾斜的方向通常指示龙卷移动的方向，这可作为船舶避离龙卷时的参考。

（二）龙卷的形成

龙卷总是伴随强烈的对流云出现，因而龙卷形成的天气形势和条件与雷暴类似。但对于龙卷来说，由于对流现象更为强烈，它形成时所要求的大气层结不稳定性就更强。从湿度条件看，龙卷总是出现在较强的干、湿舌交汇地区。

龙卷可在各种大气系统中出现。在气团、静止锋和热带气旋系统中伴随的龙卷，集中出现在7月、8月、9月三个月，这与盛夏热对流盛行相吻合。冷锋系统中的龙卷分布较散，但相对集中在4月、5月、6月三个月，这说明春季冷锋有较强的冲击力，同时湿度条件又已具备。飑线上的龙卷集中出现在3月和7月，这说明春、夏两季的飑线都能产生龙卷。

从一天出现的时间来说，气团、静止锋上的龙卷集中出现在12 ~ 18时，说明与热力对流有密切的关系；冷锋、飑线和热带气旋中的龙卷出现时间推迟到下午及夜间，说明龙卷发生的动力条件起着重要作用。

龙卷主要发生在中纬度（20° ~ 50°）地区。美国是龙卷出现最多的国家，平均每年出现500次，澳大利亚、日本次之。我国也有龙卷活动，主要发生在华南、华东一带，以春季、夏初较为多见。

海上水龙卷发生时，海水在龙卷底部及周围受到扰动，浪柱或者瀑布状的浪花被抛起来。在热带和副热带，特别是墨西哥湾、地中海和孟加拉湾上空，水龙卷出现最频繁，它多半发生在夏天和初秋。我国南海西沙群岛一带，一年四季均可出现龙卷，尤以8月、9月为最多。发生时间多在清晨6时前后，这是因为在清晨海洋上热力作用较强，对流云发展旺盛。

龙卷有时会成对出现，两个龙卷的旋转方向正好相反，一个是气旋式的，另一个是反气旋式的，称为双龙卷，如图4-46所示。气旋式龙卷较为常见。

图4-46 双龙卷

对于龙卷形成的物理机制和演变过程，目前尚无成熟理论。一种说法是龙卷生成与积雨云中强烈升降气流有关；另一种说法是龙卷形成在两条飑线的交点上。

由以上介绍可知，与大尺度天气系统不同，中小尺度天气系统的基本特征主要是：水平尺度小，生命史短，气象要素的梯度大，运动属于非地转和非静力平衡。

第八节 西风带高空天气系统

中高纬度的对流层上空盛行着波状西风气流，而西风气流往往表现为纬向环流和经向环流的相互转换。纬向环流型，即西风带上环流比较平直，并在平直的西风带上多小槽、小脊，很少有大槽、大脊。经向环流型，即西风带上发展出深槽大脊，能引起强烈冷、暖空气活动。因此，西风带的波动大体上分为两类：一是波长比较长的长波；二是叠加在长波上的波长比较短的短波。在长波、短波发展演变过程中，有时形成闭合的高压和低压。这些长波、短波和闭合高压、低压系统不仅相互联系，而且可以相互转化，共同构成了中高纬度高空的主要天气系统。

一、大气长波

大气长波是指波长较长、波幅较大、移动较慢、维持时间较长的波动。其波长一般在5 000～7 000 km，围绕着中高纬度的纬圈可出现3～6个长波，经常维持着4～5个长波。长波振幅大多在10～20个纬距。长波自西向东移动，移速较慢，通常1天不超过10个经度，有时呈准静止状态，有时也表现出不连续的向后“倒退”现象。长波维持的时间一般为3～5天。

在北半球500 hPa平均高度场，由于高空大气运动满足地转平衡，因此，中高纬度的平均环流是环绕纬圈的西风气流。冬季，中高纬度西风气流强，位置偏南，环绕纬圈有三个长波大槽、三个长波脊，而且槽脊的位置和强度基本稳定。夏季，中高纬度西风气流弱，位置偏北，环绕纬圈原有的三个长波大槽已变为四个比较浅的长波槽。

由此可见，在高空图上长波对应等高线的波状型，等温线也呈波状，通常等温线的位相稍稍落后于等高线，具有冷槽、暖脊的温压场结构。槽前是暖平流，槽后是冷平流。槽前对应着大范围辐合上升运动和云雨区，槽后对应着大范围辐散下沉运动区和晴朗天气。长波的强度随高度的增加而增加，到对流层顶处达到最强。

长波槽和脊的活动不仅是维持大气环流的一种重要机制，而且是中高纬度短波槽脊系统产生和发展的背景条件。短波往往叠加在长波之中，并在长波中穿行。当温度场与气压场配置适当时（槽后有冷平流，脊后有暖平流），短波可以逐渐发展成长波；反之，长波也可减弱并分裂成短波。前者使长波波数增加，后者使长波波数减少，由此产生“长波调整”的概念。长波调整与长波稳定相对立，长波稳定时，大型西风环流稳定少变，天气过程按一定型式演变，制作天气预报准确率高；而长波调整时，天气过程发生剧烈变化，容易导致预报失误。因此，长波的稳定和调整往往引起天气系统的变化，甚至造成环流形势的转换。

二、阻塞高压和切断低压

阻塞高压和切断低压是大气长波在发展过程中槽脊加强、振幅加大演变而成的闭合系统，是中高纬度高空的重要天气系统。

（一）阻塞高压

当高空长波脊不断北伸时，暖脊与南方暖空气的联系被冷空气切断，在脊的北边形成闭合的暖高压中心，称为阻塞高压（如图4-47所示），简称阻高。阻高是温压场对称的深厚的暖性高压，它具有以下特征：（1）有闭合的高压中心，并位于50°N以北；（2）维持的平均时间为5～7天，有时可达20天以上；（3）沿纬度方向移动每天不超过7～8个经度，常呈准静止状态，有时甚至向西倒退；（4）在阻塞高压区域内，西风气流中断，在阻高西侧西风气流分为南、北两支，绕过阻高重新会合，分支点与会合点之间的距离一般要大于40～50个经距。

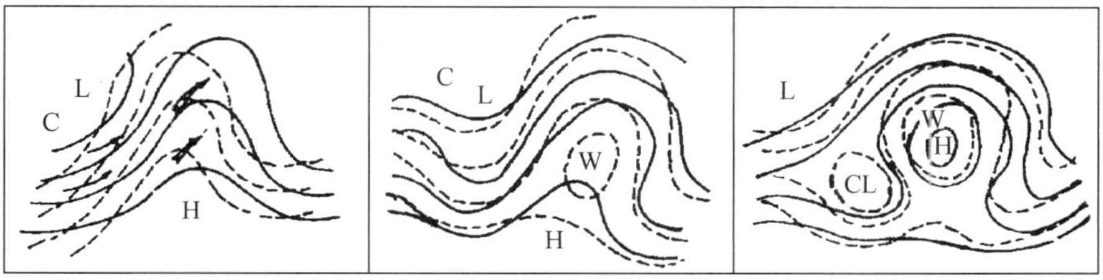

(a) (b) (c)

图4-47 阻塞高压形成

由于阻高占据范围很大，又稳定少动，因而它的出现和维持阻碍着西风气流和天气系统的东移，并常常引起西风气流分支和绕流现象。阻高发生在暖空气活跃，冷空气也较强的地区和季节，因而有明显的地区性和季节性。阻高最常出现在北大西洋东北部和北太平洋东部的阿拉斯加地区，以春、秋季最多。在乌拉尔山和鄂霍次克海地区也常有阻塞高压活动，其强度不大，但对中国的天气影响很大。当阻高稳定时，中国长江中下游多连阴雨天气；当其减弱崩溃时，常引起中国的强冷空气爆发。

阻高控制下的天气一般是晴朗的，但由于运行气流属性的差异，阻高的不同部位形成的天气有所不同。高压东部盛行偏北气流，有冷平流和下沉运动，天气以晴冷为主。西部盛行偏南气流，有暖平流和上升运动，天气较暖且多云雨。南、北两侧多稳定的西风气流，并常伴有短波活动，天气时阴时晴。

研究阻高的活动特征与跨大洋航线选择的关系具有重要意义。例如，当太平洋北部（一般在白令海）维持一阻塞高压时，太平洋中部海域的低压路径偏南，伴随低压的大风浪区比往常的位置偏南；而纬度较高的白令海风浪小，天气状况良好。因此，横渡北太平洋的西行船舶可考虑选择顺风顺浪的高纬度航线。

（二）切断低压

切断低压是西风带长波槽不断加深、南伸，直至槽南端冷空气被暖空气包围并与北方冷空气主体脱离而形成的闭合低压（如图4-48所示）。因此，切断低压的温压场结构是对称的冷性气压系统。切断低压和阻塞高压有时相伴生成，并位于阻高的东南或西南侧，与阻高共同构成了大气环流中阻塞形势；也有的切断低压单独出现，并没有显著的阻高存

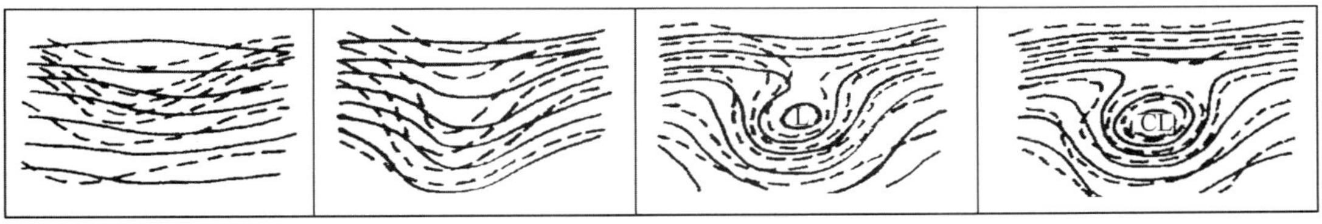

(a) (b) (c) (d)

图4-48 切断低压的形成

在，只西侧有一较强的高压脊或闭合高压。切断低压形成后，能维持2～3天或更长时间，它往往由于无冷空气继续补充而逐渐填塞、消失。切断低压大多发生在冷、暖空气都比较活跃的季节和地区，以春、秋季较多，北美、西欧地区较多，北太平洋、北大西洋以及亚洲大陆上空也有形成。我国东北地区春末、夏初出现的切断低压，称“东北冷涡”。夏季的东北冷涡可造成该地区持续几天的降水天气，冬季则带来阵雪和严寒天气。

切断低压内的天气因部位不同而有差异。低压前部（东和东南侧）因低层有冷、暖空气交汇，常有锋面气旋波动发生，有云雨天气出现。后部（西侧）因不断有冷空气南下，常有冷锋和切变线生成，有阵性降水出现。

三、极地涡旋

极地涡旋简称极涡，是极地高空冷性大型涡旋系统，是极区大气环流的组成部分，其位置、强度以及移动不仅对极区，而且对高纬度地区的天气都有明显影响。

极地是地球的冷极，也是大气的冷源，因而在极地低空形成冷性高压，在极地上空则形成冷性低压。关于冷性低压（极涡）的形成过程和演变、活动规律，科学界了解得不多。根据资料统计，在1月北半球500 hPa等压面图上，极涡断裂为两个闭合中心，一个在格陵兰岛至加拿大之间，另一个在亚洲东北部，极地是一个槽区；7月北半球500 hPa等压面图上的极涡强度明显减弱，中心退至极点附近。极涡的位置和活动范围时有变化，尤其冬半年活动演变比较复杂，最长的活动过程可达35天。极涡闭合中心有时分裂为2个或3个，甚至3个以上，当偏离极地向南移动时，常导致锋区位置比平均情况偏南，寒潮活动增多、增强。据统计，在10个冬半年影响我国的171次寒潮中，有102次是亚洲上空出现持久极涡，其中6次强寒潮过程都与极涡在亚洲上空的位置明显偏南有关。

四、短波槽和切变线

（一）短波槽

短波槽是活动在对流层中层西风带上的短波，一年四季都有出现，以春季最为频繁。短波槽的波长大约1 000 km，自西向东移动。槽前盛行暖湿的西南气流，常成云致雨；槽后盛行干冷的西北气流，多晴冷天气。一次短波槽活动反映了不同纬度间冷、暖空气的一次交换过程，给中高纬度地区造成阴雨和大风天气。

短波槽一般都有高空温度槽相配合，当温度槽落后于高空槽时，低压槽线随高度升高逐渐向冷区倾斜（移动方向的相反方向），称后倾槽。后倾槽随着温度槽位置的前移，平流作用加强，槽将继续加深发展，槽前广阔范围内盛行辐合上升气流，如果水汽充沛，将产生稳定性云系和降水。当温度槽与高空槽相重合时，低压槽线垂直，称为垂直槽，这时高空槽发展到最盛阶段，天气也发展得最强盛。当温度槽超前时，高空槽线随高度升高向前倾斜，称前倾槽。前倾槽的槽后冷空气将置于槽前暖空气之上，导致低槽很快消失，产生不稳定云系和阵性降水。

活动在我国的高空短波槽有西北槽、青藏槽和印缅槽，它们大多从上游移来，很少产生于我国。在纬向环流比较平直时，短波槽一个接一个地东移，易造成阴、晴相间周期变化快的天气。

（二）切变线

切变线是指发生在850 hPa或700 hPa等压面上的风向或风速分布的不连续线。切变线两侧风向构成气旋式切变，但两侧的温度梯度很小，这是切变线与锋的主要差别。根据切变线附近的风场形式，一般划分为冷锋式切变线、暖锋式切变线和准静止锋式切变线三种类型，而且三者随着切变线两侧气流的强弱变化可以相互转化。切变线上的气流呈气旋式环流，水平气流辐合明显，利于上升气流发展，产生云雨天气。一般而言，冷锋式切变线以偏北风为主，水汽含量少，移动速度快，降水时间不长，降水量不大；暖锋式切变线上气旋性环流强，偏南风含有水汽多，云层厚，降水时间较长，降水量较多，有时还形成雷阵雨和阵性大风；准静止锋式切变线上虽然风向切变很强，但气流辐合较弱，云层相对较薄，降水时间较长，但降水量不大。

切变线在一年中各个季节都可能出现，但以冷、暖空气频繁活动的晚春、初夏为多。我国的江淮切变线就是春末、夏初重要的降水天气系统。在高空风场上，切变线北侧一般为偏东风，南侧为偏西风，具有明显的气旋性切变。在气压场上，切变线位于小高压和西太平洋副热带高压伸向我国东南沿海脊之间的弱槽内。在地面天气图上，切变线对应一条东西走向的静止锋。这一系统正是造成江淮流域至日本一带“梅雨”天气的主要系统。

五、青藏高压

青藏高压是夏季出现在青藏高原上空对流层顶部的大型暖高压系统，又称南亚高压。它主要是由高原的加热作用形成的，因而其结构、性质和形成过程都与海洋上的副热带高压有很大差异。它在500 hPa以下是热低压，在500 hPa以上的高空才表现为高压，而且越向高空高压强度越大，到100 ~ 200 hPa高度强度最大，成为北半球上空强大的高压体。其中心区有上升气流，多对流活动，是我国夏季雷暴发生最多的地区。青藏高压的水平尺度达几千千米以上，属超长波系统。高压中心常做东西向摆动，当其向东摆动并与西太平洋副高脊叠加时，可使西太平洋副高加强，导致其西伸或北跳。北半球海洋上副热带高压的强度之所以夏季强于冬季是同青藏高压的存在及其作用有密切关系的。青藏高压的中心位置和它在我国东部的脊线位置对长江中下游“梅雨”异常也有影响。

第九节 热带辐合带、东风波、热带云团

气象上的热带是指南、北半球副热带高压脊线之间的地带。副热带高压脊线随季节变化有南北移动，因而热带的边缘位置和范围也有季节性变动，通常把南、北纬30°以内的地区称为热带，这一地区约占全球面积的一半，绝大部分是海洋，是地球上热量的净得区，大气低层经常处于高温、高湿和条件不稳定状态。同时，热带地区又是气流辐合、上升带。这样的热力和动力条件有利于对流云系旺盛发展和对流云系聚集成巨大云团，是强烈天气系统发生、活动的背景和条件。典型的热带天气系统除热带气旋外，还有热带辐合带、东风波、热带云团等天气系统。

一、热带辐合带

（一）概述

热带辐合带（Intertropical convergence zone，ITCZ）是南、北半球信风气流汇合形成的狭窄气流辐合带，又称赤道辐合带。由于辐合带区的气压值比附近地区低，也称赤道低压带或赤道槽。热带辐合带环绕地球呈不连续带状分布，是热带地区重要的大型天气系统之一，其生消、强弱、移动和变化对热带地区长、中、短期天气变化影响极大。

热带辐合带按其气流辐合的特性分为两种类型（如图4-49所示）：一种是在北半球夏季，由东北信风与赤道西风相遇形成的气流辐合带，因为这种辐合带活动于季风区，称季风辐合带；另一种是南、北半球信风直接交汇形成的辐合带，称信风辐合带。

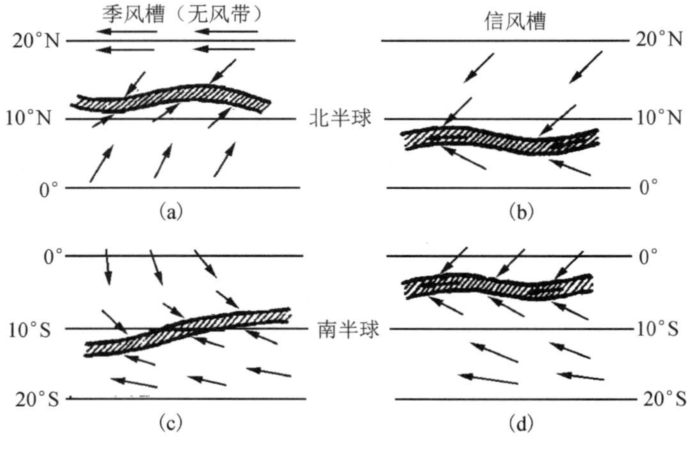

图4-49　热带辐合带两种风场结构模式

热带辐合带的位置随季节变化而有南北移动，但在各地区移动的幅度并不相等。主要活动于东太平洋、大西洋和西非的热带辐合带属于信风辐合带，移动幅度较小，而且一年中大部分时间位于北半球；活动于东非、亚洲、澳大利亚的热带辐合带属于季风辐合带，季节位移较大，冬季位于南半球，夏季又移至北半球。有的年份中在10月南、北半球各出现一个季风辐合带（双重热带辐合带），这种季节变化是同活动地区的海陆分布和地形特征密切相关的。

热带辐合带一般只存在于对流层的中下层。季风辐合带的轴线随高度的增加向南或西南倾斜，这是因为赤道西风带在大多数情况下出现在500 hPa层以下。位于海洋上的信风辐合带，由于相交汇的两支气流之间几乎没有温度和湿度的差异，以及邻近赤道带地转作用的消失，辐合带在不同高度上几乎是重合的。

热带辐合带是热带地区热量、水汽最集中的地区，也是热带扰动发生的主要源地。据统计，西太平洋地区约85%的热带气旋是由辐合带上的扰动发展起来的。盛夏，热带辐合带可北进到我国华南地区，直接造成该地区强烈的对流性天气。

（二）热带辐合带的结构和天气

热带辐合带是由很多大小不同的对流云团组成的。云团与云团之间夹有大小不一的晴空区或少云区。在赤道附近，信风边界层的湿空气摩擦辐合，在辐合带上，空气对流上升形成积雨云。在一定条件下，这些积雨云组成对流云团，形成大范围的上升运动。在对流云团中，天气非常活跃，常有雷暴、降雨出现。在中尺度对流云群的边缘，常有飑线活动，风力可达8～9级。

通常，在同一条辐合带上，天气存在很大差别。如图4-50所示，热带辐合带在卫星云图上表现为一条近于连续的对流云带，有时云区和晴空相间分布，有时云区十分宽广，东西可延伸数千千米。从流场上看，这些云团又往往与各种尺度的热带扰动互相关。大范围降水和强烈的对流天气一般出现在辐合最强或气旋式环流最强的地方。

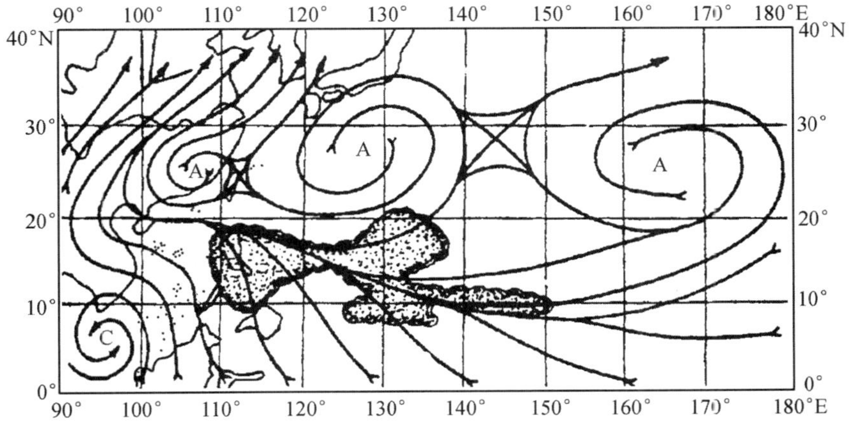

图4-50　信风型热带辐合带实例

热带辐合带对我国华南和南海一带天气影响很大，盛夏降水往往与热带辐合带活动直接相联系。当它活跃在南海时，常有热带低压或南海热带气旋发生发展。

二、东风波

东风波是副高低纬度一侧深厚东风气流受扰动而产生的波动。波动的波长一般为1 000 ~ 1 500 km，长的达4 000 ~ 5 000 km，伸展的高度一般为6 ~ 7 km，有的达对流层顶。最大强度出现在500 ~ 700 hPa，周期3 ~ 7天，移速20 ~ 25 km/h。

东风波一般表现为东北风与东南风之间的切变，其结构因地区而有不同。在西大西洋加勒比海地区（如图4-51所示），东风波呈倒V形模式，波轴随高度的增加向东倾斜，槽前吹东北风，槽后吹东南风。槽前为辐散下沉气流区，湿层较薄，只生成一些小块积云或晴朗无云；槽后为辐合上升气流区，有大量水汽向上输送，湿层较厚，形成云雨。这种模式的形成是因为这里对流层中低层的偏东风风速是随高度的增加而减小的。

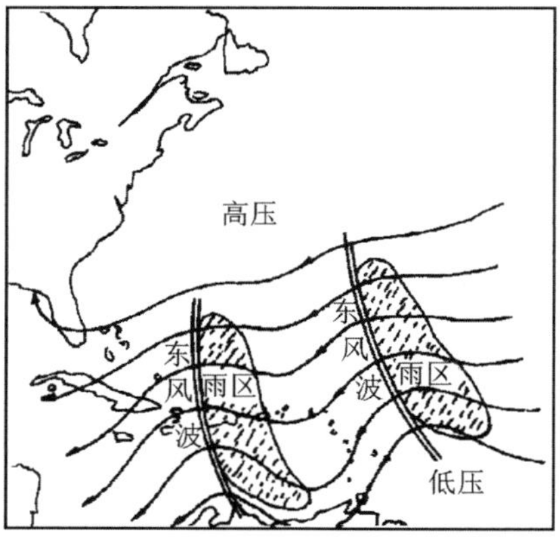

图4-51　西大西洋东风波

西太平洋东风波大多产生于西太平洋东部地区，平均波长为2 000 km，移速25 ~ 30 km/h。由于西太平洋东部地区的低空为东风，高空常为西风，东风波波轴向东倾斜，云雨天气发生在槽后气流辐合上升区。当东风波移到西太平洋西部和南海地区时，因为低层经常有赤道西风，5 km以上才有东风，因而东风波向上可伸到对流层中上层，在200 ~ 400 hPa最清楚，而且东风波风速随高度的增加而增大，其波轴逐渐变为向西倾斜，结果槽前气流辐合上升，湿层厚，多云雨天气；槽后气流辐散下沉，湿层浅，多晴好天气。西太平洋西部的东风波往往影响到我国华南、长江中下游和东亚地区，带来大雨和大风天气，发展较强的东风波可能出现闭合环流，使气压降低、中心风力增大和降水加强。东风波在适当条件下还可以发展成热带气旋。

三、热带云团

从卫星云图上发现，热带地区存在着大量深厚的由对流云组成的直径在100 ~ 1 000 km

范围内的云区，称为云团。在天气图上很难分析出与云团相对应的天气系统，但东风波、热带气旋等天气系统大多是在云团基础上发展起来的。云团经过的地区常常发生大风和暴雨。

云团根据其尺度、产生的地区分为三种类型：

（1）季风云团，因同西南季风活动相联系而得名，是地球上规模最大的云团。其南北宽达10个纬距，东西长20 ~ 40个纬距，主要发生在热带的印度洋和东南亚地区。冬季云团一般位于5°N ~ 10°N，6月中旬开始随季风向北推进，8月到达20°N ~ 30°N。云团中常产生季风低压，有时可发展成孟加拉湾风暴，形成特大暴雨。

（2）普通云团，常发生在海洋上的热带辐合带中，尺度在4个纬距以上，常常是热带气旋、东风波等天气系统最初始的胚胎。这种云团对我国华南、华东等沿海地区有较大影响，能形成暴雨天气。

（3）小尺度云团，由一些水平尺度为50 km×50 km的积雨云群组成，而每个积雨云群又由约10个积雨云单体组成，多发生在南美大陆的热带地区和我国西藏南部地区，有明显的日变化。

图4-52为热带云团的热带辐合带云系结构模式，热带云团是由中尺度（10 ~ 100 km）对流云体组成的，生命期从数小时到一天；每个中尺度对流云体，又由尺度在1 ~ 10 km的对流云单体群所构成，生命期30 min到数小时。中小对流云系在随盛行风移动过程中，常常在上风侧形成，到下风侧消亡，不断新陈代谢，但在温度较高的海面上常保持不动，有时还发生云系积聚，出现暴雨。

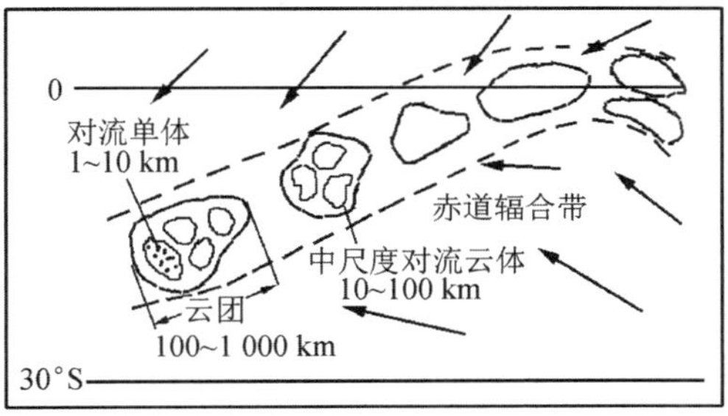

图4-52 热带辐合带的云系结构模式

第五章

航海气象信息的分析和应用

第一节 航海气象信息的获取

现代通信技术的飞速发展使船舶驾驶员获取海洋气象信息的途径越来越多。航海活动中，驾驶员可以通过NAVTEX、GMDSS的增强群呼（EGC）、气象传真、海岸电台发送的高频电传、电话和登录全球互联网等多种途径接收气象台站以声音、文字或图像等多种形式发布的海洋气象信息。

目前船舶通常利用NAVTEX或EGC接收作业海区邻近台站发布的天气报告或恶劣天气警报，通过船载气象传真机实时接收航区邻近国家气象传真广播台发布的高质量的各种气象传真图，以便获取航区的天气和海况信息。

船舶在近岸或港口附近作业时，可以收听、收看当地广播电视播发的气象信息。随着全球互联网在航海过程中的普及，船舶驾驶人员登录全球互联网可以查阅、下载所需海域更详细的、动态的、彩色的和高分辨率的气象和海况图像、文字信息。

下面介绍目前几种海洋气象信息的获取方法。

一、彩色海洋气象图像信息的获取

彩色天气图和海况图是在特制的底图上填有各地同一时刻的气象和海洋观测记录，能够反映一定区域内的天气和海况的图。它是用来观察、监视和研究天气系统发生、发展演变和移动等情况的重要工具。它具有良好的直观性、简单明了、图像覆盖范围大、资料连续性强、便于综合分析应用和长期保存等特点，优于海上其他海洋气象资料而得到广泛应用。

船舶驾驶员要想获取彩色天气图和海况图，可以登录全球互联网查阅下载，也可以由船公司相关技术人员上网查阅下载后制作成压缩文件包以电子邮件方式发送给驾驶员。

在全球互联网上发布气象信息的网站特别多，几乎每个气象台站都有自己的网站。每个气象网站发布的海洋气象信息均包括实况和预报两种信息。信息内容有文字描述的，也有图表形式的。互联网上的天气和海况图具有快速、彩色、高画质和动态等许多优点，发展前景十分好。常用海洋气象信息发布网站列举如下：

世界气象组织 http://public. wmo. int/en；

中国中央气象台 http://www. nmc. cn/；

中国天气 http://www. weather. com. cn/；

中国国家海洋环境预报中心 http://www. nmefc. gov. cn；

中国香港天文台 http://gb. weather. gov. hk/contentc. htm；

日本气象厅 http://www. jma. go. jp/jma/index. html；

韩国气象局 http://web. kma. go. kr/eng/index. jsp；

美国国家海洋和大气管理局海洋预报中心 http://www. opc. ncep. noaa. gov/；

加拿大冰况、气象服务站 http://www. ec. gc. ca/glaces-ice；

澳大利亚气象局 http://www. bom. gov. au/。

通过以上网站还可以链接到许多其他气象网站。

二、气象传真图的获取

气象传真图是去掉色彩并经过简化处理后的天气、海况等传真图像资料。气象台站经常绘制的气象传真图有地面天气图、高空天气图、波浪图、台风警报图及各种辅助图，大多属于半数值半经验预报产品，可信度较高。

通过气象传真图，驾驶员可以了解大范围的天气演变过程，掌握航行海区已经发生和将要发生的海洋气象情况，这对保证船舶航行安全、合理选择航线等都有重要的意义。

世界气象组织将全球各地的气象传真广播台分为六个区域，即亚洲、非洲、南美洲、北美洲、西南太平洋和欧洲，主要的气象传真广播台分布如图5-1所示。船舶可以根据需要，利用船上的气象传真接收机有选择地接收各国气象部门发布的气象传真图，有关气象传真台的具体信息可查阅英版《无线电信号表》第三卷。在查阅时，首先按照分区查阅相应分册，根据索引图确定船舶附近的气象传真台站所在页码，再翻阅相应页码确定所用台站的详细信息，如发布台站的呼号、使用频率、发射时间、发射内容及节目表等。然后按照所查到的信息调整气象传真接收机的频率，在相应时间接收所需要的气象传真图。

图5-1　世界主要气象传真广播台分布

图中数字代号说明：

1. 北京（中国）；2. 首尔（韩国）；3. 东京（日本）4. 台湾（中国）；5. 曼谷（泰国）；6. 威卢纳（澳大利亚）；7. 查尔维尔（澳大利亚）；8. 奥克兰（新西兰）；9. 摩尔曼斯克（俄罗斯）；10. 奥芬巴赫（德国）；11. 诺斯伍德（英国）；12. 奥林匹亚（希腊）；13. 海军角（南非）；14. 雷索卢特（加拿大）；15. 伊努维克（加拿大）；16. 科迪亚克（美国）；17. 伊魁特（加拿大）；18. 悉尼（加拿大）；19. 哈利法克斯（加拿大）；20. 波士顿（美国）；21. 因弗内斯（美国）；22. 火奴鲁鲁（美国）；23. 新奥尔良（美国）；24. 里约热内卢（巴西）；25. 瓦尔帕莱索（智利）。

三、海上天气报告和警报的获取

海上天气报告（Weather report）和警报（Warning）是各国的海岸电台用无线电通信方式向船舶发布的天气情报。船舶不论在航行中还是在锚泊中，每天都应按时接收和阅读使用海上天气报告和警报。

现在世界各国都按国际海事组织（IMO）和世界气象组织（WMO）所划定的海区范围，由指定的海岸无线电台播发海上天气报告和警报。例如，我国的天津、上海、广州、香港、基隆、花莲和高雄等岸台，每天定时用中、英文明码电报向国内外商船转发海上天气报告和警报。海岸电台的负责区域、广播时间、使用频率等可查阅英版《无线电信号表》第三卷。天津、上海、广州各岸台负责的海域如图5-2至图5-4所示。

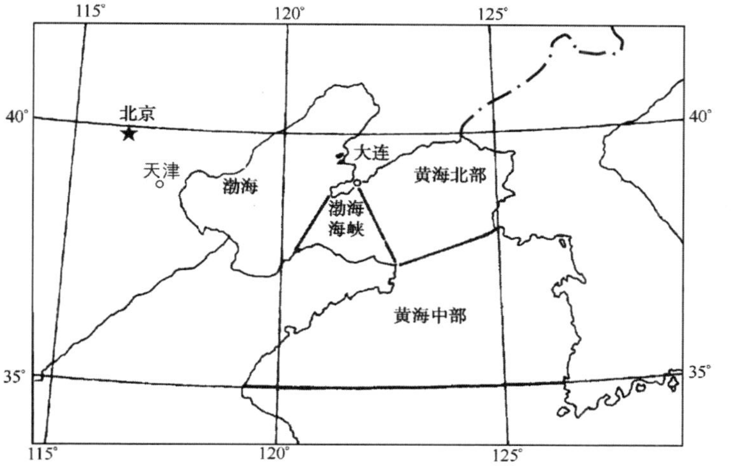

图5-2　天津台天气报告范围

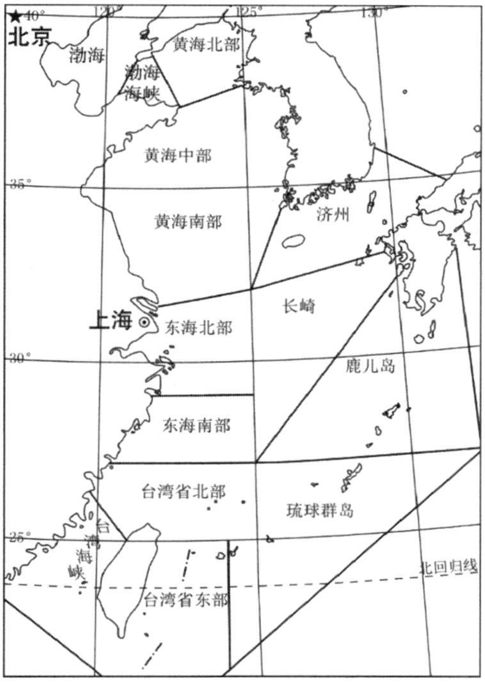

图5-3　上海台天气报告范围

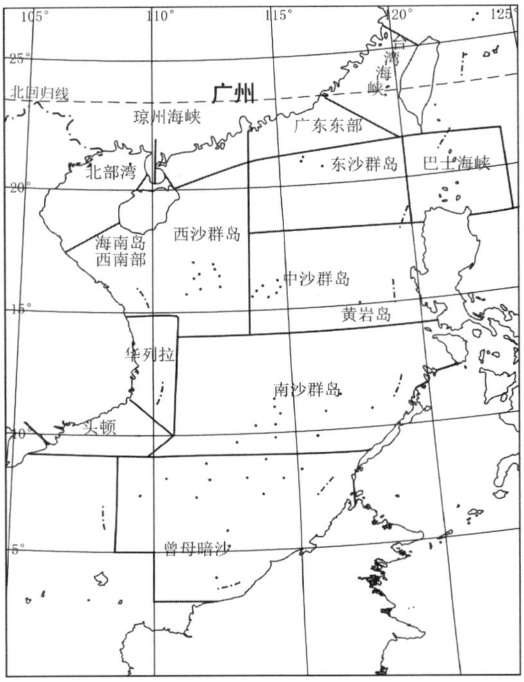

图5-4　广州台天气报告范围

海上作业的船舶驾驶员通常利用NAVTEX或EGC接收邻近海岸电台发布的相应海区的天气报告或警报，也可以登录世界航行警告系统网站http://weather. gmdss. org/，点击相应气象警告区查询相关信息。

四、ECDIS中海洋气象信息的获取

根据国际海事组织SOLAS公约的要求，从事国际航行的船舶需按要求逐步配备电子海图显示与信息系统（ECDIS）。ECDIS是一种新型的船舶导航系统和辅助决策系统，能够与定位仪、罗经、计程仪、雷达、测深仪、AIS和风向风速仪等各种助航设备连接；以电子航海图（ENC）为基础，融合航路指南、进港指南和潮汐表等航海资料，为船舶驾驶人员提供各种信息查询。

海洋气象信息可以以图形、图像、数据等方式叠加显示在ECDIS界面上，如洋流、潮汐、风场和气压场等信息可以直接在ECDIS中获取，从而使船舶驾驶人员对海洋气象信息的参考和利用更加方便和准确。

第二节 天气报告和警报释读与应用

一、天气报告的内容

各海岸电台都按统一规定的格式和内容编发报文，船舶接收的天气报告通常分以下三部分：

（一）警报（Warning）

警报是当海上已经出现或预计未来24 h内将出现恶劣天气时发布。警报内容包括大风警报（Gale warning）、风暴警报（Storm warning）、台风警报（Typhoon warning）或飓风警报（Hurricane warning）、浓雾警报（Fog warning）、沙暴警报（Sand storm warning）和海冰警报（Ice warning）等。

警报对应的恶劣天气如下：

大风警报：风力8~9级。

风暴警报：风力10~11级（热带气旋引起）或风力≥10级（非热带气旋引起）。

台风警报：风力≥12级。

飓风警报：风力≥12级。

浓雾警报：能见度<0.5 km（或0.3 n mile）。

气象警报除在天气报告中作为第一部分定时播发外，还单独进行播发，一般在收到后立即播发，此后每隔一定时间重复播发。

（二）天气形势摘要（Synoptic situation）

天气形势摘要用于描述高压、低压、热带气旋和锋等天气系统的位置、强度、移向、移速等。

（三）海区天气预报（Forecast for sea areas）

预报某海区在未来12 h或24 h内将要出现的天气情况，一般包括天空状况、天气现象、风力、风向和浪级等。

二、天气报告的阅读

阅读天气报告和警报时应注意以下各项：

（1）广播台名称、广播时间及有效时间（世界时或地方时）和受重要天气系统影响的海域或预报区域。

（2）报文用语简洁，常用缩写和省略语；有的报文不分段落，无标点符号，甚至省略谓语动词；在警报中，为减少抄发报过程中的错误，确保台风中心位置准确可靠，经纬度常用英文全拼写等方式编发。

（3）时间用语（地方时）含义：

白　天：08～20时	早　晨：05～08时
上　午：08～12时	中　午：11～14时
下　午：12～18时	傍　晚：18～20时
夜　间：20～08时	半　夜：23～03时
上半夜：20～24时	下半夜：00～05时

（4）天空状况（Sky condition）用语含义：

晴（Clear sky）：总云量0～2。

少云（Partly cloudy）：总云量3～5。

多云（Cloudy）：总云量6～8（或高云量8～10）。

阴（Overcast）：中低云量9～10。

三、天气报告的应用

（一）天气分析和预报

（1）目前船舶所在海域处于何天气系统，或受该系统的何部位控制。

（2）未来的天气形势和天气状况。在未来24 h内，推算船位附近将处于何系统或受该系统的何部位控制，会出现什么天气。根据有关天气模式和天气实况等自行分析未来的天气状况。

（二）点绘天气图

如需要，船舶可根据天气形势报告，将高压、低压系统的中心位置、强度及锋线等标绘在空白海图上，称为点绘天气图。可用内差方法绘出部分等压线，并根据等压线分析原则和有关技术规定进行加密处理。大风区、浓雾区等重要天气区也要绘出，这样便可得到一张自制简易天气图。为了能更清楚地看出与本船航行海域有关的天气系统的过去和未来演变情况，可以把当天及前1～2天的高压、低压、锋面、天气区等的位置、强度、移向、移速等标在同一张空白海图上，本船位置及推算船位也标在图上。

四、天气报告实例

（一）上海海岸电台2018年2月23日发布的英文天气报告

FXCI02 BABJ 230612

SHAI OBSY SYNOPTIC SITUATION 230000Z

COLD FRONT FROM 41N 124E PASSING 40N 117E 37N 107E TO 36N 102E

HIGH 1026HPA AT 28N 120E MOVING ELY 15 KTS

LOW 1010HPA AT 44N 136E MOVING ELY 20 KTS

HIGH 1036HPA AT 50N 100E MOVING ELY 10 KTS

24 HOUR WEATHER FORECAST FROM 230800Z

BOHAI SEA X CLOUDY X NE WINDS FORCE 7 TO 8 INCREASING TO 8 TONIGHT X SEA MODERATE X

BOHAI STRAITS X CLOUDY X NLY WINDS FORCE 7 TO 8 BECOMING NE WINDS FORCE 8 TONIGHT X SEA MODERATE X

NORTH HUANGHAI SEA X CLOUDY X NLY WINDS FORCE 7 TO 8 INCREASING TO 8 TONIGHT X SEA MODERATE X

CENTRAL HUANGHAI SEA X CLOUDY X SW WINDS FORCE 7 TO 8 BECOMING NLY WINDS FORCE 8 TONIGHT X SEA MODERATE TO ROUGH BECOMING SEA MODERATE X

SOUTH HUANGHAI SEA X CLOUDY X S TO SW WINDS FORCE 7 TO 8 DECREASING TO 7 TONIGHT X SEA SLIGHT TO MODERATE X

SHANGHAI HARBOUR X CLOUDY X S TO SE WINDS BACKING TO E TO SE WINDS TONIGHT FORCE 4 TO 5 SEA SLIGHT INSIDE HARBOUR X S TO SE WINDS FORCE 4 TO 5 GUST 6 BECOMING E TO SE WINDS FORCE 5 GUST 6 TO 7 TONIGHT SEA MODERATE OUTSIDE HARBOUR X

NORTH DONGHAI SEA X CLOUDY X E TO SE WINDS BACKING TO S TO SE WINDS TONIGHT FORCE 5 TO 6 X SEA SMOOTH BECOMING SEA SLIGHT X

SOUTH DONGHAI SEA X CLOUDY X ELY WINDS BACKING TO E TO SE WINDS TONIGHT FORCE 5 X SEA SLIGHT X

NORTH TAIWAN X CLOUDY BECOMING OVERCAST WITH SHOWER X ELY WINDS FORCE 6 X SEA MODERATE X

TAIWAN STRAITS X CLOUDY X NLY WINDS FORCE 7 DECREASING TO 6 TONIGHT X SEA ROUGH BECOMING SEA MODERATE X

EAST TAIWAN X OVERCAST WITH SHOWER X NE TO E WINDS FORCE 7

DECREASING TO 6 TO 7 TONIGHT X SEA MODERATE TO ROUGH X

CHEJU X OVERCAST WITH SHOWER BECOMING CLOUDY X SW WINDS FORCE 5 TO 6 X SEA SLIGHT X

NAGASAKI X CLOUDY X ELY WINDS BACKING TO SE WINDS TONIGHT FORCE 5 TO 6 X SEA SMOOTH X

KAGOSHIMA X CLOUDY X NLY WINDS FORCE 5 TO 6 BECOMING ELY WINDS FORCE 5 TONIGHT X SEA SLIGHT TO MODERATE X

RYUKYU X CLOUDY X NE TO E WINDS FORCE 6 BECOMING ELY WINDS FORCE 5 TO 6 TONIGHT X SEA MODERATE TO ROUGH X

STOP=

（二）广州海岸电台2018年2月23日发布的英文天气报告

FXCI03 BABJ 232100

232100UTC FEB 2018

IN ENGLISH

GUANGZHOU OBSY WEATHER REPORT =

NO WARNING IN RESPONSIBLE AREA =

MARINE WEATHER FORECAST FOR 24 HOURS FROM 240100Z =

TAIWAN STRAITS VABELLA = CLOUDY TO OVERCAST WITH SHOWERS WINDS N TO NE 17 TO 21 KTS GUSTS 22 TO 27 KTS SEA MODERATE VIS 10 TO 20 KMS =

EAST GUANGDONG = OVERCAST WITH SHOWERS WIND NE 17 TO 21 KTS GUSTS 22 TO 27 KTS SEA MODERATE VIS 5 TO 15 KMS =

WEST GUANGDONG = OVERCAST WITH FOG AND RAIN WINDS NE TO E 11 TO 21 KTS GUSTS 22 TO 27 KTS SEAS SLIGHT TO MODERATE VIS 1 TO 10 KMS BUT LESS THAN 1 KM IN FOGGY TIME =

QIONGZHOU STRAITS = CLOUDY TO OVERCAST WITH FOG OR RAIN WINDS NE TO E 7 TO 16 KTS GUSTS 17 TO 21 KTS SEAS SMOOTH TO SLIGHT VIS 1 TO 10 KMS BUT LESS THAN 1 KM IN FOGGY TIME =

BEIBU WAN GULF = OVERCAST WITH FOG AND RAIN WINDS NLY 11 TO 16 KTS GUSTS 17 TO 21 KTS SEA SLIGHT BUT WIND NE 17 TO 21 KTS GUSTS 22 TO 27 KTS SEA MODERATE FROM BEFORE MIDNIGHT VIS 1 TO 10 KMS BUT LESS THAN 1 KM IN FOGGY TIME =

SOUTHWEST HAINAN ISLAND = OVERCAST WITH SHOWERS WINDS NE TO E 11 TO 16 KTS GUSTS 17 TO 21 KTS SEA SLIGHT VIS 10 TO 20 KMS =

XISHA = CLOUDY TO OVERCAST WITH SHOWERS WINDS N TO NE 11 TO 21 KTS GUSTS 22 TO 27 KTS SEAS SLIGHT TO MODERATE VIS 5 TO 15 KMS =

DONGSHA = CLOUDY TO OVERCAST WITH SHOWERS WINDS NE TO E 17 TO 21 KTS GUSTS 22 TO 27 KTS SEA MODERATE VIS 10 TO 20 KMS =

BASHI = CLOUDY WITH SHOWERS WINDS ELY 22 TO 27 KTS GUSTS 28 TO 33 KTS SEA ROUGH VIS 10 TO 20 KMS=

ZHONGSHA = CLOUDY WIND NE 11 TO 21 KTS GUSTS 22 TO 27 KTS SEAS SLIGHT TO MODERATE VIS 10 TO 20 KMS =

NANSHA = CLOUDY WITH SHOWERS WIND NE 17 TO 21 KTS GUSTS 22 TO 27 KTS SEA MODERATE VIS 10 TO 20 KMS =

ST. JACQUES = CLOUDY TO OVERCAST WITH SHOWERS WINDS NE TO E 17 TO 27 KTS GUSTS 28 TO 33 KTS SEAS MODERATE TO ROUGH VIS 10 TO 20 KMS =

ZENGMU ANSHA REEF = OVERCAST WITH SHOWERS WIND NE 17 TO 21 KTS GUSTS 22 TO 27 KTS SEA MODERATE VIS 10 TO 20 KMS =

（三）天津海岸电台2018年2月24日发布的英文天气报告

FXCI01 BABJ 240206

TIANJIN OBSY GALE WARNING 240400Z

HIGH PRESSURE GRADIENT OVER X

BOHAI SEA AND BOHAI STRAITS AND NORTH HUANGHAI SEA AND CENTRAL HUANGHAI SEA X NE WINDS FORCE 6 TO 7 GUST 8 STOP STOP=

第三节 天气图的基础知识

天气图是在一张特制的底图上填有各地同一时刻的气象观测记录，能够反映一定区域内的天气情况的图。它是用来观察、监视和研究天气系统发生、发展演变和移动等情况的重要工具。

一、天气图的制作

天气图的制作需要经历观测、传递、接收、填图和分析等一系列过程。

气象站观测的数据是天气预报的基础，由于近地面层的气象要素存在着空间分布的不均匀性和随时间变化的脉动性，因此地面气象观测记录必须具有同时性、代表性和准确性。

同时性是指在观测时间上要保持高度统一。

代表性是指观测记录不仅要反映测点的气象状况，而且要反映测点周围一定范围内的平均气象状况。地面气象观测在选择站址和仪器性能、确定仪器安装位置时要充分满足观测记录的代表性要求。

准确性是指观测记录要真实地反映实际气象状况。地面气象观测使用的气象观测仪器性能和制订的观测方法要充分满足本规范规定的准确度要求。

为了制作天气预报，全世界建立了成千上万个气象站，配置了各种天气雷达，并在太空布设了多颗气象卫星，组成全球大气监测网。这个监测网每天在规定的时间里同时进行观测，从地面到高空，从陆地到海洋，全方位、多层次地观测大气变化，并将观测数据迅速汇集到各国国家气象中心，然后转发到世界各地。气象台的计算机将收集到的数据进行处理和运算，绘制出天气图，供预报员分析预报使用。

二、天气图底图

天气图底图是用来填写各地测站所提供的气象观测资料而制定的空白地图。底图的投影要求是首先要保持形状和方向正确，其次要保持面积正确。天气图底图常用的投影有以下三种，如表5-1所示。

表5-1　天气图底图常用的三种投影

名称	墨卡托圆柱投影（等角正圆柱投影）	双标准纬线正形圆锥投影（兰勃特投影）	极射赤面投影（极地平面投影）
经线	平行等距的直线	向极点收敛的直线	极点向外辐射的直线
纬线	平行的直线，离赤道越远，纬距越大	以极点为中心的同心圆，纬距近似相等	以极点为中心的同心圆，离极点越远，纬距越大
经纬线网的形状	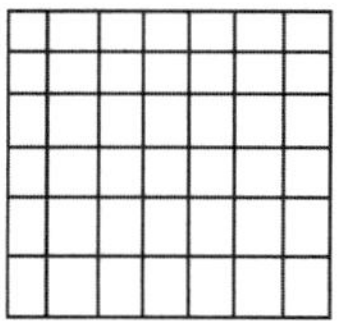	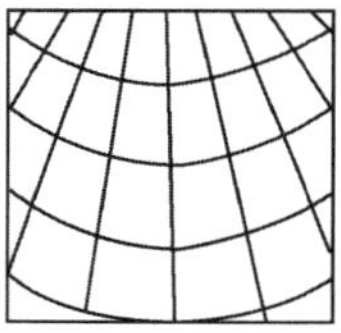	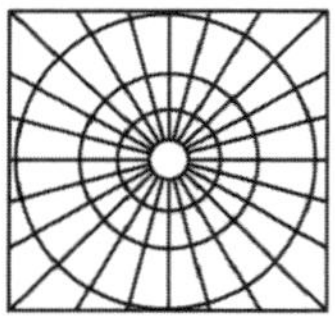
适用天气图	热带地区天气图	中纬度地区天气图	半球天气图和极地天气图

（一）墨卡托圆柱投影（等角正圆柱投影）

这种投影经纬度均为互相垂直的直线。热带地区多采用这种投影。

（二）双标准纬线正形圆锥投影（兰勃特投影）

双标准纬线为30°和60°，在这种图上，经线为向极点收敛的放射性直线，纬线为同心圆弧。这种图在30°和60°无失真，所以最适合作中纬度地区的天气图。

（三）极射赤面投影（极地平面投影）

这种投影经线为以极地为放射点的放射性直线，纬线为同心圆。这种图在极地和高纬度地区失真比较小，因此，半球天气图和极地天气图多采用这种投影。

三、天气图的图名标题

目前，世界各国发布的天气图内容丰富、种类繁多，可供不同行业和部门根据需要选择接收。

各种天气图和海况图等都有图名标题，大多标在图的边缘，内容如图5-5所示。标题中用各种代号表示气象台的呼号、图的种类、图包括的地区、所用资料的观测时间、发图时间和图的有效时间等。

TTAA(ii)		CCC
YYGGgg	MMM	JJJJ
…	…	…

图5-5 图名标题

图5-5中TT为传真图的种类代号，用两个大写英文字母表示，如表5-2所示。AA为图区代号，用两个大写英文字母表示，如表5-3所示。ii为区别两份以上相同资料的图的代号，用1~3个数字表示。1个数字时常用来区别不同时间，例如COPN和COPN1，前者表示10天平均洋面温度，后者表示月平均洋面温度。2个数字时常月来表示等压面高度（百帕的百位数和十位数）或预报时效。例如：70表示700 hPa；85表示850 hPa；02或24表示未来24 h预报；04或48表示未来48 h预报。3个数字时常用来表示等压面高度和预报时效，一般高度在前，时效在后。例如：852表示850 hPa，未来24 h预报；702表示700 hPa，未来24 h预报。CCC为广播台的呼号或该台专用的缩写字母。YYGGgg为日、时、分的代号，所用时间为世界时。MMM为月的代号。JJJJ为年的代号。

表5-2 常用传真天气图的种类代号

代号	说明	代号	说明
A：	分析图：	C：	气候图：
AS	地面分析	CO	海洋气候（海温）
AU	高空分析	CS	地面气候
AW	海浪分析	CU	高空气候
AN	云层分析	S：	地面资料：
F：	预报图：	SO	海洋气象资料（表层海流）
FS	地面预报	ST	海冰情报
FU	高空预报	W：	警报图：
FW	波浪预报	WT	热带气旋警报图
FO	海流预报	WH	飓风警报图
FI	海冰预报	VS（VIS）	可见光云图
FE	中期预报	IR	红外云图

表5-3 部分天气图图区代号

代号	图区	代号	图区
AS	亚洲	AA	南极
CI	中国	AC	北极
JP	日本	IO	印度洋
EA	东亚	AF	非洲
FE	远东	NA	北美洲
GM	关岛	EU	欧洲
SJ	日本海	XS	南半球
PA	太平洋	XT	热带地区
PN	北太平洋	EC	东海
PS	南太平洋	SS	南海
XN	北半球	AU	澳大利亚

图名标题识读举例：

FSAS04	JMH
260000Z	AUG. 2017
SURFACE PRESS（hPa）	
PRECIP（mm）（24~48）	

FS：地面预报图　AS：亚洲　04：时效48 h

JMH：日本东京传真广播台呼号

预报起始时刻：2017年8月26日0000时（UTC）

地面气压（百帕）　降水量（毫米）（24～48 h）

第四节 地面天气图

一、地面分析图

气象台把收到的某一时刻各地观测的气象要素记录，按统一规定的标准填写在一张特制的底图上，填写完毕后进行分析，分析完成的地面天气图，叫作地面实况图或地面分析图。

在地面分析图上填写的地面气象观测记录，既直接反映了地面的天气情况，又间接反映了一部分高空的天气情况。同时，图上还填有最近三小时内气压变化的数值以及当时和过去的重要天气现象，所以它还能表示出短时间内天气发展的趋势，因此，它是当前天气分析预报的基本工具之一。各国地面分析图大致相同，个别处略有差异。

根据世界气象组织（WMO）的规定，地面分析图通常是利用每隔六小时一次的观测资料填绘制作的，图时为00Z、06Z、12Z和18Z。Z表示世界时，有时用GMT或UTC表示。

（一）填图格式

地面分析图上的气象要素，应按照统一的填图格式填写在底图上。

1. 陆地测站填图格式

陆地测站填图格式如图5-6所示，填图格式中的填写项目如下：

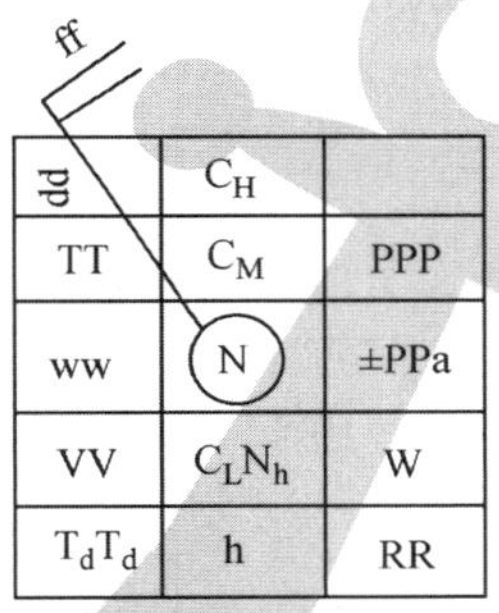

图5-6　陆地测站填图格式

N：总云量。按表5-4中的符号填写。

C_H、C_M、C_L：高云状、中云状及低云状。按表5-5中的符号填写。

N_h：低云量。用数字填写，填写数字与实际云量的关系见表5-6。

h：低云高。以数字表示，单位为米（为了填写简便，有些台站不填个位和十位）。填图数字与实际云高的关系如表5-7所示。

dd、ff：风向、风速。风向用矢杆表示，矢杆指向站圈中心，从站圈往外矢杆所指的方向就是风的来向，即风向。风速用矢羽表示，国外天气图上常用节（kn）表示风速，一条短矢羽表示风速为5 kn左右，一条长矢羽表示风速为10 kn左右，一面三角旗矢羽表示风速为50 kn左右；国内天气图上常用米／秒（m/s）表示风速，一条短矢羽表示风速为2 m/s左右，一条长矢羽表示风速为4 m/s左右，一面三角旗矢羽表示风速为20 m/s左右。

表5-4　总云量符号

符号	○	⦶	◔	◔	◑	◑	◕	●	●	⊗
总云量	无云	≤1	2～3	4	5	6	7～8	9～10⁻	10	不明

表5-5　云状符号

符号	低云状	符号	中云状	符号	高云状
不填	没有低云	不填	没有中云	不填	没有高云
	淡积云		透光高层云		毛卷云
	浓积云		蔽光高层云或雨层云		密卷云
	秃积雨云		透光高积云		伪卷云
	积云性层积云		荚状高积云		钩卷云
	普通层积云		系统发展的 辐射状高积云		卷层云 （云层高度＜45°）
——	层云或碎层云		积云性高积云		卷层云 （云层高度＞45°）
----	碎雨云		复高积云 或蔽光高积云		卷层云 （云层布满全天）
	不同高度的 积云或层积云		堡状或絮状高积云		卷层云(云量不 增加也没布满全天)
	鬃积雨云 或砧状积雨云		混乱天空的高积云		卷积云

表5-6　低云量

符号	不填	1	3	4	5	6	8	9	10	×
低云量	无云	≤1	2～3	4	5	6	7～8	9～10^{-}	10	不明

表5-7　低云高

填图数字	0	50	100	200	300	600	1 000	1 500	2 000	不填
低云高（m）	＜50	50～100	100～200	200～300	300～600	600～1 000	1 000～1 500	1 500～2 000	2 000～2 500	没有低于2 500 m的云

TT、T_dT_d：气温、露点。用数字填写，单位为℃。如果为负值时，在数字前面加“–”号。例如：图上填写15，表示为15 ℃；填写–21，则表示为零下21 ℃。

ww：现在天气现象，即观测时或观测前一小时内的天气现象。常用现在天气现象符号如表5-8所示。

表5-8　现在天气现象符号

天气现象	符号	天气现象	符号	天气现象	符号	天气现象	符号
晴天（云量1/4以下）	○	雨	•	阵雪	$\overset{*}{\nabla}$	轻雾	=
半晴（云量1/4～1/2）	◐	毛毛雨	,	冰雹	▲	霾	∞
云天（云量1/2～3/4）	⦶	阵雨	$\overset{\bullet}{\nabla}$	雨夹雪	$\overset{\bullet}{*}$	龙卷	)(
阴天（云量3/4以上）	⦶	雷雨	$\overset{\bullet}{ℸ}$	阵性雨夹雪	$\overset{*}{\nabla}$	雷暴	ℸ
天气阴恶	∪	雪	*	雾	≡	沙尘暴	$\text{S}\!\!\!\rightarrow$

VV：能见度。单位为千米（km），用数字填写。例如：图上填写10，表示能见距离为10 km；填写0.5，则表示能见距离为500 m。

PPP：海平面气压。单位为百帕（hPa），用数字填写，要求准确到一位小数，百位数、千位数及小数点均略去不填。例如：图上填写975，表示气压为997.5 hPa；填写132，表示气压为1 013.2 hPa。

PP：三小时气压变量，即观测时与观测前三小时气压的差值。单位为百帕（hPa），要求准确到一位小数，小数点省略不填。如果该值的数字前有“+”号，表示三小时以来气压是上升的；数字前有“-”时，则表示气压是下降的。

a：三小时气压倾向，即观测前三小时内气压变化的趋势，如表5-9所示。

表5-9　三小时气压倾向

符号	╱╲	┌	╱	✓	—	╲╱	∟	╲	╱╲
三小时气压倾向	升后微降	升后平	稳定上升	微降后升	不变	降后微升	降后平	稳定下降	微升后降

W：过去天气现象，即观测前六小时内出现的天气现象，如表5-10所示。

表5-10　过去天气现象符号

符号	S→/+→	≡	,	•	*	▽	ℸ
过去天气现象	沙暴或吹雪	雾	毛毛雨	雨	雪	阵性降水	雷暴

RR：观测前六小时内的降水量。单位为毫米（mm），用数字填写。

综合上述各种符号和数字，就能较全面地表示出每一个测站的天气情况。

2. 船舶测站填图格式

图5-7是国际规定的船舶测站填图格式，它与陆地测站格式相似。

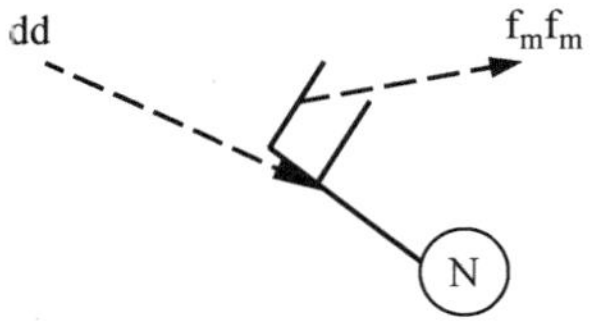

	C_H	
TT	C_M	PPP
ww	N	±PPa
VV	C_L N_h	W
T_dT_d	h	RR

P_wP_w/H_wH_w　　D_lV_l

d_wd_w　　P_sP_s/H_sH_s

图 5-7　船舶测站填图格式

P_wP_w：风浪周期，单位为 s；　H_wH_w：风浪波高，单位为 m；　D_lV_l：船舶航向、航速；
d_wd_w：主波向；　P_sP_s：涌浪周期，单位为 s；　H_sH_s：涌浪波高，单位为 m。

3. 填图格式举例

图 5-8 中的填图符号含义为：该站上空总云量为 10，高云不明，中云为复高积云或蔽光高积云，低云为碎雨云，低云量 9，低云高 300 ~ 600 m，西北风 5 kn，现在天气现象有小雨，过去天气现象为阵性降水，能见度 5 km，气温 18 ℃，露点温度 17 ℃，气压 1 005.8 hPa，最近三小时内气压微降后升，气压变量为+1.2 hPa，过去六小时内降水量为 4 mm。

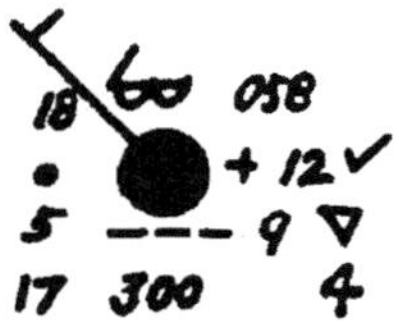

图 5-8　填图格式举例

（二）主要分析项目

地面分析图测站资料填好以后，各个测站的天气情况就清楚了。但要想一目了然地看出整个区域内天气分析的情况，还必须对图上的观测记录做进一步分析，主要分析项目有以下几项：

1. 海平面等压线分析

海平面等压线分析，即把气压相同的各点按一定的规律连成线，就能反映出海平面气压场。在我国地面图上，等压线一般每隔 2.5 hPa 画一根，例如“…997.5 hPa、1 000.0 hPa、1 002.5 hPa…”；在国外地面图上，等压线一般每隔 4 hPa 画一根，例如“…996 hPa、1 000 hPa、1 004 hPa…”。

2. 标注气压系统

在地面图上，低压中心标注“L”，高压中心标注“H”；热带气旋中心一般用符号

“§”标注。

3. 锋线

冷、暖气团的交界面与地面的交线，称为锋线，如表5-11所示。锋线有冷锋、暖锋、静止锋和锢囚锋四种。

表5-11　锋线和槽线的表示符号

锋的种类	普通天气图彩色表示
暖锋	
发展中的暖锋	
衰退中的暖锋	
冷锋	
发展中的冷锋	
衰退中的冷锋	
准静止锋	
锢囚锋	 或 
低压槽线	

4. 重要天气区

为了能一目了然地显示各种重要天气现象的分布，通常在地面图上标注重要天气区。

5. 等三小时变压线分析

将各地三小时气压变量相等的点用平滑断线连成线，称为等三小时变压线。通常每隔1 hPa画一根。升压中心标注“+”并写出最大升压数值；降压中心标注“-”并写出最大降压数值。

6. 锋线的过去位置和移动速度

锋线的过去位置用黄色实线绘出，对影响本地区的锋，还必须计算出其移动速度，标注在相应锋线旁边。

7. 槽线

某些国家发布的地面图中绘有槽线，如表5-11所示，槽线是低压槽中等压线曲率最大点的连线。

船舶收到的气象传真地面图，分析项目与上述略有不同，例如有时等三小时变压线、过去锋线等不分析标出。

（三）实例分析

1. 中国地面分析图

图5-9为中国中央气象台2016年10月14日02时（UTC）发布的分析时间为同日00时（UTC）的北太平洋地面形势分析图。

图中显示，在墨卡托圆柱投影底图上绘有观测站点资料、等压线、气压系统标注、锋线和大风符号等内容。

（1）等压线

图中等压线每间隔2.5 hPa分析一条，用黑色平滑实线绘制。

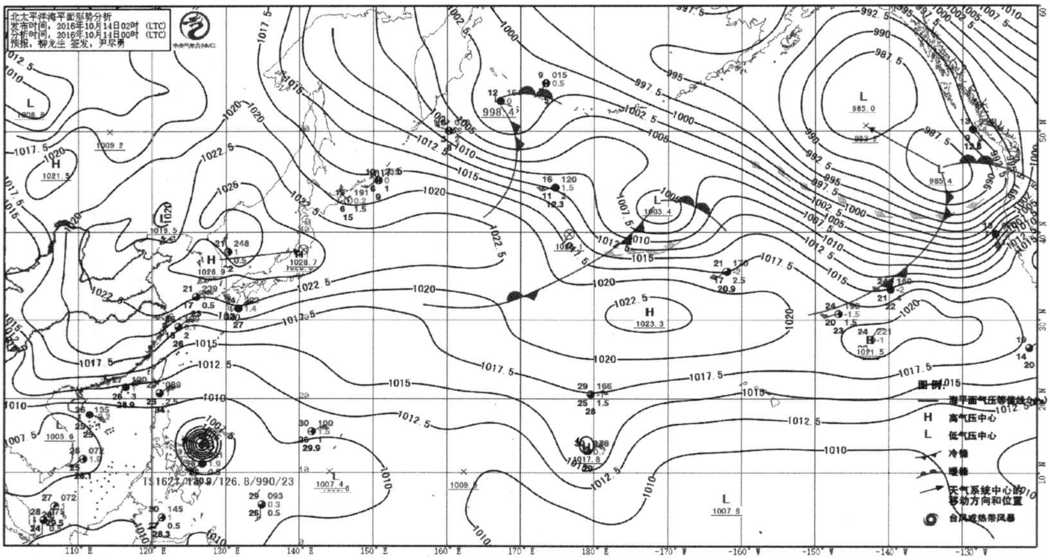

图5-9　中国中央气象台发布的北太平洋地面形势分析图

（2）气压系统标注

图中高压中心当前位置用蓝色字体标注大写字母“H”，未来24 h后中心位置标注蓝色符号“⊗”，高压中心未来24 h移动方向用蓝色箭头表示。

低压中心当前位置用红色字体标注大写字母“L”，未来24 h后中心位置标注红色符号“×”，低压中心未来24 h移动方向用蓝色箭头表示。

高压或低压中心当前与未来24 h的中心气压值都用带有下划线的数字填写在位置符号下方。

图中左下角显示2016年21号热带风暴中心位置13.9°N，126.8°E，中心气压990 hPa，中心附近最大风速23 m/s。

（3）锋线

图中绘有冷锋锋线3条、暖锋锋线3条、准静止锋锋线1条。

（4）大风

图中出现大风的地区，用黄色风矢符号标注风向和风速。

2. 美国地面分析图

图5-10为美国国家海洋和大气管理局海洋预报中心（Ocean prediction centre of NOAA）于2016年9月19日0250时（UTC）发布的有效时刻为同日0000时的北太平洋地面分析图。

图中显示，在墨卡托圆柱投影底图上绘有观测站点资料、等压线、气压系统标注、锋线、槽线、警报和英文缩写等内容。

（1）等压线

图中等压线每间隔4 hPa分析一条，用橙色平滑实线绘制。

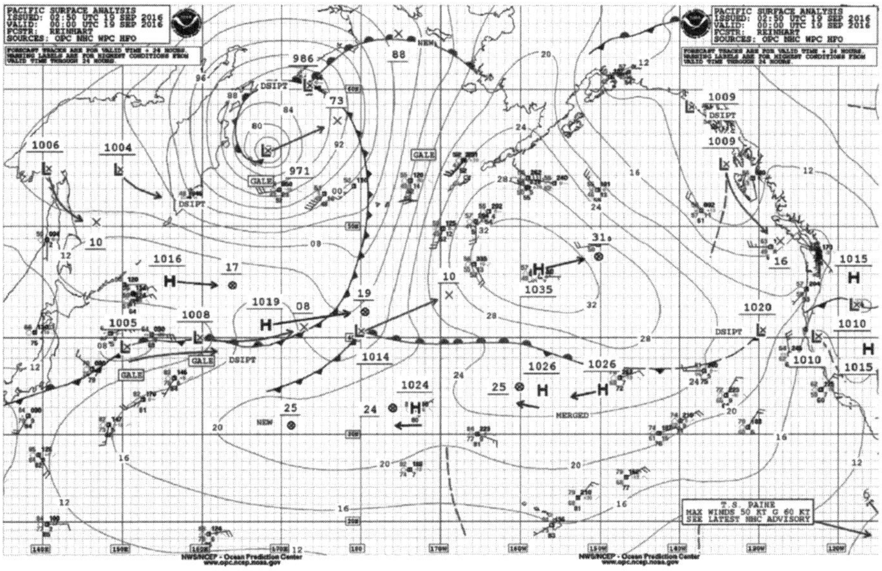

图5-10 美国国家海洋和大气管理局海洋预报中心发布的北太平洋地面分析图

（2）气压系统标注

图中高压中心当前位置用蓝色字体标注大写字母“H”，未来24 h后中心位置标注蓝色符号“⊗”，高压中心未来24 h移动方向用蓝色箭头表示。

低压中心当前位置用红色字体标注大写字母“L”和符号“×”，未来24 h后中心位置标注红色符号“×”，低压中心未来24 h移动方向用红色箭头表示。

高压或低压中心当前的中心气压值都用带有下划线的三位或四位数字填写在当前位置符号下方，高压或低压中心未来24 h后的中心气压值都用带有下划线的两位数字填写在位置符号下方，两位数字只包含气压值的个位数和十位数，例如1 025 hPa，标为25；973 hPa，标为73。

图中右下方显示热带风暴PAINE中心附近最大风速50 kn，阵风风速60 kn。

（3）锋线

图中绘有冷锋锋线6条、暖锋锋线5条、准静止锋锋线3条，锢囚锋锋线1条。

（4）槽线

图中绘有5条槽线。

（5）警报

对于重要的天气系统，如果系统形成的风速已经达到大风（8～9级）、风暴（10～11级）、飓风（≥12级）强度，在附近方框内标注“GALE”“STORM”“HURCN FORCE”警报。如果未来24 h内系统将达到大风、风暴、飓风级别，在适当区域分别标注“DVLPG GALE”“DVLPG STORM”“DVLPG HURCN FORCE”。

（6）常见英文缩写

美国地面图中常见英文缩写有：

DSIPT-DISSIPATE，表示系统消散；

STNRY-STATIONARY，表示系统静止；

WKNG-WEAKENING，表示系统减弱；

RPDLY-RAPIDLY，表示系统加速；

FRMG-FORMING，表示系统形成；

MOVG-MOVING，表示系统移动；

INLD-INLAND，表示系统登录；

DVLPG-DEVELOPING，表示系统发展；

COMB-COMBINING，表示系统合并；

DCRS-DECREASING，表示系统减弱；

INCRS-INCREASING，表示系统加强；

INTSFYG-INTENSIFYING，表示系统加深；

Q-STNRY-QUASI-STATIONARY，表示系统（准）静止；

TROF-TROUGH， 表示槽；

PSN-POSITION，表示位置；

PRES-PRESSURE，表示气压；

TRPCL-TROPICAL，表示热带的；

HURCN-HURRICANE，表示飓风；

MBS-MILLIBARS，表示毫巴。

3. 日本传真地面分析图

传真地面分析图是通过广播传真提供给用户的简化分析图。下面主要结合日本东京JMH台发布的地面分析图（如图5-11所示）说明传真地面分析图的主要内容、常用符号和英文缩写的含义。

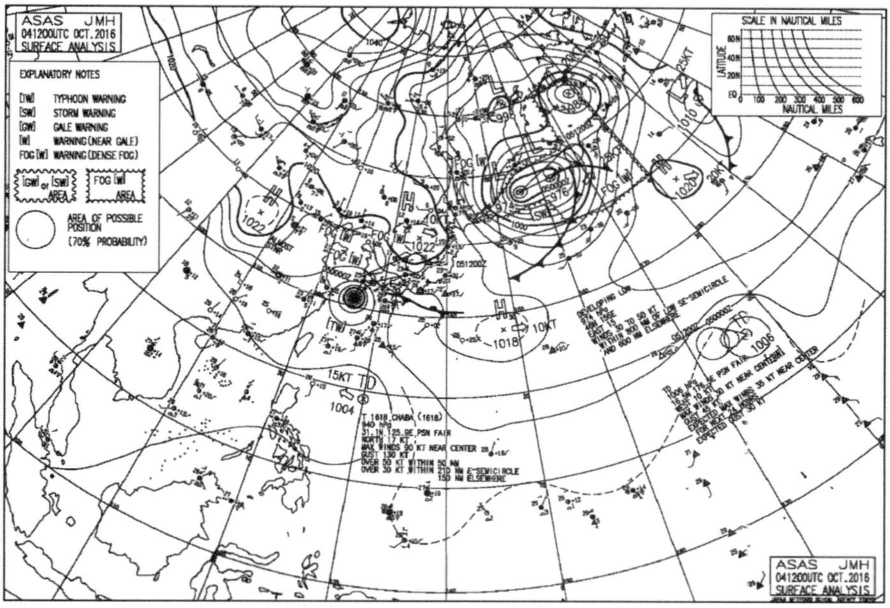

图5-11 日本传真地面分析图

(1) 地面气压系统和天气区

———	等压线，每隔4 hPa画一条。
┈┈┈	必要时增加的等压线，与相邻实线间隔2 hPa。
H×	高压中心。
L×	低压中心。
TD	热带低压，中心附近最大风速<34 kn。
TS	热带风暴，中心附近最大风速34～47 kn。
STS	强热带风暴，中心附近最大风速48～63 kn。
T	台风，中心附近最大风速≥64 kn。
KT	高、低压中心移向移速，有以下四种情况： ①当移速10 kn或以上时，箭矢旁标明节数（KT）； ②当移速大于5 kn小于10 kn时，箭矢旁不做任何标注； ③当有移向但移速小于5 kn时，箭矢旁没有数字而标注SLW； ④当移向不定，移速小于5 kn时，为（准）静止的气压系统，无箭矢而标注STNR（或QSTNR）或ALMOST STNR。
NEW	新生的气压系统。
UKN	系统情况不明。
	冷锋。
	暖锋。
	准静止锋。
	锢囚锋。

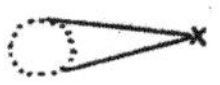

热带气旋或风力大于或等于10级的锋面气旋未来24 h中心可能移向和到达的地点，中心进入虚线圆的概率约为70%。

大风或风暴区。

浓雾区。

（2）警报

当海上已经出现或预计未来24 h内将出现恶劣天气时，在相应的位置上注有醒目的警报符号：

[W]　　一般警报，风力6 ~ 7级，或有必要警告提防大雾等情况。

[GW]　　大风警报，风力8 ~ 9级。

[SW]　　风暴警报，风力10 ~ 11级（热带气旋引起）或风力≥10级（非热带气旋引起）。

[TW]　　台风警报，风力≥12级。

[WH]　　飓风警报，风力≥12级。

FOG[W]　　浓雾警报，能见度 < 0.5 km（或0.3 n mile）。

（3）天气系统英文注解识读

对于已经达到或预计未来24 h内将要达到热带风暴以上强度的热带气旋以及风力达到10级或以上的温带气旋，在图中的空白部分还列有相应的英文简报，以便对该系统有更全面的了解，文中常使用一些略缩语和习用简化形式。例如图5-11中有三段英文简报，分别是针对两个热带气旋和一个处于锢囚阶段的温带气旋做出的解释。

图中左下段注解的译文是：2016年第18号台风，名为暹芭。中心气压940 hPa，中心位置在31.1°N，125.9°E，定位误差大于20 n mile，小于40 n mile。台风中心以17 kn速度向北移动，近中心最大平均风速为90 kn，阵风风速为130 kn。距中心半径50 n mile范围内，风速大于50 kn；东半圆半径210 n mile范围内和其他半圆半径150 n mile范围内，风速大于30 kn。

图中右下段注解的译文是：热带低压，中心气压1 006 hPa，中心位置在16.5°N，176.5°E，定位误差大于20 n mile，小于40 n mile。热带低压中心以10 kn速度向西移动，近中心最大平均风速为30 kn，阵风风速为45 kn。预计未来24 h近中心最大平均风速为35 kn，阵风风速为50 kn。

图中右上段注解的译文是：发展中的低压，中心气压974 hPa，中心位置在46°N，156°E。低压中心以15 kn速度向东移动，东南半圆距中心半径800 n mile范围内和其他半圆半径600 n mile范围内，风速在30 ~ 50 kn。

注解中对位置（PSN）标明GOOD表示定位误差小于20 n mile；标明FAIR表示定位误差为20 ~ 40 n mile；标明POOR表示定位误差大于40 n mile。

二、地面天气预报图

一般较大的气象台，每天要分析4次地面天气图。预报人员根据前后连贯的几张天气图，识别出各种天气系统，追溯它们是怎样发生、发展和移动的，再利用外推法、物理分析法、引导气流法、相似形势法等经验预报规则，并参照其他资料，如气候背景资料、单站记录、雷达和卫星资料等进行综合分析，最后做出天气系统未来移动和发展的预报。这种预报方法的准确性与预报人员的经验有很大关系，所以称为主观预报。

船舶可以通过传真机有选择地接收数值天气预报产品，即各种传真天气预报图。

常见的地面预报图有24 h、36 h、48 h和72 h短期预报，还有3～10天的中期预报。有了地面预报图，就容易求出未来某时刻开阔洋面上任一点的风向、风速、风生流流向及流速、风浪向及浪高等海洋气象要素的量值。此外，还可以结合有关天气模式定性地考虑推算船位上的主要天气特征，做出航线天气预报。

（一）中国地面预报图

图5-12为中国中央气象台2016年10月14日02时（UTC）发布的预报有效时刻为14日12时（UTC）的北太平洋海平面24 h形势预报图。

与图5-9相比较，图5-12中除不具有单站观测资料外，等压线、气压系统、锋线和大风等项目的绘制方法与地面分析图基本一致。需要注意的是，气压系统标注的分别是从观测时刻起未来24 h和未来48 h的高压中心和低压中心的位置和强度。图中显示预计14日12时（UTC）2016年21号强热带风暴中心位于13.5°N，125.9°E，中心气压985 hPa，中心附近最大风速25 m/s。

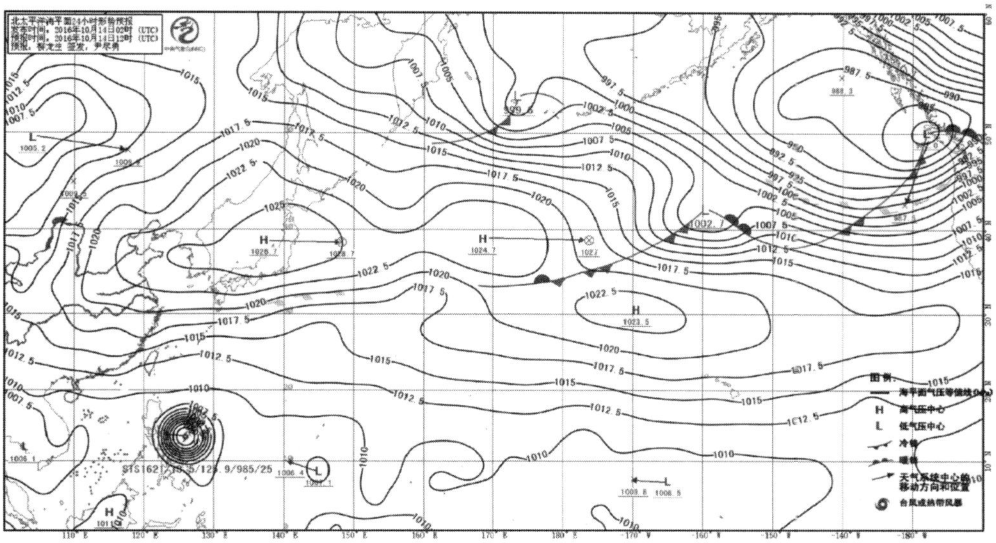

图5-12　中国中央气象台发布的北太平洋海平面24 h形势预报图

（二）美国地面预报图

图5-13为美国国家海洋和大气管理局海洋预报中心2016年9月19日0453时（UTC）发布的有效时刻为20日0000时（UTC）的北大西洋24 h地面预报图。

与图5-10相比较，图5-13中除不具有单站观测资料外，等压线、气压系统、锋线、槽线、警报和英文缩写等项目的绘制方法与地面实况图基本一致。

需要注意的是，气压系统标注的分别是高压中心和低压中心在观测时刻、未来24 h（即预报有效时刻）和未来48 h的位置和强度。

未来24 h（有效时刻）的高压中心位置用蓝色字体标注大写字母“H”，观测时刻和未来48 h后中心位置标注蓝色符号“⊗”，高压中心从观测时刻至未来24 h（有效时刻）和从未来24 h（有效时刻）至未来48 h的移动方向用蓝色箭头表示。

未来24 h（有效时刻）的低压中心位置用红色字体标注大写字母“L”和符号“×”，观测时刻和未来48 h后中心位置标注红色符号“×”，低压中心从观测时刻至未来24 h（有效时刻）和从未来24 h（有效时刻）至未来48 h的移动方向用红色箭头表示。

图中标注的“GALE”“STORM”“HURCN FORCE”警报分别表示重要的天气系统预计未来24 h（有效时刻）正在或已经达到大风、风暴、飓风强度级别。标注的“DVLPG GALE”“DVLPG STORM”“DVLPG HURCN FORCE”警报分别表示重要的天气系统预计未来48 h内系统将达到大风、风暴、飓风级别。

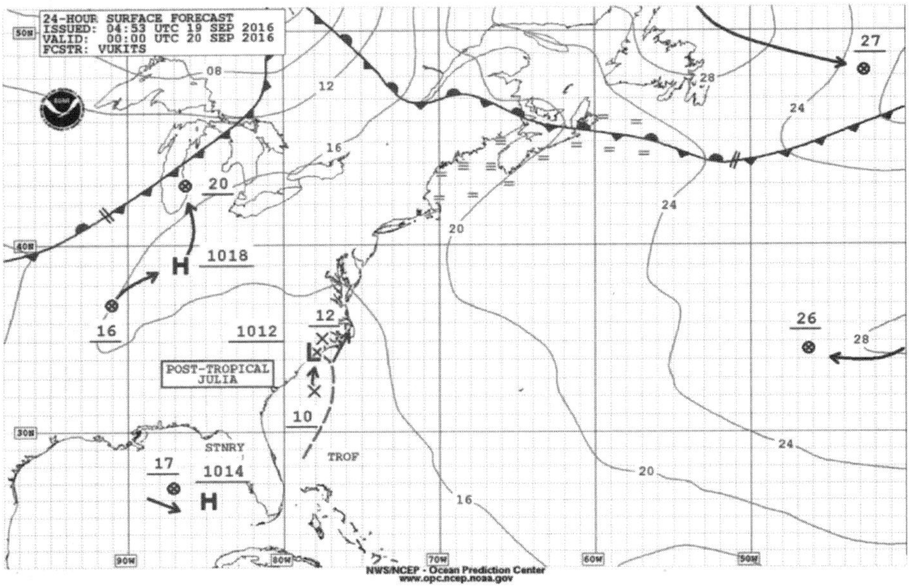

图5-13　美国国家海洋和大气管理局海洋预报中心发布的北大西洋24 h地面预报图

图5-14为美国国家海洋和大气管理局海洋预报中心2016年9月19日0536时（UTC）发布的有效时刻为21日0000时（UTC）的北大西洋48 h地面预报图。

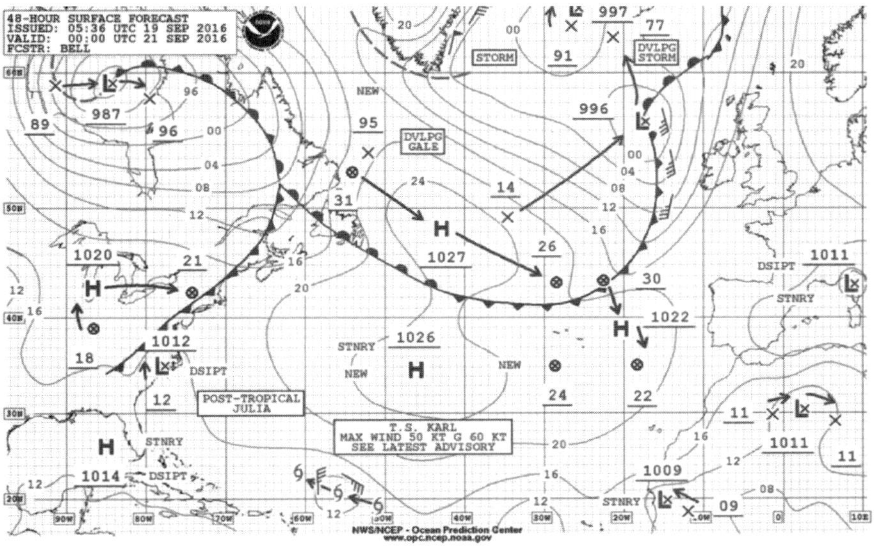

图5-14　美国国家海洋和大气管理局海洋预报中心发布的北大西洋48 h地面预报图

与图5-13比较可知，48 h地面预报图中的预报项目和绘制方法与24 h地面预报图基本一致。

需要注意的是，气压系统标注的分别是高压中心和低压中心在未来24 h、未来48 h（即预报有效时刻）和未来72 h的位置和强度。

未来48 h（有效时刻）的高压中心位置用蓝色字体标注大写字母“H”，未来24 h和未来72 h后中心位置标注蓝色符号“⊗”，高压中心从未来24 h至未来48 h（有效时刻）和从未来48 h（有效时刻）至未来72 h的移动方向用蓝色箭头表示。

未来48 h（有效时刻）的低压中心位置用红色字体标注大写字母“L” 和符号“×”，未来24 h和未来72 h后中心位置标注红色符号“×”，低压中心从未来24 h至未来48 h（有效时刻）和从未来48 h（有效时刻）至未来72 h的移动方向用红色箭头表示。

图中标注的“GALE”“STORM”“HURCN FORCE”警报分别表示重要的天气系统预计未来48 h（有效时刻）正在或已经达到大风、风暴、飓风强度级别。标注的“DVLPG GALE”“DVLPG STORM”“DVLPG HURCN FORCE”警报分别表示重要的天气系统预计未来72 h内将达到大风、风暴、飓风级别。

（三）日本传真地面预报图

图5-15为日本东京JMH台播发的预报有效时刻为2016年10月5日12时（UTC）的东亚及西北太平洋地区的24 h地面预报图。图中绘出了等压线的分布情况，包括气压系统的类别、中心位置、强度，还包括锋的类别、位置以及热带气旋的强度和最大风速等。图中显示有三个热带气旋：一个是气压中心位于日本海的强热带风暴，编号1618，名字暹芭，中心气压980 hPa，中心最大平均风速60 kn，该热带风暴范围内已经形成冷暖锋，系统未来将转变为锋面气旋；另一个是气压中心位于菲律宾吕宋岛东北面的热带低压，中心气

压 1 004 hPa；还有一个是气压中心位于18°N，173°E附近的热带风暴，中心气压1 000 hPa，中心最大平均风速35 kn。

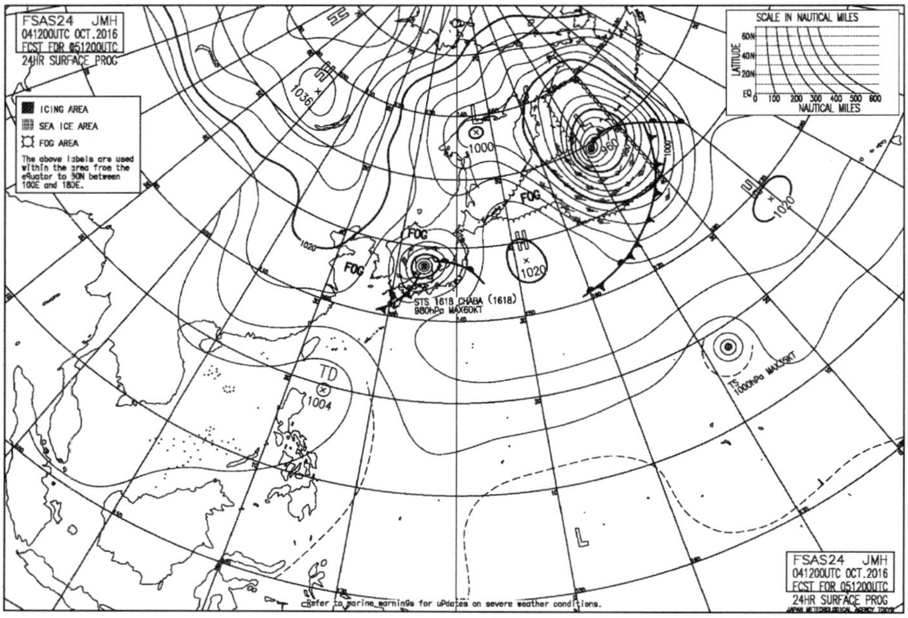

图5-15　日本东京JMH台播发的东亚及西北太平洋地区的24 h地面预报图

三、低纬度地面流线图

在低纬度地区，地转偏向力较小，空气运动不遵守风压定律，气压场无法表示出空气水平运动情况，所以用绘制流线来反映空气的水平运动。

（一）流线的概念和特点

流线是表示瞬时空气流动的曲线，流线各点与风向相切。流线具有以下特点：

（1）流线箭头方向表示气流去向。

（2）流线不能交叉，但可分支。

（3）风速大的区域，流线密集，风速小的地区，流线稀疏。

（4）风向急骤变化处，流线中断，并且沿转变的风向另作流线。

（二）常见的一些水平流场形式

1. 平直流场与波状流场

流场中最常见的是平直流场和波状流场，如图5-16（a）和图5-16（b）所示。平直流场由一束近于平行、略有弯曲的流线组成；波状流场类似于通常所见的低压槽或高压脊中的流场，反映了低纬度大气中的波状扰动。

2. 渐近线

渐近线是指流场中的气流趋向辐合或辐散的线。当气流趋近它时，流线呈辐合状，这种渐近线称为辐合渐近线，如图5-16（c）所示；当气流离开它时，流线呈辐散状，这种渐近线称为辐散渐近线，如图5-16（d）所示。辐合渐近线往往与一些活跃的对流天气区（如积云、积雨云、阵雨等）相联系。

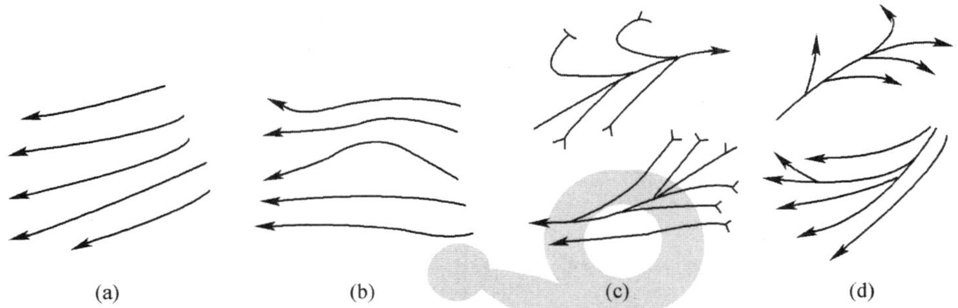

图5-16 流场形式

3. 奇异点

奇异点是流场中的静风点，在此点上风速为零，没有风向，其附近风速也较小。奇异点可分为尖点、涡旋（汇、源）和中性点。

（1）尖点

尖点是波动向涡旋发展的过渡形式，其生命史很短，实际工作中常因资料不足而难以分析出来。

（2）涡旋

通常，地面流场中主要有两种涡旋：辐合型的气旋式涡旋和辐散型的反气旋式涡旋，它们类似于通常所见的低压和高压流场，涡旋中心分别以符号“C”“A”表示。这种具有辐合点（汇）或辐散点（源）的流场，也称为单汇辐合流场［如图5-17（a）和图5-17（b)所示］和单源辐散流场［如图5-17（c）和图5-17（d)所示］。

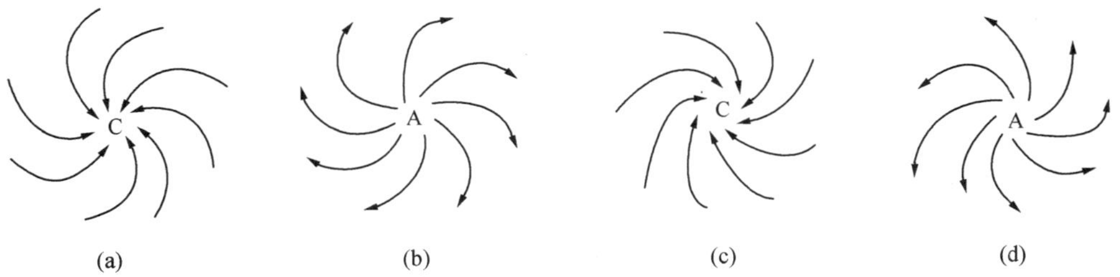

图5-17 涡旋流场

（3）中性点

中性点是两条气流辐合渐近线和两条辐散渐近线的交叉点，类似于鞍形区中的流场，如图5-18所示。

图5-18　中性点

四、低纬度地面流线图实例分析

图5-19为美国夏威夷州火奴鲁鲁广播台发布的2018年3月4日00时（UTC）太平洋地面流线图。该图采用墨卡托圆柱投影方式，图中标有流线、海面实测风、锋线、槽线、脊线、热带辐合区和警报。槽线用“　　”符号表示，脊线用“　　”符号表示，热带辐合区（ITCZ）用“　　”符号表示。气旋式涡旋和反气旋式涡旋中心分别标注C和A，它们的流场和天气特征与低压和高压是对应的。

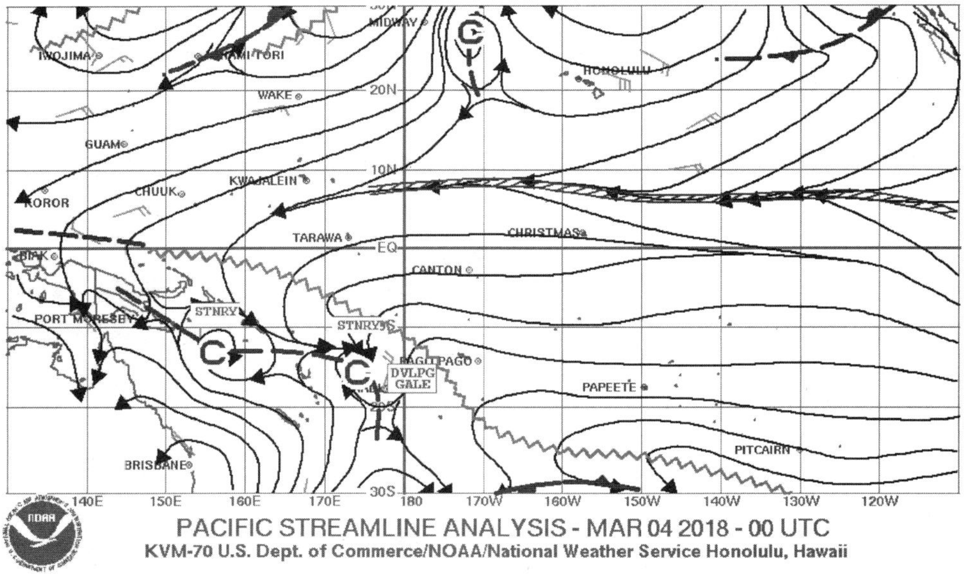

图5-19　太平洋地面流线图

第五节 波浪图

波浪图对船舶航行和预防海难事故很有用处，由这种图可以预知从海面传来的最大波浪，所以对沿岸港口的防灾工作也有帮助。波浪图有波浪分析图和波浪预报图之分。

一、波浪分析图

图5-20为美国国家海洋和大气管理局海洋预报中心2018年2月5日0137时（UTC）发布的有效时刻为2月5日0000时（UTC）的北太平洋海况分析图。图中灰色实线为等波高线，依据有效波高绘制，每间隔1 m绘制一条，数字表示波浪高，单位为米（m），区域范围内最大或最小波高值用带有方框的数字表示；图中箭头表示主波向，即此处海域最大波高方向；图中圆点虚线表示海冰边界。

图5-21为日本东京JMH台发布的北太平洋传真波浪分析图。波浪分析图是根据船舶和海洋站的海洋气象观测资料制作的，图上绘有：（1）等波高线；（2）主波向；（3）高压、低压的中心位置和强度；（4）锋线；（5）船舶实测的风向、风速、风浪和涌浪的波向、周期、波高；（6）乱波海域等资料。

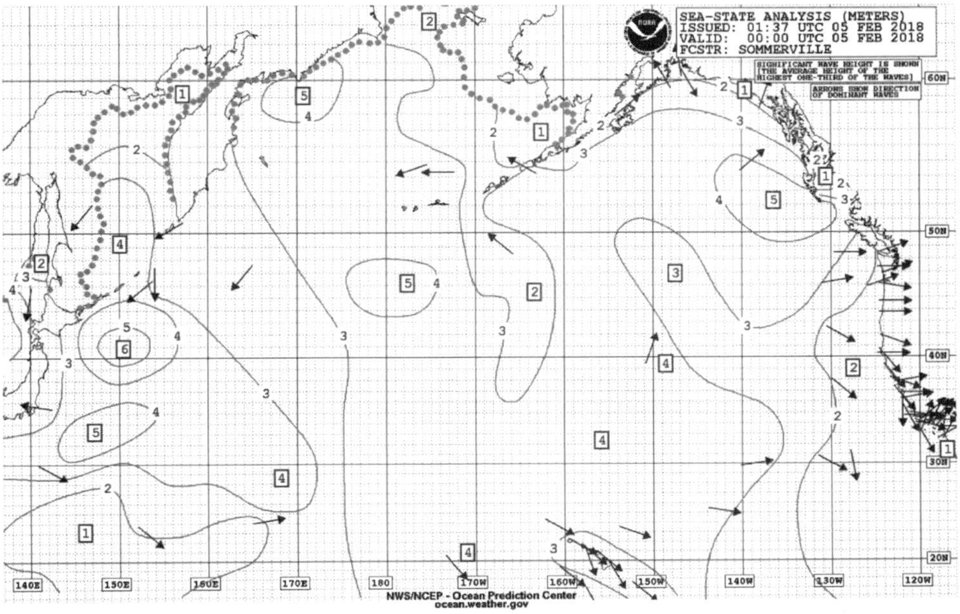

图5-20 美国国家海洋和大气管理局海洋预报中心发布的北太平洋海况分析图

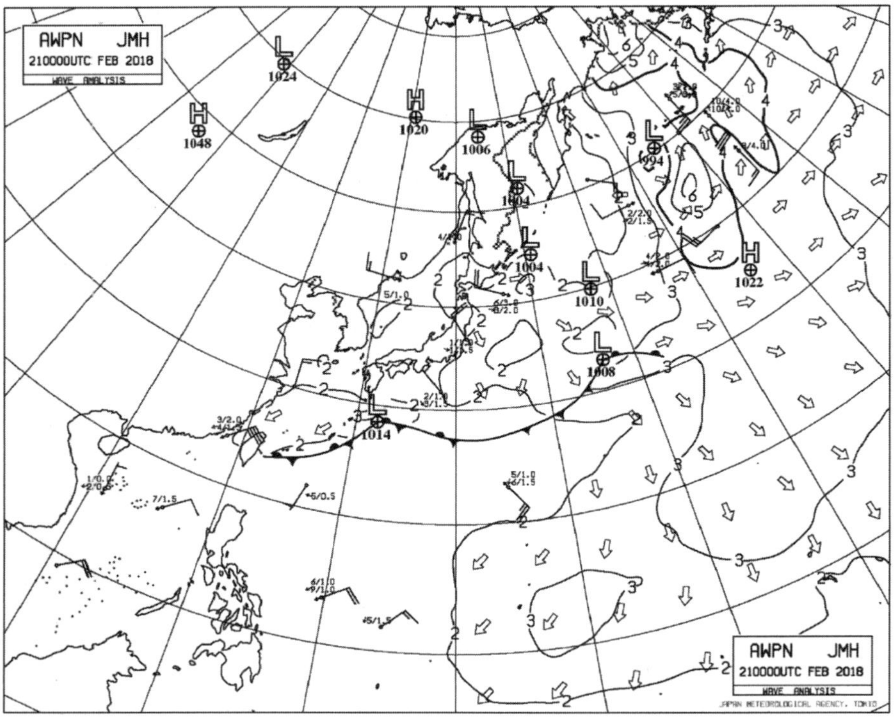

图5-21　日本东京JMH台发布的北太平洋传真波浪分析图

（一）测站内容

P_s——涌浪周期（s）

P_w——风浪周期（s）

H_s——涌浪波高（m）

H_w——风浪波高（m）

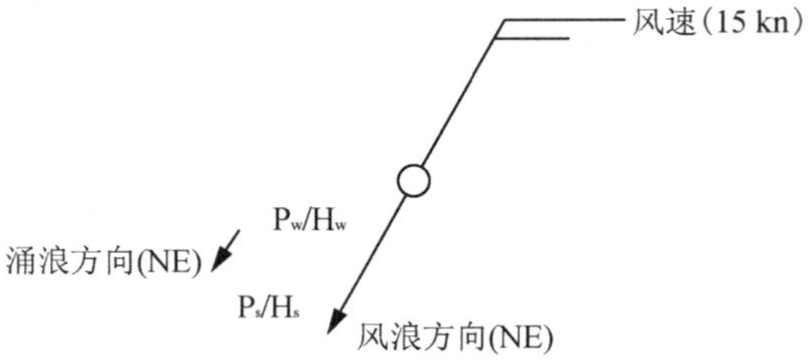

（二）等波高线

图中用平滑实线表示，单位为米（m），间隔1 m。依据风浪高与涌浪高的合成波高绘制。

（三）气压系统

图中还绘出了同一时刻的高压、低压系统的中心位置、强度及锋面的位置。

（四）其他符号

⇗　主波向（取风浪与涌浪波高较大者的波向）　　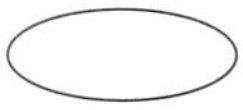 乱波海域

S、M、R、VR分别表示轻浪SLIGHT、中浪MODERATE、大浪ROUGH和巨浪VERY ROUGH。

二、波浪预报图

图5-22为中国国家海洋环境预报中心发布的有效时刻为2018年3月6日20时（UTC）北印度洋48 h海浪预报图。图中浪高依据有效波高绘制，大小用不同颜色表示，数字表示波浪高，单位为米（m），箭头表示波向。

图5-23为美国国家海洋和大气管理局海洋预报中心2018年2月5日0609时（UTC）发布的北太平洋48 h风和浪预报图。图中实线为等波高线，依据有效波高绘制，每间隔1 m绘制一条；数字表示波浪高，单位为米（m）；风矢符号表示风向和风速大小。

图5-24为日本东京JMH台2018年2月21日0000时（UTC）发布的北太平洋24 h波浪预报图。波浪预报图是根据观测的海浪实况、天气形势预报和气象要素预报制作的。预报未来24 h：（1）波高分布；（2）高压、低压的中心位置和强度；（3）锋线位置；（4）主波向；（5）部分站点的周期和波高；（6）三角浪。

图中波高依据有效波高绘制，阴影部位为三角浪海域。

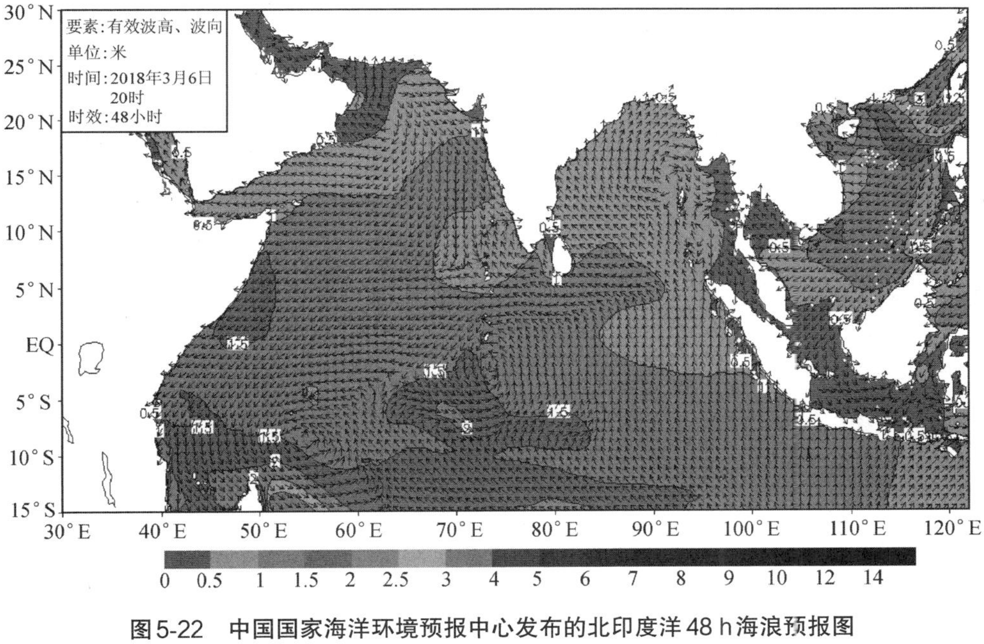

图5-22 中国国家海洋环境预报中心发布的北印度洋48 h海浪预报图

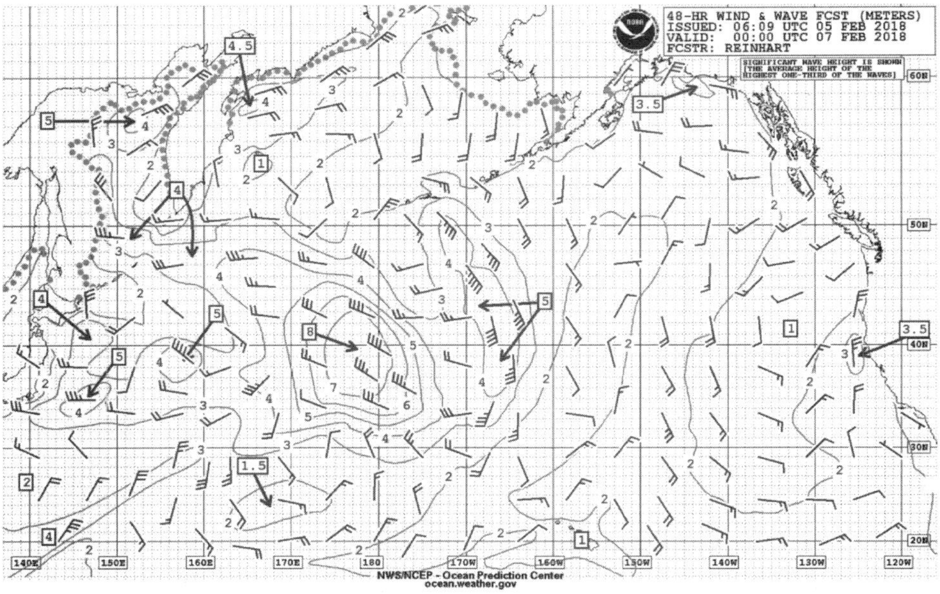

图5-23　美国国家海洋和大气管理局海洋预报中心发布的北太平洋48 h风和浪预报图

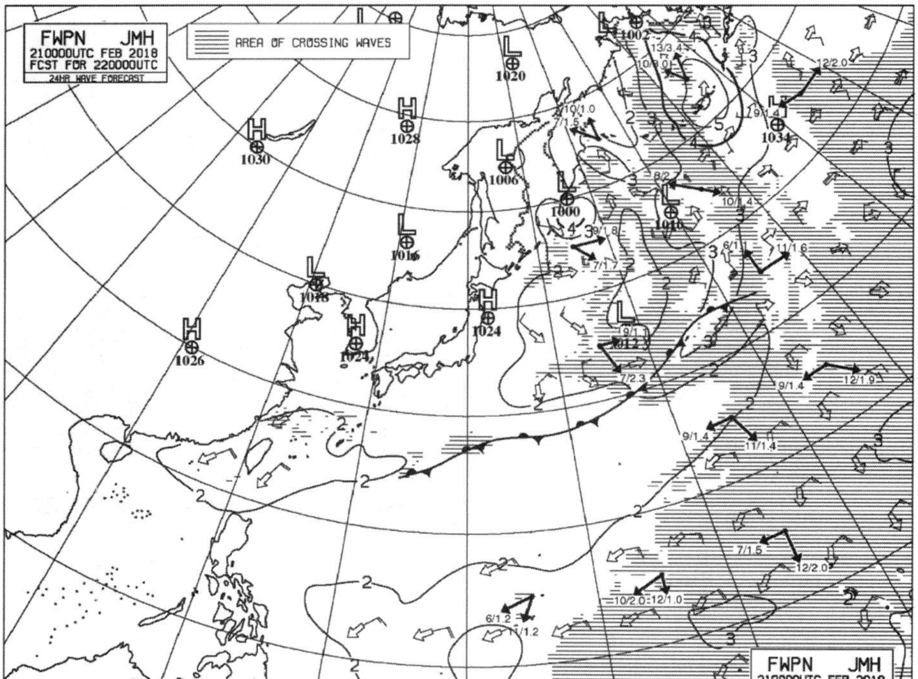

图5-24　日本东京JMH台发布的北太平洋24 h波浪预报图

第六节 热带气旋预（警）报图

图5-25为中国中央气象台发布的2016年第21号台风“莎莉嘉”未来120 h路径概率预报图，图中显示了14日14时起，未来120 h每隔12 h位置连成的路径曲线和强度变化，以及过去的位置和路径。这种台风路径概率预报图简单、直观，一目了然，便于掌握台风的历史和未来的位置和强度变化。

图5-26为日本东京JMH台发布的2014年9月7日00时（UTC）台风预（警）报图。图中绘出了2014年14号热带气旋预报时的实际位置和未来24 h、48 h及72 h的预报位置、强度和风速。图中左上角有图例说明：

（1）实际大风（≥10级）区：以预报时刻热带气旋的实际位置为中心绘出的实线圆。圆外附近为小于10级的大风区。

（2）预报圆：表示热带气旋中心未来24 h、48 h、72 h可能落入的范围，分别以点线圆绘出。实际落入圆中的概率为70%左右。

（3）大风（≥10级）警报区：以预报圆外的实线同心圆表示。预计该圆的某些地方未来可能被≥10级大风覆盖，实际风暴区将取决于热带气旋的中心位置。

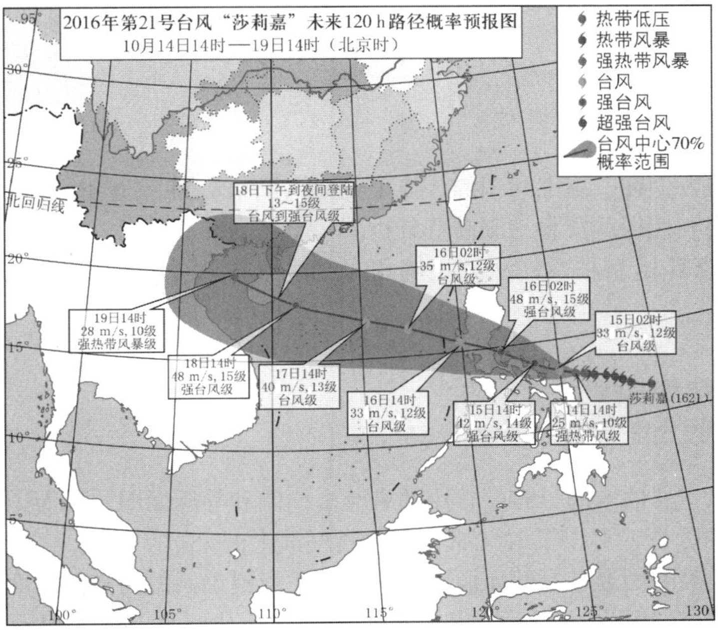

图5-25 中国中央气象台发布的未来120 h台风路径概率预报图

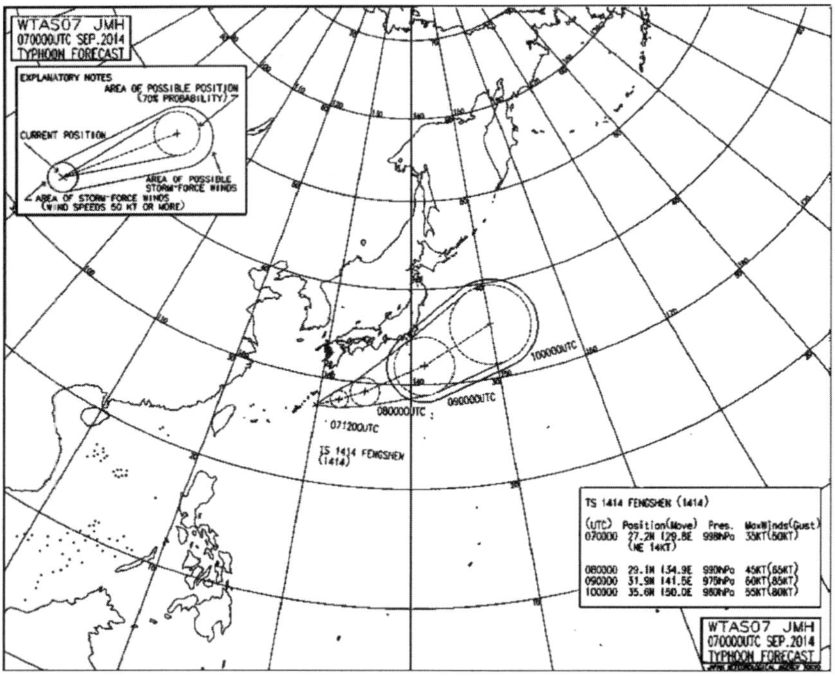

图5-26　日本东京JMH台发布的台风预（警）报图

第七节 ● 高空图

天气现象是发生在三维空间中的，为了全面认识和掌握天气的变化规律，除了分析地面图之外，还要利用探空资料绘制高空分析图，了解高空气压场、风场、温度场、湿度场等的空间分布及其相互联系，从而正确预报未来天气。本章介绍高空分析图和高空预报图。

一、高空（等压面）图的概念

高空图表示气压的空间分布，常用的有等高面图和等压面图。地面图是等高面图，通过图上等压线的分析，可以了解气压在同一高度面上的分布，从而确定出地面天气系统。在实际工作中，高空图通常是等压面图。利用探空资料绘制的高空等压面图，能使人直接地了解高空气压场、风场、温度场及湿度场的结构，从而全面地认识大气的各种运动状态，正确预报未来的天气。

在空间内由气压相等的点所组成的曲面称为等压面。空间等压面是类似于地形一样起伏不平的曲面。因为气压总是随着高度的增加而降低的，所以在同一高度上，气压比四周高的地方，等压面向上凸，气压高得越多，等压面上凸得越厉害；气压比四周低的地方，等压面下凹，气压低得越多，等压面下凹得越厉害。

在同一等压面上，各点的气压是相等的，但高度往往不相等，如图5-27所示。在空间同一等压面P上取A、B、C三点，这三点的气压数值相等，均为p，但它们的高度不相同，$H_A>H_B>H_C$。A'、B'、C'是A、B、C三点对应的同一等高面上的三点，三点的海拔相等，其气压值分别为$p_{A'}$、$p_{B'}$、$p_{C'}$。由于气压随高度的升高而降低，不难看出$p_{A'}>p_{B'}>p_{C'}$。由此可见，等压面的高度越高（如A点），在邻近等高面上对应的气压就越高（如A'点）；反之，等压面的高度越低（如C点），在邻近等高面上对应的气压就越低（如C'点）。

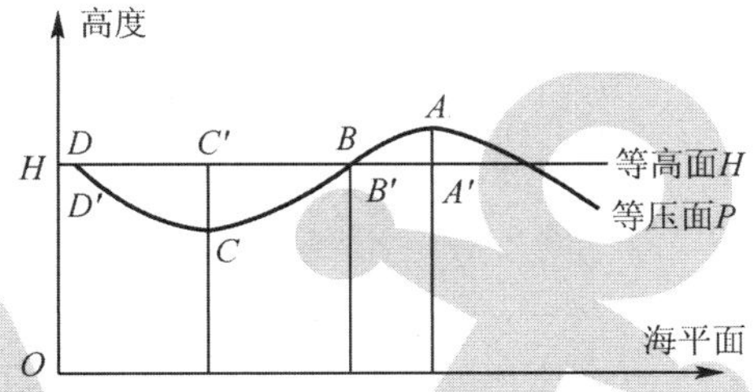

图5-27　等压面与等高面关系示意图

在气象上仿照地理学中用地形等高线描述地形起伏的办法，用等高线来描述空间等压面相对于海平面的起伏形势。图5-28中P为一空间等压面，H_1、H_2、…、H_5为间隔相等的若干等高面，它们分别与该等压面相截（交线以虚线表示）。因每条截线都在等压面P上，故所截曲线上的各点的气压都等于p。将这些截线都投影到同一个水平面上，便得出等压面P距海平面高度分别为H_1、H_2、…、H_5等一组等高线。显然，这些交线既是等压线又是等高线。与等压面凸起部位相对应的是一组闭合等高线的高值区，其值由中心向外递减；与等压面下凹部位相对应的是一组闭合等高线的低值区，其值由中心向外递增。从图中还可看出，等高线的疏密取决于等压面的倾斜程度，在等压面倾斜程度较大处（AB），等高线较密集（$A'B'$）；在等压面倾斜程度较小处（CD），等高线较稀疏（$C'D'$）。因此，在等压面上绘制等高线与在等高面上绘制等压线具有相同的意义。等压面图上等高线的高值区对应于等高面图上等压线的高值区；等压面图上等高线的低值区对应于等高面图上等压线的低值区。航海活动中常用到的等压面图有850 hPa、700 hPa和500 hPa三种，它们的平均高度分别为1 500 m、3 000 m和5 500 m左右。

等压面的高度不是通常所说的几何高度，而是指有能量意义的位势高度。位势高度是以单位质量的物体从海平面上升到某高度时克服重力所做的功来表示的，其单位是位势米或位势什米，1位势什米=10位势米。位势高度与几何高度虽然物理意义不同，但数值非常接近。

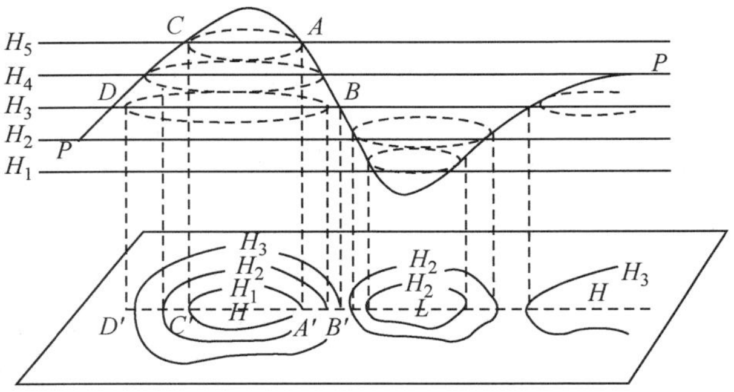

图5-28　等压面图上的等高线绘制原理示意图

二、高空图单站填图格式

高空天气图主要填绘高空测风和探空资料，填图格式如图5-29所示。图中HHH为位势高度，单位为位势什米；TT为气温，$T-T_d$为温度露点差，dd为风向，ff为风速。

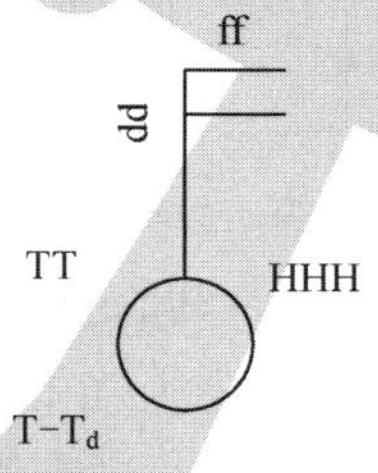

图5-29　高空图单站填图格式

三、高空图分析项目

（一）等高线的分析

等高线是用黑色的平滑实线绘制的。我国规定，各等高线间隔40位势米，并在每条等高线上均标明位势米的千、百、十位数。在彩色高空天气图上，各等高线的高值区中心用蓝色标注字母H（或G）和强度数值，低值区中心用红色标注字母L（或D）和强度数值。

如日本、美国、英国等一些国家等高线间隔采用60位势米。在彩色高空天气图上，各等高线的高值区（高压区）中心用蓝色标注字母H和强度数值，低值区（低压区）中心用红色标注字母L和强度数值。

等高线的分布反映了等压面附近气压场的分布，且高空大气的运动受地面摩擦力的影响很小，所以等压面上风与等高线的关系非常接近于地转风或梯度风，即：(1) 等高线的走向与风向平行，在北半球，背风而立，低压在左，高压在右。(2) 等高线的疏密（即等压面的坡度）和风速的大小成正比，即等高线越密集处风速越大，等高线越稀疏处风速越小。

（二）槽线和切变线的分析

槽线是低压槽内等高线曲率最大点的连线，是气压场的特征线，如图5-30所示。

(a)　　　　(b)

图5-30　槽线

切变线是风场的不连续线，其两侧风向或风速有较强的气旋性切变，它是风场的特征线，如图5-31所示。切变线应分析在风向和风速有明显变化的区域，通常在存在风切变的两高压之间的狭长低压带内。

(a)　　　　(b)

图5-31　切变线

槽线和切变线附近由于气流的水平辐合较强而有上升运动，是天气变化剧烈的区域。

（三）等温线分析

等温线在彩色高空图上常用红色虚线绘制。我国每隔4 ℃画一条，并标注具体数值，负值等温线应带负号。暖中心标注红色字母W（或N）；冷中心标注蓝色字母C（或L）。国外通常每隔6 ℃或3 ℃画一条。暖中心标注红色字母W；冷中心标注蓝色字母C。

（四）温度平流分析

冷、暖空气的水平运动引起某些地区增暖和变冷的现象，称为温度的平流变化，简称温度平流。

掌握判断温度平流的方法，不仅可以直接判断温度的变化，还可以根据温度的变化间接地判断气压场的变化。这是由于温度变化会引起空气密度改变，气压也随之发生变化。所以，掌握判断温度平流的方法，对天气形势预报是很重要的。

高空等压面图上等高线的走向与风向平行，所以，根据等高线与等温线的配置关系，就能够很容易地看出温度平流的性质和强度。

如图5-32所示，气流由冷区吹向暖区时为冷平流，气流由暖区吹向冷区时为暖平流。

冷、暖平流之间可以画出一条线，称为平流零线。平流零线一般位于等高线和等温线平行处。

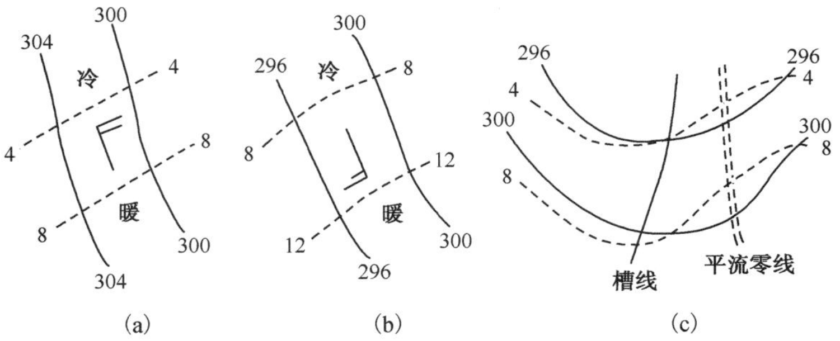

图5-32　高空温度平流

温度平流的强度就是指单位时间内因温度平流引起的气温改变量的大小，可以从以下三方面定性判断：

（1）等高线的疏密程度。当其他条件相同时，等高线越密集，即风速越大，则平流强度越大；反之，则平流强度越小。

（2）等温线的疏密程度。当其他条件相同时，等温线越密集，即温度梯度越大，则平流强度越大；反之，则平流强度越小。

（3）等高线与等温线交角的大小。当其他条件相同时，等高线与等温线之间的交角越接近90°，则平流强度越大；当交角为0°时，风沿着等温线吹，则平流强度为零。

四、高空图实例分析

高空图有850 hPa、700 hPa、500 hPa等不同层次的等压面图，同地面图一样有实况分析图和24 h、48 h等不同时效的预报图。

图5-33是日本东京JMH台发布的有效时刻为2018年2月13日世界时0000时东亚与西北太平洋700 hPa高空分析传真图。图中的实线为等高线，两相邻等高线间隔为60位势米，高、低位势中心分别标注H和L；虚线为等温线，两相邻等温线间隔6 ℃，冷、暖中心分别标注C和W。图中介于80°E ~ 100°E的网格区表示高大地形，点状阴影区表示温度露点差小于3 ℃的潮湿区域。

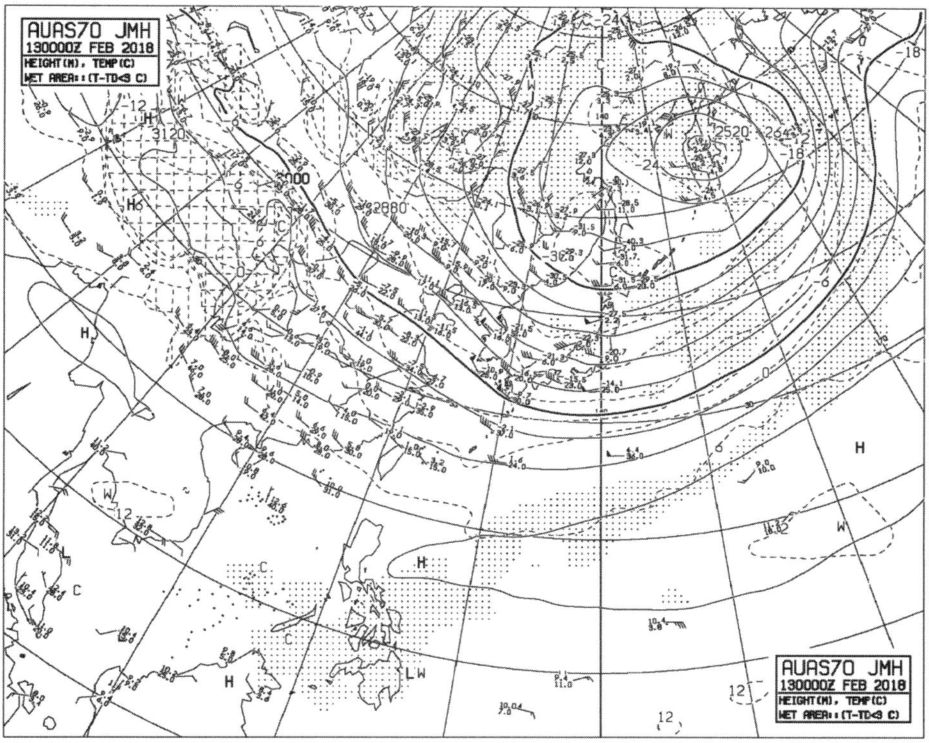

图5-33　日本东京JMH台发布的东亚与西北太平洋700 hPa高空分析传真图

图5-34是中国中央气象台2018年2月13日02时（UTC）发布的有效时刻为13日12时（UTC）的北太平洋500 hPa等压面24 h预报图。图中黑色平滑实线是等高线，两相邻等高线间隔为40位势米，高、低位势中心分别标注H和L；棕色短实线为槽线；菲律宾上空的闭合低压中心是1802号热带风暴的高空环流系统。

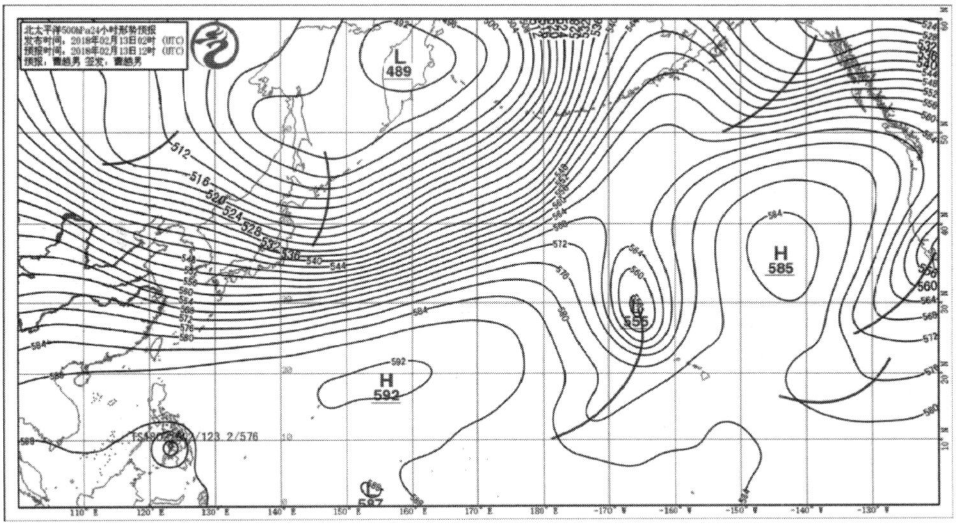

图5-34　中国中央气象台发布的北太平洋500 hPa等压面24 h预报图

第八节 海冰图

海冰图包括海冰冰况图和预报图，航海工作中主要用于冬季高纬度航行和夏季极区航行。目前，发布海冰图的传真广播台主要有日本东京、瑞典斯德哥尔摩、德国奎克博恩、英国布拉克内尔和加拿大哈利法克斯等。极地航线各海区日常彩色海冰图还可以在中国、俄罗斯、美国、加拿大等有关国家的相关网站上查询。常用网站包括：

中国国家海洋环境预报中心 http://www.nmefc.gov.cn；

俄罗斯北方海航道信息办 http://www.arctic-lio.com；

俄罗斯北极和南极研究所 http://www.aari.nw.ru；

加拿大冰况、气象服务站 http://www.ec.gc.ca/glaces-ice；

加拿大海岸警卫队 http://www.marinfo.gc.ca/en/glaces/index.asp；

美国国家海冰中心 http://www.natice.noaa.gov；

美国国家气象局 http://www.weather.gov/afc。

冰况图中不仅简单地标示冰量，还标示出冰块的位置和可能通行的航道。同时，冰况图中列举不同海域海冰的聚集状况，还有简报形式的冰情分析与展望。

图5-35为日本东京JMH台发布的2018年2月13日海冰冰况传真图，图中细实线是等水温线，间隔为2 ℃。不同阴影区表示相应海冰密集度。图中左侧用日文和英文列出海冰情报，分析了当前冰情，展望了未来7天的变化，并提醒船舶注意海冰的移动。

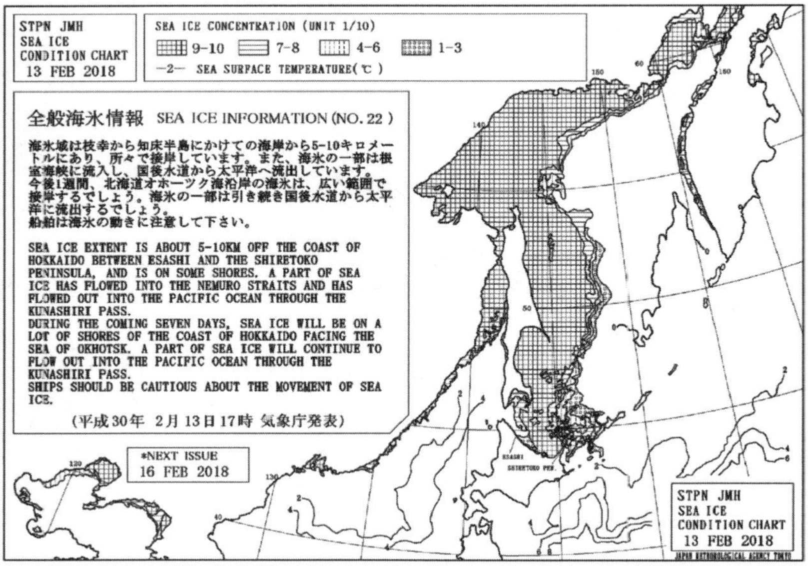

图5-35 日本东京JMH台发布的海冰冰况传真图

图5-36为日本东京JMH台2018年2月10日发布的未来48 h和168 h海冰预报传真图，图中不同阴影区表示相应海冰密集度。

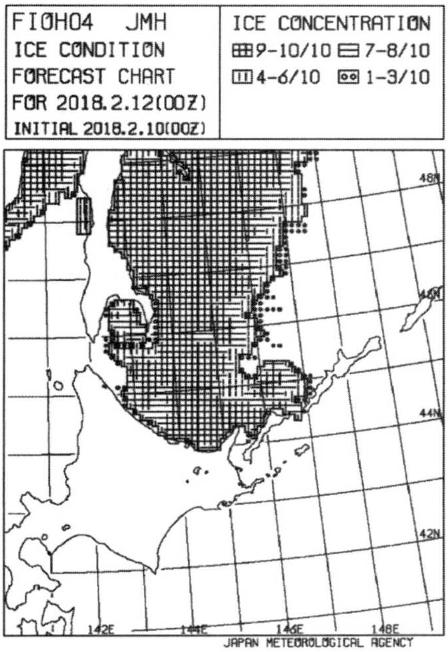

(a) 48 h

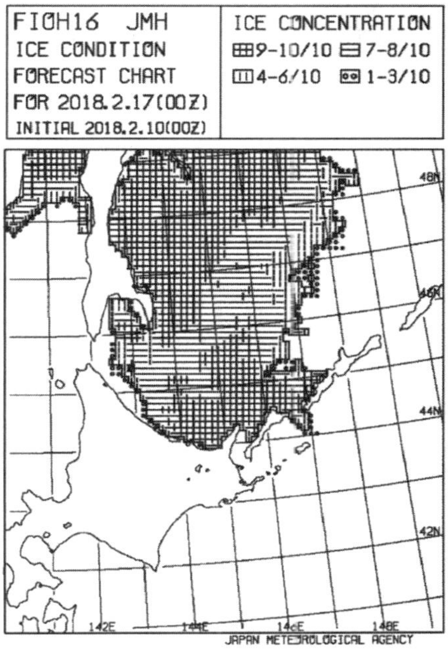

(b) 168 h

图5-36 日本东京JMH台发布的未来48 h和168 h海冰预报传真图

第九节 海流图

海流传真图分为海流分析图（SO）和海流预报图（FO）两种。海流一般变化缓慢，比较稳定，因此海流传真图的时间间隔比天气图要长很多。常见的有旬和月两种海流分析图，它是根据上个旬（或上个月）的海流实测资料绘出的图。图5-37为日本东京JMH台发布的2018年2月12日表层海流实况传真图。图中细实线为等海温线，间隔为2 ℃。粗实线箭头表示海流主轴及流向，粗实线上小圆圈内数字表示流速。图中黑色区为海冰区。

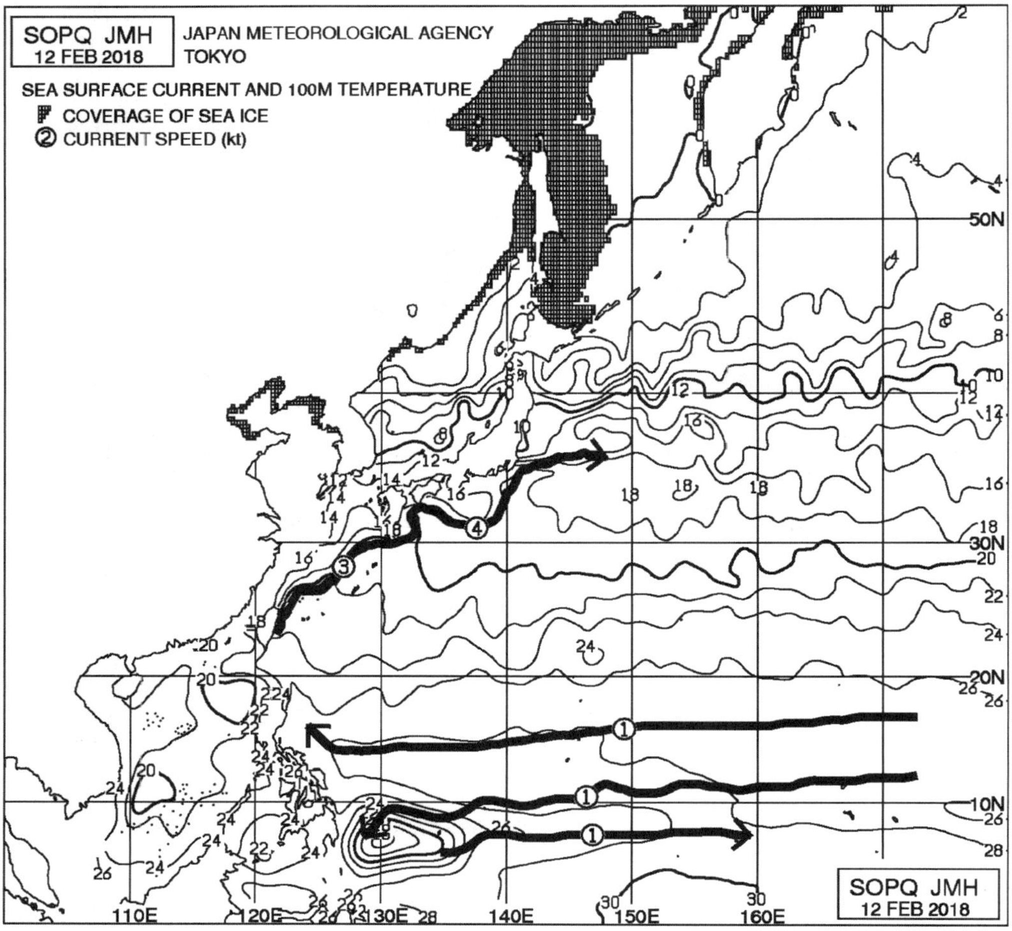

图5-37　日本东京JMH台发布的表层海流实况传真图

第十节 ● 卫星云图

气象卫星有绕地球运行的轨道卫星和同步卫星两种，它们不断地观测地球上的大气情况，观测结果经过技术处理，可供气象部门进行科学研究和日常天气预报使用。航海者可收取由传真广播台转发的卫星云图。卫星云图分为可见光（VIS）和红外（IR）两种，如图5-38和图5-39所示。

图5-38 中国中央气象台发布的可见光云图

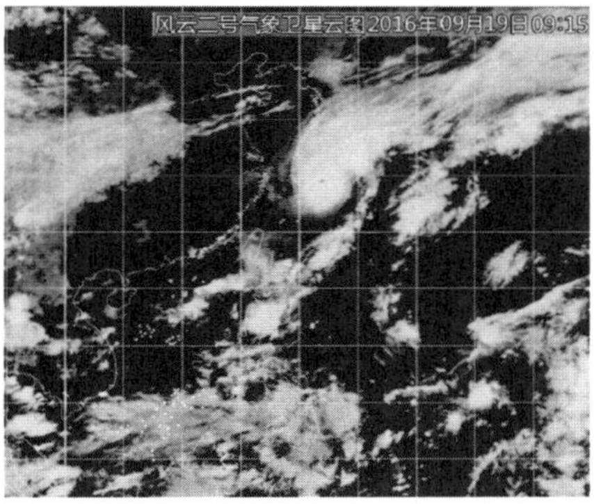

图5-39 中国中央气象台发布的红外云图

一、两种云图的区别

在可见光波段，卫星的观测仪器感应地面或云面对太阳光的反射差异，这种差异在图片上表现为黑白差异。黑白差异（或称亮度）表示地面或云面的反照率大小，白色表示反照率大，黑色表示反照率小。一般云层越厚，其亮度越亮。如果太阳的照明条件一样，对于同样厚度的云，水滴云比冰晶云亮。按照云面和地面反照率的强弱，亮度可分为六种层次（如表5-12所示）。根据这种亮度层次，可以分辨云面或地面的特征和类别。

表5-12 不同亮度层次所对应的云和地面特征

亮度	云和地面特征
黑	海洋，湖泊，大的河流，大面积森林覆盖区的地面
深灰	牧场，草地，耕地
灰	陆地上的晴天积云，沙漠，陆上单独出现的卷云
灰白	大陆上薄的中高云，中等厚度的云（中云，层积云，层云和雾，积云）
白	积雪，冰冻的湖泊和海洋
浓白	积雨云，厚的卷层云，其下面有中、低云和降水

在红外波段，红外感应器测量来自云顶、陆地表面和水面所发射的红外辐射总量（这个总量反映出被测物体表面的冷热情况），并用图像表示出来。在红外云图上，云层顶部、陆地表面和水面表现为不同的色调。最黑的地区代表最暖的表面，最白的地区代表最冷的表面。因此，红外云图实际上是一张地表面和云系的温度分布图。根据云图上色调的差异可以判定云顶的高低：色调白，温度就低，表示云顶高度高；色调黑，温度就高，表示云顶高度低。

可见光云图的色调亮度取决于物体对太阳光的反照率的大小，红外云图的色调取决于物体表面温度的高低。比较两种云图可以看到，有许多云和地面特征是相似的，有一些却差异很大（如表5-13所示）。

表5-13　红外云图和可见光云图上各种云和地表特征的亮度比较

可见光云图 / 红外云图	白	淡灰	灰	深灰	黑
黑			沙漠（白天）		暖海洋
深灰	层积云		晴天积云 沙漠（夜间）		冷海洋
灰	层云（厚） 雾（厚）	晴天积云 卷层云（薄）	纤维状卷云	西藏 高原	高山 森林
淡灰	高层云（厚） 浓积云	纤维状卷云	高层云（薄）		
白	密卷云、多层云系、 卷层云、高山积雪、 卷云砧、极地积雪		消失中的 卷云砧		

二、卫星云图识别的六个依据

卫星云图提供了大范围的直观、形象的天气实况资料，要充分发挥云图的作用就必须会识别云图。下面介绍识别云图的六个依据（如表5-14所示）。

表5-14 卫星云图上云的识别依据

分类	特征	分类	特征
云的大小	低压较强、锋面坡度小和暖空气活跃的云面积大，晴天积雨云面积小	云的亮度	照明条件相同，云体愈厚，则亮度愈大；厚度相同，水滴云比冰晶云要亮
云的边界	冷锋云系的前部边界不明显，后部呈一条线；洋面上细胞状的积云呈多角形；急流云系为一条细云带，云带中有一条条锯齿状的横向小云线；气旋的云系为螺旋状	云的水平结构	气旋、台风云系成涡旋状，洋面上积状云系呈细胞状，锋面、急流、切变线、赤道辐合带云系呈带状
云的纹理	雾和层状云表现为光滑的表面，高积云和层积云表现为皱纹和斑点	暗影	中云、高云和发展很高的积云有暗影；在冰面上空有云时，有暗影；高空急流卷云带的边界也可出现暗影

三、几类主要天气系统的云系特征

在船舶条件下，利用传真卫星云图很容易识别热带气旋、冷锋、暖锋和副热带高压等几类主要天气系统。

1. 热带气旋

在卫星云图上，热带气旋为白色的涡旋状云系，在黑色的海洋背景下显得十分清晰。热带气旋云系包括系统中心的云区和外面的云带。系统中心的云是指可以看到的眼区或涡旋中心的浓密云区（或称密蔽云区），云带是指环绕中心的弯曲或呈螺旋形的云带。图5-38和图5-39显示出2016年9月19日0945时和0915时（北京时间）中心位于东海上空的9616号强台风“马勒卡”的云系结构。

根据云带的几何形状和中心浓密云区的形状、边界清楚程度、纹理等特征，就可以确定中心位置，判断热带气旋的发展阶段和风暴的发展强度。此外，利用卫星云图还可以确定热带气旋的移动路径、最大风速、最低气压、大风范围和降水分布等。

2. 冷锋

在卫星云图上，冷锋锋区往往表现为一条长几千千米，宽二三百千米的白色云带。因此，大多数的冷锋很容易从图片上识别出来。冷锋常与温带气旋相联系，冷锋云带位于螺旋云带的外围，靠近螺旋中心部分云带较宽，距螺旋中心越远冷锋云带越窄，云带呈明显的气旋性弯曲。地面天气图上的冷锋线一般位于云带内。如果云带中层状云占优势，地面冷锋线位于接近云区的前边界处；如果积云占优势，则冷锋线位于云区的后边界附近。图5-40显示北太平洋上空一条长几千千米的白色云带为典型冷锋云系。

图5-40　日本气象厅发布的彩色卫星云图

3. 暖锋

在卫星云图上暖锋云区短而宽，通常长几百千米，宽300～500 km，呈反气旋性弯曲并向冷空气一侧突起。地面天气图上的暖锋线位置在暖锋云区中靠近后边界处，在卫星云图上暖锋的位置较难识别。

4. 副热带高压

在卫星云图上，副高表现为一大片暗的无云或少云区，而其南、北两侧均为多云区（白色多）。无云区边界一般很清楚，根据经验，大致与500 hPa图上588位势什米等高线一致。因此，利用这种关系很容易从卫星云图上确定副高的范围。如果副高区色调很暗，即碧空无云，说明副高区内下沉运动很强，低层的对流云系不易发展；反之，当副高减弱时，副高区颜色将变淡，表明内部云系增加。因此，积云块的出现对预报副高的减弱有一定的指导意义。

第十一节　气象传真图综合分析应用

一个地区的天气变化是由大气中移动的各种系统（如气压系统和锋面系统等）引起的，这些系统统称为天气系统。

天气系统是天气现象的制造者和传播者，要综合应用气象传真图做出天气分析和预报，首先必须掌握天气系统的活动情况。

一、天气系统分析和预报

常见的地面天气尺度的天气系统有：锋面、温带气旋、热带气旋、冷高压、热带辐合带等；常见的高空天气尺度的天气系统有：阻塞高压、切断低压、槽线、切变线、东风波等。

地面天气系统的活动和演变往往受到高空天气形势的影响，因此要做地面天气系统的预报，首先应做好高空天气形势预报。

（一）应用高空图做高空天气形势预报

高空天气形势预报，通常是指700 hPa和500 hPa高空图上气压场未来的形势预报。它们的预报是地面气压系统预报的一个关键。由于700 hPa和500 hPa处于对流层中层，其气压场基本上反映了对流层气压分布的平均状况，因此，对天气预报具有十分重要的意义。高空图上槽脊多于高低气压系统，下面重点讨论预报高空槽脊移动和强度变化的方法。

1. 应用高空预报图预报

如果能根据预报图来确定高空气压系统的预报位置和强度，那就等于确定高空气压系统的移动和强度变化，所以应该熟悉预报图的识读与应用。

2. 应用高空分析图预报

（1）外推法

天气分析实践证明，天气系统的演变通常是持续性的。在一定时间间隔内，它的移动方向和速度往往变化不大。根据这个道理，用外推法就可以预计未来天气系统的位置和强度。外推法可分为等速外推和变速外推两种情况。

外推法简便易行，通常也比较有效，所以，它仍然是目前气象台站普遍使用的一种预报方法，同时也是很适合船舶条件下使用的一种预报方法。

在使用时应注意，外推时间不能过长，预报时效以6～12 h为宜。另外，由于外推法不考虑系统移动和发展的物理，当天气系统处于显著变动状态时，外推法不能预报出天气系统的新生或消亡以及移速、强度发生突变等情况。

外推法除用于天气形势预报外，亦可用于天气区（如大风区、雾区和降水区等）的移动和强度预报。

目前，船舶上最流行的预报方法是在传真地面分析图上应用外推法。当船舶航行时，船舶与天气系统均处在动态之中，因此，还必须考虑船与相关天气系统之间的相对运动，这是船舶条件下应用外推法的特点。要预知航线前方短期天气状况，首先要预报出推算航线附近各海域未来将受何种天气系统的控制或影响，然后根据该种天气系统的天气状况分布特点，即天气模式，结合地方性因子的影响，做出要素预报。高空槽脊的位置和强度变化也可用外推法。

我们以槽线为例，说明外推的方法。设有近于南北向的槽线自西向东移动，如图5-41

所示，24 h前槽线位于A_1A_1'，12 h前位于A_2A_2'，预报时位于A_3A_3'。由于槽线各段移动速度不同，可以在槽线的北段、中段和南段选取几个有代表性的点，如a_1、b_1、c_1，然后分别对这三点进行外推。可在A_1A_1'上分别过a_1、b_1、c_1作矢线与A_2A_2'垂直相交于a_2、b_2、c_2，再以同样的方法作矢线与A_3A_3'相交于a_3、b_3、c_3。由槽线过去的移动趋势可以看出，其北段和中段是加速移动的，而南段是等速移动的。如高空形势无重大变化，则槽线的北段和中段可按加速外推，槽线的南段可按等速外推。12 h后，其移动距离分别为：

$$a_3a_4 = a_2a_3+(a_2a_3-a_1a_2)$$

$$b_3b_4 = b_2b_3+(b_2b_3-b_1b_2)$$

$$c_3c_4=c_2c_3=c_1c_2$$

将a_4、b_4、c_4三点用一条光滑的曲线连接起来，就得到了未来12 h后的槽线位置。由图可见，槽线将逐渐由南—北向转变为东北—西南向。

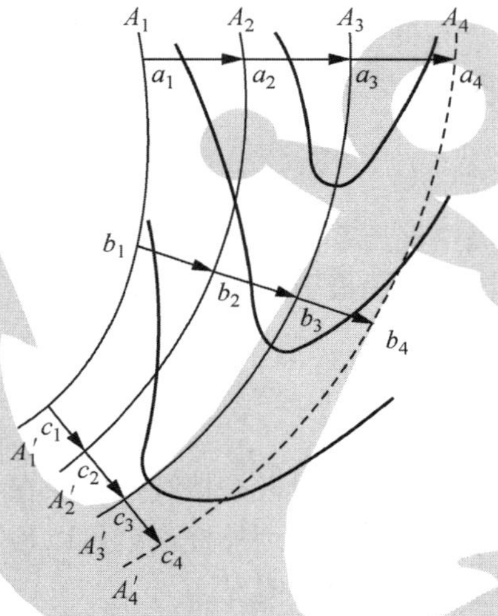

图5-41　高空槽的外推实例

（2）物理分析法

引起气压变化的主要因素是热力因子与动力因子，物理分析法就是主要考虑了影响气压变化的温度平流（热力因子）和涡度平流（动力因子）的作用来进行高空形势预报的方法。

①冷、暖平流规则

冷、暖平流是引起气压变化的一个重要因素。在对流层中上层，冷平流引起减压，暖平流引起加压；在对流层低层，其作用相反。气象工作者通过长期的研究和实践，总结出在700 hPa或500 hPa等压面图上应用冷、暖平流的三条重要规则：

Ⅰ. 当温度槽落后于高度槽，高度槽线附近及槽后有明显的冷平流时，该槽将加深，如图5-42（a）所示；反之，当温度槽超前于高度槽，高度槽线附近及槽后出现暖平流时，该槽将迅速填塞，如图5-42（b）所示。

Ⅱ. 当温度脊落后于高度脊，脊线附近及脊后有明显的暖平流时，该脊将加强，如图

5-42（c）所示；反之，当温度脊超前于高度脊，脊线附近和脊后有冷平流时，该脊将迅速减弱，如图5-42（d）所示。

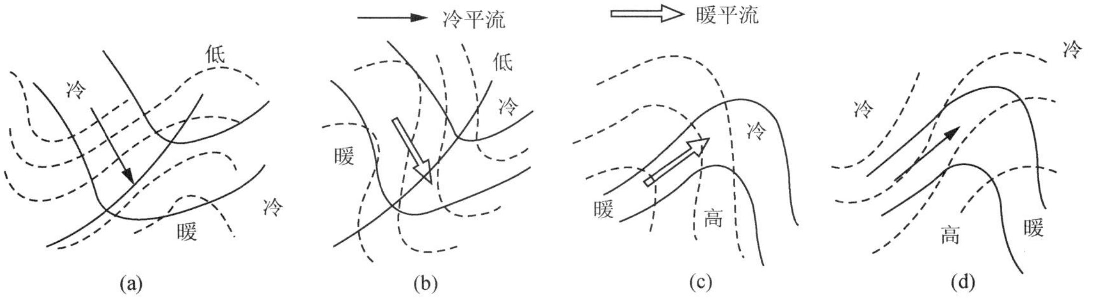

图5-42　冷、暖平流与槽脊强度变化的关系

Ⅲ. 当温度槽与高度槽重合，或者温度脊与高度脊重合时，冷、暖平流微弱，则槽或脊未来强度变化不大，并且位置稳定少动。

应用冷、暖平流规则应注意以下几点：

Ⅰ. 在等温线密集的区域（锋区）预报效果好，在等温线稀疏的区域预报效果较差。

Ⅱ. 冷、暖平流规则不能用于预报气压系统中心强度的变化。

Ⅲ. 应考虑冷、暖平流本身强度的变化。

②涡度平流规则

Ⅰ. 涡度的概念

空气块在流动过程中，有时会发生旋转。涡度是度量空气元量（无限小的空气块）旋转程度和旋转方向的物理量。

空气元量有绕垂直轴的旋转，也有绕水平轴的旋转，气象上主要讨论空气元量绕垂直轴（指向天顶）旋转的涡度（即涡度的垂直分量，也就是通常所说的涡度）。

气象学上规定：空气元量绕垂直轴逆时针旋转时，具有正涡度；空气元量绕垂直轴顺时针旋转时，具有负涡度。因此，在北半球，低压槽（或低压）中空气具有正涡度，高压脊（或高压）中空气具有负涡度。

在单位时间内，空气元量旋转的角度越大，则涡度值越大。在高空天气图上，涡度的大小主要取决于等高线的曲率和等高线的疏密程度（风速大小），等高线的曲率越大，等高线越密集，则涡度值越大，如图5-43所示。一般来说，槽、脊的强度越强，其正、负涡度的绝对值越大。

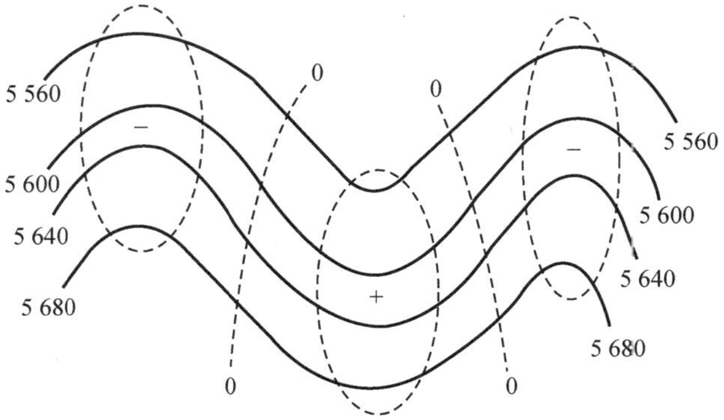

图5-43　高空槽、脊上的涡度分布示意图

Ⅱ. 涡度平流及其与气压变化的关系

当空气从涡度高值区流向涡度低值区使局地涡度增大时，为正涡度平流；当空气从涡度低值区流向涡度高值区使局地涡度减小时，为负涡度平流。一般来说，如高空槽、脊的等高线分布对称，则槽前脊后为正涡度平流区（正变涡），脊前槽后为负涡度平流区（负变涡），槽线和脊线上的涡度平流为零。

正涡度平流引起减压，负涡度平流引起加压。这种作用在地面和空间各高度层都相同。因此，高空槽前脊后为减压区，高空槽后脊前为加压区。

Ⅲ. 利用涡度平流预报气压系统移动和强度变化

根据涡度平流规则，可在高空天气图上用等高线的散合和曲率变化来预报气压系统的移动和强度变化，其规则如下：

a. 在对称性的槽（脊）中，若槽（脊）前的等高线疏散、槽（脊）后的等高线汇合，则槽（脊）将迅速向前移动，如图5-44（a）和图5-44（b）所示。

b. 在对称性的槽（脊）中，若槽（脊）前的等高线汇合、槽（脊）后的等高线疏散，则槽（脊）将缓慢向前移动，如图5-44（c）和图5-44（d）所示。

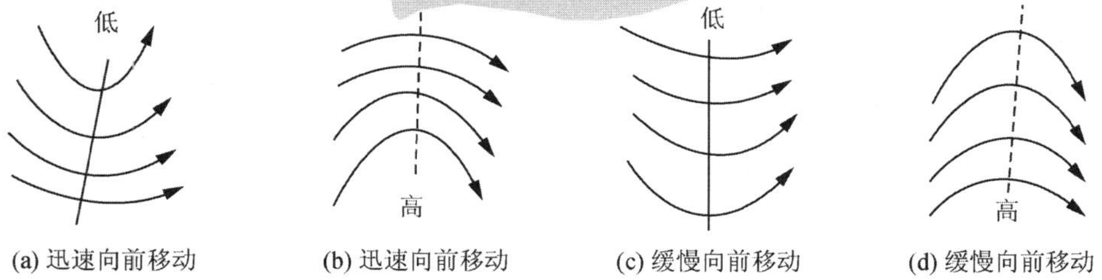

图5-44　对称性槽、脊中涡度平流的作用

对称性的槽（脊）强度变化不大。

c. 槽（脊）线附近及其前后的等高线呈明显疏散状的槽（脊），称为疏散槽（疏散脊）。疏散槽（脊）将加深（加强），如图5-45（a）和图5-45（b）所示。

d. 槽（脊）线附近及其前后的等高线呈明显汇合状的槽（脊），称为汇合槽（汇合脊）。汇合槽（脊）将填塞（减弱），如图5-45（c）和图5-45（d）所示。

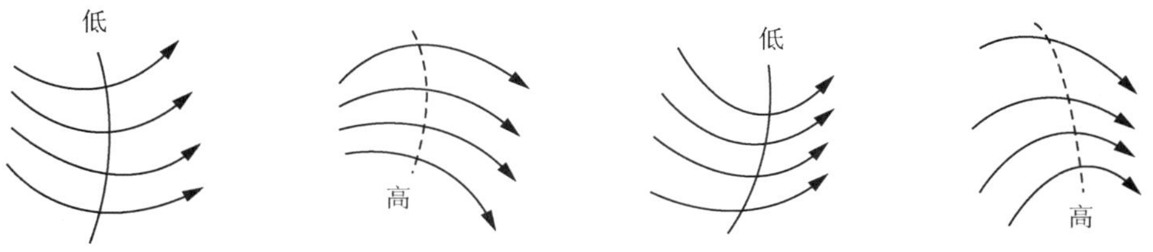

(a) 槽加深　(b) 脊加强　(c) 槽填塞　(d) 脊减弱

图5-45　非对称性槽、脊中涡度平流的作用

(二) 应用天气图制作地面天气系统的预报

船舶借助于岸上气象专家绘制的地面图、高空图和气象卫星云图等可以对地面气压系统的移动和强度变化进行有效的预报。在这里介绍一些航海常用的预报法则，供航海实际应用。

1. 应用地面天气预报图预报

如果能根据预报图来确定地面气压系统的预报位置和强度，那就等于确定地面气压系统的移动和强度变化，所以应该熟悉预报图的识读与应用。

2. 应用地面实况分析图预报

在船舶航行过程中，有时会缺少气象部门的气象预报资料，此时下面的预报规律将会帮助我们去预报地面气压系统移动和强度的变化。

(1) 外推法

绝大多数地面气压系统移动和强度的变化一般服从于持续性规律。依据持续性规律的外推法不仅适用于高空槽、脊的外推，也适用于地面闭合气压系统的外推。

(2) 变压法

在地面图上记录了三小时变压，即当前气压减去三小时前气压的差值。三小时变压反映了气压系统最近三小时的变化趋势，可以用它来预报地面气压系统移动和强度的变化。

①应用三小时变压预报地面气压系统的移动

Ⅰ. 地面图上等压线近似圆形的低压，向负变压中心区域方向移动；等压线近似圆形的高压，向正变压中心区域方向移动。

Ⅱ. 地面图上等压线呈椭圆形的低压，其中心移动方向介于低压中心与负变压中心连线和椭圆长轴之间，如图5-46（a）所示；高压中心移动方向介于高压中心与正变压中心连线和椭圆长轴之间，如图5-46（b）所示。

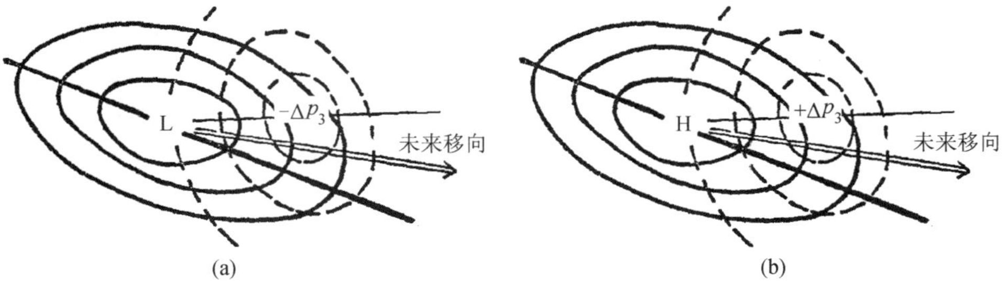

图5-46　气压系统的移动

②利用三小时变压预报气压系统的强度变化

Ⅰ. 如果低压中心出现了负变压（正变压），低压将会加深（填塞）。如果高压中心出现了正变压（负变压），高压将会加强（减弱）。

Ⅱ. 锋面气旋的暖区内负变压（正变压）愈大，气旋将加深（填塞）愈快。

（三）应用地面图和高空图的对应分析来做预报

应用地面图和高空图做对应分析，可以对地面气压系统进行较有效的预报。在这里介绍一些航海中常用的预报法则，供航海人员实际应用。

1. 引导气流法

在长期的天气预报工作中，人们发现地面上的一些浅薄系统，如冷高压、青年锋面气旋等的移动方向与该系统上空500 hPa或700 hPa等压面上的风向基本一致，并且其移速与高空气流速度成一定比例，这个高度上的气流称为引导气流。通常，地面系统的移速为500 hPa等压面上风速的50% ~ 70%，为700 hPa等压面上风速的85% ~ 100%。夏季由于700 hPa等压面上气流比较凌乱，主要用500 hPa等压面上的气流作引导气流。在应用引导气流时，高空风速愈大，预报效果愈好。当高空风速小于6 m/s时，此方法就不适用了。若地面系统加深，预报效果也较差。

2. 经验规则

（1）高空图上气流辐散区域对应的地面气压趋于降低；反之，高空图上气流辐合区域对应的地面气压趋于升高。

（2）高空图上暖平流区域对应的地面气压趋于降低；反之，高空图上冷平流区域对应的地面气压趋于升高。

（3）西风带发展加深的高空槽前通常是气流辐散区，并伴有暖平流，引起地面气压下降，因此，地面低压通常在这种高空槽前下方生成、加深。

（4）西风带发展加深的高空槽后脊前通常是气流辐合区，并伴有冷平流，引起地面气压上升，因此，地面冷高压通常在这种高空槽后脊前下方生成、加强。

（5）高空气流辐散区域和地面低压中心的位置重合在一起时，该低压中心趋向于停滞原地；反之，高空气流辐合区域和地面高压中心的位置重合在一起时，该高压中心常停滞少动。

二、海区天气、海况分析和预报

综合应用气象传真图做海区天气、海况分析和预报常采用相似形势法。相似形势法简称相似法，可用于形势预报，也可用于单站要素预报。相似是指前期相似的天气过程是受到相似的物理因子制约的，因此，它们后期的天气发展趋势也是相似的。据此，可根据最近的天气形势（或气象要素）的演变型式，从历史资料中找出同一时期与之最相似的变化型式，再以这个相似过程出现的实况作为本次相似过程后期的预报值。有时，若从历史上找到几个相似型，则可综合考虑它们的共同特点，再以相似过程后期出现的实况作为本次相似过程的预报值。相似并不是相等，如果能抓住主要的相似特征，预报效果是良好的。将历史上许多相似天气过程加以分析综合，有时可能归纳出若干典型天气模式，如我国东部沿海地区出现的大风和平流雾生消的天气模式。

影响船舶运动的海洋环境因素主要有：风、海浪、洋流、雾、海冰等及其他一些碍航物，这些因素对船舶运动的影响程度不同。船舶在选择航线时必须考虑这些因素的影响，下面举例介绍几种海上生成大风或雾的天气形势。

（一）海区大风

1. 热带气旋和温带气旋大风

当热带气旋和温带气旋本身强烈发展加深时，会伴有大风。当东亚沿海地区和西太平洋的气压场呈“南高北低”或“东高西低”形势时，易出现西南或东南大风。

2. 北半球冬季冷高压前部偏北大风

北半球冬季冷高压移动过程中，在其前部、冷锋后面，易出现偏北大风。大风常出现在与空中冷平流最强区域相对应的位置，同时，冷高压强度越强，冷锋前、后三小时正、负变压中心差值越大，风力就越强。

3. 雷暴大风

雷暴是小尺度强对流性天气系统，降水前和降水过程中常伴有阵性大风。

（二）平流雾

平流雾的出现常与相应天气形势有关，适宜的天气系统产生的风将源源不断的暖湿空气输送到冷的海面上，大气层结稳定，便最容易生成平流雾。例如，在我国沿海出现平流雾最常见的有利天气形势为入海变性冷高压西部、气旋和低压槽东部、西北太平洋副热带高压西伸脊西部和冷锋前及气旋暖区等。

第十二节 航线天气海况预报

航线天气海况预报，是指船舶驾驶员在岸台气象部门发布的海洋天气预报的基础上，结合本船观测资料、船所在海区的地理条件和航行要求等，自行制作本船前方航线上更有针对性的天气和海况预报。与制作某一海区的天气海况预报的不同之处在于，航线天气海况预报不仅要考虑天气系统的移动，还要考虑船舶本身的运动。因此制作航线天气海况预报的关键是要知道未来船舶与影响其航行的主要天气系统之间的相对位置，从而根据天气系统的一般天气模式，结合船上收到的天气报告及船舶实测气象海况资料等做出航线天气海况预报。

一、航线天气海况预报制作方法

制作航线天气海况预报可分以下五个步骤进行：

（一）收集资料

船舶驾驶员应定时接收地面分析图（AS）和预报图（FS）、波浪分析图（AW）和预报图（FW），尽可能加收高空图和卫星云图。必要时可加收其他图，如热带气旋警报图、海流图和海冰图等。此外，还可以通过NAVTEX、GMDSS的增强群呼（EGC），海岸电台发送的高频电传、电话和登陆全球互联网等多种途径接收气象台站以声音、文字或图像等多种形式发布的海洋气象信息。

（二）看图分析

将与地面分析图相同时间的船位点绘在所收的实况图上，并画出计划航线，然后依据实况图和预报图看图分析：

（1）本船目前主要受何天气系统影响，位于天气系统的什么部位。

（2）根据计划航向和天气系统的移向，判断未来船舶主要受何天气系统影响，是否有危及航行安全的灾害性天气发生。如有，则需要绘图做航线天气和海况预报。

（三）绘制相对位置

绘制船舶与影响其航行的主要天气系统之间的相对位置，并将天气报告的有关内容和图上大风警报内容绘制在图上。

1. 绘出天气系统在预报时效内的位移线段

将AS或AW图上天气系统的实际位置及FS或FW图上天气系统的预报位置点标注在同一张图上，连接实测位置点和预报位置点便绘成了预报时效内的位移线段。如果天气系统在预报时效内的移向和移速有变化，则可增绘12 h的预报位置（来自天气报告），在同一张图上，连接上述三个位置点便绘成了天气系统的位移线。此位移线可以为直线，也可以为折线。

2. 绘出船舶在预报时效内的位移线段

在绘有天气系统位移线段的图上，标绘出与图名标题相同时间的船位，画出计划航向，根据该船的航速则可算出预报时效内的推算船位，如6 h、12 h、18 h、24 h的推算船位，并在计划航向上做出相应标记。

3. 绘出相对位置

在上述两条位移线段上分别做相同时间间隔的等分记号，逐一画出各等分时刻船舶相对于天气系统中心的相对位置点。

（四）预报

通过以上绘制工作，已将天气实况图、预报图、天气报告、现场实测情况和本船未来航向、航速综合在一起，直观地展现在图上。预报即在此基础之上，做出航线上未来时段的天气预报。

1. 风的预报

（1）风向预报

风向预报可通过气压场的情况，在开阔洋面上按风压定律做预报，在近岸航行时要考虑地形综合效应和地方性风的影响。

（2）风力预报

①天气图的应用

天气图中有大风警报，如[W]、[GW]、[SW]、[TW]等。图中有时有天气系统有关风力大小及范围的警报内容，前面已将其绘在图上，预报时可以很方便地使用。

②天气报告、本船现场实测和图上单站资料的应用

在前面的绘制过程中，已将本船现场水文气象观测资料填在了实况图上，图中还有单站实测资料，它们均可供风力预报使用。

③天气模式的应用

可用前面介绍的天气模式做预报，比较所收地面预报图与大风出现的典型天气是否相似，如相似则应在相应的部位预报大风。

2. 浪的预报

根据波浪分析图和波浪预报图上绘制的等波高线和主波向等来预报，同时要注意参考天气报告提供的有关浪的预报结果。需要注意的是，日本波浪分析图上的波高为风浪和涌浪的合成波高；波浪预报图上的波高为有效波高，因此船舶在使用波浪预报图时需注意在航行海区可能会出现比有效波高大的波。

3. 雾及其他天气现象的预报

根据地面分析和预报图及天气报告提供的浓雾及其他天气现象的预报结果，同时参考预报点附近单站实测的气象要素综合进行预报。

（五）择线

根据上述预报结果，必要时船长可结合本船的性能、技术条件、载货情况等做出是否改变航向的决策，选择一条尽量避开大风浪区的安全经济航线。

二、航线天气海况预报示例

下面举例介绍以地面分析图、波浪分析图、地面预报图和波浪预报图为基础进行当前时刻、未来12 h和未来24 h航线天气海况分析与预报的操作过程。

例：某船计划由日本东京驶往中国厦门，2016年9月19日0000时（UTC），船位为34°N，138.5°E，计划航向WSW，航速15 kn。分析和预报船舶在该航线上9月19日0000时（UTC）、1200时（UTC）及9月20日0000时（UTC）的天气与海况。

操作过程如下：

1. 收集资料

船舶可以登录互联网或使用传真机接收地面分析图、波浪分析图、地面预报图、波浪预报图、台风警报图、卫星云图和高空图，也可以登录互联网或使用NAVTEX接收日本东京台发布的天气报告和警报。图5-47至图5-50分别为经过剪裁放大处理的AS、AW、FS和FW图。

2. 看图分析

将0000Z的船位点用加粗的字母*A*标绘在地面分析图和波浪分析图上。从图中可以看出，9月19日0000时（UTC）船舶处于静止锋锋线低纬度一侧，风向SW，依据附近测站资料估算，风力2～3级，浪高小于2 m，浪向S，能见度良好。从地面分析图上可以看出，1616号台风马勒卡，中心气压945 hPa，中心位于29.4°N，127.1°E，中心以11 kn（此处的kn即为图中的kt）速度向东北方向移动，中心附近最大风速85 kn，阵风120 kn，距中心60 n mile半径范围内风速超过50 kn，西北半圆距中心180 n mile，其他半圆距中心120 n mile半径范围内风速超过30 kn，台风所带来最大浪高7 ~ 8 m。若船舶沿计划航线航行，未来将遭受台风影响，因此需要绘图做航线天气海况预报。

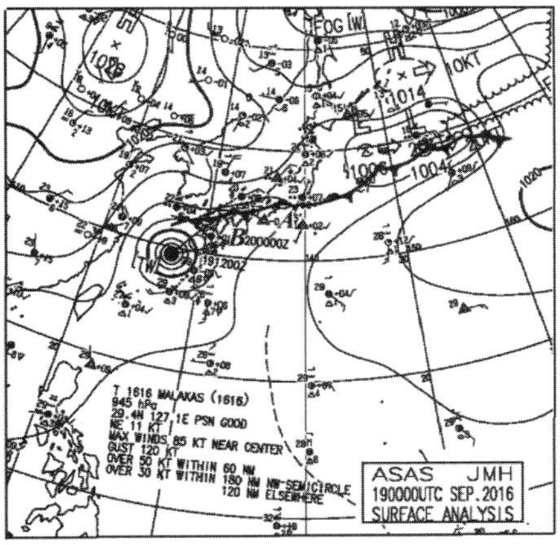

图5-47 日本地面分析图

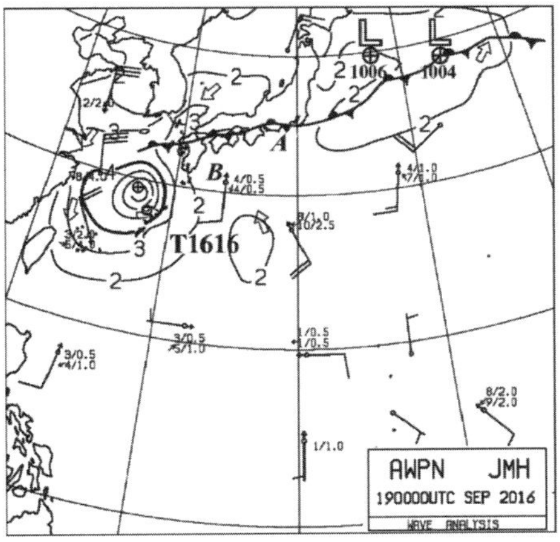

图5-48 日本波浪分析图

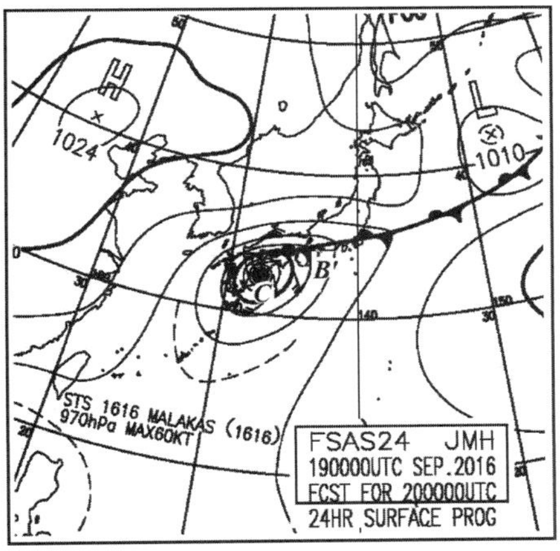

图5-49 日本地面预报图

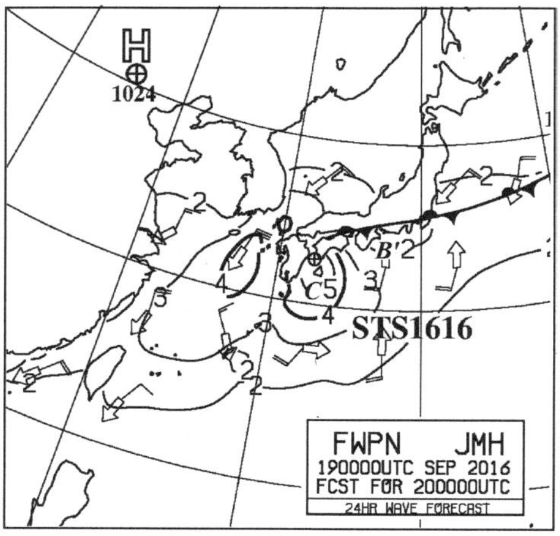

图5-50 日本波浪预报图

3. 绘制相对位置

（1）绘天气系统位移线段

在地面分析图上，连接1616号台风的实测位置和191200Z、200000Z位置预报圆中心，便绘成台风在未来24 h内的位移线段。

（2）绘船舶位移线段

自地面分析图上0000Z船位画出计划航向，暂不考虑大风浪区船舶失速，以15 kn航速算得24 h内的计划航程360 n mile（相当于6个纬距长度，在天气图上量取一个纬距长度时，应在船位附近经线上量取），据此得到24 h的推算船位点，连接0000Z的船位点和24 h的推算船位点，得到24 h内的船舶位移线段。在位移线段上取一等分点，得到1200Z的船舶位置。

（3）绘相对位置

依据相对运动原理，采用矢量三角形作图法，在地面分析图上画出船舶与台风中心之间的1200Z相对位置*B*点；在地面预报图上以台风预报中心位置为固定点，将地面分析图上0000Z和1200Z台风中心位置标绘在地面预报图上，制作出天气系统位移线段，依据相对运动原理，采用矢量三角形作图法，画出船舶与台风中心之间的1200Z相对位置*B′*点。应当注意的是，*B*点和*B′*点位置的经纬度是不同的。

将地面分析图上1200Z的相对位置*B*点按其所在的经纬度标绘到波浪分析图上，亦标绘为*B*点；将地面预报图上1200Z的相对位置点按其所在的经纬度标绘到波浪预报图上，亦标绘为*B′*点。同时将地面分析图上24 h推算船位点按其所在的经纬度标绘到地面预报图和波浪预报图上，标绘为*C*点。

4. 预报

9月19日1200时，从地面分析图和波浪分析图上看，船舶所在*B*点：风向偏南，依据附近测站资料估算，风力3级，浪高小于2 m，浪向S，能见度良好；从地面预报图和波浪预报图上看，船舶所在B'点：风向偏南，依据天气模式和地转风近似计算方法估算，风力3～4级，浪高2 m，浪向S，能见度良好。综合考虑分析图和预报图，1200时船舶所在海区偏南风，风力3～4级，浪高2 m，浪向偏S，能见度良好。

9月20日0000时，从地面预报图和波浪预报图上看，船舶所在C点将处于强热带风暴涡旋区，风暴中心最低气压970 hPa，中心附近最大风速60 kn。船舶所在海域风向S–SW，最大风力11级，浪高5～6 m，浪向偏S，有强降水，能见度不良。

5. 择线

从以上分析可知，船舶沿计划航线航行，将遭受台风袭击，危害严重。依据接收到的台风警报图、高空图和卫星云图分析可知，台风向东北方向快速稳定移动。即使热带气旋未来强度有所减弱，依然会对船舶造成强烈破坏，故可以考虑将原航向改为S，待成功避离台风后，再恢复原定航向航行。

第六章 船舶气象导航

第一节 气象导航概述

船舶管理人无论是船东还是租家都同样面临着各种可能影响经营效益的潜在风险。随着世界经济高速增长和经济贸易全球化日趋加深，商船日渐频繁地往来于世界各地港口，同时燃油费用不断上涨、船舶租金浮动不定和港口泊位供不应求等都是现今船舶营运商面对的主要问题。

除了以上的因素，船舶在航行中往往会受到各种不同的海洋环境及气象因素影响，恶劣的海况和天气会直接威胁到船舶安全，导致船舶遇险、船期延误及延伸性的经济损失。因此，远洋船舶在横渡大洋时，总希望能够选出一条既安全又经济的最佳航线，以便赢得较好的航行条件，达到安全经济的航行目的。但是，长期以来，由于技术条件的限制，跨洋航行船舶的航线选择往往达不到令人满意的效果，并且始终困惑着远洋航行的船长和船舶驾驶人员。

船舶气象导航的产生，其目的就是要利用准确的气象和海洋环境预测，为船舶设计出符合安全性和经济效益的优化航线，避开恶劣的天气和海况，减少不必要的绕航，缩短航时，达到安全、省油及准时到港的目的。

船舶气象导航是将气象学、海洋学、航海学和计算机应用等学科有机地结合起来，从而使船舶在海上的航行能够达到最佳效果。大量的海上实践表明，船舶气象导航具有明显的安全性和显著的经济效益，目前已被全球的海运界广泛采用。

一、气候航线和气象航线

（一）气候航线

气候航线（Climate routes）是以气候资料为基础，结合航海经验而制定的航线，又称习惯航线。

气候航线是建立在气候资料统计基础上的，也是前人宝贵经验的总结。气候航线经历了一个不断丰富和发展的过程，当今航海界广泛使用的《世界大洋航路图》《航路指南》等资料都有气候航线的信息。在相当长的时期内，气候航线对大洋航行的船舶安全和船长的决策工作都起到很大的指导作用，迄今仍是大洋航线设计的主要依据。

（二）气象航线

气象航线（Weather routing），又称天气航线，是根据较准确的短、中期及有效的长期天气和海洋预报，结合船舶性能、装载特点、技术条件、航行任务等，为横渡大洋的船舶选择的最佳天气航线。

气象导航是根据较准确的短、中期及有效的长期天气和海洋预报，结合船舶性能、装载特点、技术条件、航行任务等，为横渡大洋的船舶选择最佳天气航线。在航行中气象导航公司始终跟踪被导船舶，利用不断更新的天气和海况资料指导船舶安全、经济航行的航海技术。这一导航过程称为船舶气象导航，又称船舶气象定线，即根据船舶性能和装载特点，把短、中、长期天气和海况预报应用在优选航线和监视航行过程中，以达到在最短时间内和损失最小的情况下，安全完成航行任务的一种航海技术。可以说，气象导航是集气象学、海洋学、航海学、造船学、船艺学、计算机应用和通信技术等多种学科于一体的综合应用，是一门新兴的现代化导航技术。随着气象科学的发展，天气预报的水平逐步提高，世界海运业的竞争越来越激烈，为保障海上船舶安全经济航行，提高营运效益，使海上运输更趋于安全合理，在此形势下，气象导航公司诞生了。1952年，美国人霍华德·卡特领导创建了世界上第一个气象导航公司——美国海洋气象导航公司（OCEAN ROUTES INC.）。随后，世界一些航运国家，如英国、日本、德国、荷兰和挪威等国相继创建了船舶气象导航公司，为跨洋航行的船舶制定气象航线，使船舶气象定线逐步趋于科学化、定量化和自动化。为适应我国航运事业的发展，国家气象中心、国家海洋环境预报中心、航运界和有关院校的科技人员对气象导航理论和技术进行了系统性的研究。在此基础上于1989年正式成立“北京全球气象导航技术有限公司”，开展全球海域的船舶气象导航服务，并取得了较好的成果。

最佳航线是指在始发港和目的港之间寻找一条既能保证船舶航行安全，又能使航行时间最短的航线。它可以根据船舶的航行任务和船长的不同要求，推荐不同的航线，通常可分为最短航时航线和最舒适航线。

最短航时航线使船舶自始发港到目的港之间的整个航程，在确保安全（船损、货损减小到最低限度）的条件下，航时最少，节省燃料，提高船舶的营运效益。因此，最短航时航线又称经济航线，多为一般货船采用。

最舒适航线要求船舶在航行中尽量减少风浪的影响，使航行安全、舒适。这种航线多为客船和旅游船所采用。

（三）气候航线与气象航线的关系

气候航线与气象航线既有区别又有联系，气象航线是气候航线的发展，气候航线是气象航线的基础，两者关系十分密切。

气候航线是建立在气候学的统计方法上的，这种航线大多是根据大气环流、世界风带、季风和洋流等方面的统计资料和航海人员的经验来制定的。不同季节航线差别很大，它是某种气候条件下的较优航线。然而，气候资料只能反映某一海域、某一季节天气和海况的平均状况，而船舶在气候航线上实际遇到的天气和海况往往与这种平均状况差别很大，有时甚至会遇到意想不到的天气和海况，导致航行条件复杂化，给船舶航行带来许多困难，有时甚至会因意外的灾害性天气而造成船损、货损、费时等损失。由于气候航线所考虑的只是某个海域的天气、海况的平均状况，而对温带地区的一些移动性低压系统，在一般的气候图上是反映不出来的。也正是这些移动性的低压系统常常造成恶劣的天气和海况，对船舶航行威胁很大，甚至有一定的危险性。《世界大洋航路》中所推荐的航线均属气候航线。

另外，某些气候上的优越航线，在天气上有时却是很危险的航线。例如中远公司一些远洋船舶在采用气象导航之前，中—美西、中—加航线的常规航法是沿35°N或稍偏南的航线航行，通常称为中纬度航线或南方航线，这是因为根据气候资料，冬季北太平洋中高纬度低气压活动频繁，该海域风浪较大，不利于航行。为了避开中高纬度大风浪区，故推荐35°N或稍偏南的航线，它虽然比大圆航线航程长500 ~ 600 n mile，但认为可以保证航行安全。实际上到目前为止已有许多资料和实践证明，这条航线并不是一条较理想的航线，特别是在冬季船舶西航时，它可能是一条较危险的航线。因此，一般航海图书资料中推荐的气候航线，从气候角度分析都是比较好的，但是从当时实际的天气和海况来分析，就不一定是较优越的航线。一些有实践经验的船长反映，航海图书资料中推荐的某些航线，实践中有时无法完全实施，原因是常常遇到大风浪，迫使船舶变航向，甚至达不到较好的安全、经济效益。相反，某些气候资料认为不适航的海域，在某些时段会出现有利于船舶航行的好天气。这正是气候航线的局限性和它不能满足今日航海需要之处。

气象航线充分考虑了航线上未来的各种天气过程，并在很大程度上克服了气候航线的局限性。但是，由于气象航线对天气和海况预报时效要求较高，而目前国际上天气预报的水平只能提供较准确的5天预报，无法完全满足跨洋航线的需求。因此，在目前阶段，气象航线还不能完全取代气候航线，在很多情况下还要参考有关的气候资料。所以说气候航线是气象航线的基础，气象航线是气候航线的发展。

二、气象导航的安全性与经济效益

（一）气象导航的安全性

狂风、巨浪、暴雨、浓雾等恶劣天气和海况，常常严重威胁船舶航行安全。因此，最大限度地保障船舶安全是船舶航行的基本要求，同时也是船舶选择航线时必须考虑的首要问题。

多年来，在气候航线（习惯航线）上航行的船舶，各种恶劣天气和海洋因素的影响所造成的海事仍相当严重。

气象航线在一定程度上克服了气候航线的不足，气象导航明显地提高了船舶航行的安全性，其主要表现在以下几个方面：

1. 重大海事减少

采用气象导航的船舶，由于天气和海洋因素而引发的重大海事显著减少。美国海洋气象导航公司统计其导航的6万艘次横渡大洋的船舶中，仅有2艘船损失在其推荐的气象航线上，年平均船舶损失率为0.02%。而在习惯的气候航线上航行的船舶，因恶劣海洋环境所造成的船损率，年平均为0.13%。可见，采用气象导航后，船舶航行安全性明显提高。

2. 船损减少

气象导航可以针对气象海洋环境条件进行优化选择最佳航线，使船舶最大限度地避开恶劣天气区和海况，特别是船舶在顶浪航行时，持续的首底浪击可使累积的船体损伤相当严重，有时甚至会造成船体断裂。计算表明，在风暴条件下，浪对船体的冲击力可超过20 t/m^2。美国海事气象处曾对大西洋海域6年的恶劣天气海况及其破坏效应进行了研究，结果如图6-1所示。

由图可知，在遭遇10 ft（3.05 m）高海浪的情况下，一艘船每日遭受的破坏损失费用为14美元；当浪高增至20 ft（6.1 m）时，则每日遭受损失费用增加100倍，可达1 400美元；浪高增至30 ft（9.2 m）时，则每日的受损费用超过30 000美元。同时从图中也可以看出，浪高每增加1 ft，遭受破坏的可能性便增加59%，即潜在修船费用随之上升约60%；在浪高升至18 ft以上时，其破坏效果尤为显著，其中由于顶头浪、横浪造成的船舶损害更大。因此，船舶在大浪中航行不但有一定的危险，而且不经济。

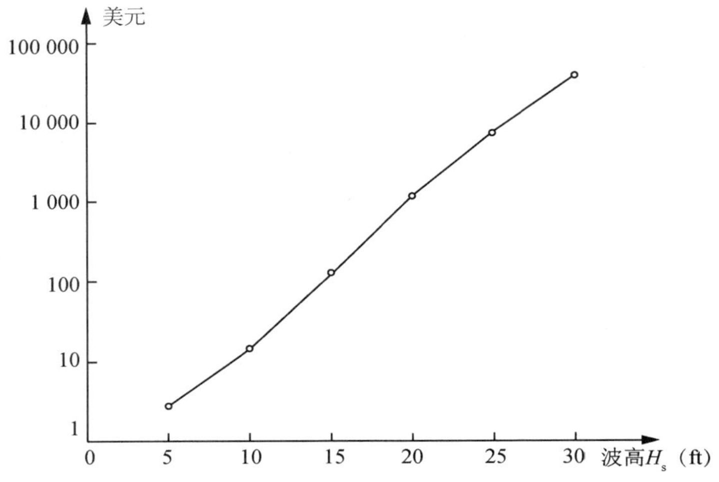

图6-1　波高-平均每天受损数值图

气象导航能使船舶减少遭遇顶头浪的机会，尽量避开这种危害船舶航行安全的恶劣天气区和恶劣海况区，从而减少大风浪对船体的损害。

3. 货损降低

船舶采用了气象导航，航行环境得到了极大的改善，不但减少了船损，而且货损率大大降低。美国一位船舶所有人表示，他的船舶在接受气象导航服务之前，在跨洋航行中货物破损率为35%，采用气象导航后，货物破损率降低到7%以下。

船舶采用气象导航，在极大程度上改善了航行条件，从而使其安全性得到了很大提高，货损率、船损率大大降低。大量的实践证明，这是气象导航被越来越多的航运界专家和航海家们所接受的主要原因。

（二）气象导航的经济效益

气象导航的另一个重要目的是降低营运成本，提高经济效益。气象导航能充分利用有利的天气和海洋环境，如顺风、顺浪、顺流等，以此来提高船速或使船舶失速降到最低限度，以达到缩短航时、降低营运成本和提高经济效益的目的。

气象导航的经济效益主要体现在缩短航时，减少燃料消耗，以此来提高经济效益，同时航行环境的改善使船损、货损减少也是一项重要的经济效益。

采用气象导航的经济效益主要体现在以下几个方面：

1. 缩短航时

气象导航充分利用有利的海洋环境因素来缩短航时。缩短航时的办法有两方面：一是使航程尽量短而合理；二是尽量避开航行途中的强风、巨浪，特别是顶风、逆浪的海区，充分利用顺风、顺浪、顺流等有利条件。

据统计，船舶采用气象导航后，航行中遭遇顶风、顶浪的机会大大减少，而遇到顺风、顺浪的机会在60%左右，同时航程也有较大程度的缩短。如在北太平洋跨洋航行中采用气象航线，一般要比中纬度航线缩短500 n mile以上，最优时甚至缩短1 000 n mile航程，大大缩短了航时。

大量的资料统计表明，对于北太平洋、北大西洋的跨洋航线，采用气象导航的船舶与没有采用气象导航的同类船舶相比较（同走高纬度航线），航时有较大的节省。据美国海洋气象导航公司统计，在北太平洋东航跨洋航线平均每次可节省4.5 h，西航平均节省8.6 h；在北大西洋东航跨洋航线平均每次可节省3.6 h，西航平均节省5.9 h，其中冬季的收益远大于夏季的收益。

2. 节省燃料，降低成本

气象导航选择了比较合理的航线，能达到缩短航时的目的，同时，航时的缩短又会带来燃料的节省和运输成本的降低。

北太平洋航线若采用气象导航推荐的经阿留申群岛、白令海高纬度航线与习惯上采用的中纬度航线相比较，气象航线节省的时间则可用天数计算。

我国某远洋运输公司几年来采用气象导航获得了很大的经济收益。过去，该公司的船舶在加拿大、美国—中国的西航中大多采用中纬度习惯航线，不仅航线长，而且经常遭遇顶风逆浪，几乎每艘船都时有船损、货损发生。目前世界上仍有相当多的船舶，冬季跨洋航线（北太平洋、北大西洋）采用30°N ~ 35°N附近的中纬度习惯航线，由于天气和海况的影响以及航程的增加，其航时大大延长。采用气象导航后，航程和航时都大大缩短，仅燃料费一个单航次就可节省大笔费用。由此可见，气象导航的经济效益是非常显著的。

例如，我国某远洋运输公司两艘同类型的船舶A船与B船，同样从加拿大太子港满载返航回国。A船采用了美国海洋气象导航公司推荐的高纬度气象航线，经白令海返航，走经济航速11.6 kn，航时16.6天抵秦皇岛港。B船采用了中纬度的习惯航线返航，结果航行了29天才到达青岛港，比A船多航行了近13天，而且B船一路上顶着狂风、恶浪航行，船舶严重受损，航修20多天，货损达2 000多吨。

3. 其他经济效益

在航运业务中经常会遇到签订有时间限制的运输合同，尤其对航次承租的船舶，有时货主要求受租船舶按合同指定的日期到港装卸货，若逾期不到，则要赔偿滞期费或取消运输合同。这样必然会对营运公司的经济产生一定的影响，甚至影响到公司的信誉。

据有关部门统计，凡接受气象导航服务的船舶有93%提前或准时抵达目的港，而没有接受气象导航服务的船舶有38%晚到。可见，采用气象导航能够提高船舶到港时间的准确性，尤其对那些要求使用专用码头装卸货和严格按计划使用吊车的特种船舶和集装箱运输船舶来说，采用气象导航是极为有利的。

另外，气象导航对于一些赶潮水的船舶其意义就更大了，拖一次潮水，时间就要损失几小时至十几小时。

可见跨洋航行的船舶采用气象导航在很大程度上可达到安全、经济、准时的航行效果。

第二节●气象导航原理和方法

在船舶气象导航中欲求得最佳航线：首先，要分析影响船舶运动和航线选择的客观因素，这些因素主要包括气象海洋环境因素和船舶自身的约束条件；其次，依据未来一段时间内的天气和海况预报，根据船舶在波浪中的失速规律，由计算机按照一定的规则求解出最优航线；最后，由气象导航专家视情况予以修正。

一、影响船舶运动的气象海洋环境因素

气象海洋环境与航海的活动有着十分密切的关系，尤其是极端天气和恶劣海况，对船舶的影响特别大。天气和海况条件经常处于不停的，有时甚至是很激烈的运动变化中，这就使航行在海上的船舶受到很大的影响和制约。远在帆船时代，对海上的活动，天气往往起到决定性的作用，甚至是不可抗拒的作用，所以人们视航海为一种冒险活动。随着科学技术的发展，现代化的船舶都趋于大型化、自动化，但是船舶在恶劣的天气海洋环境下仍会造成严重损失。因此，在现代化航海活动中仍不可忽视气象海洋环境因素对船舶的影响。

影响船舶运动的气象海洋环境因素主要有风、海浪、洋流、雾、海冰等。

（一）风的影响

在海上，风（Wind）是航海者最关心的气象要素之一。风不仅直接影响船舶运动，而且风的作用会通过海浪和海流间接地表现出来。

风对船舶的影响表现在，一方面使船舶向下风漂移，另一方面使船舶产生偏转。船舶因风压产生的横向漂移速度与风速、风舷角、船速、船舶水上受风面积和船舶形状等因素有关。

风对船速的影响表现为，一般情况下，顶风减速，顺风增速。当风速小于20 kn时，顶风约减速5%，顺风约增速2%，其他舷角介于两者之间。当风速较大时，风引起的中、大浪对船速影响很大，无论顺、逆风均使船速减小。当船速与风速相当时，既影响航速又影响航向，导致船舶发生偏荡运动。

例如，一艘航速为20 kn的船舶遇到舷角60°的7级风，且有4 m高的大浪，船速将下降20%左右，降至16 kn。同时为了防止船体受海浪的冲击等，船长可能有必要下令降低主机转速，使船速更慢。

一般而言，当风舷角相同时，客船受风影响最大，货船次之，油船最小。风对同样吨

位的满载集装箱船比满载油船作用大得多。总之，风对船舶运动的影响主要视船舶类型、装载情况、干舷高度、上层建筑面积及形状等因素而定。

（二）海浪的影响

海浪（Sea wave）是发生在海洋中的一种波动，是海水运动的主要形式之一，同时也是影响船舶运动的重要因素。船舶在海浪的作用下可以导致摇摆、偏荡、拍击、上浪和失速等现象。

船舶在海浪中失速取决于船舶特征函数（吃水、吨位、船型等），风浪的大小，范围及浪舷角等因素。当海浪较小时，顶浪航行可使船速降低，顺浪可稍增加船速。当达到中到大浪或以上时，无论顺浪或顶浪航行都会减小船速（顺浪减速是船舶在大浪中产生偏荡运动的结果）。狂浪不仅使船舶减速，同时还会使船舶产生纵摇、横摇和升降运动。当横摇过大时会造成货物的位移，危及船舶安全。如果船舶的横摇周期与波浪周期相同，趋向共振，可产生谐摇导致船舶倾覆。大的纵摇会产生严重的船首入水撞击船体（在风暴条件下，浪的冲击力可超过20 t/m²），有时会造成空车，降低舵效，损害推进设备；有时还会导致船舶出现中拱或中垂现象，形成危险的应力强度，严重时会使船舶断裂。浅水区的升降运动也会对船舶构成极大的威胁。上述危及船舶安全的不利运动本身会大大降低船速，同时船长有时为了减少这些不利因素的影响，必要时会主动地降低船速或改变航向，从而延长航时或航程。

（三）洋流的影响

洋流（Ocean current）是海水具有稳定流向、流速的水平流动。它主要是受大气环流的影响，同时还受海底地貌、海陆岸形和岛屿等因素的影响。

洋流主要影响船舶的航速和航迹。船舶受洋流的作用产生相对海底的运动是流速与船速的两者合成，其影响大小视洋流本身的大小和不同舷角而异。顺流增加船速，逆流降低船速，横流主要影响航迹，其他舷角既影响航迹又影响航速。

洋流对船速的影响，一般以投影到船舶首尾线上的流速矢量大小为准，若此方向上流速分量大于0.5 kn，就要考虑流对船舶运动的影响。

例如，有一艘船速为18 kn的货船在某海区航行，受到一股流速为2 kn，相对流向为30°的洋流影响，其船速将降低为16.4 kn左右（如图6-2所示），同时还会使船舶偏离原航线。

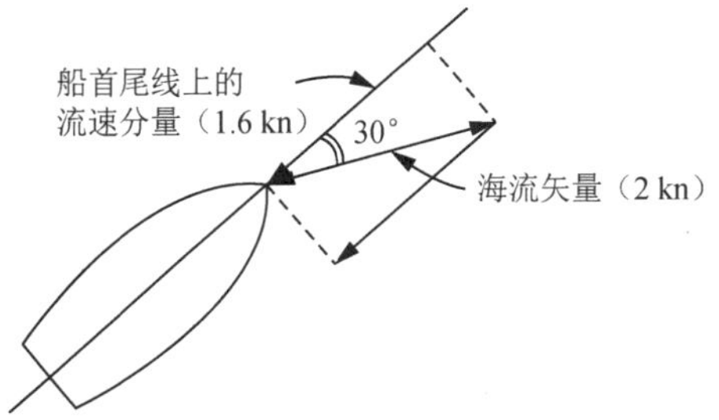

图6-2　洋流对船速的影响示意图

气象导航中经常利用有利的顺流条件以达到增加船速的目的。

（四）雾的影响

雾（Fog）是影响海上能见度的主要因素之一。在雾中航行，稍有不慎，就会发生偏航、触礁、搁浅或碰撞的危险。

日本海事部门曾统计分析发生的910次海损事故，其中60%～70%发生在浓雾并伴有低压的恶劣天气中。英国伦敦航海学校的一位船长曾统计分析了发生在海上的2 000次碰撞事故，其中70%以上的碰撞发生在有雾或能见度不到1 n mile的情况下。因此，跨洋航线的选择，雾是主要考虑的因素之一。但是对全年都有可能生成雾的海域来说，跨洋航线的选择要想完全避开雾区是不可能的。另外，海洋上这些大雾区往往又是大的渔场所在地，鱼汛期间，渔船云集，加之雾滴浓密，这就使航行条件更加恶劣。尽管气象导航的推荐航线考虑到了这一因素，但是完全避离雾区是不现实的，所以即使采用了气象导航也要有短时的雾航准备。

（五）海冰的影响

冬季，船舶在高纬度航行时，常常会受到海冰和冰山的影响，由于海冰在水下的体积远大于水面上的体积，因此对船舶航行的威胁很大，轻者会使船体、推进器和舵装置受到损伤，严重时会造成船舶倾覆。

冰山（Iceberg）是极地附近千年冰川断裂下的高出海面5 m以上的巨大冰块。冰山可以是漂浮的，也可以是搁浅的，形状多为桌状、尖顶状及冰岛状。冰山的水下部分很大，其潜伏在水下的部分像暗礁或浅滩一样伸展得很远，不易被船舶发现，冰山的水上部分和水下部分两者之比约为1∶9。冰山的规模大小不同，形状规则的冰山露出海面的高度通常为总高度的1/7～1/5。所以船舶接近冰山航行是非常危险的，航行中应尽量避开冰山。

（六）其他碍航物的影响

除了上述环境因素的影响外，船舶航行的影响因素还包括海上的一些碍航物，主要有浅滩、暗礁、沉船、军事禁区、爆炸物倾倒区和战区等。

浅滩的影响使船体下沉，船舶在浅水区的垂直运动是非常危险的。对暗礁、沉船的位置及其周围的水深情况必须详细了解，尽量远离。对于一些军事禁区、危险区、战区等不可盲目进入，在选择航线时必须迂回。所以，这些碍航物在很大程度上限制了船舶的活动范围。

上述因素对船舶的运动都有不同程度的影响，因此，在船舶选择航线时都是必须考虑的因素。

（七）船舶约束条件

船舶自身条件、载货情况、船员素质及船长的特殊要求等，都是气象导航机构在制定最佳航线时必须予以考虑的另一类约束条件。

船舶条件主要指船型、吨位、类别、新旧程度、航海性能（摇摆性、浮性、抗沉性、稳性和操纵性）、耐波性、抗风浪能力、船速和续航能力等。

货物的配载情况有空载还是满载、货物种类、吃水情况、有无甲板货。

此外，船舶约束条件还包括船长的经验和船员的素质、应变能力及船长的特殊要求等。

例如，考虑到船体的锈蚀程度，应使船舶避免遭遇过大的风浪而导致漏水；空载时吃水浅，但受风面积大，不利于充分发挥车、舵效应；满载时干舷低，容易发生甲板上浪而损坏船体及货物。要考虑货物的种类，是散装货、杂货、大件货还是集装箱等，还要考虑有无危险品、贵重或精密货物，以及封舱、衬垫和绑扎情况等。

考虑到上述船舶约束条件，就可以确定出船舶的抗风浪上限，保证船舶安全航行在气象导航机构推荐的气象航线上。

以上是影响船舶运动的气象海洋环境因素和船舶约束条件，气象导航机构在选择推荐航线时必须加以综合考虑，才能推荐出最佳气象航线，保障船舶航行安全。

二、海洋环境的资料来源及预报

大范围海洋、天气实况和预报资料是实施船舶气象导航和跟踪服务的基础。岸上导航机构需要有详细的、准确的、全球性的天气、海洋资料。可靠及时的水文气象情报和准确无误的海洋环境预报是全面实施船舶气象导航的关键和保障。在气象寻航业务服务中，通常所用的水文气象资料基本上可分为天气资料和气候资料两大类。对于这些资料，气象导航公司可通过各种不同的途径和方法获得。例如美国 Applied Weather Technology，Inc.（AWT）就采用极广泛的全球气象数据，其中包括美国国家环境预报中心（NCEP）、美国国家海洋和大气管理局（NOAA）、美国海军、世界气象组织（WMO）、日本气象厅（JMA）、联合台风警报中心（JTWC）、美国国家飓风中心（NHC）发布的气象信息和部分国家每天发布的各类卫星资料。

海洋环境预报的主体是海洋水文气象预报。它主要包括天气形势预报、气旋路径和大风预报、海浪预报、海雾预报、海冰预报和海温预报等。海洋水文气象预报利用全球各类观测资料，借助先进、高速的大型计算机进行全球气象和海洋数值预报，再经过气象学家的严谨分析，成为完整的短、中、长期气象预报产品，最后为航行船舶设计最佳气象航线提供重要的科学依据。

三、船舶在大风浪中的性能和失速

（一）船舶在大风浪中的性能

气象导航的目的之一是使船舶尽可能避开大风浪区域，但在跨洋航行中总会或多或少地遇到较大的风浪。因此，在气象导航中必须考虑船舶在不同的风浪条件下，特别是在大风浪中船舶的性能。在波浪中航行的船舶，由于受到波浪的扰动，船舶会发生复杂的摇荡运动。这些复杂的摇荡运动可以分为三种线运动和三种回转运动，分别称为纵荡、横荡、垂荡（船舶沿三个坐标轴往复性移动）和横摇、纵摇、首摇（船舶沿三个坐标轴往复性转动）。此外，摇荡运动可引起船舶拍底、甲板上浪、失速、螺旋桨打空车和横稳性下降等现象。船舶摇荡运动以及由摇荡引起的对船舶的航海性能和使用性能带来的极不良的影响，主要表现在以下几方面：

1. 对舒适性的影响

船员的工作能力受两种运动特性的影响，即加速度和横摇幅值。纵摇和垂荡引起的加速度最大值发生在船首或船尾。一般当加速度超过0.2g（g为重力加速度）时，船员晕船就加剧，横摇幅度在10°以上时，工作能力就会受到较大的影响。

2. 对航行使用性的影响

纵摇与垂荡使船舶造成失速，主机功率得不到充分利用。严重的拍底使船首部的结构损坏，使船体发生颤振。在压载航行时，驾驶人员主动减速主要是避免首部的严重拍底。甲板上浪使甲板机械损坏，船舶稳性下降，使船员的工作条件变得恶劣。满载船舶主动减速的重要原因是考虑上浪的频度。螺旋桨飞车使轴系产生极大的扭转振动；主机突然加速和减速，可能会使主机部件损坏，推进效率降低；过大的摇荡使负荷加大，可能损坏船体结构，甚至断裂。大的波浪加上激烈的摇荡，给船舶操纵带来困难，使船舶难于维持或改变航向。

3. 对安全性的影响

如果激烈的摇荡损坏了船舶的主要部件，可能使船舶失去控制而造成惨重后果。大角度横摇可能使舱室进水，货物移动，严重时导致倾覆。

（二）船舶在大风浪中的失速

船舶在海上航行时，由于受风和波浪的扰动，在主机功率不变的情况下航行的速度较静水条件时减小，这种船速下降现象称为船舶失速，也就是自然失速。除了自然失速外，船舶在大风浪中航行时，由于波浪的冲击和剧烈摇荡而引起严重的拍底、甲板上浪、推进器空转，致使船体受损和安全性下降。为了避免这种危险现象而采取有计划的降低船速，称为有意减速。估算船舶在波浪中的自然失速和在大风浪中人为的有意减速的界限，对于探讨气象导航技术以及在船舶性能设计中都是非常重要的。

1. 自然失速（Nominal speed loss）

船舶自然失速通常由以下几个原因引起：

① 风引起的附加阻力：风对船体水线以上部分形成的阻力，可用风洞试验结果来估

计不同船型的风阻力。

②波浪的反射作用所造成的阻力增加。

③船体摇荡引起的阻力增加：横摇时阻力增加比较小，而纵摇和垂荡导致阻力增加值增大。

④保向操舵、首摇引起的阻力增加：首摇引起的斜航阻力增加，日本学者野本认为大型油船的低频首尾摇引起的阻力增加值可达5%～20%；克服首摇保持航向而操舵所产生的舵阻力。

⑤风浪的表面流所引起的阻力增加。

⑥推进效率的降低：主要是由于波浪和风的阻力增加使推进器负荷变大所造成的。

⑦海流的影响：主要是大洋环流。

一般来说，风浪越大，速降越大；顶浪较顺浪速降大；船长较短的肥大型船，速降大。顺浪时，风力在蒲福风级4～5级时，船速有所增加，超过5级，船速便逐渐下降。多数船舶在顶浪，波高小于2 m时，船速大致与风平浪静时相同，波高增大则汹涛阻力随之增加。对于风、浪阻力增加而引起的速降，一般认为，有1/3来自风的作用，有2/3来自浪的作用。这是由于大型船舶吃水大，船速快，水线下船体受到阻力亦大。

理论和实践证明，对于上层建筑不太臃肿和主机功率较大的现代船舶来说，船舶因风阻碍作用引起的失速占全部失速的1/3，而海浪引起的附加阻力作用产生的失速占全部失速的2/3。由此可见，海浪是使船舶失速和危及船舶航行安全的最主要因素。

2. 失速大小的估算

关于船舶波浪中失速，20世纪60年代以来，美国、日本等国相关研究人员已做了许多研究。近年来我国有关研究人员也相继开展了一些研究，取得了一些结果。下面举例说明。

20世纪60年代美国海军水文研究室统计得出15种船型的船舶性能曲线，图6-3所示船舶运动性能曲线图（波高–航速关系图）就是其中一种。根据船舶与波浪的三种不同情况（顶浪、顺浪、横浪）与浪高关系，从曲线中可以查算出航速。

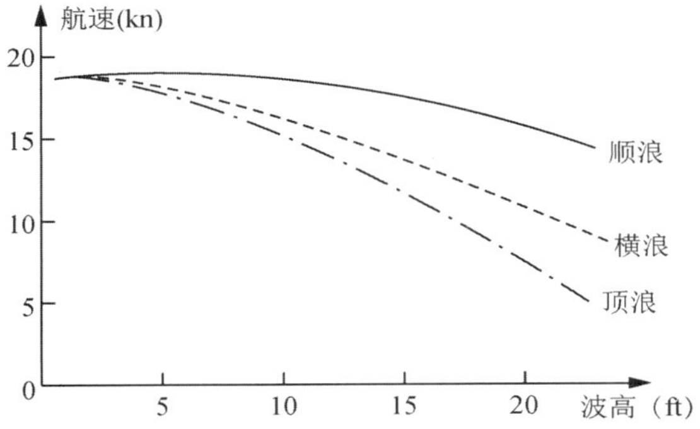

图6-3 船舶运动性能曲线图

近年来，美国海洋气象导航公司进一步研究，统计得出20种船型的船舶在风浪作用下的船舶运动性能曲线。图6-4为船速为20 kn液化气体燃料船的性能曲线图。

在实际运用中，根据航行海区的波浪预报图，利用船舶运动性能曲线图或者计算失速的经验公式，则可求取船舶实际航速。这对于气象导航中模拟计算选择航线以及船舶自行气象导航时都是必须掌握的要素。

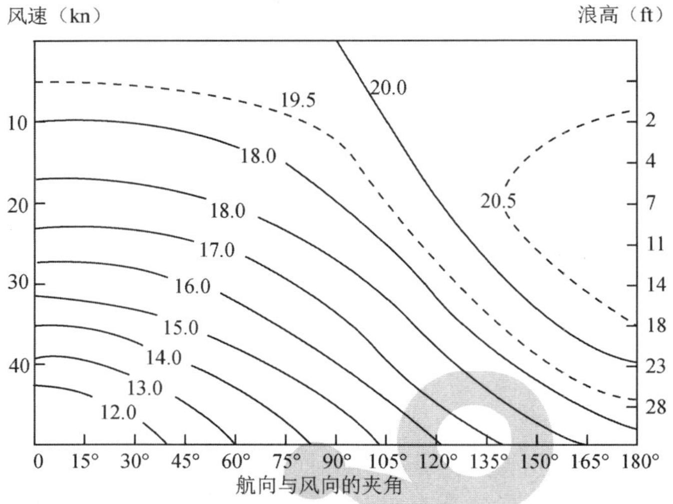

图6-4　船速为20 kn液化气体燃料船的性能曲线图

四、气象导航优选航线方法

船舶气象航线是在天气、海洋环境状态与船舶应答特性的约束条件下，进行最优化计算，期望在出发港与目的港之间选择一条既安全又经济的最佳气象航线。下面简单介绍优选气象航线的两种可行方法。

（一）根据大型天气形势选择气象航线

天气变化虽然频繁、复杂，但是仍有它一定的规律性。地面天气的变化与高空大型天气形势有着十分密切的关系。

大型天气形势是指大范围环流型与不同类型天气系统分布的概貌。天气系统的发生、发展、减弱和消亡都与天气形势变化有关，当其处于稳定阶段时，天气系统及其相应的天气变化是渐进和连续的；当其显著变动或环流突然调整时，则将随之出现异常或剧烈天气。所以地面天气系统的生消移动和演变主要取决于高空形势的变化。例如，大型天气形势中，北太平洋的阿留申低压偏于正常位置西侧，东亚气旋移向常为东北偏北；若阿留申低压偏于正常位置的东侧，东亚气旋的移向则偏向东；若在北美沿岸出现的阻塞高压脊向北伸入阿拉斯加和白令海一带，中部太平洋的风暴路径则偏南，大风浪海域也比往常偏南。

美国海军气象部门通过对大量的历史天气图进行统计分析后归纳得出：北太平洋有10个大型天气型、北大西洋有7个大型天气型。这样，气象导航机构的工作人员或船长可根据未来5天的天气形势预报和以后的形势预报，对照大型天气型模式，结合船舶的技术条件和要求等选择航线，并根据逐日的短期预报和以后的形势预报，在航行过程中不断修正航线，以达最佳航行效果。

中国气象导航机构对北太平洋历史上的天气形势进行归纳，整理出了近10种天气类型，如东高（压）西低型、南高北低型、两高一低型、两低一高型、鞍形场型、连续性气旋族型、副热带高压进退型等，为船舶的最佳航线选择而用。

正确掌握、分析天气形势是做好天气预报优选航线的关键。采用这种方法选择出的气象航线只是一种定性的分析，简便实用，在气象导航业务中确定基础航线时得到广泛应用，也可用于船舶自行气象定线。

（二）等时线法

等时线法又叫作图法。它是利用天气预报图、波浪预报图和船舶失速图等，在航路图或航线选择专用图（空白海图）上，用作图比较方法选择气象航线。

这种作图方法采用了球心投影底图，在这种图上大圆弧航线为直线，即两点间的最短距离连线为直线。这种在等时线上找与终点距离最近的点的方法很简单，以终点为圆心作弧与等时线相切的点即是。具体做法如下：

（1）先在图上画出船舶的始发点A，然后用一直线连接到达点B，以该连接线作为基础航线（通常选取大圆航线或气候航线）。从A点出发在基础航线两侧以α角作若干条辐射线（即航线），条数可任取，每条射线代表不同的航向，如图6-5所示。

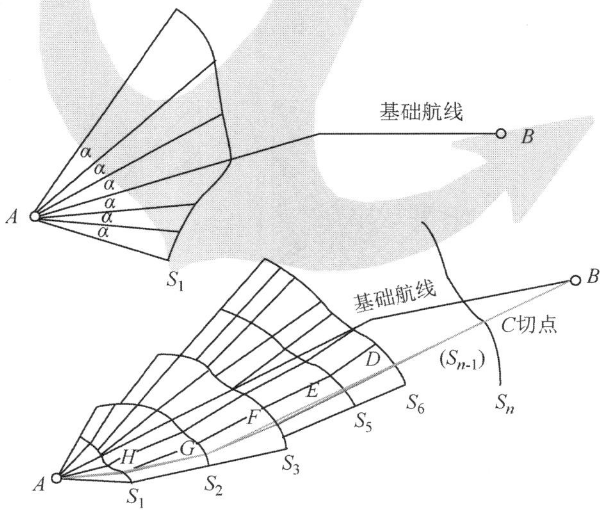

图6-5 等时线法示意图

然后根据24 h波浪预报和船舶失速图，得出沿不同航向24 h后的航程，再将这些点以平滑的曲线连接起来，得到一条位置线S_1，即第一条等时线。

（2）在S_1曲线上取若干个点，本应由这些点作同样的离散，但为了简化只是在S_1等时线上的每个船位点作该等时线的法向线，并根据第二天（48 h）的波浪顶预报得出第二条等时线S_2，若有5天的预报就可得到S_1、S_2、S_3、S_4、S_5共计5条等时线，这样在波浪预报时效内一天接一天地重复上述计算，对预报时效以外和预报未涉及的航区，则可根据气候资料进行计算，一直到S_n接近B点时为止。

（3）以终点B为圆心作弧与S_n曲线相切，取半径最小及最短距离的切点，再以该点为圆心作弧与S_{n-1}曲线相切，又得到一个新的切点，以此类推可达到A点，即为$BCDEFGHA$线，连接A、B间的各切点就可得到A点到B点的最短航时航线，即$AHGFEDCB$，如图6-5所示。

等时线法简便易行，有严密的数学依据，既可用手工方法制作，又可在计算机上实现；在气象导航中可用来优选初始航线和变更航线，也可用于船舶自行气象导航。目前，等时线法得到广泛应用。

（三）动态规划法

动态规划的核心是贝乐曼（Bellman）的最优化原理，它涉及多级决策过程最优化。动态规划法应用于船舶气象导航，就是在得到整个航行时间内的波浪场和海流场的预报条件下，找出从始发港到目的港航行时间最少的航向和航线。

动态规划法求解最佳航线的基本特点是将求解整个航线的航时最短的一个复杂问题化成多个分段求解的简单问题。具体做法如下：

（1）将起始港P_0与目的港P_N之间的基础航线划分为若干个24 h航程的区段，在每段的点上作平行于经线的垂线，在垂线上由基础航线南、北两侧每隔25°纬度标出一个点，于是得到节点P_i^k，船舶最佳航线将在这些点的范围内寻找（如图6-6所示）。

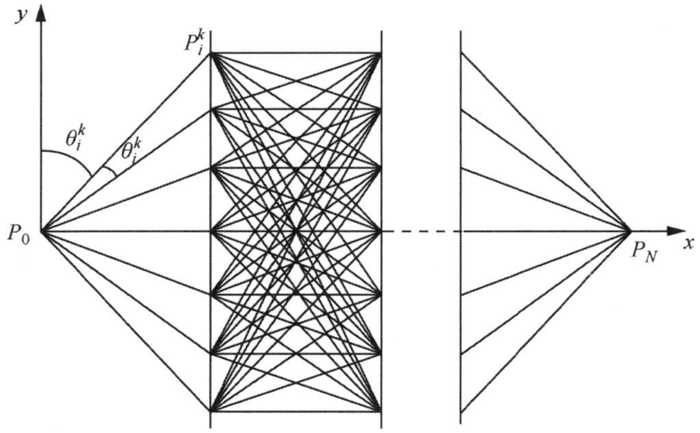

图6-6　动态规划法示意图

（2）把起始点P_0和第一条垂线的各点P_1^k连接起来，求出与每条连线相对应的航向和航时t_0^k，然后将第二条垂线上的每一点P_2^k与第一条垂线的各点P_1^k连接起来，确定从起始点P_0出发的航时最短的最佳航迹，其余航迹则剔去。最佳航时按下式计算：

$$t_0^{2j} = \min\left(t_0^{1k} + t_{1k}^{2j}\right) \quad k,\ j = 1,\ 2,\ 3,\ \cdots,\ m$$

（3）重复上述过程直到（N−1）步，就可得到由P_0点到P_{N-1}点的最佳航线。最后，将P_{N-1}点和P_N点连接，并选取P_0点到P_N点的唯一最佳航线，就是航时最短的最佳航线。

$$T=\min\left(t_0^{N-1s}+t_{N-1s}^{N}\right)\quad s=1,2,3,\cdots,m$$

第三节 气象导航服务程序

海洋船舶气象导航主要分岸上气象导航和船舶自行气象导航。本节主要介绍岸上气象导航机构的一般工作程序。

一、气象导航业务服务过程程序

气象导航公司对船舶进行气象导航业务服务的过程主要有优选初始推荐航线、跟踪导航与变更航线、航次事后分析三部分。

（一）优选初始推荐航线

初始推荐航线是建立在对整个航程的天气、海况预报基础上而拟定的。航线分析人员必须掌握大量的天气和海况资料，并能较准确地预报出短、中期天气变化过程，判断出当时出现的天气类型，根据最新资料推算出发生最强风、浪、涌的海区位置，然后参考历史天气记录，判断当时出现的天气型是否发生变化，从而做出一定时效的长期天气预报或展望。

气象导航机构向船舶提供的初始推荐航线是根据船舶航行期间可能出现的海洋环境状况，同时，考虑到船舶的性能、装载特点、技术条件、航行任务及航行中的特殊要求，由计算机模拟出最优化的理论航线，再经航线分析人员（通常是具有丰富航海经验的船长）根据经验加以修正，从而得到可供船长参考的初始推荐航线。

选择航线的核心问题是按照船舶类型及船舶对风浪的适应特性，尽可能对顺风、顺浪、顺流加以充分利用，并尽量避开持续性的坏天气，尤其是不利的顶浪及横浪。因此，航线分析人员必须掌握一般风暴的位置及其移动路径的相关知识，这样才能选择推荐出最佳气象航线。

岸上气象导航机构的操作系统是以电子计算机为中心的一套比较复杂的作业系统。推荐航线的流程可简略地用图 6-7 表示。

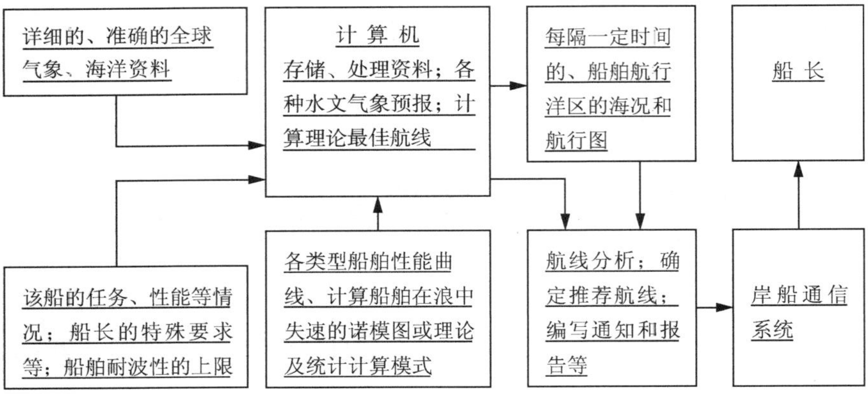

图6-7　推荐航线的业务工作框图

（二）跟踪导航与变更航线

跟踪导航是指被导船舶在航行过程中，气象导航机构继续对其实施计算机跟踪导航服务，并根据不断更新的、精度较高的短、中期天气和海况预报推算船位，当发现航线前方有恶劣天气和海况时及时报警提示，并对初始推荐航线提出修改或变更的建议。

选择最佳航线的主导思想是充分利用有利的海洋环境因素，避开各种不利因素。然而，在十几天的跨洋航行中，欲求得时时处处都是良好的航行条件是不可能的，尤其是在天气、海况的预报时效和准确度受到一定限制的条件下，要满足上述要求是十分困难的。这就需要气象导航机构在船舶起航后，随时关注海上的天气变化和船舶动态，实施跟踪导航服务，以便及时为船长提供航区前方的天气和海况情报，必要时提出变更航线的建议，确保船舶航行安全，这也是气象导航的重要环节之一。

正常情况，被导船舶在航行途中，若推荐航线上的天气、海况无大变化，则气象导航机构每天会将航线前方的天气、海况情况电告给船长；若发现情况变化较大，则将考虑是否提出修改或变更航线的建议。对于目前较先进的气象导航机构而言，已确定的推荐航线在船舶开航后仍有10%～12%需要进行修正或变更。

被导船舶起航后，气象导航公司的航线分析人员就开始了跟踪导航服务，他们昼夜值班，密切注意船舶动态和海洋天气状况，随时提供各种预报和咨询服务。如果预计航线前方可能会出现无法避开的特殊天气，航线分析人员则会根据实际情况考虑是否向被导船舶发出变更原推荐航线或调整航速的建议，以减少遭遇恶劣天气的机会。

跟踪导航与变更航线是通过计算机的程序控制来实现的，和选择初始推荐航线一样，同样需要考虑船舶性能、货物情况、航行要求及天气、海况等诸多因素。如果船舶离开了原推荐航线，导航公司将根据天气和海况按同样方式对船舶进行监护并提出建议，必要时，向船长推荐新的航线。计算机的控制程序将跟踪这两条航线，直到船舶抵达目的港。这样以便在航行结束后比较它们的优劣。具体过程如图6-8所示。

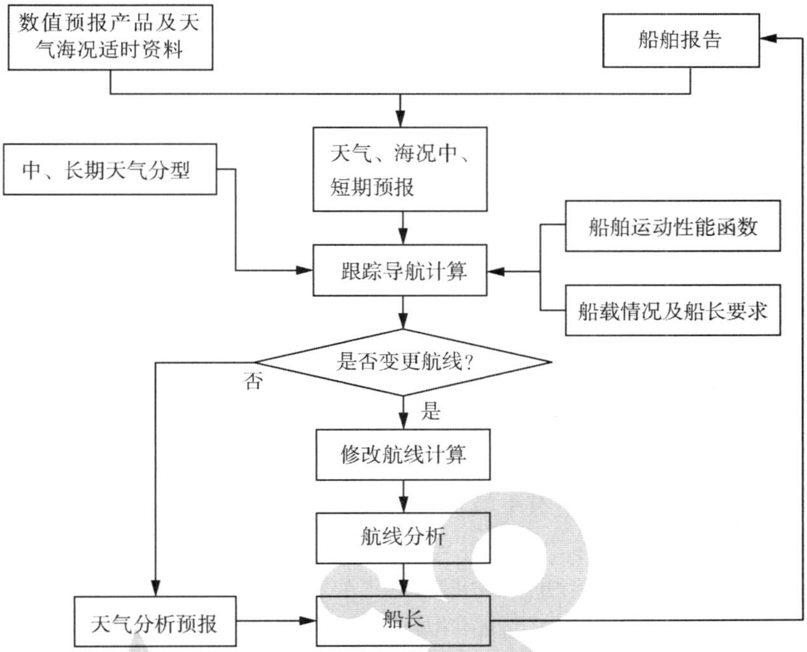

图6-8 跟踪导航业务工作程序框图

变更航线建议的提出是需要慎重考虑的，不但要考虑当前的情况，而且要考虑航线变更后，在剩余航程上避免再遇到恶劣或更坏的天气，所以，航线分析人员总是经过各方面慎重考虑和协商后，才能发出变更航线的建议。

（三）航次事后分析

每一航次结束后，气象导航公司都要编制一份航次事后分析报告寄送船舶所属公司或租船人。公司或租船人将报告的副本转送给船长，以便船长能对本船的航行进行评估。

二、船舶使用气象导航程序

（一）起航前申请

如果在港船舶准备接受气象导航服务，船长、船东或者租船人应在起航前24 ~ 48 h向气象导航公司提出申请，申请时需提供有关船舶资料。申请格式如下：

TO：SOR

FM： Captain

A：Ship Name（船名） / Callsign（船舶呼号）

Communication Method （通信方法） / Speed （船速）

B：Owner（船东）或Charterer（租船人）

C：ETD（预计起航时间）或ATD（实际起航时间）

D：Departure Port（出发港）

E：Destination（目的港）

F：Load （载货情况）

G：Special Requirements（特殊要求）

H：Draft（吃水）

I：GM值（稳性高度）

J：Trim（吃水差）

K：Freeboard（干舷高度）

L：Radio Station Preference（该航次中选用的联系电台）

M：Departure Port Agent（起航港船舶代理人）

在特列要求一项内，可以对有关船舶及载货的特殊情况予以说明，如导航仪器不够完善，船龄过大，船体有损伤，有甲板货、特殊货等。申请者可据此提出可承受的风浪最大限度，以确保船舶航行安全。

提出申请后，申请气象导航的船舶离港之前就可收到气象导航公司所推荐的气象航线和有关海域的天气预报等资料。若船舶因故推迟起航，应将新的预计起航时间及时通知气象导航公司。船舶起航后，应立即将实际起航时间电告气象导航公司，以便气象导航公司以此为依据做出最佳气象航线和提供跟踪导航服务。

（二）航行途中

船舶在航行途中，气象导航公司会对船舶进行跟踪导航，定期发送更新气象预报。船舶应及时将下列各项反馈给气象导航公司：

（1）开航后立即电告实际起航时间（ATD）。

（2）途中每天向气象导航公司发送船位报告，内容包括：船名、呼号、日期时间、船位、航向、航速、风向、风速及海况等。若被导船是承担政府大气观测报告的指定船，仅要求船舶提供船位报告。

（3）航行途中，如果不是由于天气影响而使船舶降速或停滞，应及时电告气象导航公司，以便掌握被导船的动态。途中遇恶劣天气航行确有困难时，可随时向气象导航公司咨询，它将以最快的速度给予回电指导。

一般情况下，气象导航机构每天给船上一份船舶前方的天气、海况预报。在天气变化较大，对船舶航行有影响的情况下，气象导航机构会及时主动与船长联系，通过电台、电子邮件或卫星通信设备发送途中天气预报，如船舶遭遇恶劣气象和海况，还会建议船长采取改变航向或改变航速等有关措施，避开恶劣天气和海况。

（三）抵港

船舶到达目的港后，应立即电告气象导航公司实际抵达目的港的时间（ATA）。气象导航公司会对船舶的航行过程进行分析，为租家提供所需的航速和耗油分析报告。

履行上述程序的目的是使被导船舶时刻置于气象导航机构的监护之下，以利正确引导。

三、船舶使用气象导航程序中的注意事项

气象导航的安全和经济效益已被大量的事实所证明。因而船长对于气象导航公司的服务，应给予足够的信任。同时不能减轻个人对于船舶安全的责任感，绝不能盲目地依赖，要明确气象导航的实际意义，正确理解气象导航公司推荐航线的意图，积极与之配合，才能获得良好的导航效果。所以，在接受气象导航过程中应注意下列问题：

（一）气象导航公司的推荐航线不一定不遇大风浪

气象导航的宗旨是力图为被导船推荐一条尽量减少大风浪和恶劣天气的安全经济航线，但这并非意味船舶在气象航线上航行一定不受大风浪的影响。尤其在冬季，北太平洋和北大西洋的中高纬度海域，大风浪十分频繁，其影响范围也较广。此时，横跨大洋的船舶要想完全避开大风浪区是不可能的。因此，有时会遇到局部的大风浪（一些气象导航机构认为9级风对一般的远洋船舶来说不会造成危险），这时气象导航机构将根据天气系统、大风浪区的分布和变化规律及船舶的实际情况，可能要求船舶短时间闯过大风浪区或完全避开大风浪区，以获得剩余航程中大范围好天气。因此，不要错误地认为采用气象导航公司的推荐航线就一定不遇大风浪，更不可一遇到大风浪就不加分析盲目地改向低纬度航行，特别是西行船舶，搞不好将会导致航行条件更加恶化。所以，采用气象导航的船舶，不要轻易放弃或偏离推荐航线，必要时可随时向气象导航公司咨询，掌握航行主动权，确保船舶航行安全。

（二）气象导航公司的推荐航线并非都是大圆航线

有些人认为气象导航公司的推荐航线都是高纬度的大圆航线。这种看法和理解是不正确的。实际上气象导航公司是根据当时的天气和海况不同时效的预报及其他多种海洋环境因素来选择航线的，由于船舶在航行中受多种因素的影响，推荐航线不可能是某种单一的航法，而是多种航法的综合，通常是大圆航线、等纬圈航线和恒向线等混合航线，但气象导航机构在导航过程中的确经常用到大圆航法。在拟定航线时，通常以大圆航线作为选择气象航线的基础航线，并在其两侧做离散化处理，选出一条最佳的气象航线。因此，大多数的气象航线基于大圆航线的两侧，这就要求驾驶人员必须熟悉大圆航法。

（三）推荐航线上要有雾航准备

气象导航机构认为在全年都可能产生雾的北太平洋和北大西洋海域，要想完全避开雾区是不可能的。所以，采用气象导航的船长和驾驶人员必须有足够的雾航思想准备。另外，冬季在高纬度航行时，还需考虑海冰对船舶航行的影响。

（四）推荐航线仅仅是建议

船长应明确一点，气象导航机构的推荐航线属于建议和咨询性质，对船舶在推荐航线上航行所受到的一切损失和遭受的不良后果，气象导航机构不承担任何法律责任。船长有权和有责任根据本船当时的实际情况做出最后决策并负有全责。因此，船舶采用气象航线航行后，船长不能盲目地依赖，相反，对船长的技术要求更高了，要求船长应具有一定的海洋气象知识和航海经验，能更好地理解气象导航机构的推荐航线意图，积极与其配合。同时，途中要密切注视海洋和天气的变化过程，保持对天气和海况进行连续不间断的观测，按时接收气象传真图和天气报告，观察、分析可能突然发生的某些天气现象，及时与气象导航机构联系，以弥补其推荐航线的不足和出现的误差。欲使整个导航过程达到最佳，船长的积极配合是相当重要的一个环节。

然而，气象导航对租船和某些与气象有关的海事起着法律作用。美国海洋气象导航公司的咨询报告被美国、英国等海事法院承认，是有利的法庭证明材料。例如，租船人若受船舶所有人欺诈，为维护自己的利益，租船人可以要求气象导航公司对所租船舶实施监督，使船东无法以天气恶劣为借口，掩盖达不到规定船速之实，或者绕开无须绕开的恶劣区域，延长航行时间。必要时，租船人可凭气象导航公司的权威性分析，上诉法庭。

气象导航是航海者有史以来一直采用的安全航海技术之最新发展。即使某些航海者对该项技术不太了解，并在某些方面并非感到完全满意，但大量的事实证明了气象导航的安全性高、经济效益好是无可非议的，这也是气象导航目前广泛被横跨大洋航行的船舶采用的主要原因。

四、船舶自行气象导航

船舶自行气象导航（简称自导），即船长根据水文气象资料、各种气象传真图、天气报告和现场观测资料及本船各种性能等综合分析，确定本船的最佳气象航线。自导的几个主要优点：其一，船舶自导具有灵活主动性，船长十分熟悉本船的各种性能，并亲自分析天气形势和现场情况而使船长在任何时候都不失主动，不受限制，并能充分发挥船长灵活指导航行的主动权；其二，船舶自导无须支付导航费和导航中的通信费用，减少船舶开支，赢得更多经济效益；其三，即使船舶接受岸导服务，自导也可帮助船长充分理解岸导定线意图，从而积极配合岸导，弥补岸导的不足之处，相互取长补短，使航行效果达到最佳。

（一）船舶自行气象导航条件

1. 船长条件

在船舶自行气象导航中船长的作用是决定性的。因此，自导的船长必须具有丰富的航海知识和航海经验，尤其应具备良好的海洋、气象知识，并能熟练识别、分析、应用各种气象传真图，熟悉航行海域的天气资料和气候资料的获得及应用，熟悉本船的各种设备性能和本船的船舶运动、操纵性能，在遇到特殊情况时，船长应具有果断的决策和指挥才能。

2. 船舶条件

自行气象导航的船舶要有坚固的船体结构和较小的船龄；主机性能要良好，并能保证连续正常运转；货物配载要合理，稳性良好，并能较长时间抗御大风浪航行。因为在航线设计中，有时要闯短时间的大风浪区，为保证船舶航行安全，要掌握本船的抗风浪上限，对超过上限值的海域一定要避开。

3. 仪器配置

自行气象导航的船舶应具备较先进的助航和导航设备，如卫星导航系统、两部能正常工作的雷达、气象传真接收机、NAVTEX、GMDSS系统、卫星通信系统等。特别是气象传真接收机，自导过程中的海洋、气象资料主要靠它来获得。所以，要求船上的气象传真接收机必须具有良好的工作性能和较高的灵敏度。

4. 船舶自行气象导航必备的气象和海洋资料

（1）各种天气、海况传真图资料

最常用的天气、海况传真图有地面图和波浪图，包括实况分析和预报图。这两种图是船舶自行气象导航必备的基本天气和海况图。

（2）航区气候资料

航区气候资料包括风、浪、流的平均情况；低压及风暴的频率和路径；海雾的分布及冰情等。这些资料可以从各种航海图书上查得，如《世界大洋航路》《航路指南》《引航图》。

5. 船舶各种其他资料

船舶各种其他资料包括船舶运动性能曲线图，即船舶在不同风浪情况下的失速曲线；船舶不同装载和不同风浪情况下的稳性变化；船舶极限抗风能力等。这些都是船舶自行气象导航必不可少的资料。

（二）船舶自行气象导航的一般步骤

船舶自行气象导航的步骤基本与岸上气象导航方法相同，通常可分成以下三部分：

1. 起航前基础航线的选择

船舶在起航前根据季节和当时月份航行海区的气候状况及中、长期天气和海洋预报，选定一条基础航线。气候资料可从各种航海图书中查得，中、长期预报可在起航港向当地气象部门咨询，或利用传真接收机收取一些气象传真台发布的各种时效的传真天气和海况图。

2. 航行途中

航行途中应连续不断地收取各种天气、海洋情报，如气象传真图、天气报告等，逐日进行天气、海洋观测，利用所获得的最新资料来修正航线、调整航速、确定航向。

3. 航次结束的总结

航次结束后，整理制作整个航次逐日航行情况记录表，包括逐日实际风、浪、流的情况，昼夜平均航速及航程，船舶摇摆等情况。绘出预选航线和实际航行轨迹图，标出总航程和总航时，分析所采用的航线是否最佳及若采用通常的习惯航线将会遇到怎样的情况。

航次总结是一项很重要的工作，它不但记录了大量有价值的资料，而且为以后的船舶自行气象导航提供了经验和科学依据，使船舶自行气象导航方法逐步完善。

（三）船舶最佳航线选择系统

船舶自行气象导航仍没有完全脱离人的主观分析和经验。因此，最佳气象航线的选择往往还是因人而异，随机性也较大，而且船舶自导给船长和驾驶员增加了大量的工作。如何使船舶自行气象导航客观化、自动化，已被国内外一些专家所重视。计算机和通信技术的高速发展为船舶自行气象导航的客观化和自动化提供了先决条件。

20世纪80年代，日本的NKK（NIPPON KOKANK. K）公司和美国海洋气象导航公司联合研制出一种船舶助航和操作控制系统MITS（船长智能终端系统）。该系统安装在船上能优化船舶操纵，保证恶劣天气时船舶航行安全，并可根据天气预报及其他有关资料选择最佳航线和最佳主机功率，以节省燃料；可监测大风浪天气下船舶的摇摆、主机工作状况以及船体各部位所受冲力，船舶有危险时发出警告并提出应急措施，如改变航向、航速等。同时该系统设有气象资料检索系统，与岸船通信系统相组合可提供各种天气图、台风消息及其他最新资料，用于船舶自行气象导航。

近年来，美国气象导航公司成功研制了新型船舶自动导航系统——OGS（OCEAN-ROUTES' ON BOARD GUIDANCE SYSTEM）。该系统是由岸上气象导航机构将信息通过卫星通信传输到船上的OGS系统。该系统可显示出多条航线，其中包括最佳航线和最短航程供船长选择。目前，在欧洲一些航运公司的船舶上已采用了该系统。

如果船舶配有一套专门用于天气航线设计的计算机，有专用软件和适时的气象信息，船长可简单地、快捷地对不断改变的外在气象海洋环境因素加以评估，在航线设计和适时导航方面为船舶赢得更大优势，这就是船舶自行气象导航。

例如，现代船舶气象导航系统（Bon Voyage System，BVS）软件是由美国AWT气象导航公司研发的新一代船舶全自动海洋气象导航系统。BVS的设计理念就是结合海洋气象信息显示和航线设计功能为船长提供一种互动的应用软件系统。船长只需把软件安装在驾驶台的计算机上，经通信卫星下载气象导航公司以电子邮件附件形式传送的实时天气实况信息和长达10天的所需洋区的短、中及长期天气和海况预报信息，BVS以彩色图形方式将天气和海况数据显示在计算机屏幕上。船长通过系统的航路设计功能设计满足不同要求的计划航线，并在设计航线上直接查看每天的天气和海况（包括气压、锋面、台风、风速、风力、浪高、涌浪和洋流）的变化。系统同时显示各种自然因素对船舶自身的相对速度及冲击角度的影响程度，并自动推算出船舶在计划航线上能达到的速度、航程及预计抵港时间。

BVS具备自动航线优化功能，这是气象、航海和计算机专家长期研究的成果。自动航线优化的运算程序考虑了气象预报、各种天气及海况对特定船体的航速性能的影响和用户指定的环境因素限制，如最大浪高不能超过某指定高度等。通过天气和海况数据更新，BVS系统可以根据设定的预计离港时间和航速，模拟出一条最佳航线，然后，推算出航线的大概航程、预计到港时间、平均速度、天气及海洋因素造成的增减值。

船长可以利用BVS的航线比较功能，把自己设计的计划航线（可多于一条）和BVS的优化航线进行比较。船长应考虑船舶的自身特点，是否需要避开某种恶劣海况的区域，是否要配合船上某种操作，进一步微调，最后决定采用哪一条航线。

气象导航是一门综合应用科学，它的发展依赖于其他各门学科的发展。其中最关键的因素是准确的中、长期天气预报。随着气象卫星、大气探测手段、电子技术的迅速发展，以及海洋环境预报准确率和时效的提高，气象导航将会表现出其更大的优越性和更好的效果。可以预计，到那时准确率较高的全程气象导航将完全取代气候导航，远洋船舶更广泛地采用气象导航将是必然趋势，气象导航也必将成为船长和驾驶员必须掌握、精通的新兴航海技术。

当然气象导航目前还存在某些需要解决和完善的问题，如目前对全部大洋的天气、海况观测资料不够充分，天气预报的理论不够完善，中、长期天气、海洋预报的准确率和预报时效仍受到很大程度的限制。因此，这就影响了船舶离港时选择最佳航线的准确率。另外，船舶实际运动的状态和船舶的运动性能问题等都有待进一步研究完善。

第四节 气象导航与海事纠纷处理

一、气象导航的法律地位

海上运输存在一定的风险，各类航海事故及灾难时有发生。这就使船东与租船人、货主、保险公司等有关方之间产生众多令人烦恼的海商、海事索赔纠纷。如果争议双方无法自行协商解决纠纷，就不得不提请仲裁或诉诸法庭。在常见的海商、海事索赔纠纷中，事故的原因可能是船舶不适航，也可能是船员驾驶和管理船舶方面的疏忽或过失，除此之外， 还有许多事故是恶劣天气等不可抗力所引起的。因此，国际上制定的许多海运国际公约和各国海商法均给予承运人某些免责和责任限制权利。一般来说，主要免责事项包括“海上灾难”（Perils of the sea）和“天灾”（Act of god），即自然灾害等引起的事故或违约，船东可凭此免除赔偿责任或者可从保险人那里得到赔偿。当然关于能否免责常会发生争议，纠纷双方在处理这类争议或仲裁或法庭诉讼时，索赔能否成功，能否免责，主要取决于是否成功举证。常见的举证材料有海事声明、航海日志或船员证词等，而对方会针对这些材料提出反证。

随着气象导航在国际航运中的普及，气象导航公司为船东、租船人提供气象导航服务形式多样、程序规范。国际海事组织（IMO）曾于1983年11月17日通过决议，建议各航海国推广使用气象导航技术，确保航行安全。这说明国际海事组织对气象导航技术的可靠性是充分肯定的。气象导航报告、资料在海商、海事纠纷处理中的使用范围较广，气象导航公司的报告、资料的证据效力得到了许多国家的仲裁员和法官的高度肯定。

当船东与租船人或其他方发生海商、海事索赔纠纷时，气象导航公司的资料、数据、报告等常被当事人作为独立的第三方证据交仲裁庭或法庭。少数案子中，当事人还会聘请气象导航公司的气象专家出庭作证。

有些船舶不使用气象导航服务，在航行中遭遇坏天气而发生船损、货损事故。船公司事后认为有必要向气象导航公司申请特殊服务，提供特定时间和海区的天气资料、海况资料、分析报告等，以便将来仲裁、诉讼时作举证之用。

二、气象导航资料在租船合同纠纷中的证据效力

气象导航报告、资料在海商、海事纠纷中使用最多的是租船合同纠纷。在航次租船合同中都有一条“船舶受载期和解约日条款”（Laycan clause），定期租船合同中有一条“交船期和解约日条款”。这些条款规定船东必须在合同规定的时期内将船驶抵装货港或交船港。受载期和交船期一般都规定为一段时期，例如5天，最后一天为解约日，船舶在这5天内赶到装货港或交船港就算履行了义务；若在解约日仍没到达，则意味着船东违约，租船人有选择解约和提出索赔的权利。

租约内常见的船东免责事项有“船员驾管船过失”免责、“海上灾难”免责及“天灾”免责等。海商法及判例对“天灾”的解释为“无任何人为因素或人为干预，无法预见及预防的自然现象”。“海上灾难”的解释中包括恶劣天气、风暴、巨浪、冰雹、海啸等，这种恶劣天气海况等必须是不寻常和预料之外的，船员运用常规的气象分析技术和谨慎驾驶也无法抵御和避免。例如，有些船长为了遮盖航速不足缺陷，往往采取在航海日志上记录虚假天气情况，谎报大风、顶风、逆流、长时间遇恶劣天气等。那么租船人很容易从气象导航公司的航次分析报告中得到航速不足的依据。当然船方肯定会以船舶的航海日志做反证抗辩。这时租船人会请气象导航公司对航海日志记录与气象导航公司天气记录资料做一份“相对比较报告”，如果两者差异不大，仲裁庭倾向于接受航海日志中的天气报告记录；如果差异较大，则可能认为航海日志上的记录是不正常的，仲裁庭将会认为气象导航公司的天气报告更为可靠，并予以采纳。

由于气象导航报告资料的证据效力在不同的案子中存在着很大的不确定性，订约双方应在租约中增加明确气象导航报告证据作用的条款，这对合同双方和仲裁员而言，事后将会省去许多争议和麻烦。

三、气象导航与失速索赔

定期租船人在经营租船时，一般均为租船申请气象导航服务。他们的主要目的之一是能更好地掌握船舶航速及燃油消耗情况。每一航次结束后，租船人都会收到气象导航公司编制的该船本航次导航文件，如“航次分析报告”（Post voyage analysis report ）及“初步航次报告”（Preliminary voyage report）。租船人都会仔细阅读和分析这些文件，以便知道该船的航速及燃油消耗是否符合租船合同要求。如果租船人发现该船的实际航速没有达到合同规定的航速，就会向船东提出时间损失索赔及损失时间内消耗的燃油索赔。

在多年的长期租约下，租船人希望能连续地掌握船舶的航行动态、航速和燃油消耗，随时关注着是否符合租约规定的要求。租船人除了从船长、船东和船舶代理人那里得到信息外，使用气象导航能得到更多他所关心的此类信息。气象导航公司为此专门提供一个实际时间损失和燃油多耗计算格式供租船人参考使用。

四、气象导航与速遣条款

在定期租船合同中，租期内的时间损失由租船人负担，因此他总希望船舶多装快跑，避免因船长和船员怠慢而引起时间损失。租船合同中的“船长应尽速遣航”条款，是租船人对船长的某些航海行为的约束条款。

租船人为运输船舶申请气象导航服务，不仅保障自身利益，也使船东从中受益。船东绝不能将租船人为船舶申请使用气象导航视为监督、控制船长行为和船舶动态以及提起失速索赔之用。因为如果船长听从租船人使用气象导航的推荐航线航行，一旦航行中遇大风而失速或去避风港或遇大雾而减速等引起时间损失，租方就难以指责船长没有履行尽速遣航的义务，更无索赔机会。当然，法律允许船长对船舶安全和航海上的事务有自主决定权，但决定必须是合理的。期租合同下，租船人无权发布有关航海的命令和指示。船长应听从船东发布的有关航海的命令和指示。

五、气象导航与船舶保险

船舶在海上航行，常会碰到恶劣的气象海洋环境引起的海损。船东为了分散风险，都向保险公司投保船舶险。当被保险船舶遇到恶劣天气、风暴等自然灾害引起船舶受损或灭失时，船东根据购买的险别向保险公司提起索赔。索赔时，船东负有举证之责，证明船舶适航，船东没有过失，事故原因是承保的自然灾害风险。航海日志、海事声明等将被船东作为证据。假如该船使用气象导航，那么气象导航报告或者特殊服务的气象咨询材料作为第三方证据送交保险公司更能提高船东举证的可信度。

气象导航服务不仅使船舶事故减少，也为保险公司节省了承保责任范围内的自然灾害引起的船损或其他本应由保险公司负责赔偿的费用。因此，保险公司应该积极建议，鼓励船东使用气象导航服务。如果船舶事故发生率降低，保险赔款减少，那么明智的保险人应在下年度降低船舶保险费率。这样，气象导航使船东和保险人均受益。

六、气象导航与货物索赔

海上运输中货损灭失事故时有发生，提单持有人或取得代位求偿权的货物保险人就向承运人提出货物索赔。如果承运人认为货损灭失事故是本航次船舶遇到恶劣天气海况等自然灾害引起的，要求引用提单中的“海上灾难”免责，就必须充分举证。

在引用“海上灾难”免责时，承运人必须充分举证，除了船长的海事声明、航海日志等证据外，气象导航报告、天气咨询等也不失为有力的证据材料。气象导航报告及其资料等在处理海商、海事争议中正被有关当事人灵活地利用。

有些使用过气象导航的船长反映，当他们的船舶在航行中遭遇恶劣天气时，船舶到港后，在向港口当局递交海事声明时将气象导航公司的气象报告和有关资料一并呈上，该海事声明的签认就十分顺利。

七、气象导航与共同海损

海上运输中船舶、货物遭受的海损按其性质分为单独海损和共同海损。因自然灾害、意外事故或其他特殊情况直接造成船、货损害，为了解除共同危险，采取合理措施所引起的特殊损失和合理的额外费用，称为共同海损。由船方、货方、运费方分摊共同海损的损失和费用。引起共同海损的原因中有自然灾害，它指的是自然因素和现象引起的后果，完全超出人类的控制能力，也不能以人的预见来加以避免。

共同海损能否成立，一要看事实，二要看船方提供的证据能否有效地证明事实。如果船舶使用气象导航或者事后船公司申请特殊天气咨询服务，那么气象导航报告、天气咨询情报等都将是很好的证据材料，它们将与航海日志、海事声明等一并作为支持船方主张共同海损的依据。

总之，船舶使用气象导航服务就共同海损来说，有两个好处：首先，可减少天气原因引起的共同海损发生率；其次，举证时赢得主动，有利于共同海损的理算。

参考文献

[1] 中国海事服务中心. 航海学：航海气象与海洋学. 北京：人民交通出版社，大连：大连海事大学出版社，2012.

[2] 张永宁. 航海气象学与海洋学. 大连：大连海事大学出版社，2014.

[3] 黄磊. 航海气象学与海洋学. 大连：大连海事大学出版社，2016.

[4] 陈家辉，张吉平. 航海气象学与海洋学. 大连：大连海事大学出版社，2001.

[5] 李栖筠，张永宁，江吉喜. 中国主要远洋航线危险天气预报. 大连：大连海事大学出版社，2005.

[6] 李志华，王辉. 海洋船舶气象导航. 大连：大连海事大学出版社，2006.

[7] 杨亚新. 航海气象与海洋学（航海技术专业）. 大连：大连海事大学出版社，2013.

[8] 高玉德. 航海学. 2版. 大连：大连海事大学出版社，2007.

[9] 中华人民共和国海事局. 北极航行指南（东北航道）2014. 北京：人民交通出版社，2014.

[10] 林元弼，等. 天气学. 南京：南京大学出版社，1988.

[11] 杨殿荣. 海洋学. 北京：高等教育出版社，1986.

[12] 冯士筰，李凤岐，李少菁. 海洋科学导论. 北京：高等教育出版社，1999.

[13] 陈宗镛，等. 海洋科学概论. 青岛：青岛海洋大学出版社，1992.

[14] 王衍明. 大气物理学. 青岛：青岛海洋大学出版社，1993.

[15] 朱谦阳，等. 航海气象与海洋学. 大连：大连海事大学出版社，1999.

[16] 吴永芬，刘中云. 航海气象（海船驾驶专业用）. 北京：人民交通出版社，1984.

[17] 《海洋大辞典》编辑委员会. 海洋大辞典. 沈阳：辽宁人民出版社，1998.